W0260513

Xpert.press

Die Reihe **Xpert.press** vermittelt Professionals in den Bereichen Softwareentwicklung, Internettechnologie und IT-Management aktuell und kompetent relevantes Fachwissen über Technologien und Produkte zur Entwicklung und Anwendung moderner Informationstechnologien.

Dieter Masak

Moderne Enterprise Architekturen

Mit 217 Abbildungen

Springer

Dieter Masak
plenum Systems GmbH
Hagenauer Str. 53
65203 Wiesbaden
dieter.masak@plenum.de

Bibliografische Information der Deutschen Bibliothek
Die Deutsche Bibliothek verzeichnet diese Publikation in der Deutschen Nationalbibliografie; detaillierte bibliografische Daten sind im Internet über http://dnb.ddb.de abrufbar.

ISSN 1439-5428
ISBN 3-540-22946-9 Springer Berlin Heidelberg New York

Springer ist ein Unternehmen von Springer Science+Business Media

springer.de

Satz und Herstellung: LE-TEX Jelonek, Schmidt & Vöckler GbR, Leipzig
Umschlaggestaltung: KünkelLopka Werbeagentur, Heidelberg
Gedruckt auf säurefreiem Papier 33/3142/YL - 5 4 3 2 1 0

Danksagung

... meiner Familie, für ihre Unterstützung und Verständnis ...
... meinen Kollegen, für ihre Denkanstöße ...
... Martin Spenger, für die Freiräume ...

Dr. Dieter Masak

Prolog

Ein Architekt wird der sein, ..., der gelernt hat, mittels eines bestimmten und bewundernswerten Planes und Weges sowohl in Gedanken und Gefühl zu bestimmen, als auch in der Tat auszuführen, was unter der Bewegung von Lasten und der Vereinigung und Zusammenfügung von Körpern den hervorragendsten menschlichen Bedürfnissen am ehesten entspricht und dessen Erwerbung und Kenntnis unter allen wertvollen und besten Sachen nötig ist. Derart wird also ein Architekt sein.

Leon Battista Alberti
1404–1472

Inhaltsverzeichnis

1 Einleitung

Nicht weil etwas schwer ist
wagen wir es nicht,
sondern weil wir es nicht wagen
ist es schwer ...

Seneca

Was ist eine Enterprise Architektur? Eine Enterprise Architektur ist eine Art Plan oder Planung der Informationssysteme eines Unternehmens. Stellen wir uns eine Stadt ohne eine Stadtplanung vor. Was entsteht ist ein mehr oder minder gewachsenes System mit der Eigenschaft, dass die Infrastrukturteile verschiedener Stadtteile nicht mehr zusammenpassen. Es gibt mehrere parallele Kanalisationen, mehrere Stromnetze, Straßen mit unterschiedlicher Breite und Belag usw. Eine solche Stadt ist zwar lebensfähig, aber ihre Infrastruktur reicht nicht aus, um rapides Bevölkerungs- oder Geschäftswachstum zu verkraften. Ähnliches entsteht bei dem Wachstum von Unternehmen mit deren Informationssystemen. Die Enterprise Architektur ist die Stadtplanung der Informationssysteme.

Das große Interesse an Enterprise Architekturen ist darauf zurückzuführen, dass die gesamte IT-Branche an einem kritischen Punkt angelangt ist. Das steile Wachstum der Informationstechnologie in den letzten vierzig Jahren war auf die schnell ansteigende Automatisierung zurückzuführen. Im Rahmen dieses Prozesses wurden Abläufe, die bisher durch Menschen durchgeführt wurden, einfach in analoge Computersysteme umgesetzt und nun von diesen durchgeführt. Hierbei stand jedoch der Ablauf, der bisher in Unternehmen stattfand, Pate für die Entwicklung von Software, angefangen von so genannten Sachbearbeitern bis hin zu den heutigen Use Cases. In allen Fällen ist das menschliche Handeln, was in der Regel aus der Unternehmens- oder Branchenhistorie entstammt, Leitlinie für die Software. Durch dieses Vorgehen lassen sich echte Quantensprünge in der Entwicklung als auch latente Bedürfnisse nur sehr schwer abdecken. Eine solche zukünftige Entwicklung ist erst möglich, wenn die vollständige Innovationskraft unabhängig von menschlichem Tun eingesetzt wird.

Heutige große Softwaresysteme in Unternehmen bestehen aus einer fast unüberschaubaren Vielzahl von verschiedenen Applikationen, welche alle der Automatisierung dienen, jedoch stets eine partikuläre Sicht haben. Diese Tatsache erklärt auch, warum die Kosten für den IT-Betrieb als auch für Softwareentwicklungen immer drastischer ansteigen. Diese zunehmende Komplexität steigert die Kosten und lähmt das Handeln. In den letzten Jahren wurde immer deutlicher, dass die Schaffung und Verwaltung von Enterprise Architekturen ein möglicher Weg zur Lösung dieser Probleme sein kann. Die durch die Enterprise Architektur erzwungene und gelebte Standardisierung führt sowohl zu einer Senkung der Kosten im Betrieb als auch in der Entwicklung von Software.

Die Parallele hierzu ist das so genannte lean manufacturing in der produzierenden Industrie, speziell im Automobilsektor. Hier zeigte sich in den Siebzigerjahren des letzten Jahrhunderts, dass die Autos immer komplexer und teurer wurden, da die Hersteller fast alle Teile selbst produzierten und versuchten, jedes noch so winzige Teil auch zu kontrollieren. Relativ schnell konnte hier, wie auch in der Flugzeugindustrie, gezeigt werden, dass die Nutzung von vorgefertigten und zugelieferten Komponenten zu einem Königsweg in der Produktion wurde. Ein Fahrzeug wird durch diese großen Komponenten, beispielsweise die komplette Armaturenelektronik oder das Getriebe, viel effektiver gebaut. Das Geheimnis dahinter liegt in der Standardisierung der Schnittstellen zwischen den einzelnen Komponenten und der daraus implizit folgenden Austauschbarkeit der Komponenten.

Der gleiche Weg steht der IT-Branche noch bevor. Im Vergleich zur Automobilbranche oder der Flugzeugindustrie befindet sie sich praktisch noch in den Kinderschuhen, trotzdem wird sie sich rasant weiterentwickeln. Um die Einleitungsparallele der Abbildung des menschlichen Vorgehens an dieser Stelle weiter zu tragen: Wir befinden uns, relativ zur Entwicklung des Autos, innerhalb der IT-Branche in der Zeit, wo Autos noch aussahen wie Kutschen! Trotz alledem, Softwaresysteme sind das Komplexeste, was je von Menschen geschaffen wurde, obwohl die Einfachheit ihrer Nutzung uns anderes suggeriert. Aus dem Blickwinkel der unterliegenden Komplexität betrachtet sind große Softwaresysteme erstaunlich stabil, obwohl ein einzelner Anwender im Tagesgeschäft da oft anderer Ansicht ist.

Die Tatsache, dass unsere heutige IT-Technologie sich rasch ändert, impliziert im Umkehrschluss, dass eine Enterprise Architektur in der Lage sein muss, diese Veränderung nicht nur zu überstehen, sondern sie auch aktiv zu beeinflussen. Neben reiner technischer Veränderungen muss sich eine Enterprise Architektur auch auf ein großes Maß an Veränderungen im Bereich der Geschäftswelt einstellen. Neben Änderungen einzelner Geschäftsprozesse stehen in der jetzigen Zeit sowohl durch Fusionen und Übernahmen als auch, in Ausnahmefällen, durch explosives Wachstum ein großes Maß an Flexibilität ins Haus. Ein solcher Schritt versucht aber gleichzeitig das bestehende Investment, welches in Applikationen getätigt wurde, zu erhalten. Die rasante Geschwindigkeit der Änderungen innerhalb der IT-Technologie, zusammen mit der Tatsache, dass Informationsverarbeitung ein immer wichtigerer Bestandteil jedes Unternehmens wird, zeigt die Dringlichkeit auf, sich dem Thema Enterprise Architektur zu stellen.

Vermutlich wird die Abhängigkeit der Unternehmen von ihrer IT-Landschaft in den nächsten Jahren noch stärker zunehmen, da hier die einfachsten Effizienzgewinne für Hochlohnländer zu erreichen sind. Trotz dieser Wichtigkeit der IT-Landschaft, oder gerade weil sie so fundamental ist, herrscht ein hoher Grad an Unzufriedenheit in den Vorständen an der Leistungsfähigkeit der eigenen IT-Abteilungen. Die meisten Vorstände glauben nicht, dass ihre IT-Abteilungen optimal arbeiten. Die Tatsache, dass weniger als 25% aller Softwareprojekte ihr Ziel auch nur ansatzweise erreichen, trägt ein Übriges zu diesem Negativbild bei.

In Bezug auf die Enterprise Architektur trägt die Analogie zur Flugzeugindustrie noch weiter: Genau wie bei einem Flugzeug bleiben heute große IT-Infrastruktursysteme strukturell intakt, wenn Teile ausgetauscht werden, in den meisten Fällen wird sogar der Betrieb vollständig aufrechterhalten.

Die Architekten der Enterprise Architekturen sind stets damit beschäftigt, welche Auswirkungen ihre Tätigkeit für große Systeme, d.h. auch jenseits des eigenen Unternehmens, für die Gegenwart und vor allen Dingen für die Zukunft hat. Sie müssen jenseits der einzelnen Applikation schauen und sich bei jeder neuen Anwendung die Frage stellen:

„Welchen Einfluss oder Auswirkung hat diese Anwendung auf die Enterprise Architektur?“

Im Rahmen der Enterprise Architektur muss der Blick über den aktuellen Handlungsbedarf hinausgehen, da hier die Eckpfeiler für die Zukunft formuliert werden.

Es ist wichtig darauf hinzuweisen, dass Enterprise Architekturen keine Abfolge von statischen Momentaufnahmen eines komplexen Systems darstellen, sondern permanent überarbeitet und redefiniert werden müssen, genauso wie die Geschäftsentwicklung am Markt es diktiert.

2

Umfeld

Chief architect and plotter of these woes
The villain is alive in Titus house...

Marcus Andronicus,
William Shakespeare

2.1 Geschichte

Ein Enterprise, wörtlich übersetzt eine Unternehmung, ist im ursprünglichen Sinne eine Aktivität, welche eine wohl definierte Zielsetzung beinhaltet. Heute verstehen wir darunter ein Unternehmen oder eine Menge von Organisationen, welche eine gemeinsame Zielsetzung haben oder ein gemeinsames Ergebnis produzieren. Ein Enterprise in diesem Sinne kann alles von einem großen Konzern bis hin zu einer staatlichen Institution oder einem Ministerium sein. Große Konzerne und staatliche Stellen bestehen oft aus mehreren Enterprises. Folglicherweise besitzen diese auch mehrere Enterprise Architekturen. Ein Enterprise, in dem hier verwendeten Sinn, kann aber auch ein so genanntes extended Enterprise sein, dieses beinhaltet dann, neben dem eigentlichen Kernunternehmen, auch alle Partner, Lieferanten und Kunden des eigentlichen Unternehmens.

Neben den extended Enterprises spielen in der derzeitigen Diskussion die virtuellen Unternehmen eine immer stärkere Rolle. Ein virtuellesUnternehmen ist eine Organisationsform, welche unabhängige Partner vereint, um einen einmaligen Auftrag zu erfüllen, und danach wieder aufgelöst wird, beispielsweise die Arbeitsgemeinschaften beim Bau von Autobahnen. Ein virtuelles Unternehmen wird für jede Teilaufgabe den bestmöglichen Anbieter einsetzen, dessen Kernkompentenz identisch mit der Aufgabe sein sollte. Die sich daraus ableitenden Problemstellungen tauchen immer wieder auf, dazu zählen effiziente und durchaus verletzbare Verbindungen zwischen den einzelnen Unternehmen. Diese Verbindungen müssen in Bezug auf Flexibilität und Versatilität ein ungleich höheres Maß an Anforderungen erfüllen, als das sonst, im Rahmen eines normalen Unternehmens, notwendig ist. Als Organisationsform zerfallen diese virtuellen Unternehmen in first- und second-level Organisationen. Zu den typischen first-level virtuellen Unternehmen zählen Projekte innerhalb eines Konzerns, s. Abb. 2.1, während eine echte virtuelle Organisation zum second-level gehört. Im Gegensatz zu den extended Enterprises ist

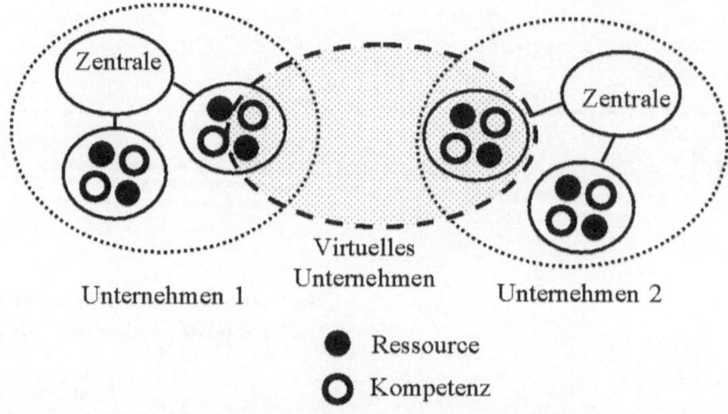

Abb. 2.1. Das virtuelle Unternehmen

die zeitliche Begrenzung der virtuellen das Schlüsselelement. Der Grund, hinter dem Bestreben virtuelle Unternehmen zu bilden, liegt in den entstehenden Kosten. Folgt man der Transaktionstheorie, so lassen sich die Kosten für die verschiedenen Unternehmensformen recht leicht visualisieren, s. Abb. 2.2. Dabei wird klar, dass erst bei sehr speziellen Vorgängen die Transaktionskosten innerhalb eines Unternehmens denen des freien Marktes überlegen sind. Solche Vorgänge müssen so speziell sein, dass sie keiner Skalenökonomie unterliegen, dann kann auch ein hierarchisches Unternehmen niedrige Transaktionskosten erzielen.

Der Unterschied zwischen einem extended Enterprise und einem virtuellen Unternehmen lässt sich an zwei Stereotypen beider Ausrichtungen aufzeigen:

- Dell. Dieses amerikanische Unternehmen produziert nichts selbst. Alle Produkte sowie der Zusammenbau innerhalb der Produktion werden durch Dritte gefertigt. Dell ist jedoch immer bestrebt, eine stabile Partnerschaft mit seinen Lieferanten einzugehen und sichert diese auch vertraglich ab.
- Open-Source-Projekte. Die Open-Source-Projekte sind das Paradebeispiel für virtuelle Organisationen. Es handelt sich zwar um non-profit Organisationen, trotzdem stellen sie im Rahmen der obigen Definition Enterprises dar. Hier arbeiten projektbezogen eine Reihe von Individuen auf zeitlich befristeter Basis zwecks eines gemeinsamen Zieles zusammen. Das Betriebssystem Linux ist durch ein solches virtuelles Unternehmen entstanden.

Obwohl die Diskussion bezüglich virtuellen Unternehmen und extended Enterprises in der Fachpresse intensiv geführt wird, stehen die meisten Unternehmen vor der Herausforderung, zunächst einmal ein Real TimeEnterprise, RTE, aufzubauen. Die mehr oder minder offizielle Definition eines Real TimeEnterprise stammt von der Gartner Group:

> The RTE is fundamentally about squeezing lag time or „information float“ out of core operational and managerial processes. Business has

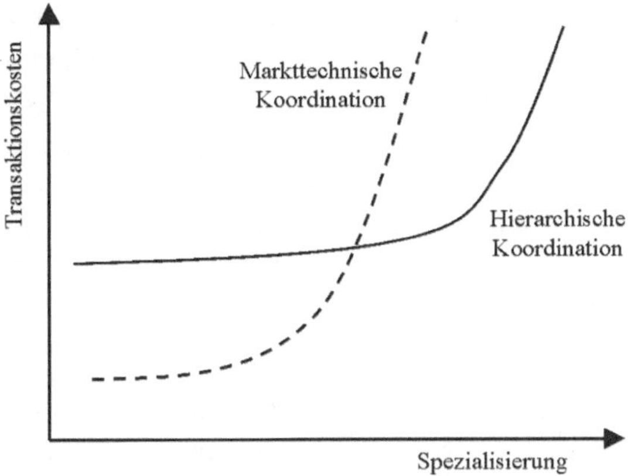

Abb. 2.2. Transaktionskosten als Funktion der Spezialisierung

> long understood that time is money and speed is a competitive advantage. However, „time“ is taking on new meaning as access to markets and talent pools becomes global, and as innovation cycle times and product life cycles shrink. The ability to remove latency or lag times from key business processes, to extend processes globally to „follow the sun“, and to access real-time financial, managerial and operating data will increasingly separate industry leaders from also-rans. In time, RTE capability will be a requirement for staying in business.

Danach ist ein Real TimeEnterprise ein Unternehmen, was alle geschäftsprozessrelevanten Informationen in „Echtzeit“ zur Verfügung stellen kann. Hier zwei Beispiele von aktuellen Real Time Enterprises:

- Wal-Mart. Obwohl noch nicht ganz in Echtzeit, ist Wal-Mart das bekannteste Handelsunternehmen, welches IT als strategisches Werkzeug einsetzt und sehr zeitnah Informationen über Produkte, Filialen und Kassen verarbeiten und analysieren kann.
- H&M. Hennes und Mauritz sind ein integrierter Textilanbieter. H&M kann Textilien in sehr viel kürzeren Zyklen auf den Markt werfen als ihre Konkurrenz. Hier ist das Real TimeEnterprise im Produktionssektor bzw. in der Qualität der Supply-Chain vorhanden.

Leider wird die heutige Diskussion um das Real TimeEnterprise sehr auf technischer Ebene geführt, dies ist jedoch der falsche Ansatz, denn eine entsprechende Strategie kann nur aus dem Geschäftsprozess und dem Kundenverhalten, beispielsweise Wünschen, abgeleitet werden. Denn eine Betrachtung aus rein technologischer Sicht führt in den seltensten Fällen zu einem echten Mehrwert. Im Rahmen von technikgetriebenen Strategien werden sehr oft Prozesse beschleunigt, die keine oder nur eine sehr geringe Kunden- oder Geschäftsprozessrelevanz besitzen.

Die hinter allen diesen Ansätzen stehende Problematik der Unternehmen liegt in einigen wenigen, dafür aber um so schmerzhafteren Punkten begründet.

- Kundenkontakt. Die traditionelle funktionsorientierte Organisation verhindert de facto eine ganzheitliche Kundenbetrachtung. Produkt- und funktionsorientierte Unternehmen bilden für den Kunden ein oft verwirrendes Schema mit unterschiedlichen Aussagen aus demselben Unternehmen.
- Lieferantenkontakt. Hier herrscht in der Industrie noch immer der Bullwhip-Effekt vor, der auf die nicht vorhandene Koppelung in Echtzeit zurückzuführen ist. Der Bullwhip-Effekt beruht darauf, dass bei erhöhtem Bestellaufkommen der Lieferant nicht schnell genug reagiert, und wenn er reagiert, die Nachfrage schon wieder gesunken ist. Traditionell wird dies durch den Aufbau von Lagerbeständen abgemildert. Allerdings sind die Lagerbestände in der Regel sehr kapitalintensiv, was eine große Ressourcenverschwendung darstellt.

Im Gegensatz zum privaten Sektor waren bei den öffentlichen Händen Fragen nach Investitionen in Informationstechnologien in der Vergangenheit selten ein Thema. Traditionell wurde Informationstechnologie für Ämter nie als eine zentrale Investition gesehen. Erst der Kostendruck bzw. der Legitimationsdruck für Kosten hat die Fragen nach Enterprise Architekturen und Return of Investment gestellt. Das zweite große Problem der öffentlichen Hände ist, dass sie, obwohl sie die gleichen Kunden, die Bürger, haben, völlig separat voneinander agieren. Diese Separation schlägt sich direkt in der heute existierenden Softwarelandschaft nieder. Mit der Einführung einer behördenweiten Enterprise Architektur könnte genau wie in der Industrie dieses Problem gelöst werden.

Bis in die Neunzigerjahre hinein war es für ein Unternehmen durchaus legitim, mit einer großen Zahl von fragmentierten monolithischen Systemen zu leben, da Informationssysteme meistens eine interne Aufgabe wahrnahmen, die auch nur eigenen Mitarbeitern zugänglich wurde. Diese Mitarbeiter waren hoch spezialisiert und führten, bzw. führen auch heute noch, Detailaufgaben aus. Daher konnte man sie sowohl mit einem kryptischen Benutzerinterface als auch einer sehr eingeschränkten und zum Teil widersprüchlichen Funktionalität und dem entsprechenden Datenhaushalt zufrieden stellen. Das Aufkommen des Internets öffnete diese Welt an Dritte, Kunden wie auch andere Geschäftspartner. Die Folge hiervon war, dass Brüche immer offensichtlicher wurden und nicht mehr akzeptiert werden konnten.

Die zunehmende Spezialisierung der Unternehmen durch den immer höher werdenden Kostendruck führt zu einer stärkeren Fragmentierung der Geschäftsprozesse. Heutige Allgemeinbanken zum Beispiel prozessieren kaum noch ihren eigenen Wertpapierhandel, sondern überlassen das Processing meistens spezialisierten Transaktionsbanken. Ein weiteres Beispiel für ein stark ausgedehntes extended Enterprise sind die Automobilproduzenten mit allen ihren komplexen Zuliefererstrukturen. Bezeichnenderweise waren die Automobilproduzenten die ersten Unternehmen in Deutschland, welche ein standardisiertes Austauschprotokoll für Bestell- und Fakturierdaten, EDIFACT, bewusst forcierten und der Idee des extended Enterprises und damit einer Enterprise Architektur sehr nahe kamen.

Die Architektur ist die abstrakte Struktur einer Aktivität. Unter Enterprise Architektur im engeren Sinne wird die IT-Struktur eines Unternehmens bezeichnet. Die offizielle Definition des Begriffs Architektur nach dem ANSI/IEEE-Standard 1471-2000 im Umfeld der Informationstechnologie lautet:

> An architecture is the fundamental organisation of a system, embodied in its components, their relationships to each other and the environment, and the principles governing its design and evolution.

Die hier verwendete Definition ist allerdings etwas enger:

> Eine Architektur ist eine formale Beschreibung eines Systems, ein detaillierter Plan des Systems und seiner Komponenten, die Struktur der Komponenten, ihre Wechselwirkungen, ihre Prinzipien und Richtlinien, die ihren Entwurf, ihre Entwicklung und Implementierung steuern.

Bei größeren Konzernen können durchaus mehrere unterschiedliche Enterprise Architekturen parallel zueinander existieren. In allen Fällen jedoch überspannt eine Enterprise Architektur immer mehrere technische Systeme.

Das erweiterte Konzept von Enterprise Architekturen geht zurück auf die Achtzigerjahre des letzten Jahrhunderts. Einer der führenden Köpfe der Architekturbewegung, John Zachman, erkannte den Wert der Nutzung einer abstrakten Architektur für die Integration von Systemen und ihrer Komponenten. Zachman entwickelte die Analogien zum Gebiet der klassischen Bauarchitektur und nutzte später Konzepte aus der Flugzeugindustrie, um Geschäftsprozessaspekte in seinem Zachman-Framework abzudecken. Seit diesen Anfängen sind eine Reihe von Frameworks publiziert worden, die alle dieselbe Zielsetzung verfolgen, ein Unternehmen strukturell zu beschreiben.

2.2 Warum Enterprise Architektur?

Der Einsatz einer Enterprise Architektur unterstützt jedes Unternehmen, welches auf Informationstechnologie angewiesen ist, in hohem Maße. Innerhalb einer Enterprise Architektur gibt es keine effektiven Grenzen bezüglich der Fähigkeit zum Informationsaustausch zwischen verschiedenen Unternehmensteilen. Eine Enterprise Architektur erhöht den Wert der akkumulierten Daten, da jetzt verschiedene Datenbestände abgeglichen werden können. Die Enterprise Architektur wird zur Roadmap, von der sich alle zukünftigen IT-Investitionen leiten lassen können, und schließt die Lücke zwischen den Geschäftsprozessanforderungen und der IT-Infrastruktur. Zusätzliche Gemeinsamkeiten in Bezug auf Sicherheit und Ausbildung der Mitarbeiter in der Enterprise Architektur schaffen einen Mehrwert für den Einsatz einer Enterprise Architektur. Jedoch sollte auch klar sein, dass die Einführung und Implementierung einer Enterprise Architektur eine hohe Investitionsleistung in einem Unternehmen darstellt. Die meisten Unternehmen haben nicht die nötigen Ressourcen, um eine neue Enterprise Architektur komplett neu aus eigener Kraft, quasi durch Schaffung auf der grünen Wiese, zu erzeugen. Von daher ist die Migration und Koexistenz die einzig valide Alternative im normalen Alltag, da stets eine große Menge von Applikationen innerhalb des Unternehmens schon vorhanden sind.

Viele Entwickler betrachten Enterprise Architekturen als einen Zwang, der sie in der Implementierung von Geschäftsprozessen oder Software einengt und deren Befolgung zusätzliche Projektkosten produzieren würde. Auf das einzelne Projekt bezogen mag dies in Ausnahmefällen sogar korrekt sein, projektübergreifend jedoch erzeugen die Gemeinsamkeiten innerhalb der Enterprise Architekturen ein hohes Einsparpotenzial. Dieses ist nicht unbedingt innerhalb der Entwicklung, sondern immer im Bereich der Bereitstellung und Nutzung von Informationen geschäftsbereichsübergreifend vorzufinden.

Die Nutzung bekannter und gemeinsamer Enterprise Architekturen ermöglicht Skaleneffekte und limitiert die Projektrisiken, erhöht den Projekterfolg und kann auch die Vergleichbarkeit von Angeboten über zu erwerbende Software unterstützen, insofern auch das Interesse von Unternehmen, die nur Standardsoftware einsetzen, an einer Enterprise Architektur.

2.3 Treibende Kräfte

Bei einem recht komplexen und technischen Thema, wie dem von Enterprise Architekturen, stellt sich rasch die Frage: Was sind die treibenden Kräfte, welche hinter einer Enterprise Architektur stehen? Bevor wir diese Frage beantworten, sollten wir jedoch noch einen kleinen Unterschied klären: den zwischen einer Softwarearchitektur und einer Enterprise Architektur.

Eine Softwarearchitektur zeigt auf, in welche logische Teile ein in sich geschlossenes Softwarepaket zerlegt werden kann. Die Enterprise Architektur stellt die Summe aller Softwarepakete und ihrer Verteilung innerhalb eines Unternehmens dar. Beide Architekturen haben notwendigerweise gegenseitige Abhängig- und Gemeinsamkeiten. Zur Beurteilung einer Enterprise Architektur ist es jedoch nicht unbedingt nötig, die einzelne Softwarearchitektur en detail zu kennen. Am besten lässt sich dies mit einem Hochhaus vergleichen. Die Enterprise Architektur zeigt das Haus als Ganzes, während die Softwarearchitektur die Gliederung des einzelnen Stockwerkes beschreibt. Diese Parallele trägt noch weiter: So wie ein ungewöhnliches Stockwerk innerhalb eines Hochhauses das Empfinden des Gesamtbauwerkes stört, so stört auch eine abweichende Softwarearchitektur, zumindest lokal, die Enterprise Architektur.

Was sind nun die treibenden Kräfte hinter einer Enterprise Architektur? Wie nicht anders zu erwarten, liegen sie alle außerhalb der eigentlichen technischen Domäne. Sie sind sowohl im Bereich der Ökonomie als auch der Geschäftsprozesse des Unternehmens vorzufinden. Zu diesen Kräften zählen neben der Wirtschaftlichkeit und Effizienz die Lebensdauer der Applikationen, Flexibilität, Skalierbarkeit, Offenheit, Interoperabilität, Modularität, Wartbarkeit und Zukunftssicherheit sowie auch das allgemeine Problem des Outsourcings.

Alle diese Kräfte und Zwänge wirken auf ein Unternehmen ein und bestimmen die Notwendigkeit einer Enterprise Architektur.

2.4 Lebensdauer von Applikationen

Innerhalb des letzten Jahrzehnts haben Architekturen in großen Softwaresystemen immer mehr an Bedeutung gewonnen. Dieser Trend liegt darin begründet, dass die einzelne Applikation eine geringere Lebensdauer im Vergleich zu früher hat. Mitte der 70er-Jahre konnte man von einer mittleren Lebenserwartung von etwa 10 bis 15 Jahren für eine große Applikation, beispielsweise ein Buchhaltungssystem, ausgehen. Heute ist diese Lebenserwartung für Buchhaltungssysteme auf 5 Jahre geschrumpft. Einzelne Applikationen mögen durchaus noch länger einsetzbar sein, im Mittel jedoch geht der Trend eindeutig zu immer kürzeren Zeiten.

Der Schlüsselfaktor für diese Entwicklung ist sowohl direkt als auch indirekt unsere Wirtschaft. Der zunehmende technische Fortschritt speziell im Bereich Informationstechnologie wie auch der Telekommunikation, bzw. seit Anfang der Neunzigerjahre der Internettechnologie, zwingen die Hard- und Softwarehersteller zu immer kürzeren Produkt- und Releasezeiten. Diese Entwicklung übt massiven Druck auf die bestehende IT-Landschaft jedes Unternehmens aus. Auf dem PC-Sektor sind die Hardwarezeiten auf etwa 18 Monate gesunken, d.h., alle 18 Monate kann mit einer neuen Chipgeneration mit neuen Treibern und Eigenschaften gerechnet werden. Umgekehrt werden alte Systeme und Treiber mit fast der gleichen Geschwindigkeit vom Markt genommen. Zwar werden, speziell von größeren Unternehmen, immer wieder Forderungen laut, bestehende Systeme länger zu unterstützen, aber auf Dauer ist der ökonomische Druck auf die Hersteller zu hoch. Manche große IT-Dienstleister gehen sogar so weit, sich an dem Hersteller ihrer Hardware finanziell zu beteiligen, aber selbst diese Einzelfälle zögern das Ende nur etwas hinaus, da diese Strategie sich für keinen der Beteiligten betriebswirtschaftlich rechnet. Diese Form der freiwilligen Solidarität hat sich – in der Vergangenheit – noch nie als effektiv herausgestellt.

Aber nicht nur die Hardware beeinflusst die Lebensdauer der IT-Landschaft eines Unternehmens. Auch die darunterliegenden Betriebssystemplattformen, Datenbanken und Middleware haben direkte Auswirkungen auf die Qualität und Stabilität der eingesetzten Applikationen. Betrachtet man die Releasezyklen und damit die Releasedauer von Datenbanken und Middleware, so scheint sie sich heute auf etwa 3 Jahre einzupendeln. Auf dem Gebiet der Betriebssysteme ist es noch drastischer; die Marktdominanz von Microsoft resultiert in einem neuen Betriebssystem alle 24 Monate. Diverse Linux-Derivate sind nicht besser, in manchen Distributionen liegt die Releasedauer unter 12 Monaten, d.h., alle 12 Monate gibt es einen neuen Major Release.

Die Releasedauer, d.h. die Zeit von einem Releasewechsel zu dem nächsten, führt zu einer Lebenserwartung von etwa der zwei- bis dreifachen Releasedauer für das Herstellersystem. Kein ökonomisch denkender Softwarehersteller wird eine größere Zahl von verschiedenen miteinander konkurrierenden Betriebssystemen aus dem gleichen Haus lange unterstützen. Auf Dauer werden die für ihn veralteten Systeme vom Markt genommen, folglich erhält der Kunde weder Pflege noch Support für die nun veralteten Softwareteile.

Werden die Teile Betriebssysteme, Datenbanken und Middleware, für diese Betrachtung zählen JDBC/ODBC-Treiber zur Middleware, so ist hier keineswegs ein wechselseitiger Einfluss dieser Teile untereinander zu sehen. Die Betriebssysteme und Datenbanken sind für den Endbenutzer recht gut entkoppelt, wobei die Datenbankhersteller heute die notwendigen Anpassungen an die neuesten Betriebssystemvarianten in der Regel recht zeitnah zur Verfügung stellen. Aufgrund des Marktdrucks der Datenbankhersteller untereinander sind diese jedoch gezwungen, häufig neue Releases mit neuen Funktionalitäten zur Verfügung zu stellen, schon um ein Alleinstellungsmerkmal auf dem hart umkämpften Markt zu haben. Die Middleware spielt die Rolle des Nachzüglers, sie wartet die Veränderungen der beiden anderen ab, um sich dann anzupassen. Auch wenn bestimmte Funktionalitäten aktueller Datenbankreleases zurzeit nicht genutzt werden, so erfüllen sie doch ein latentes Bedürfnis und werden mit hoher Wahrscheinlichkeit von einer späteren Applikation bewusst eingesetzt und somit zu einer Vorbedingung für den Einsatz.

Die heute eingesetzten verteilten Systeme mit diversen Serverplattformen, sowie auch eine gewisse Anzahl von unterschiedlichen Clients, verstärken das Problem noch um einen Faktor, da sich die Hersteller der unterschiedlichen Plattformen nicht bezüglich ihrer jeweiligen Releasezyklen absprechen. Insofern hat die Verteilung nicht zur Lösung des Lebensdauerproblems direkt beigetragen. Wir werden jedoch später sehen, dass die Verteilung von Systemen die Gesamtstabilität durchaus erhöhen kann.

Die zweite große treibende Kraft bei der Reduktion der Lebenserwartung einer Applikation ist der Mitbewerber für das gleiche Marktsegment, in dem die jeweilige IT-Landschaft Unterstützung leistet. Informationstechnologie ist in Unternehmen nie Selbstzweck, sondern immer ein Mittel zum Zweck. Informationstechnologie stellt immer ein mögliches Mittel zur Umsetzung und Unterstützung von Geschäftsprozessen dar. Je besser der Prozess und die Produkte durch die IT-Landschaft unterstützt werden, desto wettbewerbsfähiger ist ein Unternehmen. Neben den rein betriebswirtschaftlichen Faktoren eines IT-Systems ist dessen Adaptivität extrem wichtig. Im Rahmen von immer kürzer werdender Produktzyklen ist neben der Veränderung der Produkte auch eine möglichst kleine Time-to-Market-Zeit für die Konkurrenzfähigkeit eines Unternehmens auf dem Markt ausschlaggebend. Diese Zwänge gelten aber nicht nur für das Unternehmen selbst, sondern auch für die Hersteller der Applikationen. Im Fall von Individualsoftware ist es das Unternehmen selbst, im Falle von Standardsoftware der Lieferant, der möglichst rasch neue Produkte auf den Markt bringen und konsequenterweise alte vom Markt nehmen muss.

Neue oder drastisch veränderte Produkte sind aber nicht immer mit den bestehenden Applikationen abzudecken. Die Folge: Diese Applikationen müssen ersetzt oder durch neue ergänzt werden. Dieser Ersatz führt zum sofortigen Ende der vorhergehenden Applikation. Folglich sinkt die Lebensdauer der alten Applikation und damit auch die durchschnittliche Lebenserwartung aller Applikationen innerhalb der IT-Landschaft. Gleichgültig ob Individual- oder Standardsoftware, die Ersetzung findet statt und die Lebenserwartung ist effektiv drastisch gesunken. An dieser Stelle wird oft argumentiert, dass Individualsoftware länger lebt als Standardsoftware. Diese Vermutung erweist sich in der Praxis als falsch. Eine der treibenden Kräfte hinter der Veränderung, nämlich der Wechsel im Bereich Betriebs- und Datenbanksysteme, trifft auf beide Softwareformen zu. Da Individualsoftware im Gegensatz zu Standardsoftware in der Praxis eine sehr geringe Pflegbarkeit aufweist, ist der Aufwand, sie lebensfähig zu halten, sehr viel höher als bei der Standardsoftware, wo der Lieferant über eine Skalenökonomie die Veränderungen wirtschaftlich verkraften kann.

Extrapolieren wir unsere Erfahrungen aus den letzten Jahrzehnten, so ist zu vermuten, dass sich diese Entwicklung nicht verlangsamen wird, folglich müssen wir uns darauf einstellen, dass innerhalb großer IT-Landschaften die durchschnittliche Lebensdauer einer Applikation etwa 4 Jahre beträgt. Heutige große IT-Dienstleister haben oft mehrere Hundert Applikationen in ihrer Gesamtlandschaft, welche von ihnen betreut werden. Selbst bei einer konservativen Schätzung von 200 Applikationen müssen in dem Gesamtsystem im Durchschnitt 4 Applikationen pro Monat ausgetauscht werden. Allein diese Zahlen sagen uns klar und deutlich, dass die einzelne Applikation nicht der stabilisierende Faktor innerhalb der IT-Landschaft sein kann. Einzig die von der einzelnen Applikation, dem einzelnen Produkt losgelöste Gemeinsamkeit, die Enterprise Architektur, bleibt unverändert und damit der stabilisierende Faktor.

2.5 Outsourcing

Unsere heutige Wirtschaft beruht auf der Grundlage, dass das Unternehmen, welches eine Tätigkeit am effektivsten, sei es über eine Skalen- oder eine Scope-Ökonomie, ausführt, einen immensen Wettbewerbsvorteil besitzt. Dieser Vorteil wird aber in der Regel durch zunehmende Spezialisierung erreicht. Das Angebot dieser Unternehmen an andere wächst ständig an. Diese hohe Spezialisierung führt dazu, dass das Unternehmen nur noch kleinere, aber besonders wichtige, Operationen durchführt. Ist ein Unternehmen in der Lage, einen Teil seiner nicht essenziellen Prozesse an Dritte zu delegieren, die diese dann autonom ausführen, spricht man von Outsourcing.

Der Vorreiter auf dem Gebiet des Outsourcing ist der Produktionsprozess in der Automobilindustrie. Bei Automobilherstellern ist das Outsourcing so weit gediehen, dass ein großer Teil der Mitarbeiter am Fließband nicht mehr zur eigenen Belegschaft gehört, sondern von den Lieferanten der Teil- und Halbfertigprodukte gestellt wird. Die Automobilindustrie beschränkt sich nur noch auf wenige, aber essenzielle Teile.

Auch im Sektor von IT-Dienstleistungen ist dieser Ansatz zu beobachten. So können schon heute Funktionalitäten wie Adressprüfung oder Bonitätsauskünfte sowie auch Kreditbewertungen von Auskunfteien online genutzt werden. Diese Nutzungsmodelle sind erst der Anfang. Mit zunehmendem Kostendruck werden große Unternehmen wie Banken und Versicherungen weitere Teile ihres Geschäftsprozessablaufes an Dritte delegieren. Für dieses Outsourcing gibt es, auf technischer Basis, zwei grundlegende Szenarien. Zum einen hosted der Anbieter die Applikation im Sinne eines Application Service Providers, ASP, bei sich selbst, zum anderen stellt der Anbieter nur eine Betriebsmannschaft sowie auch die Applikation innerhalb des Gesamtsystems des Auftraggebers zur Verfügung, eine Art inhouse-Hosting.

Diese Fragmentierung der Geschäftsprozesse in verschiedene Hoheiten muss notwendigerweise durch die IT-Architektur unterstützt werden. Erst wenn die IT-Architektur solche Vorgehensweise ad hoc ermöglicht, erfüllt sie eine der notwendigen Voraussetzungen für den Einsatz innerhalb eines modernen Unternehmens. In späteren Abschnitten wird zu sehen sein, welche Auswirkungen diese Forderung auf die Enterprise Architektur hat.

2.6 Flexibilität und Skalierbarkeit

Welche Auswirkungen hat die zunehmend reduzierte Lebenserwartung der einzelnen Applikation auf die Anforderungen an die Enterprise Architektur?

Die Enterprise Architektur muss flexibel genug sein, um beliebig strukturierte Applikationen aufnehmen zu können. Diese Flexibilität ist eine der Schlüsselfaktoren für den Erfolg einer Enterprise Architektur. Sobald diese nicht mehr gewährleistet ist, bedarf der Einbau einer weiteren oder der Ersatz einer bestehenden Applikation stets eines immensen Kraftaufwandes mit sehr hohem Risiko.

Auch auf die Kostenfragen hat die Flexibilität einen großen Einfluss. Bedingt durch die immer kürzer werdenden Lebensdauern einzelner Applikationen wird der Integrations- und Einführungsaufwand sehr viel wichtiger als der Betriebsaufwand. Die klassischen Kriterien, in denen nur der Betrieb bewertet wird, werden dadurch immer stärker in den Hintergrund gerückt, da sie nur noch einen kleinen Teil an den effektiven Gesamtkosten einer Applikation einnehmen.

Neben der reinen Flexibilität zeigt sich im schnell ändernden Geschäftsleben, dass die Skalierbarkeit eine wichtige Größe darstellt. Skalierbarkeit im Softwaresinne bedeutet, dass das System in der Lage sein muss, sich auf geänderte Kapazitätsanforderungen dynamisch anzupassen, wobei diese Anforderungen sowohl plötzlich durch Hinzufügen neuer Applikationen als auch zeitlich durch Tagesschwankungen der Benutzer ausgelöst worden sein kann. Im Grunde ist die Skalierbarkeit eine betriebswirtschaftliche Größe, da ihr Vorhandensein erst eine Kalkulation der benötigten Ressourcen sowie auch der Kosten ermöglicht.

2.7 Offenheit und Interoperabilität

Wie schon bei der Diskussion um die Lebensdauer von Applikationen aufgezeigt, ändern sich die einzelnen Applikationen recht schnell. Damit diese aber in den Gesamtkontext integriert werden können, ist es notwendig, dass die Enterprise Architektur ein hohes Maß an Offenheit gegenüber den möglichen Formen von Applikationen besitzt. Folglich muss unsere Enterprise Architektur in der Lage sein, eine Menge von diversen Applikationen zu verkraften.

In der Praxis geht diese Forderung noch weiter. Da nicht überall dieselbe Enterprise Architektur vorhanden sein kann, muss jede Enterprise Architektur mit einer anderen zusammenarbeiten können, was sich in der Forderung nach Interoperabilität niederschlägt. Diese Interoperabilität ist nicht zu verwechseln mit der Interoperabilität, die vorliegt, wenn interne Teile der Gesamtarchitektur miteinander wechselwirken und noch nicht dem notwendigen Standard der Enterprise Architektur genügen. Solche Formen werden im Folgekapitel Migration und Integration besprochen. Das Management solcher Integrationsarchitekturen ist für ein Unternehmen eine immanent wichtige Disziplin, da sich die mögliche Ziel-Enterprise-Architektur im Laufe der Zeit, bedingt durch die technologische Entwicklung im Bereich Netzwerke, Festplatten etc., permanent verändert. Folglich befindet sich eine Enterprise Architektur in einem stetigen Wandel. Allerdings ist die Lebenserwartung einer gewählten Architektur deutlich höher als die Lebenserwartung einer Applikation. Vermutlich liegt die Lebenserwartung einer Enterprise Architektur in der Größenordnung von 10 Jahren.

2.8 Modularität

Die Modularitätsforderung an die Enterprise Architektur ist eine Forderung an die Fähigkeit, möglichst schnell und effektiv bestehende Applikationen zu ersetzen bzw. neue Applikationen zu integrieren. Interessanterweise wird die Fähigkeit, Applikationen zu entfernen und das Gesamtsystem stabil zu halten, als eine oft vernachlässigte Disziplin betrachtet. Die gewählte Enterprise Architektur muss die beliebte Plug-and-Play-Forderung gegenüber ganzen

Applikationen erfüllen. Für eine sinnvolle Enterprise Architektur ist es unabdingbar, dass es Mechanismen für die Ersetzung von Applikationen gibt. Neben den inneren Eigenschaften der Applikationen kann nur die Enterprise Architektur den notwendigen Rahmen setzen, um die entsprechenden Austauschaktivitäten vorzunehmen.

2.9 Wartbarkeit und Zukunftssicherheit

Obwohl betriebswirtschaftliche Größen generell eine Rolle spielen, treten Wartbarkeit und Zukunftssicherheit ganz klar in den Vordergrund. Beide Größen erscheinen mittlerweile als selbstverständlich, sind es jedoch nicht.

Sie sind schon allein deswegen wichtig, da sich Enterprise Architekturen ändern und somit die Frage nach der Zukunftssicherheit gestellt werden muss. Für ein Unternehmen ist es aber besser, sich der Herausforderung einer sich ändernden Enterprise Architektur zu stellen und den Wechselprozess bewusst zu managen, als von einer statischen Sicht auf die Enterprise Architektur auszugehen.

Warum sollen uns Enterprise Architekturen in der Zukunft helfen können? Ein großer Teil der Antworten beruht simplerweise auf Glaubensgrundsätzen in der Informationstechnologie, welche zwar nicht beweisbar, aber durch ständiges Wiederholen in Verkaufsgesprächen zu akzeptierten Tatsachen mutieren. Zu diesen Glaubensgrundsätzen zählen:

- Die Fähigkeit, durch eine Enterprise Architektur die gesamte Infrastruktur schnell zu ändern, ist ein großer Wettbewerbsvorteil gegenüber der Konkurrenz.
- Durch die Austauschbarkeit von Teilen oder ganzen Subsystemen sinken die Kosten für die Integration neuer Partner und den Austausch von bestehenden Lieferanten. Die Austauschbarkeit wird durch die Enterprise Architektur gewährleistet.
- Eine flexible Enterprise Architektur bietet die besten Services zu den niedrigsten Kosten.
- Eine gute Enterprise Architektur kann die bestehenden Systeme kostengünstig am Leben erhalten.

Diese Annahmen beinhalten im Grunde ein hohes Maß an Wunschdenken. Wir werden im Nachfolgenden noch sehen, dass die Wirklichkeit doch etwas differenzierter und zum Teil widersprüchlicher ist.

2.10 Wiederverwendbarkeit

Eine gute Enterprise Architektur muss so entworfen sein, dass ihre Komponenten wiederverwendet werden können. Diese Wiederverwendung ist vorbereitet, vorgedacht und hochgradig erwünscht. Die Konsequenz aus dieser Forderung nach Wiederverwendbarkeit gibt ein besonderes Gewicht auf die Services, speziell auch Service Oriented Architectures. Solche Services müssen nicht nur technischer Natur sein, sondern auch aus Geschäftsprozessteilen bestehen. Jede Funktionalität, die sich für eine Wiederverwendung eignen könnte, wird besonders vorteilhaft durch eine Service Oriented Architecture unterstützt.

2.11 Teile der Enterprise Architektur

Eine Enterprise Architektur im ausgedehnten Sinne besteht in ihrer Ganzheit aus vier separaten Teilbereichen:

- Geschäftsprozess-Architektur
- Applikationsarchitektur
- Datenarchitektur
- Systemarchitektur

Der Bereich der Geschäftsprozess-Architektur wird im vorliegenden Buch explizit ausgeklammert, da hier völlig andere Größen und Betrachtungsweisen notwendig sind, um zu einer sinnvollen Beschreibung zu kommen. Die drei anderen Architekturkategorien werden stets gemeinsam betrachtet, da eine explizite Separation für eine übergreifende Betrachtung nicht besonders sinnvoll erscheint. Die Abhängigkeiten und Wechselwirkungen dieser verschiedenen Teile sind, wie in Kapitel 3 aufgezeigt, viel zu groß.

Die in Abschn. 2.3 angesprochene Analogie zwischen der Enterprise Architektur und einem Gebäude trägt noch weiter. Die Architektur eines großen Gebäudes ist mehr als eine Anhäufung von Blaupausen. Holzmodelle und Außenansichten erklären die Grundzüge der Bauarchitektur dem Auftraggeber, damit dieser sich entscheiden kann, ob die Architektur den Bedürfnissen des Auftraggebers gerecht werden kann. Detailzeichnungen zeigen jeweils das Fundament, die Stockwerke und das Dach. Diese einzelnen Teile müssen sinnvollerweise immer im Kontext der anderen Teile entwickelt werden. Das Fundament muss die notwendige Stärke und Stabilität besitzen, um das gesamte Gebäude zu unterstützen. Je nach Anzahl der Stockwerke muss das Fundament umso stabiler ausfallen. Größere elektrische Anlagen benötigen stärkere Leitungen usw. Der Bau eines Gebäudes benötigt eine Reihe von Blaupausen, eine für die elektrischen Leitungen, eine für die Wasserversorgung, eine für die Heizungsanlage, eine für die Klimatisierung. Im Endeffekt aber müssen alle Blaupausen ein gemeinsames Bild für die Architektur bilden.

Die Situation ist für eine Enterprise Architektur ähnlich. Ein Stapel von Dokumenten ist noch lange keine Enterprise Architektur. Damit alle zusammen einen gemeinsamen Wert haben, müssen sie integriert werden. Die so entstandene integrierte Gesamtmenge mit all ihren Querbezügen und Referenzen bildet dann eine Enterprise Architektur.

Genauso wie die Blaupause eines Gebäudes dem jeweiligen Investor als Entscheidungsgrundlage dient, liefert die Enterprise Architektur die Entscheidungsgrundlage für die jeweilige Unternehmensleitung. Die Enterprise Architektur ermöglicht es dem Management eines Unternehmens über das Unternehmen als Ganzes nachzudenken.

Die obige Analogie trägt noch weiter. Ein Gebäude hat mehr als einen Nutzer. Die unterschiedlichen Nutzer haben zum Teil völlig verschiedene Erwartungen an die Struktur des Gebäudes. Außerdem ist ein solches Gebäude aus verschiedenen Baumaterialien, zum Teil auch durch Fertigprodukte, aufgebaut, je nach struktureller Notwendigkeit oder ökonomischem Zwang. Die Wahl der Materialien und des Bodens bestimmt die Stabilität, Performanz und Kosten des Gebäudes und muß beim Bau des Gebäudes berücksichtigt werden. Ähnlich ist auch ein Unternehmen aufgebaut. Auch hier entscheidet letztendlich die Qualität des Materials, sprich IT-Produkte, über die Stabilität und Performanz der IT-Landschaft.

3

Framework

... he picked a bit of paper from the walk and nailed it to the framework with a knife.

The Bride comes to Yellow Sky,
Stephen Crane

3.1 Frameworks, Standards und Techniken

Die Unterstützung der Systementwicklung durch Architekturen ist in den letzten Jahren immer wichtiger geworden. Einige Standards und Techniken wurden schon von diversen Quellen vorgeschlagen. Ein Architektur-Framework zerlegt die komplexe Aufgabe in mehrere Teilschichten, welche dann getrennt modelliert werden können. Jede dieser Teilschichten, Layers, muss im Metamodell des Frameworks spezifiziert sein.

Es ist, unabhängig vom konkreten Framework, immer sinnvoll, zwischen konzeptioneller und operationeller Sicht auf eine Architektur zu unterscheiden.

Die konzeptionelle Norm für Enterprise Architekturen ist der IEEE-Standard 1471. Dieser definiert eine theoretische Basis für die Definition, Analyse und Beschreibung einer Systemarchitektur, was einen Teil der Enterprise Architektur im engeren Sinne darstellt. Im Grunde beschreibt die IEEE-1471-Norm eine Reihe von Elementen und die Beziehungen, die diese Elemente untereinander haben.

Zusätzlich zur IEEE-1471-Norm existieren noch folgende drei Normen:

- ISO 14258: Beinhaltet die Konzepte und Regeln für das Modellieren von Enterprises mit dem Schwerpunkt auf den Geschäftsprozessen.
- ISO 15704: Voraussetzungen für Referenzarchitekturen und auch die entsprechenden Methodiken zur Entwicklung der Referenzarchitekturen.
- CEN ENV 4003: Das CIMOSA ist die Europanorm des Comite Europeen de Normalisation für Systemarchitekturen.

Die beiden wohl bekanntesten Frameworks für die Entwicklung von Enterprise Architekturen sind:

- Das Zachman-Framework: Framework for Enterprise Architecture, welches eine logische Struktur zur Beschreibung und Klassifikation sowie der Organisation von Darstellungen liefert, die für die Entwicklung einer Architektur wichtig sind.

- ISO/ITU: Reference Model for Open Distributed Processing, auch RM-ODP genannt. Hier werden Hilfsmittel für die Schaffung eines großen verteilten Systems bereitgestellt.

Aufseiten der Techniken gibt es eine Reihe von, meist werkzeuggebundenen, Beschreibungssprachen, die sich oft durch ein ausgeklügeltes Metamodell auszeichnen. Zu den Beschreibungssprachen im weiteren Sinne gehören:

- ADS: Der Architecture Description Standard wurde von IBM veröffentlicht und fasst eine Reihe von Best-Practices und Erfahrungen innerhalb eines formalen Metamodells zusammen.
- MDA: Die Model Driven Architecture der OMG Object Management Group ist werkzeugunabhängig und benutzt hauptsächlich die UML, Unified Modelling Language; in Kapitel 13 wird die MDA näher untersucht.
- ISO 15704: Der internationale Standard definiert eine Reihe von Anforderungen an Referenzarchitekturen und an Methodiken.
- TOGAF: The Open Group Architectural Framework, ist ein werkzeugunabhängiges Framework, um technische Architekturen zu entwickeln.
- IAF: Das Integrated Architecture Framework von Cap Gemini stammt aus dem Bereich der Geschäftsprozessmodellierung und setzt die entsprechenden Schwerpunkte.

3.2 Einbettung der Enterprise Architektur

Eine Enterprise Architektur lebt nicht im leeren Raum, sie ist kein Selbstzweck, sondern stets nur ein Mittel zum Zweck. Sie ist stets eingebettet in ein Unternehmen, um dort die Geschäftsprozess-Architektur zu unterstützen. Erst das Zusammenspiel von beiden ergibt ein effektives Gesamtsystem, wobei einzelne Teile der Geschäftsprozess-Architektur nur Teile der Enterprise Architektur benutzen und nie das gesamte Enterprise Architektursystem.

Der in der Figur Abb. 3.1 dargestellte Zusammenhang zwischen den verschiedenen Architekturen ist so bei allen Unternehmen anzutreffen. Bis in die Achtzigerjahre des vergangenen Jahrhunderts wurde die Enterprise Architektur durch Geschäftsprozess-Architektur vorangetrieben, d.h., Entwicklungen folgten stets den Geschäftsprozessen. In jüngerer Zeit lässt sich beobachten, dass es auch umgekehrte Einflüsse gibt, d.h., ein Geschäftsprozess wird durch die Enterprise Architektur erst definiert und ermöglicht.

Der Hintergrund für diesen Wandel liegt in der Tatsache, dass zu Beginn des Informationstechnologiezeitalters Software zur Automatisierung bestehender manueller Prozesse eingesetzt wurde, man nun aber in der Lage ist, völlig neue Prozesse zu definieren, die kein manuelles Äquivalent mehr haben.

Die wechselseitige Beeinflussung der beiden Architekturen wird noch dadurch verschärft, dass sich beide im Laufe der Zeit auch verändern und somit

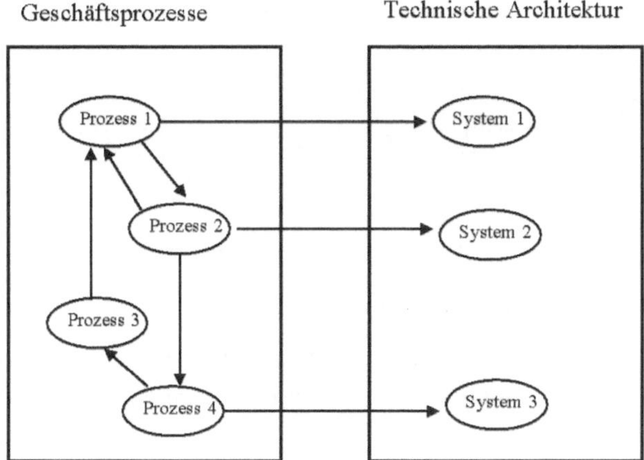

Abb. 3.1. Geschäftsprozess-Architektur und technische Architektur

ihre jeweils treibende Rolle verändern können. Die Veränderung der Architekturen muss innerhalb eines Unternehmens durch einen wohl definierten Prozess abgedeckt werden. Für diesen Prozess sind die Architektur-Frameworks notwendig.

Ihr Sinn und Zweck wird im Nachfolgenden kurz angerissen. Das vorliegende Buch muss sich jedoch auf die Aspekte der Enterprise Architektur konzentrieren.

3.3 Gesamtframework

Wie schon im Abschn. 3.2 angesprochen, muss die Weiterentwicklung der verschiedenen Architekturen ein gut geführter Prozess sein. Zur Abstützung dieses Prozesses ist es sinnvoll, ein Gesamtframework innerhalb des Unternehmens einzuführen, das diese Entwicklung optimal unterstützt. Ein solches Gesamtframework lässt sich am einfachsten als eine Pyramide, s. Abb. 3.2, darstellen.

Die einzelnen Teile dieses Framework sind:

- Architekturgovernance-Framework
- Geschäftsprozess-Framework
- Enterprise Architektur-Framework
- Gesamtarchitektur mit den beiden Teilen
  - Geschäftsprozess-Architektur
  - Enterprise Architektur

Manche Autoren bezeichnen die Gesamtarchitektur als Enterprise Architecture und den technischen Teil dann als Technical Enterprise Architecture; dieser Sprachgebrauch ist jedoch unüblicher und führt zur Verwirrung, da-

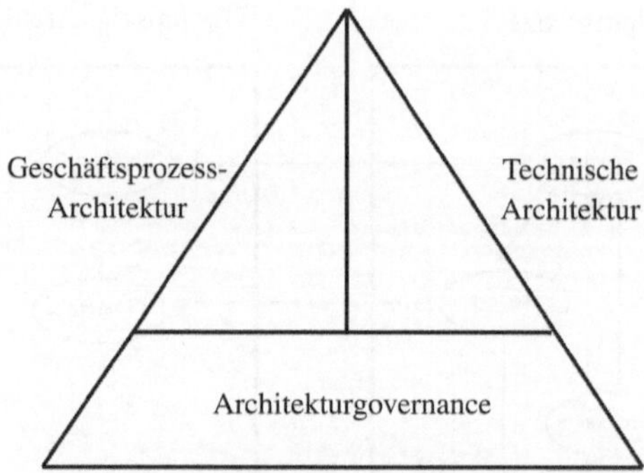

Abb. 3.2. Frameworkpyramide

her wird in diesem Buch ausschließlich der Begriff Enterprise Architektur für den technischen Teil der Gesamtarchitektur verwendet. Diese Einschränkung ermöglicht es, unternehmensübergreifende abstrakte Prinzipien innerhalb der IT-Struktur aufzuzeigen, da die Geschäftsprozesse in der Regel zu branchenspezifisch sind.

Dieses Buch beschäftigt sich primär mit Enterprise Architekturen, und von daher ist hier nicht genügend Raum für Diskussionen über Geschäftsprozess-Architekturen bzw. ein entsprechendes Framework zur Entwicklung und Steuerung dieser. In dem Literaturverzeichnis wird die entsprechende Referenzliteratur angegeben.

3.4 Architekturgovernance-Framework

Der Sinn und Zweck der Governance ist es, Prozesse zu steuern bzw. zu initiieren, sodass die Geschäftsprozesse überhaupt mit der Enterprise Architektur zusammenarbeiten können. Die Governance bedeutet die Bereitstellung und Kontrolle von IT-Ressourcen und dem Risikomanagement von Technologie-Entwicklungen, welche die Enterprise Architektur betreffen können. Es wird sich dabei auf die strategischen Ziele des Gesamtunternehmens konzentriert.

Durch die Governance werden Informationen aus unterschiedlichen Teilen der Architekturentwicklung gesammelt, ausgewertet und wieder als Grundlage für eine Nachfolgearchitektur bereitgestellt.

Die einzelnen Elemente der Architekturgovernance sind:

- strategisch
  - Unternehmensziele
  - Mission Statements
  - Organisationsstrukturen
  - Budgets
  - Strategien und Ziele
  - strategische Projekte

- prozedural
  - Methoden und Verfahren
  - Policies und Prozeduren
  - Beschaffungsstrategien

Wie leicht zu sehen ist, beschäftigt sich die Governance sehr intensiv mit der nachhaltigen, langfristigen Entwicklung des gesamten Unternehmens. Der eigentliche Prozess versucht, in Bezug auf die Architektur, den gesamten Lebenszyklus einer Architektur bewusst zu steuern.

3.5 Enterprise Architektur-Framework

Ein stabiles und verlässliches Framework muss existieren, damit die Entwicklung und der kontrollierte Wandel einer Enterprise Architektur überhaupt möglich ist. Ziel des Frameworks ist es, aufzuzeigen, in welcher Art und Weise die Geschäftsentwicklungen sowie auch die Technologiesprünge auf die Enterprise Architektur und damit auf das gesamte IT-Portfolio umgesetzt werden können. Hierbei muss genügend Flexibilität vorhanden sein, um sowohl eine Reihe von parallelen als auch zum Teil widersprüchlichen Technologien verwalten zu können.

Was sind die treibenden Kräfte hinter der Technologie?

Veränderungen in den Informationstechnologien lassen sich in 3 Kategorien einteilen:

- IT-Prinzipien
- IT-Best-Practices
- IT-Technologietrends

Interessanterweise findet eine Migration zwischen diesen treibenden Kräften statt. Jede dieser Kategorien hat eine Anzahl von Elementen, die ihrerseits einen Lebenszyklus haben. Die Standardevolution ist, dass sich aus einem Trend ein Element von Best-Practices und aus einer Best-Practices auf Dauer ein Prinzip ergibt. Allerdings verschwinden die Elemente auch wieder, d.h., Prinzipien oder Best-Practices werden obsolet, bzw. Trends erweisen sich als nicht tragfähig.

Die einzelnen Kategorien lassen sich in ihrer Auswirkung auf die Enterprise Architektur recht einfach beschreiben, s. Tabelle 3.1.

Die Aufgabe eines Enterprise Architektur-Frameworks ist es nun, solche Auswirkungen in den Griff zu bekommen und zu steuern bzw. zusammen mit der Governance mögliche Trends auf ihre Übernahme in Best-Practices zu überprüfen.

In der Praxis, im Sinne der obigen IT-Best-Practices, hat sich eine Klassifizierung der Technologie in die folgenden Klassen bewährt:

- emerging, im Sinne von noch nicht ausreichend vertreten aber mit hohem Potenzial, so beispielsweise digitale Signatur,

Tabelle 3.1. Kategorienauswirkungen

Frameworkkategorie	**Auswirkung auf die Enterprise Architektur**
IT-Prinzip	muss befolgt werden, Compliance erzwungen
IT-Best-Practices	sollte befolgt werden
IT-Technologietrend	darf nicht befolgt werden, keine ausreichende Reife

- current, im Sinne von state-of-the-art Technologie, weit verbreitet und stabil, beispielsweise POP3, IMAP4,
- twilight, im Sinne von noch vorhanden, wird aber systematisch abgelöst, beispielsweise POP2, X400,
- sunset, im Sinne von obsolet, beispielsweise 370-Assembler.

Diese Klassifizierung ist hilfreich zur Einordnung der jeweiligen Technologie in eine Enterprise Architektur. In realen Architekturen sind nicht selten alle 4 Klassen anzutreffen, wobei das Ziel sein muss, die Bestandteile, welche auf Technologien der Klassen twilight und sunset aufbauen, durch Teile zu ersetzen, die zumindest in die Klasse current passen.

3.6 Entwicklung der Enterprise Architektur

Eine Enterprise Architektur ist nie statisch, sie entwickelt sich beziehungsweise muss sich permanent weiterentwickeln. Diese Entwicklung muss aber auch einem Regelwerk unterliegen. Wie kann ein solches Regelwerk aussehen?

Der Entwicklungszyklus der Enterprise Architektur besteht aus einem iterativen Prozess, s. Abb. 3.3. Die verschiedenen Phasen sind alle wohl definiert und lassen sich wie folgt beschreiben und abgrenzen.

3.6.1 Prinzipien

Wichtig sind hier die klassischen Tätigkeiten bei der Projektarbeit, Leistungsumfang, Teamgröße und Fokussierung des Teams. Die Entscheidung darüber, welche konkrete Architektur-Frameworks genommen werden und welche Prinzipien für die Entwicklung der Architektur gelten sollen, fällt an dieser Stelle. Die Frage nach der Wiederverwendung von bestehenden Teilen aus früheren Prozessteilen ist eine zentrale Aufgabe der Vorbereitung. Die Arbeit an der Enterprise Architektur wird üblicherweise beeinflusst durch Architektur- als auch Geschäftsprozessprinzipien, wobei die Architekturprinzipien selbst wiederum auf Geschäftsprozessprinzipien aufbauen. Die Definition der Geschäftsprozesse liegt normalerweise außerhalb der Enterprise Architekturentwicklung, wenn allerdings innerhalb des Unternehmens Geschäftsprozesse gut modelliert und strukturiert sind, kann es möglich sein, diese als treibende Kräfte für die Entwicklung der Enterprise Architektur zu nutzen.

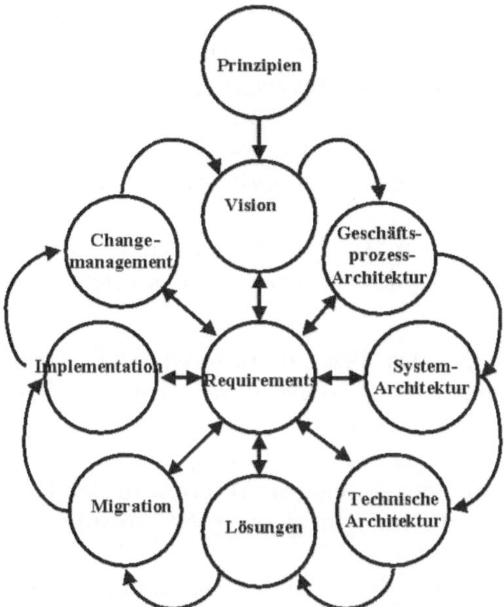

Abb. 3.3. Der Enterprise Architekturzyklus

3.6.2 Vision

In der Vision werden der Leistungsumfang und die Grenzen der Enterprise Architektur festgelegt. Voraussetzung für den Beginn dieser Phase ist der Abschluss der Prinzipien, Abschn. 3.6.1. Diese Prinzipien stellen die Rahmenbedingungen für den gesamten Prozess dar.

Die Vision der Enterprise Architektur ist sehr weitreichend, da die Vision die Zielsetzung des gesamten Unternehmens überdecken können muss. Am einfachsten kann die Vision gegenüber den Zielsetzungen des Unternehmens anhand von Business-Szenarien überprüft werden.

Die Vision ist der verpflichtende Vertrag zwischen der Enterprise Architektur auf der einen Seite und den Entwicklern und Endkunden auf der anderen Seite. Während eines einzelnen Zyklus stellt die Vision eine Konstante, eine Art frozen zone, dar. Jedwede Änderung hätte solche drastische Risiken und Auswirkungen, dass ein sinnvolles Arbeiten nicht möglich wäre. Andererseits muss sich die Vision in allen nachgelagerten Phasen oder Tätigkeiten widerspiegeln.

3.6.3 Geschäftsprozess-Architektur

Die Geschäftsprozess-Architektur ist ein zentraler Bestandteil jeder Entwicklung. Neben der Beschreibung der momentanen Situation der Geschäftsprozesse ist die Formulierung der zukünftigen Geschäftsprozess-Architektur ein Ziel. Der Unterschied zwischen Ist- und Sollzustand ist für die weiteren Phasen und deren Planung sehr wichtig. Außerdem wird an dieser Stelle das interne Marketing zur Überzeugung der Auftraggeber und Investoren gestartet.

Das tiefe Verständnis für die Geschäftsprozesse stellt einen kritischen Erfolgsfaktor für jedes Projekt und insbesondere für Enterprise Architektur-Projekte dar.

Die Modellierung von Geschäftsprozessen kann auf einen reichen Erfahrungsschatz an Techniken zurückgreifen. Zu den bekanntesten Verfahren gehören:

- Activity-Modelle, auch Geschäftsprozessmodelle genannt: Diese Modelle beschreiben die Aktivitäten und all ihre Vor- und Nachbedingungen, welche das Unternehmen betreffen.
- Use-Case-Modelle, auch Geschäftsvorfallsmodelle genannt: Hier werden Vorfälle aus Sicht der jeweiligen Aktoren, in der Regel die Kunden, beschrieben, wobei die Implementierung der ablaufenden Prozesse zunächst irrelevant ist.
- Klassenmodelle: Ein Klassenmodell beschreibt die statischen Informationen und ihre Beziehungen bzw. das Verhalten der Informationen. Wichtig ist hier, dass nur eine abstrakte Darstellung notwendig ist.
- Node Connectivity Diagram: Das Knotenverbindungsdiagramm beschreibt die Verbindungen zwischen den verschiedenen Standorten des Unternehmens. Das Modell wird auf drei Ebenen beschrieben:
  - konzeptionelles Diagramm
  - logisches Diagramm
  - physisches Knotenverbindungsdiagramm.

  Ein Knoten in diesem Modell kann viel bedeuten, angefangen vom IT-Vorstand über eine Organisationseinheit bis hin zu einer Filiale.
- Informationsaustauschmatrix: Diese Matrix dokumentiert die notwendigen Beziehungen zwischen den Knoten des Node Connectivity Diagrams.

Oft finden sich Architekturen für Geschäftsprozesse für ganze Industrien oder Dienstleistungssektoren. Diese Referenzmodelle sind ein wichtiger Schlüssel zur Beschreibung.

3.6.4 Systemarchitektur

Die bis zu diesem Zeitpunkt im Ablauf erarbeiteten Ergebnistypen wie Visionen und Geschäftsprozessmodelle bzw. -architekturen sind inhärent mehrdeutig, intuitiv und informell. Das Ergebnis des Gesamtprozesses soll aber im Endeffekt eindeutig und automatisch von einem Computer verstanden und übersetzt werden. Die Rolle der Architektur ist es, die Abbildung zwischen den informellen Teilen und den formalen Systemteilen vorzunehmen. An dieser Stelle im Gesamtprozess wird die bisherige informelle Spezifikation in einer formalen Sprache dargestellt.

Ziel ist es, im Rahmen der Systemarchitektur eine Zielarchitektur für Daten und Applikationen zu entwickeln. Obwohl es theoretisch möglich wäre, eine Applikationsarchitektur von einer Datenarchitektur zu trennen und zuerst die eine und dann die andere zu entwickeln, ist das Vorgehen in der Praxis nicht sinnvoll. Die meisten neuen Systeme, beispielsweise Enterprise Resource Planning, ERP, oder Customer Relationship Management System, CRM, machen nur Sinn, wenn Daten und Prozesse simultan berücksichtigt werden. Die Daten- wie auch die Applikationsarchitekturen sind letztendlich die zentralen Bestandteile einer Enterprise Architektur.

Klassischerweise wird diese Architekturform auch horizontale Architektur genannt im Gegensatz zur Technologie-Architektur, Abschn. 3.6.5 bzw. Kapitel 9, welche oft als vertikale Architektur bezeichnet wird. Für das System ist meistens die Partitionierung in die verschiedenen horizontalen Bereiche wichtiger als die konkrete Implementierungstechnologie.

Welche Entwicklungstechniken stehen hinter der Systemarchitektur?

Obwohl diese Techniken schon seit langem in der regulären Softwareentwicklung bekannt sind, zeigt sich heute, dass es eine starke Koppelung zwischen diesen Techniken und der Systemarchitektur gibt. Diese Techniken beinhalten:

- Abstraktion
- Information Hiding
- Kapselung
- Koppelung und Kohäsion
- Modularisierung
- Separation zwischen Implementierung und Interfaces
- Separation zwischen Policies und Implementierung
- Divide and Conquer

3.6.5 Technologie-Architektur

Der zweite große Block der Enterprise Architektur ist die Technologie-Architektur. Im Kapitel 9 wird sehr intensiv auf die Ergebnisse und Modelle dieser Phase eingegangen. Aus einer prozessuralen Sicht ist diese Phase recht aufwendig, s. Abb. 3.4. Wie in jedem Projekt ist das Requirementsmanagement ein zentraler Teil aller Phasen. Die einzelnen Teile der Phase Technologie-Architektur sind:

- Baseline: Ziel ist es, eine Beschreibung des existierenden Systems in Form von Services zu liefern, damit ein Abgleich mit der zukünftigen Struktur möglich ist. Falls der Architekturentwicklungszyklus schon früher durchlaufen worden ist, ist dieser Schritt relativ einfach zu bewerkstelligen.
- View: Die Geschäftsprozess-Architektur wird benutzt, um eine Sicht, View, auf die Technologie bereitzustellen. Ein sinnvoller Satz von Sichten der Fachbereiche bzw. Investoren auf die neue Technologie-Architektur ist zu liefern. Ohne diese Sichten ist ein Einsatz einer neuen Architektur nicht zu legitimieren.

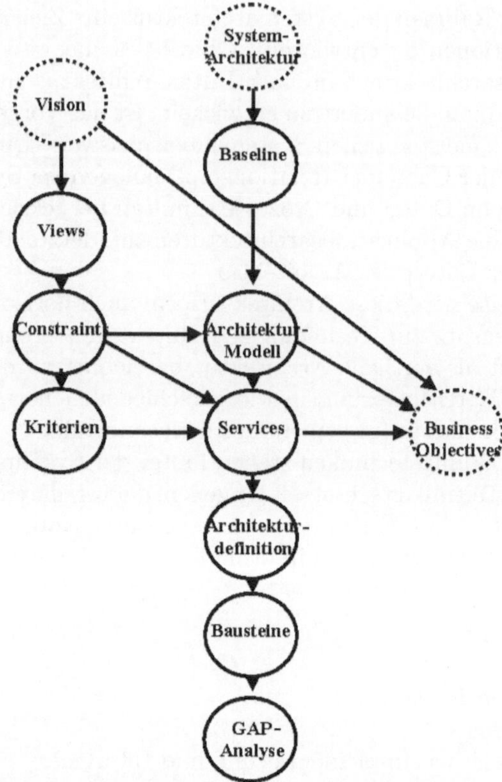

Abb. 3.4. Entwicklung der Technologie-Architektur

- Constraints: Die Geschäftsprozesse implizieren eine Reihe von Zwangsbedingungen, Constraints, auf das entstehende Gesamtsystem.
- Modell: eine zu entwickelnde Beschreibung der Architektur in grafischer Form.
- Kriterien: Anhand der Constraints aus der Geschäftsprozess-Architektur werden Kriterien für die Auswahl von Services abgeleitet. Wenn diese Kriterien auf die vorhandenen Services angewandt werden, entsteht ein Katalog für die Auswahl und Priorisierung der einzelnen Services.
- Services: Die vorhandenen Services werden aus der Menge der Bausteine identifiziert und die jeweils adäquaten Services für die Problemstellung ausgewählt.
- Objectives: Hier wird explizit überprüft, ob die neue Architektur noch zu den Geschäftszielen passt und ob sie zum langfristigen Erfolg des Unternehmens beitragen kann.
- Architekturdefinition: Die vollständige Architektur wird hier definiert. Bedingt durch die Iterativität des Vorgehens kann dieser sehr komplexe Schritt mehrmals durchlaufen werden.

- Bausteine: Eine Zerlegung der gesamten Technologie-Architektur in horizontale als auch vertikale Blöcke und Bausteine ist notwendig, um ein hochkompliziertes System beherrschbar zu machen. Die Bausteine haben durchaus unterschiedliche Granularität und Abstraktionsgrade, je nach Anforderung. Die Bausteine, building blocks, lassen sich aus Sicht des Einsatzes bzw. des Deployments in zwei Kategorien unterteilen:
  - produktbasiert: Die einzelnen Produkte lösen ganz spezifische Probleme mithilfe von Komponenten aus individuellen Teilsystemen. Diese Komponenten können zu einem Gesamtsystem integriert werden, Kapitel 3.6.8. Aber das resultierende System kann, muss aber nicht, eine qualitativ hochwertige Enterprise Architektur bilden.
  - asset-basiert: Hier werden Probleme, welche in verschiedenen Kontexten auftauchen, durch Komponenten gelöst, die schon von der Architektur zur Verfügung gestellt werden. Die so gelieferte Gesamtperformanz ist oft größer als die Summe der Teile.
- Gap-Analyse: Die Gap-Analyse zeigt den Unterschied zwischen dem Soll- und dem Istsystem auf. Sie ist ein wichtiges Steuerungsinstrument für eine etwaige Wiederholung des Prozesses bzw. für die nachfolgenden Phasen.

3.6.6 Lösungen

In dieser Phase werden die Weichen für die Implementierung gestellt. Typischerweise entstehen mehrere Technologie-Architekturen bzw. Architekturoptionen, zwischen denen dann unterschieden werden muss. Sehr typisch für diesen Schritt ist auch die Evaluation und Entscheidung zwischen make or buy oder bis zu welchem Grad eine Wiederverwendung von Teilen des bestehenden Systems möglich oder erfolgreich sein kann.

Auch die großen Blöcke, die für die Implementierung gebildet werden müssen, werden hier betrachtet. Neben der Gesamtplanung, im Sinne von Dauer, Aufwand und Kosten, ist dies auch die Stelle für eine Migrationsstrategie sowie auch eines Implementierungsplans.

3.6.7 Implementierungsgovernance

Ziel der Implementierungsgovernance ist es, sowohl Richtlinien für alle Implementierungsprojekte zur Verfügung zu stellen als auch einen projektübergreifenden Architekturvertrag mit allen Beteiligten zu schließen. Neben dieser Vorbereitung muss im Rahmen der Implementierungsgovernance auch sichergestellt werden, dass alle Projekte eine Konformität in Bezug auf die Architektur aufweisen. Dies setzt natürlich voraus, dass alle sich mit der neuen Enterprise Architektur und der Spezifikation besonders intensiv auseinander gesetzt haben.

Das Grundgerüst einer Enterprise Architektur muss immer verteilungsunabhängig sein. Die Nichteinhaltung dieser Forderung nach Transparenz ist eine der Hauptursachen für eventuelle Schwierigkeiten bei der Implementierung der konkreten physischen Verteilung in einer heterogenen multiorganisatorischen Umgebung. Eine solche Transparenz verschiebt die Komplexität von der Systemdomäne in die unterstützende Infrastrukturdomäne, da hier sehr viel mehr Möglichkeiten existieren, um mit einer Intransparenz fertig zu werden.

3.6.8 Migration

Mithilfe der Migrationsplanung können die verschiedenen Implementierungsprojekte priorisiert und gegebenenfalls serialisiert werden. Ohne diese Arbeit ist ein echtes Risikomanagement der Implementierung nicht möglich. Typische Fragen in dieser Phase sind:

- Welches sind die Auswirkungen auf andere Projekte und Aktivitäten?
- Welches sind die Abhängigkeiten in Bezug auf andere Projekte?
- Welche Produkte müssen eingekauft oder benutzt werden?
- Welche Teile müssen gebaut oder verändert werden?
- Sind genügend Ressourcen für die Entwicklung vorhanden?
- Welche Standards und Normen existieren?
- Wie sieht die Lebensdauer eines Produktes in Bezug auf Technologie und Unterstützung oder Weiterentwicklung durch den Hersteller aus?
- Wie hoch sind die Einführungskosten?
- Ist eine Migration überhaupt möglich oder sinnvoll?

In den meisten Fällen hat der Wechsel einer Architektur so hohe Risiken bzw. drastische Auswirkungen, dass es unmöglich ist, den Wechsel in einem einzigen Schritt zu vollziehen. Von daher sind weiche Migrationsszenarien mit Fallback-Optionen die einzig valide Möglichkeit für einen realistischen Übergang zur neuen Architektur.

Aufgrund dieser Situation hat es sich in der Praxis bewährt, sich auf kurzfristige Ziele mit großen Auswirkungen zu konzentrieren, damit genügend Druck für das ganze Unternehmen aufgebaut wird, der den vollständigen Übergang erst ermöglicht. Ein übliches Vorgehen ist es, zunächst Funktionen in der datenchronologischen Sequenz zu implementieren, d.h. zuerst die datenerzeugenden und zuletzt die archivierenden Systeme zu verändern.

3.6.9 Architektur-Changemanagement

Die Erfahrung zeigt, dass in jedem Projekt eine vernünftiges und explizites Changemanagement vorhanden sein muss, dies vor allen Dingen unter Berücksichtigung der Tatsache, dass sich in Projekten in der Regel etwa 30% bis 50% der Anforderungen im Laufe des Projektes stark verändern. Umso wichtiger ist ein gutes Changemanagement, wenn ein so essenzieller Teil des Unternehmens wie seine Architektur betroffen ist.

Die treibenden Kräfte hinter einem solchen Wandel, s. auch Kapitel 2, sind meistens gut bekannt. Die wichtigsten vier, auf der technologischen Seite, sind:

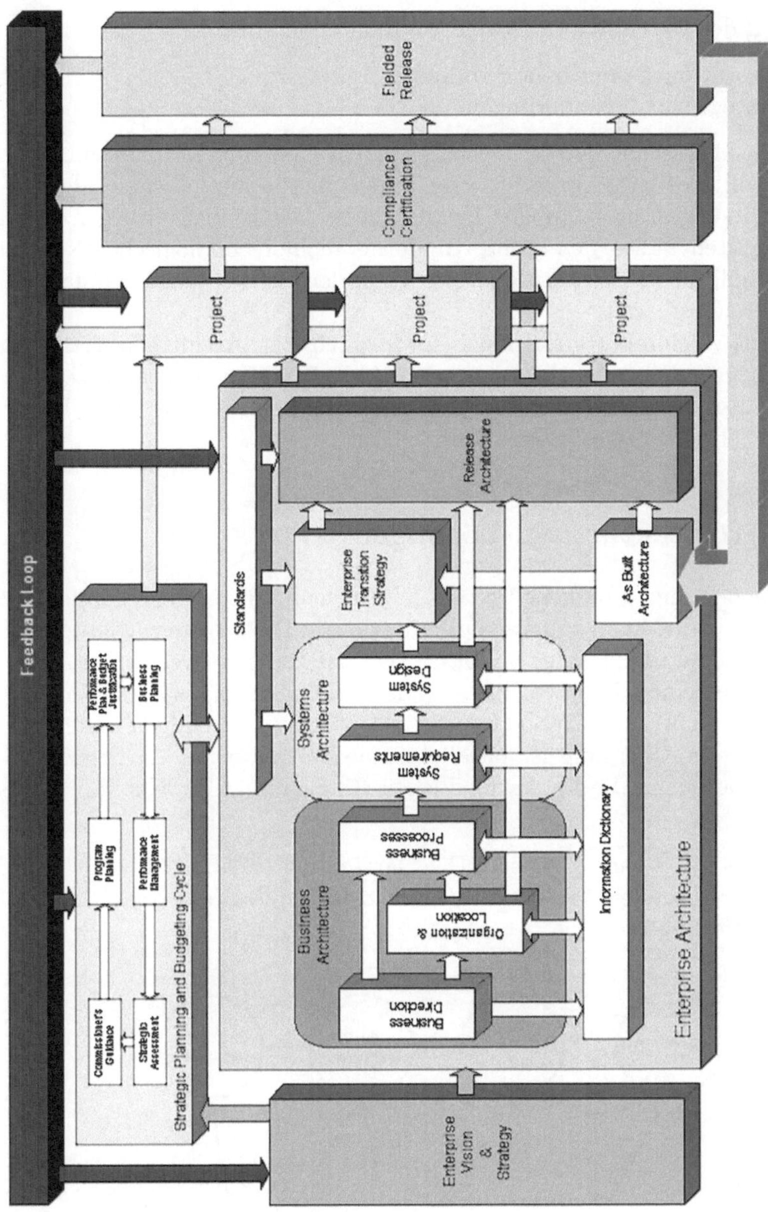

Abb. 3.5. Der IRS-Feedback-Loop

- neue Technologien
- Kostenreduktion
- verschwindende Technologien
- neue Standards

Auf der Geschäftsprozessseite kommen noch hinzu:

- Innovationen oder neue Produkte
- strategische Zieländerungen

Alle klassischen Projektmechanismen greifen auch für das Changemanagement, d.h., es wird versucht, jede Änderung zu vereinfachen oder sie inkrementell zu gestalten. In der Praxis hat es sich jedoch gezeigt, dass in den allermeisten Fällen das größte Hindernis nicht technologischer Natur ist, im Gegenteil, die größte Hürde ist die Veränderung der Wahrnehmung der Teilnehmer selbst.

Dass Architekturgovernance sowie auch das Architekturchangemanagement tatsächlich gelebt werden, zeigt Abb. 3.5. Hier wird aufgezeigt, wie der Mechanismus für die Architekturentwicklung innerhalb des IRS, Internal Revenue Service, ausgestaltet wurde.

3.7 Architektur und Lösungen

Der soeben angesprochene Prozess lebt nicht für sich selbst, sondern existiert in einem Umfeld von anderen Organisationen. Diese bieten Architekturen und Lösungen an, die in Folge adaptiert oder spezialisiert werden, s. Abb. 3.6.

Die einzelnen Teile wurden in zunehmender Spezialisierung dargestellt. In der gleichen Art und Weise findet ein Übergang auf einigen anderen Ebenen statt. Dieser Übergang ist parallel zu dem in Abb. 3.6 dargestellten Architekturübergang. Die unterschiedlichen Ebenen sind, jeweils von rechts nach links:

- Von logisch nach physisch: Die Darstellung in Abb. 3.6 zeigt auf, dass je weiter rechts ein Objekt sich im Bild befindet, desto konkreter die Implementierung ist.

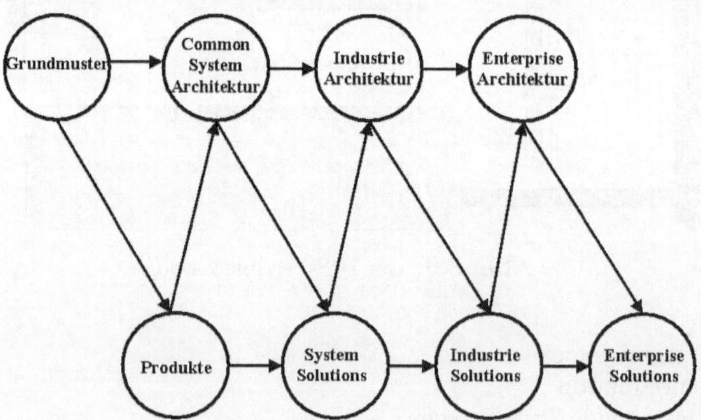

Abb. 3.6. Lösungen und Architekturen

- Von horizontal, d.h. technologiegetrieben, zu vertikal, d.h. geschäftsorientiert: In der Regel sind Produkte und Grundmuster technologiegetrieben, Enterprise-Solutions bzw. Enterprise Architekturen sind sehr viel stärker geschäftsprozessgetrieben.
- Von der Generalisierung zur Spezialisierung.
- Von der Einfachheit zur Vollständigkeit.

Die einzelnen Abstraktionsebenen sind:

- Grundmuster
- Common-System-Architektur
- Industriearchitektur
- Enterprise Architektur

Die Grundmuster, im Englischen Foundation Architecture, sind generische Architekturen, die alle Common-System-Architekturen unterstützen. Dazu gehört zum Beispiel das TOGAF Technical Reference Model der The Open Group. Diese Modelle sind so abstrakt, dass sie faktisch jede gängige Architektur beschreiben können. Aber umgekehrt betrachtet, sind sie so abstrakt, dass ihre Aussagekraft in konkreten Fällen eher minimal ist.

Die Common-System-Architektur ist etwas konkreter. Hier liegt der Fokus darauf, wiederverwendbare oder allgemein nutzbare Teile zu produzieren, daher auch der Name Common-System. Typische Beispiele sind: Sicherheitsarchitektur, Managementarchitektur oder Netzwerkarchitektur. Jede dieser Architekturen adressiert alle Probleme, die in dem jeweiligen spezifischen Bereich auftauchen, vollständig. Allerdings sind die hier unterstützten Prozesse in der Regel nicht die Kernprozesse des Unternehmens.

Die angesprochene Industriearchitektur zeigt auf, wie durch Zusammenstellung von Common-System-Architektur und industriespezifischen Teilen eine Architektur entsteht, welche einen ganzen Zweig von Unternehmen unterstützt. Ein Beispiel ist hier das Petrotechnical Open Software Corporation Model, POSC.

Der Lösungsweg bestehend aus den Elementen:

- Produkte
- Systemlösungen
- Industrielösungen
- Enterpriselösungen

wird durch die Architekturen stark beeinflusst. Umgekehrt werden bestimmte Architekturen natürlich erst durch bestimmte Lösungen unterstützt.

Zu den Produkten zählen allgemein zugängliche Hardware, Betriebssystemsoftware, aber auch Dienstleistungen, welche eingekauft werden können, so zum Beispiel ein Call Center oder ein Help Desk.

Die Systemlösungen sind meistens Systeme, welche komplett von einem Hersteller zusammen mit den vorher erwähnten Produkten erworben werden können und eine allgemein gültige Funktionalität besitzen. Ein Beispiel wäre hier ein Scalable Data Warehouse oder ein Security System. Oft sind die klassischen Hardwareanbieter auch Anbieter für Systemlösungen.

Die Industrielösungen sind die Produkte und Dienstleistungen, welche für einen ganzen Industriezweig angeboten werden. Auf diesem Gebiet tummeln sich viele Standardsoftware- oder Service-Anbieter.

3.8 Nutzung

Ein Test für die Nutzbarkeit der Enterprise Architektur ist ihre Fähigkeit aufzuzeigen, wie gut sie auf die Gesamtorganisation ausgerichtet ist oder nicht. Einfach gesagt, wenn Ziele und Maßnahmen bekannt sind, muss das Management in der Lage sein, jedes dieser Ziele und Maßnahmen in der Enterprise Architektur wiederzufinden. Mit zunehmendem Detaillierungsgrad wird in der Enterprise Architektur immer stärker aufgezeigt, wie die strategischen Ziele implementiert werden.

3.9 Zachman-Framework

Das Zachman-Framework ist eine generische Klassifikation für Designergebnisse. Zielsetzung hinter dem Zachman-Framework ist es, eine Richtlinie für den Anwender zu erstellen, sodass er sich nicht in der Komplexität einer vollständigen Gesamtsystemarchitektur verliert. Das Framework zerlegt die enorme Komplexität des Gesamtsystems in handhabbare Teilstücke, Tabellen 3.2, 3.3 und 3.4. Außerdem ermöglicht das Zachman-Framework die Isolation von diesen Teilstücken, damit eventuelle Fehler oder Störungen nicht weiter durch das Gesamtsystem propagieren können. Diese Isolation ist ein wichtiger Aspekt, da ein einzelner Mensch – aufgrund der Komplexität – nicht das Gesamtsystem in allen Abhängigkeiten und Details wahrnehmen kann.

Tabelle 3.2. Zachman-Framework, Teil 1

	Daten **Was?**	**Funktionen** **Wie?**
Scope	wichtige Daten	Kernprozesse
Konzept	Datenmodell	Geschäftsprozessmodell
Systemmodell	Klassenmodell	Systemarchitektur
Technisches Modell	physische Daten	technisches Design
Detaildarstellung	Datendefinition	Programm
Funktionen	benutzbare Daten	Modul

Tabelle 3.3. Zachman-Framework, Teil 2

	Netzwerk Wo?	**Personen** Wer?
Scope	Orte	Organisationen
Konzept	Logistisches System	Workflowmodell
Systemmodell	Verteilungsarchitektur	Benutzerinterface
Technisches Modell	technische Architektur	Präsentation
Detaildarstellung	Netzwerkarchitektur	Sicherheitsarchitektur
Funktionen	physisches Netzwerk	Organisation

Jede Zelle des Zachman-Frameworks repräsentiert einen speziellen Fokus und eine besondere Perspektive. Jeder Fokus, die Frage nach dem Was, Wie, Wo, Wer, Wann und Warum, ist durch die Spalten und die Perspektive, die eigentliche Sicht, ist durch die Zeile gegeben.

Die einzelnen Zeilen wirken wie Zwangsbedingungen aufeinander, wobei sie in ihrer Hierarchie von oben nach unten angeordnet sind. Folglich nehmen die Zahl der Bedingungen oder Entscheidungen von oben nach unten zu. Auf dem Weg von oben nach unten werden immer mehr Bedingungen aufgesammelt.

Entgegen diesem, durchaus üblichen Weg des Flusses der Zwangsbedingungen, können diese auch von unten nach oben fließen. Dann allerdings sind sie meist weniger restriktiv als die in der Gegenrichtung.

Die erste Spalte, die Spalte der Datenmodelle, ist die wohl am besten erforschte, da hier eine große Zahl von Modellierungstechniken existieren. Von oben nach unten rangiert die Spalte von einem ausgedehnten logischen Modell, oben, hin zu einer echten Datenbank, unten, in der Tabelle 3.2.

Tabelle 3.4. Zachman-Framework, Teil 3

	Zeit Wann?	**Motivation** Warum?
Scope	Ereignisse	Geschäftscode
Konzept	Masterplan	Business-Plan
Systemmodell	Prozessstruktur	Business-Rollen
technisches Modell	Kontrollstruktur	Regelentwurf
Detaildarstellung	Timing	Regelspezifikation
Funktionen	Zeitplan	Arbeitsstrategie

Die zweite Spalte des Zachman-Frameworks wird meistens in Verbindung mit der Datenmodellierung genutzt: die funktionale Modellierung, angefangen von Geschäftsprozessmodellen, oben, bis hin zu Modulen in einem Programm, unten, Tabelle 3.2.

Die dritte Spalte zeigt die Verteilung von Organisationen, oben, bis hin zu einem konkreten Ethernet, unten, Tabelle 3.3, an.

Die drei letzten Spalten sind nicht so stark strukturiert, Tabellen 3.3 und 3.4, zumindest aus technischer Sicht. Hier stehen die organisatorischen und ablauforganisatorischen Strukturen im Vordergrund.

3.10 C^4ISR

Das Computer, Command, Control & Communications, Intelligence, Surveillance and Reconnaissance Enterprise Framework, kurz C^4ISR genannt, wurde vom US-amerikanischen Verteidigungsministerium US Department of Defence entwickelt, um die IT-Probleme, welche beim ersten Golfkrieg auftauchten, zu überwinden. Im Vergleich zu üblicheren Frameworks im Bereich der kommerziellen Industrie ist das Hauptziel des C^4ISR, sowohl die Fähigkeiten zur Mobilmachung als auch die Einführung von taktischer Software, so genannter Battlefield-Software, zu unterstützen.

Weitere Zielsetzung ist es, ein gemeinsames Framework im Sinne von Technologie, Nomenklatur und Repräsentation für alle C^4ISR-Systeme allen Waffengattungen übergreifend mit dem Schwerpunkt der Interoperabilität und Integration aller kriegsstützenden Informationssysteme zur Verfügung zu stellen.

Die C^4ISR Enterprise Architektur definiert eine Reihe von Produkten und Sichten auf die Enterprise Architektur aus drei verschiedenen Blickwinkeln:

- operationale Sicht
- Systemsicht
- technische Sicht

Allerdings wird nicht beschrieben, wie eine Enterprise Architektur zu implementieren ist. Es bleibt somit dem Architekten der Enterprise Architektur überlassen, welche Methodik er für die Entwicklung eines C^4ISR-kompatiblen Produkts nutzen möchte. Zwar gab es schon mehrere Versuche eine C^4ISR-Enterprise Architektur zu schaffen, sowohl mit strukturierter Analyse als auch mit objektorientierten Methoden, aber von der Herkunft her eignet sich praktisch nur die strukturierte Analyse im C^4ISR-Umfeld. Die vorher erwähnten Sichten auf das C^4ISR-Framework sind, s. Abb. 3.7:

- Operational View: Diese Sicht ist unabhängig sowohl von der Technologie als auch der organisatorischen Struktur. Obwohl die Sicht im Prinzip technologieunabhängig ist, kann sie sich, durch das Aufkommen neuer Technologien, drastisch verändern. Von der Terminologie her ist diese Sicht mit der üblichen Geschäftsprozesssicht identisch. Bedingt durch die Herkunft

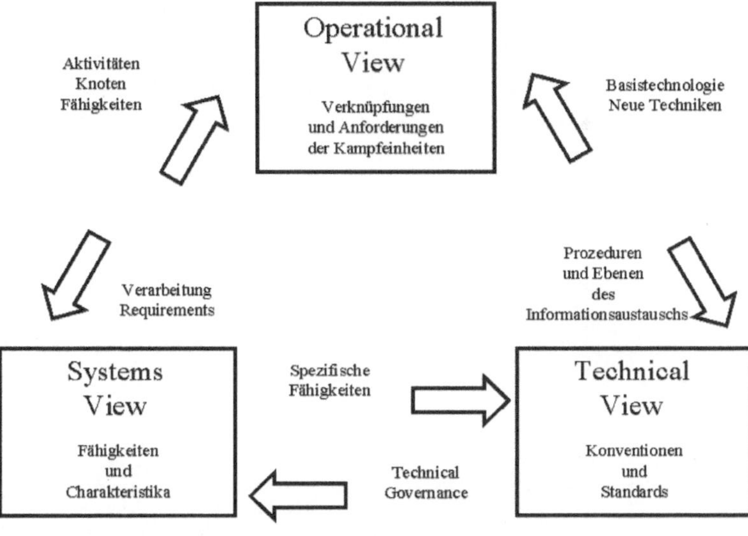

Abb. 3.7. C^{4}ISR-Sichten

aus dem militärischen Umfeld wurde diese, übliche Begrifflichkeit nicht verwendet. Diese Sicht wird dann folgerichtig auch nicht durch die übliche Vision angetrieben, sondern durch eine Militärdoktrin.

- Systems View: Das System ist, aus dem Blickwinkel des Frameworks, ein vollständig automatisiertes System. Schwerpunkt ist die Betrachtung des node-to-node exchange, d.h. welche System-zu-System-Transaktionen und welche Kommunikations- und Sicherheitsanforderungen sind vorhanden. Die Motivation hinter dieser Betrachtung ist die Tatsache, dass alle Battlefield-Systeme autonom reagieren müssen, daher reicht die Betrachtung des node-to-node Austausches.
- Technical View: Die technische Sicht stellt die minimale Menge von veränderbaren Regeln und Standards dar. Das Ziel ist es, hier Effizienz und Interoperabilität der einzelnen autonomen Systeme sicherzustellen.

Wie schon erwähnt beruht eine C^{4}ISR Enterprise Architektur auf einer strukturierten Analyse und entstammt in ihren Grundzügen dem Wasserfallmodell. Das Paradigma der strukturierten Analyse setzt implizit voraus, dass alle Anforderungen schon zu Beginn bekannt sind. Falls sich die Anforderungen relativ rasch ändern, kann es vorkommen, dass das ganze Verfahren sehr aufwendig und komplex wird. Im Gegensatz zu sonstigen Enterprise Architekturen produziert das C^{4}ISR-Framework keine enge Koppelung der beteiligten Organisationen, obwohl gerade diese Tatsache für gemeinsame Interoperabilität notwendig sein kann.

4

Topologien

Noch wissen wir nicht, was die Topologie des Raumes festlegt. Die Topologie beschäftigt sich mit jenen räumlichen Eigenschaften von Gebilden, die gleich bleiben, wenn sie verformt, aber nicht zerrissen werden ... Ein Papier lässt sich z.B. so halten, dass es einen Halbmond formt. Dabei bleibt die Topologie gleich ... Wenn wir dagegen ein Loch ins Papier reißen, ändern wir sein Topologie. Wir erinnern uns, dass Einsteins Bild der gekrümmten Raumzeit zeigt, wie Maße und Energie die Geometrie des Raumes und den Verlauf der Zeit bestimmen. Aber sie bestimmen nicht die Topologie.

Die Natur der Natur,
John D. Barrow

4.1 Einleitung

Jede Gesamtarchitektur, d.h. Geschäftsprozess- und Enterprise Architektur, besteht aus 4 sich ergänzenden Teilaspekten, auch Views genannt, eines Gesamtsystems.

- fachliche oder funktionale Architektur
- System- oder physische Architektur
- Applikations- oder Mikroarchitektur
- Datenarchitektur

Hierbei bilden, wie schon in den vorangegangenen Kapiteln erörtert, die letzten drei Aspekte die eigentliche Enterprise Architektur. Obwohl sie auf den ersten Blick recht unterschiedlich erscheinen, so haben die drei Aspekte der Enterprise Architektur ein, auf einer Metaebene, verwandtes Problem, nämlich die Frage der Repräsentation. Wie und mit welchen Mitteln können wir solche abstrakten Gebilde sinnvoll und kompakt darstellen? Auch hier ist, wie nicht anders zu erwarten war, die Antwort aus der klassischen Gebäudearchitektur entlehnt; alle drei Aspekte werden mittels Graphen dargestellt. Die daran anschließende Frage nach den möglichen Grundmustern oder Topologien wollen wir im jetzigen Kapitel näher beleuchten.

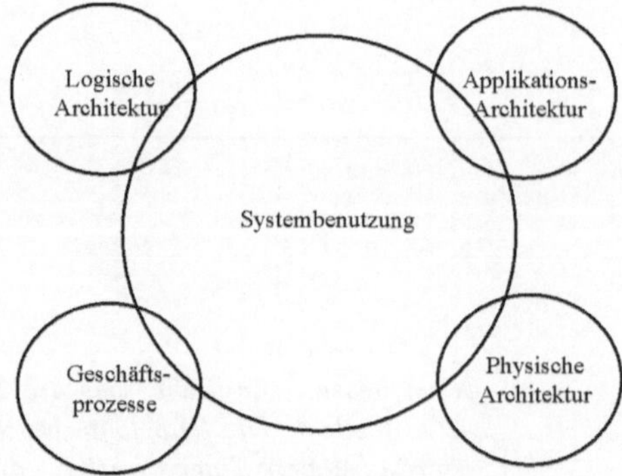

Abb. 4.1. Die 4+1-Sicht

Alternativ hierzu existiert in der Literatur, s. Literaturverzeichnis, eine andere Einteilung, die 4+1-Sicht. Bei dieser Sicht, Abb. 4.1, wird die fachliche Architektur nochmals in eine logische und eine prozessurale Architektur unterteilt. Umgekehrt werden die Datenarchitektur und die Applikationsarchitektur zusammengefasst.

4.2 Entwicklung der Verteilung

Obwohl die Informationstechnologie ein relativ junges Feld ist, hat sie jedoch schon eine gewisse Historie. Die Perspektive der Verteilung ist für die Architektur die zentrale Leitlinie, da hier Systemgrenzen als auch Kollaborationen am einfachsten erkannt werden können. Aus applikativer Sicht lässt sich die Entwicklung von Enterprise Architekturen in drei Zeitalter einteilen, s. auch Abb. 4.2.

- Mainframe-Ära
- Client-Server-Ära
- Service-Architektur-Ära

4.2.1 Mainframe-Ära

Dieses Zeitalter dauerte von den Sechziger bis etwa Anfang der Achtzigerjahre des letzten Jahrhunderts. Charakteristisch war hierbei das Vorhandensein eines einzigen Großrechners, welcher zentral alle Applikationen beherbergte und nur über Terminals zugänglich blieb. In den Anfängen war der Zugang sogar nur über Lochkarten oder -streifen möglich und dieses Erbe wird sogar heute, so z.B. mit TSO, der Time Sharing Option, noch fortgesetzt.[1]

[1]Der Name Time Sharing Option rührt daher, dass die ersten Systeme reine Batchsysteme waren. Beim Starten der Mainframe konnten Dialoge zugelassen wer-

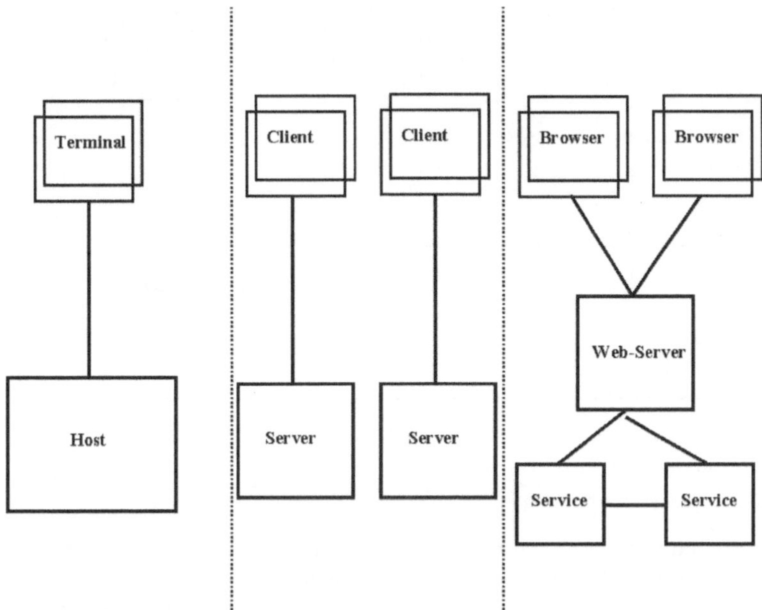

Abb. 4.2. Die 3 Zeitalter

Der Mainframe-Computer ist nach außen völlig abgeschottet und besteht intern aus einer Reihe von parallelen Applikationen, welche bis auf wenige batchbetriebene Datenschnittstellen keinerlei direkten Kontakt miteinander haben. Dadurch, dass nur dumme Terminals an den Mainframe-Computer angeschlossen sind, ist ein Verteilungsproblem überhaupt nicht existent. Die Architektur, bezogen auf die Verteilung der einzelnen Applikationen, hat eine vertikale Sandwich-Struktur, in der angelsächsischen Literatur auch als stove pipe architecture bezeichnet, da die einzelnen Applikationen sich wie getrennte Partitionen, Abb. 4.3, mit einer schwachen Koppelung verhalten.

Aus topologischer Sicht lässt sich die Architektur auf eine Reihe von Punkten reduzieren, Abb. 4.4. Die Punkte symbolisieren die einzelnen Applikationsteile innerhalb eines physischen Systems. Da die Applikationen in dieser Ära faktisch keinerlei Mikroarchitektur, s. Kapitel 9, aufweisen, erscheinen sie als einzelne Punkte innerhalb der Applikationsarchitektur. Um anzudeuten, dass es sich hier um mehrere Applikationen handelt, erscheint der Applikationspunkt durch einen zusätzlichen Kreis. Die Verbindung mit den Terminals kann entweder inhouse, gekennzeichnet durch die ungebrochene Linie, oder via Kommunikationsrechner über größere Entfernungen, gekennzeichnet durch die gestrichelte Linie, erfolgen. Die Tatsache, dass mehrere Terminals pro Appli-

den, welche im Grunde eine Batcheingabe simulierten. Der Operator hatte die „Option“ diese Möglichkeit einzuräumen und entschied dies über die Time Sharing Option beim Booten der Mainframe.

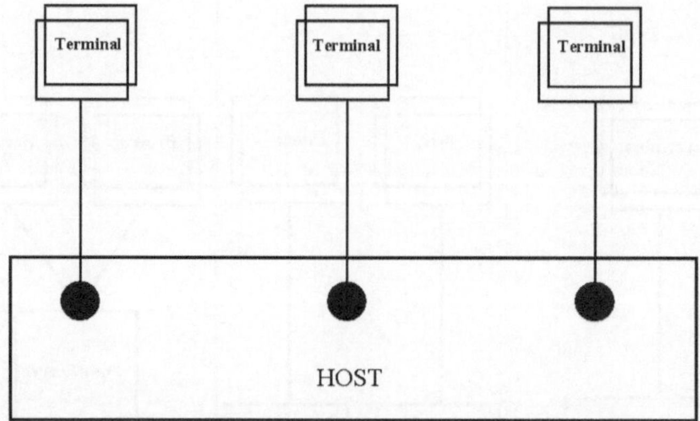

Abb. 4.3. Mainframe-Ära-Architektur. Die einzelnen Applikationen sind als schwarze Kreise dargestellt.

kation vorhanden sind, wurde durch die Linienverdoppelung angedeutet. Da aufseiten der Terminals auch keine Applikationen vorhanden sind, in unserem heutigen Sprachgebrauch würde man von einem ultrathin Clients sprechen, bleibt dort die gestrichelte Linie offen.

Die schwache Koppelung der Applikationen untereinander, in der Mainframe-Ära sind die Applikationen hauptsächlich durch Batchabläufe im Rahmen des Datenhaushaltes oder kleinen asynchronen Import- und Exportprogrammen bestimmt, werden durch die gepunktete Linie, welche die Applikationen miteinander verbindet, symbolisiert.

Aus der physischen Systemsicht reduziert sich die Topologie trivialerweise auf einen Punkt, da ja nur ein Mainframe-Computer vorhanden ist. Die hier eingeführten topologischen Hilfsmittel werden später in Kapitel 9 eingesetzt, um Architekturen quantitativ beurteilen zu können. Aus dieser abstrakten grafischen Sicht stellt sich die Mainframe-Ära als topologisch sehr einfach dar.

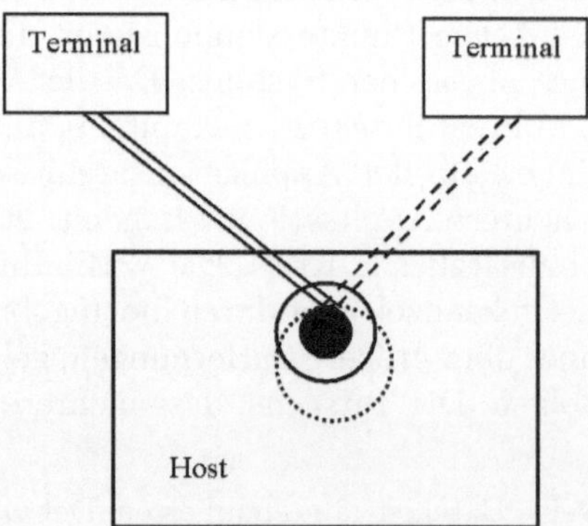

Abb. 4.4. Mainframe-Applikations-Topologie

4.2.2 Client-Server-Ära

Die Mainframe-Ära wurde in den Neunzigerjahren durch eine Welle von Client-Server-Systemen abgelöst. Treibende Kraft hinter dieser Entwicklung war die breite Verfügbarkeit von Personal Computern (PCs) und das Aufkommen von Netzwerken. Zunächst waren bei den Netzwerken Token-Ring und Ethernet vorhanden. Bedingt durch die öffentliche Aufmerksamkeit in Richtung Internet wurde das Ethernet sehr schnell zum de-facto-Standard. Ironischerweise führte das Einsetzen des Internetbooms auch zum Ende der Client-Server-Ära. Hierbei ist der Begriff Server generisch zu verstehen. Ein Server ist etwas, was Services zur Verfügung stellt. Neben PCs können dies auch Unix- oder Mainframe-Maschinen sein, die in diesem Kontext als Server bezeichnet werden.

Wodurch ist dieses Zeitalter geprägt?

Im Gegensatz zum Mainframe-Zeitalter besitzen in der Client-Server Umgebung auch die Visualisierungssysteme eine bestimmte Rechenleistung. Die Folge ist nun der Beginn einer Verteilung von Applikationsteilen, Abb. 4.5. Für die Mikroarchitektur, Kapitel 9, hatte dies zur Folge, dass Schichtenarchitekturen und Model-View-Controller-Paradigmen ins allgemeine Bewusstsein der IT-Branche rückten.

Einer der Nebeneffekte war die Zersplitterung der IT-Systeme, das Aufkommen von Abteilungs- und Fachbereichssystemen. Plötzlich waren die Daten eines Unternehmens nicht mehr zentral zugänglich, sondern wurden auf verschiedene Systeme verteilt. Als Gegenreaktion zur Datenverteilung entstand der Trend zum Datawarehouse, in dem dann die Datenmenge wieder zusammengeführt wurde.

In der Abb. 4.5 wurde die entsprechende Topologie auf höchster Ebene dargestellt. In dem vereinfachten Modell besitzt der Client eine Reihe von Applikationen, angedeutet durch den zweiten Kreis um den Kreis der Applikation. Auch der Server kann mehrere Applikationen beherbergen, was wiederum durch den doppelten Kreis symbolisiert wird. Die schwache Koppelung

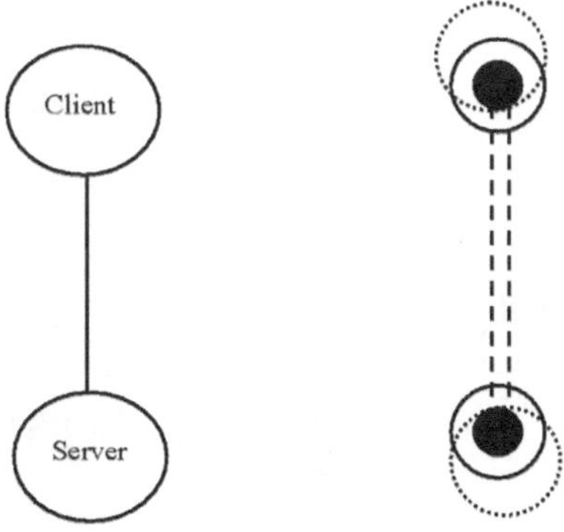

Abb. 4.5. Client-Server-Ära

zwischen den Applikationen wurde durch die gepunktete Selbstbezugslinie auf der Client- wie auch auf der Serverseite aufgezeigt. Die gestrichelte Linie symbolisiert ein Netzwerk zwischen den beiden Teilen, in diesem Fall ein langsames Netzwerk. Ein schnelles Netzwerk wäre durch eine doppelte ununterbrochene Linie dargestellt worden.

4.2.3 Service-Architektur-Ära

Die Service-Architektur-Ära ist das kommende Zeitalter. Zwar gibt es schon heute einige Unternehmen, welche diese Form der Architektur einsetzen, aber die große Masse der Wirtschaft befindet sich noch im Zeitalter der Client-Server-Ära, bzw. vereinzelt auch noch in der Mainframe-Ära. In der Service-Architektur gibt es eine völlige Loslösung von Orten und Systemen, d.h., diese werden austauschbar. Diese Austauschbarkeit führt letztendlich zu einem Netzwerk aus Applikationen, s. Abb. 4.6, die direkt oder indirekt miteinander verbunden sind. Diese erhöhte Verteilung hat als Konsequenz den Bedarf nach stringenter Regelung bzw. der Entwicklung von Verteilungs- und Transportinfrastruktur, so beispielsweise der CORBA-Standard. Auch andere Standards, beispielsweise J2EE, sind, mehr oder minder, eine direkte Konsequenz aus dem Drang nach Verteilung bzw. Kontrolle.

Alle bisher erwähnten Architekturen, Mainframe- und Client-Server-Architektur, lassen sich als Spezialfälle einer Service-Architektur ansehen. Obwohl dies zwar prinzipiell, aus topologischer Sicht, stimmt, ist es in der Praxis jedoch komplexer. Ein Service ist, per Definitionem, eine Dienstleistung, welche von einer Applikation erbracht wird, ohne das unbedingt eine nähere Kenntnis über den Verbraucher vorhanden sein muss. Dies steht in starkem Gegensatz zu einer Client-Server-Architektur, wo in der Regel eine proprietäre Beziehung zwischen jeweils einem Applikationsclient und genau einem Application-Server herrscht. Services jedoch beruhen meistens auf öffentlichen oder halb öffentlichen Protokollen zusammen mit der Nutzung einer standardisierten Transportinfrastruktur. Mainframe- und Client-Server-Architekturen nutzen sehr

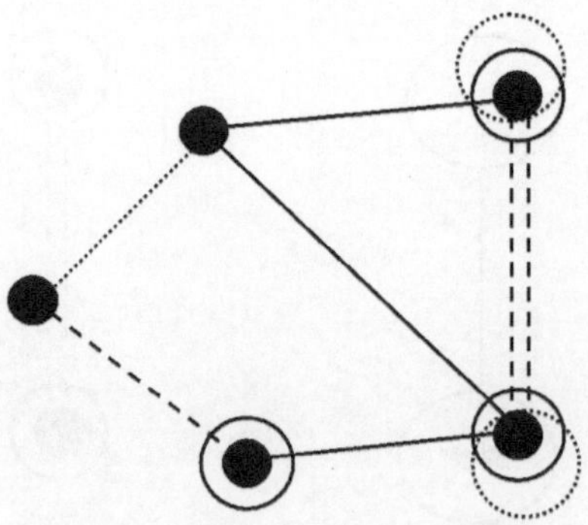

Abb. 4.6. Service-Architektur

oft rein proprietäre Transportmechanismen ohne jede Form von Introspektion oder festen Service-Protokollen.

4.3 Systemarchitektur

4.3.1 Grafische Elemente

Im Abschn. 4.2 wurde anhand von historischen Beispielen gezeigt, wie es möglich ist, vorhandene Systemarchitekturen in eine eindeutige kanonische Form zu überführen. Die einzelnen grafischen Elemente der Systemarchitektur teilen sich in die Bereiche:

- Applikationen
- Verbindungen
- Blackbox-Graphen
- Kardinalitäten

Diese werden nun im Nachfolgenden näher beleuchtet werden. Eine andere Einteilung wäre auch möglich, so beispielsweise nach Größe oder Anzahl von Nutzern, für eine architektonische Übersicht erscheinen diese Einteilungsformen jedoch nicht praktikabel.

4.3.2 Applikationen

Hinter dem Begriff Applikationen verbergen sich nicht nur klassische Applikationen von Fachbereichen, beispielsweise Lohn- und Gehaltsbuchhaltung oder Controlling, sondern auch solche Softwareteile, welche die meisten nicht zu den Applikationen rechnen würden, so beispielsweise ein Datawarehouse, eine Datenbank oder ein Webportal. Ausschlaggebend für diesen erweiterten Applikationsbegriff ist, dass eine Applikation einen oder mehrere Services zur Verfügung stellt, über die der Anwender direkt, im Falle einer Finanzbuchhaltung beispielsweise, oder indirekt, im Sinne einer Infrastruktursoftware, bzw. eines Application-Server, verfügen kann.

Eine Software, welche einzig und allein der Kommunikation zwischen verschiedenen anderen Applikationen im obigen Sinne dient, wird hier zu den Verbindungen, Abschn. 4.3.3, gezählt.

Welche Formen von Applikationen lassen sich für die Enterprise Architektur unterscheiden?

Applikationen lassen sich anhand ihrer jeweiligen Mikroarchitektur, Kapitel 9, recht gut einteilen. An dieser Stelle, der Systemarchitektur, reicht es, folgende Formen zu berücksichtigen:

- geschlossene
- halb offene
- offene

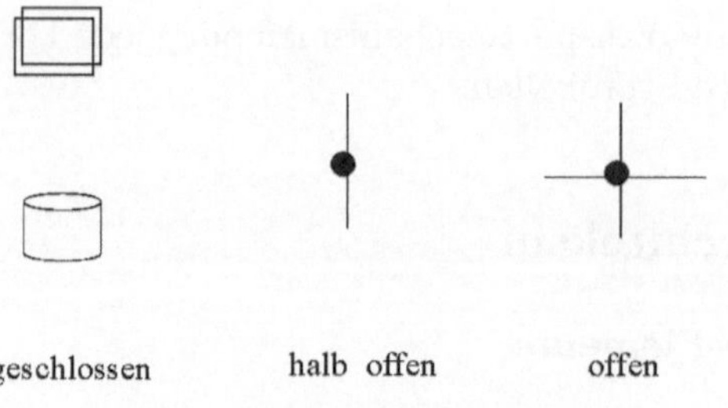

Abb. 4.7. Applikationsformen

Die erste Kategorie, Abb. 4.7, linke Seite, ist der geschlossene Endpunkt, auch als Quelle oder Senke bekannt. Die bekanntesten Vertreter dieser Art von Applikationen sind das Terminal und die Datenhaltung. Üblicherweise ist der Datenhaushalt, meistens in Form von Dateien oder VSAM bzw. ISAM, außerhalb des tatsächlichen Programms zugänglich, oder es handelt sich um eine Datenbank oder einen so genannten flat file. Eine solche Applikation wird durch eine Datenhaltung bzw. durch eine Reihe von Fenstern, s. Abb. 4.7, symbolisiert. Eine andere Möglichkeit der geschlossenen Applikation ist das klassische 3270-Terminal oder das Fenster eines PCs bzw. ein X-Window eines Unix-Clients.

Die zweite Form, die halb offene Applikation, hat zwei Verbindungen, Abb. 4.7 Mitte, wobei diese Klassifikation nur in Bezug auf einer Hierarchie, wie beispielsweise bei einer Schichtenarchitektur, s. Abschn. 9.3, Sinn macht. Innerhalb einer Hierarchie hat diese Form eine Verbindung nach oben und unten, nicht jedoch zu Applikationen auf der gleichen Stufe innerhalb der Hierarchie.

Die offene Applikation, Abb. 4.7 rechts, hat im Gegensatz zur halb offenen Applikation auch Verbindungen auf der gleichen hierarchischen Ebene.

4.3.3 Verbindungen

Die Art der Verbindungen zwischen den einzelnen Applikationsteilen sind schon durch ihre jeweilige Übertragungsrate und Geschwindigkeit wichtige Indikatoren für die Performanz des Gesamtsystems und damit eine wichtige Größe zur Bewertung einer Enterprise Architektur.

Neben dieser physisch messbaren Eigenschaft der Verbindung müssen für die Enterprise Architektur auch Größen wie Flexibilität, Skalierbarkeit und auch die Erweiterbarkeit berücksichtigt werden.

Die Verbindungen lassen sich in 6 Kategorien einteilen, s. auch Abb. 4.8:

- intern
- IPC
- Bus
- LAN

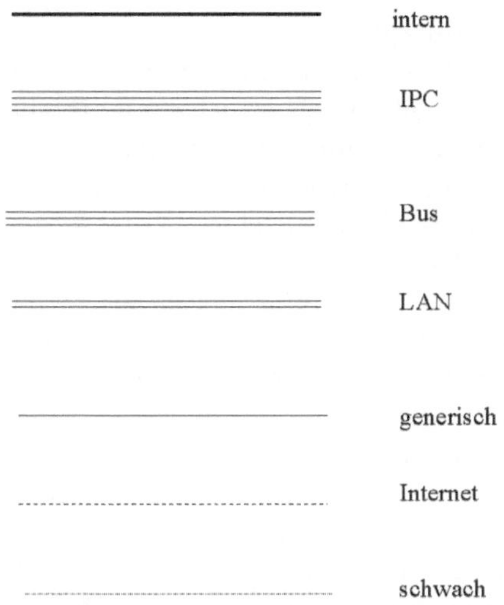

Abb. 4.8. Verbindungen

- generisch
- Internet
- schwach

Übertragungsgeschwindigkeiten und Bandbreiten unterscheiden sich bei den verschiedenen Verbindungsformen zum Teil beträchtlich.

Die interne Verbindung findet innerhalb der Applikation statt. Diese Verbindungsform wurde eingeführt, um strukturelle und Performanzvergleiche zwischen unterschiedlichen Implementierungsformen durchführen zu können bzw. unterschiedliche Mikroarchitekturen, Kapitel 9, vergleichbar zu machen. Die Geschwindigkeit ist hier praktisch durch die CPU-Geschwindigkeit bzw. den Hauptspeicherzugriff limitiert. In manchen Umgebungen, so beispielsweise in den stackorientierten Sprachen, entstehen zusätzliche Aufwendungen für diese Aufrufe. In aller Regel sind sie jedoch sehr klein gegenüber allen anderen Formen von Verbindungen, da hier definitiv kein Marshaling stattfinden muss. Unter Marshaling versteht man das Verpacken eines Objektes zum Transport in eine andere Umgebung.

Die IPC-Verbindung, Inter Process Communication, findet zwischen 2 Applikationen auf demselben physischen Rechner statt. Implementierungen dieser Prozesskommunikationsform geschehen meist via Shared Memory Segments oder gemeinsamen Dynamic Link Librarys. Ausschlaggebend ist hier die Geschwindigkeit des Memory-Access, wobei in einer Multi-User-Umgebung, faktisch also in allen ernst zu nehmenden Umgebungen, diese Geschwindigkeit stärker durch die Menge an vorhandenem Shared Memory limitiert ist. Oft werden Mutex-Semaphoren oder Shared Locks als Zugriffskontrollmechanismen gewählt. In diesem Fall ist die Wartezeit auf das Lock oder den Mutex sehr viel länger als die Memory-Access-Zeit.

Der Bus als Verbindungsmedium ist eine hochgradig standardisierte Verbindung, welche als Infrastruktur ein Netzwerk, in der Regel ein schnelles Ethernet, nutzt. Der Vorteil und eigentlich auch die Mächtigkeit des Buses beruht auf der Tatsache, dass er universell einsetzbar ist. Applikationen müssen sich einfach bei dem Bus registrieren oder speziell dafür entwickelt werden. Typische Vertreter für Bus-Systeme sind CORBA, der Common Object Request Broker oder die MQ-Series von IBM.

Der LAN, das local area network, heute meist ein Ethernet, obwohl auch noch Token-Ring-Netzwerke anzutreffen sind, ist das Trägermedium für den Transport. Allerdings werden hier nur einfache Protokolle wie BIOS und Sockets oder TCP/IP unterstützt. Die Internetverbindung ist für die meisten Unternehmen die Verbindung nach außen. Das hier unterstützte Protokoll ist TCP/IP. Die Geschwindigkeit liegt, dank des guten Infrastrukurausbaus der Internetprovider, bei mehreren MB/s. Für die meisten Unternehmen wird die öffentliche Infrastruktur immer wichtiger, sei es im B2B, business to business, im B2C, business to customer, oder auch innerhalb des eigenen Unternehmens. Die beiden ersten Fälle sind offensichtlich, der dritte rührt daher, dass immer öfter die öffentliche Internetinfrastuktur preiswerter gegenüber einer privaten oder proprietären Lösung ist. Außerdem stellen Mechanismen wie VPN, virtual private net, genügend Sicherheit zur Verfügung.

Eine schwache Verbindung kann organisatorischer Natur sein, wird aber in der Regel eine lose Koppelung in Form eines Datenimports bzw. -exports zwischen den Applikationen darstellen. Ein typisches Beispiel für eine schwache Koppelung ist das klassische Datawarehouse, s. auch Abschn. 4.4.2. Auch die Oberflächenintegration per Copy-and-Paste zählt zu den schwachen Verbindungen.

Die generische Verbindung wird verwendet, wenn es irrelevant ist, welche konkrete Form der Verbindung gewählt wurde oder der konkrete Verbindungstypus nicht bekannt ist.

4.3.4 Blackbox-Graphen

Architektur ist die Kunst der Abstraktion, und hier gilt es, das richtige Niveau in der Abstraktion zu finden. Oft ist es geradezu hinderlich, alle Details komplett aufzulisten. Hier wird der Einsatz von Blackbox-Graphen wichtig.

Bei einem Blackbox-Graphen interessiert nicht, wie er intern aufgebaut ist, er stellt für die Enterprise Architektur ein in sich geschlossenes Subsystem

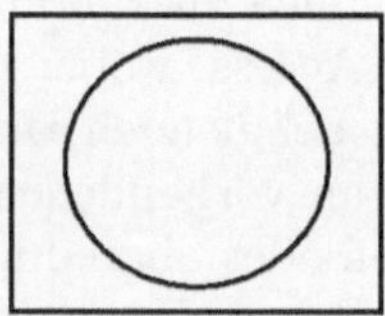

Abb. 4.9. Der Blackbox-Graph

dar. Der innere Aufbau des Subsystems ist irrelevant, zumindest im jeweils angesprochenen Kontext.

Blackbox-Graphen werden durch das gestrichelte Quadrat mit eingeschriebenem Kreis, s. Abb. 4.9, dargestellt. An diese Blackbox können sich andere Applikationen von außen anbinden bzw. die Blackbox kann sich mit anderen verbinden, ohne dass etwas über die innere Struktur des Blackbox-Graphen bekannt sein muss.

4.3.5 Kardinalitäten

Bei den Kardinalitäten, d.h. den Häufigkeiten in Verbindungen, ist es am einfachsten, sich dem Datenmodellierungsstandard anzupassen und die jeweiligen Kardinalitäten an die einzelnen Verbindungsstrecken zu schreiben, s. Abb. 4.10 obiger Teil. Analog für die einzelnen Applikationen, s. Abb. 4.10 unterer Teil. Für den Fall, dass die Kardinalität exakt eins ist, wird die Zahl einfach weggelassen.

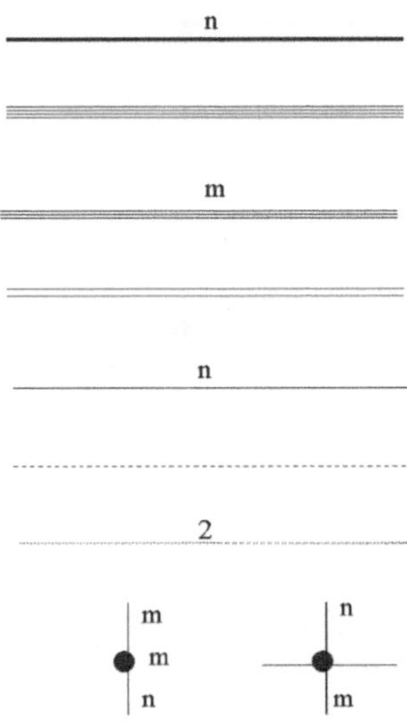

Abb. 4.10. Kardinalitäten

4.4 Einfache Topologien

In diesem Abschnitt werden einige der elementarsten bzw. der am weitesten verbreiteten Topologien betrachtet. Die Darstellungen sind notgedrungenerweise stark vereinfacht worden. Diese didaktische Reduktion macht die Auffindung der Topologie erst möglich. Eine echte Enterprise Architektur besteht jedoch in der Regel aus einer Anzahl von sich wiederholenden ungleichen Topologien. So ist beispielsweise die Koexistenz zwischen einem Datawarehouse, einer klassischen Applikation und einem Portal nicht ungewöhnlich.

4.4.1 Einfache Anwendung

Wie sieht die Topologie einer einfachen Anwendung, z.B. einer Legacy-Applikation auf einer Mainframe, aus?

Die einfachste Form ist in Abb. 4.11 dargestellt, eine Anzahl von 3270-Terminals sind direkt mit jeweils genau einer Applikation verbunden, welche ihrerseits genau eine Verbindung zu einer, bezogen auf die einzelne Applikation, proprietäre Datenhaltung hat. Die „1“ wird als Kardinalität nicht explizit aufgeführt. In Abb. 4.11 ist die einfache Topologie explizit dargestellt und die kompaktere Version ist in Abb. 4.12 dargestellt. Hier wurden die Kardinalitäten explizit aufgeführt, damit die Darstellung einfacher handhabbar ist.

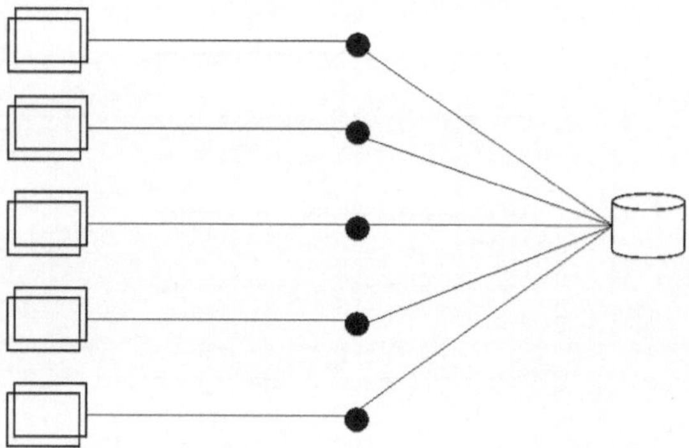

Abb. 4.11. Einfache Anwendung, erstes Beispiel

Eine Variation dieser Topologie ist der Einsatz von CICS, s. Abb. 4.13. Der Transaktionsmonitor, das CICS, bildet hierbei den zentralen Knoten des Graphen. Wird neben dem Transaktionsmonitor auch eine zentrale Datenbank, z.B. DB2 oder IMS, eingesetzt, so entsteht Abb. 4.14.

Aus graphentheoretischer Sicht ist Abb. 4.11 ein Baum, diesmal jedoch etwas ungewohnt, da hier die Datenhaltung die Wurzel und die Terminals die Endblätter darstellen. Üblicherweise ist die Darstellung umgekehrt, vom Anwender hin zur Datenhaltung. Die Variationen mit dem Transaktionsmonitor

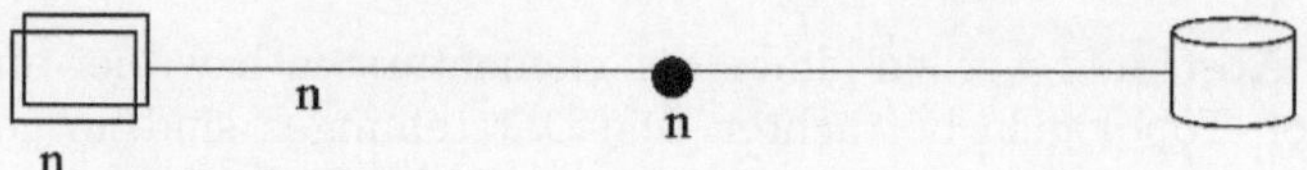

Abb. 4.12. Einfache Anwendung, zweites Beispiel

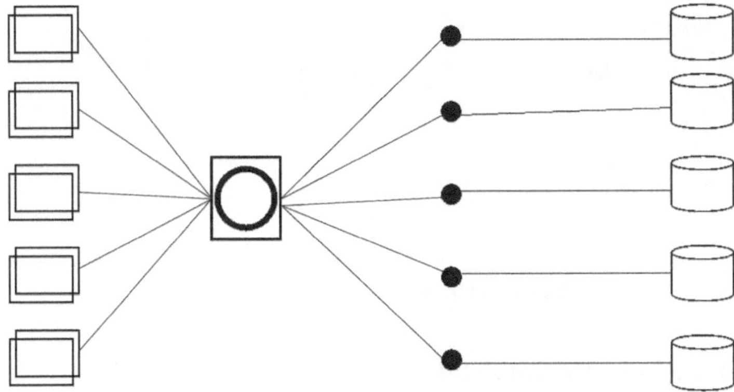

Abb. 4.13. Einfache CICS-Anwendung

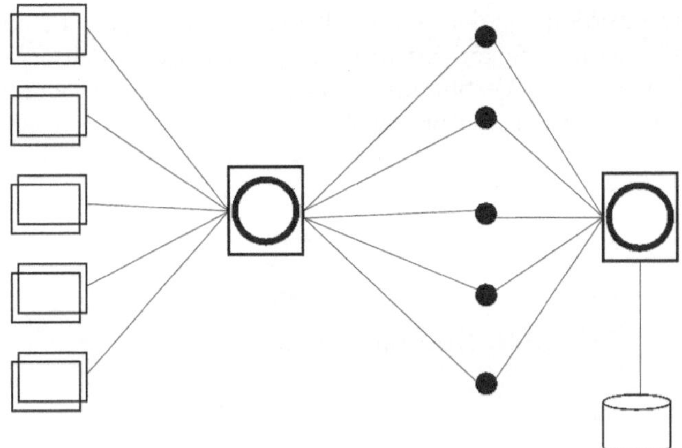

Abb. 4.14. Einfache Transaktionsmonitor-Anwendung

zeigen die Graphen 4.13 und 4.14. Bewusst wurde hier ein Blackbox-Graph eingesetzt, damit die Details des Transaktionsmonitors oder der Datenbank, rechter Bereich in Abb. 4.13, die Struktur nicht unnötig verkomplizieren.

4.4.2 Datawarehouse

Ein Datawarehouse ist topologisch gesehen ein Baum mit der zentralen Datawarehouse-Datenbank als Wurzel. Die Koppelung zwischen den einzelnen Datenbanken und der Datawarehouse-Datenbank ist jedoch nur schwach, daher wird sie als gepunktete Linie dargestellt. In der Abb. 4.15 wird die ETL-Software, Extract, Transform and Load, welche die Daten aus den einzelnen Datenbanken extrahiert und das Datawarehouse füllt, als Applikation dargestellt. Das eigentliche Datawarehouse ist als Blackbox-Graph repräsentiert worden.

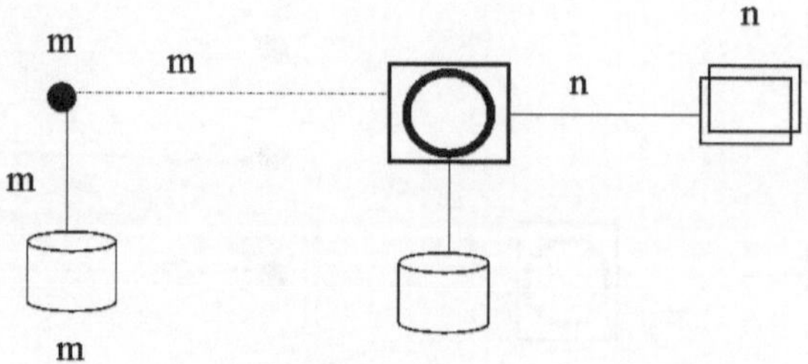

Abb. 4.15. Datawarehouse-Topologie

4.4.3 Einfaches Webbeispiel

Das einfachste Webbeispiel besteht aus einer Reihe von Browsern, in Abb. 4.16 rechte Seite, und einem Webserver, in der Mitte der Abb. 4.16. Die einzelnen HTML-Seiten werden von der Datenhaltung geladen. In der Praxis sind solche Gebilde meistens komplexer. Strukturell gesehen ist jedoch jeder Webserver ähnlich aufgebaut. Die Verbindung zwischen dem Webserver und den Browsern basiert auf dem Internetprotokoll.

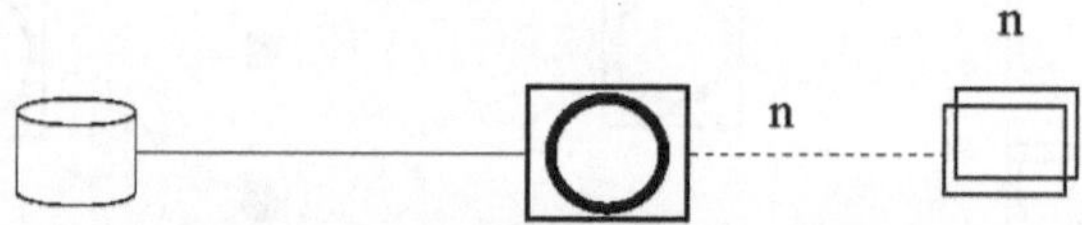

Abb. 4.16. Ein einfaches Webbeispiel

4.4.4 Hub and Spoke

Die Hub-and-Spoke-Topologie ist ein System, welches einen zentralen Knoten, den Hub, besitzt. Von diesem Knoten gehen strahlenförmig Verbindungen zu anderen Applikationen aus, die so genannten Spokes. Diese Topologie wird eingesetzt, wenn es gilt, ein hohes Maß an Statik oder Eigenständigkeit in den Spokes, „die Speichen“, mit einer geringen Dynamik durch den Hub, „die Nabe“, zu verknüpfen. Der Graph lässt sich auf einen Baum mit dem Hub als Wurzel reduzieren. Der Datenaustausch zwischen den einzelnen Spokes geschieht indirekt via dem zentralen Hub. Oft spielt der zentrale Hub die Rolle eines Datawarehouses, s. Abb. 4.15, und versorgt die Spokes mit der entsprechenden Information.

4.4.5 Portale

Die Portal-Topologie ist eine Weiterentwicklung der einfachen Webserver-Topologie, Abschn. 4.4.3. Im Falle eines Portals bildet ein Webserver das Gateway zum inneren System des Unternehmens. Ziel hinter dem Portal ist es, die,

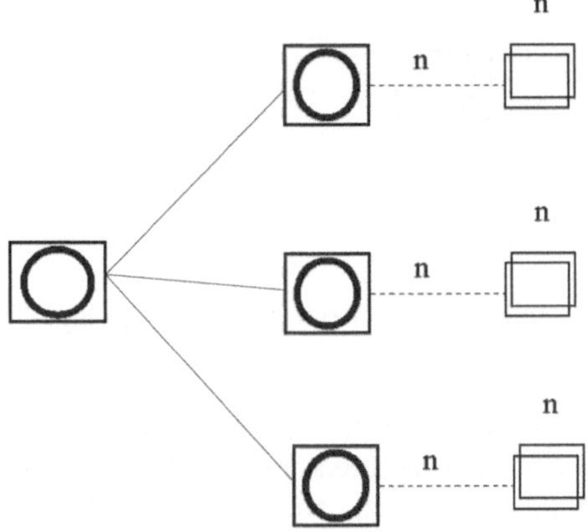

Abb. 4.17. Hub-and-Spoke-Topologie

in der Regel getrennten, inneren Systeme nach außen hin zu vereinheitlichen, sodass dem Benutzer ein einziger Zugang, das Portal, das gesamte Unternehmen, oder zumindest einen wohl definierten Ausschnitt daraus, präsentiert. Die Portale können in drei Kategorien eingeteilt werden:

- Contentportale. Die Contentportale zeigen nur Inhalt, sprich HTML-Seiten, an, die sie aus einem oder mehreren Webservern zusammenstellen.
- Funktionsportale. Die Funktionsportale bieten, wie ihr Name schon ausdrückt, geschäftliche Funktionen des Enterprises nach außen an. Solche Portale sind für extended Enterprises sowie auch – zum Teil – für virtuelle Enterprises interessant.
- Collaborationsportale. Diese bieten gemeinsames Arbeiten innerhalb des Portals an und sind somit notwendige Voraussetzung für ein echt virtuellesUnternehmen.

Real existierende Portale stellen meistens eine Mischung aus allen drei Typen dar. Allerdings sind die Collaborationsportale immer stärker im Kommen und wecken zunehmend das Interesse des Marktes.

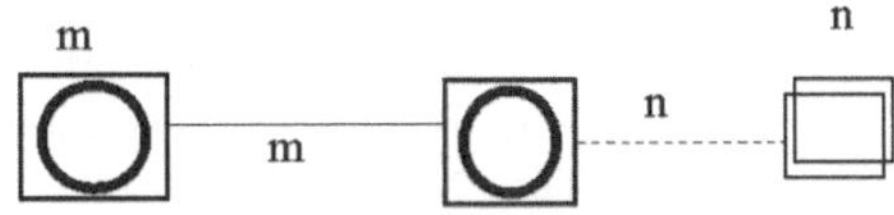

Abb. 4.18. Portal-Topologie

4.4.6 Edge-Service-Topologie

Die Edge-Service-Topologie ist eng verwandt mit der Hub-and-Spoke-Topologie, Abschn. 4.4.4, in dem sie die zentrale Funktionalität nach außen durch

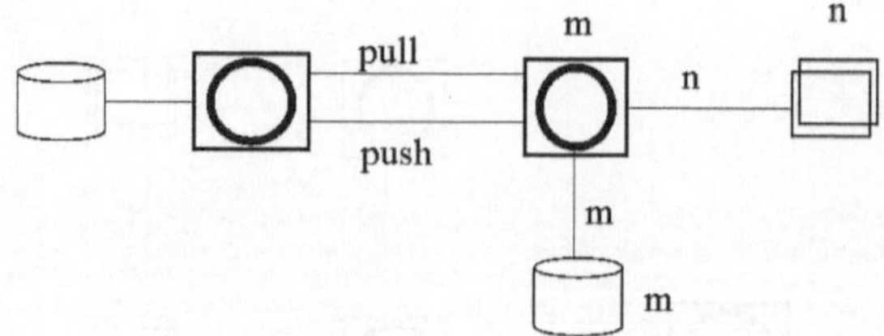

Abb. 4.19. Edge Service Topologie

einen eigenständigen Funktionsteil kapselt, was zu einer klaren Trennung in einen „Backoffice-" und „Consumerbereich" führt. Allerdings besitzt dieser äußere Ring eine eigene Persistenz, sodass nur auf ausgewählte Daten der innere Knoten bemüht werden muss. Diese Ausnahmen werden über einen „pull"-Mechanismus abgebildet, während, asynchron und zeit- oder ereignisgesteuert, die äußere Datenhaltung von innen mithilfe eines „push"-Mechanismus mit Daten versorgt wird. Üblicherweise enthalten solche Architekturen eine Firewall für den Internetverkehr nach außen und innerhalb der DMZ einen Sprayer sowie mehrere Webserver. Der Sprayer dient zur Lastverteilung des Gesamtkonstruktes, während die Webserver ihre Aufgaben an interne Application-Server jenseits der zweiten Firewall weitergeben.

Die Edge-Service-Architektur hat einige Vorteile, die eng mit ihrer Funktionalität verknüpft sind:

- Firewall, eine Firewall ist ein Stück Hard- oder Software, welches im Sinne einer Schichtenarchitektur zwischen zwei Zonen sitzt. In den meisten Fällen existieren damit drei Zonen:
  - öffentliches Internet,
  - DMZ, demilitarized zone, welche nur eine sehr eingschränkte Funktionalität nach außen, d.h. zum öffentlichen Internet aber von innen, d.h. vonseiten des Intranets aus, zugänglich ist,
  - Intranet.

  Üblicherweise haben beide Firewalls eine unterschiedliche Sicherheitspolitik, sodass nur noch wenige Attacken von außen beide durchdringen können.
- Sprayer. Ein Sprayer ist ein Knoten im Netzwerk, der Anfragen entgegennimmt und diese auf mehrere andere Knoten verteilt, üblicherweise ist der Sprayer das Einzige, was aus dem öffentlichen Internet her direkt wahrgenommen werden kann.
- Statischer Cache. Diese bekannte Form des Cachings eignet sich für Seiten, die sehr stabil bleiben, diese werden dann auf den Webservern innerhalb der DMZ abgelegt.
- Dynamischer Cache. Mittlerweile existieren schon Lösungen für den dynamischen Inhalt, diese Caches werden in der DMZ angesiedelt und erlauben es, häufig gestellte Anfragen direkt zu beantworten, ohne ins Intranet zu gelangen.

4.4.7 Enterprise Application Integration

Die Topologie der Enterprise Application Integration entspricht einem Baum mit dem Enterprise Application Integration Bus als Wurzel, ganz im Gegensatz zum Datawarehouse, wo die Datenhaltung die Wurzel darstellte.

Korrekterweise handelt es sich bei dem in der Abb. 4.20 dargestellten Bus um einen Blackbox-Graphen, da die Integrationssoftware eine innere Struktur besitzt. Allerdings ist es günstiger und üblicher diese Software als einen Bus darzustellen.

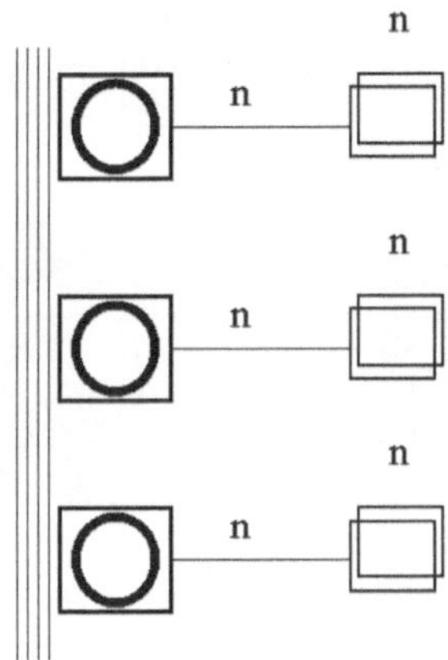

Abb. 4.20. Enterprise Application Integration

4.4.8 Application-Server

Ein Application-Server wird in der Regel zusammen mit einem Webserver und einer Enterprise Application Integration eingesetzt. Der Application-Server

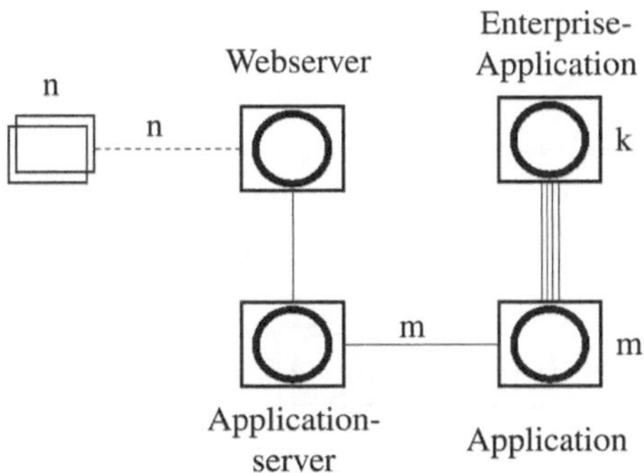

Abb. 4.21. Application-Server-Topologie

stellt das logische Verbindungsstück zwischen dem Webserver, in Abb. 4.21, linke Seite, und dem Backend, rechte Seite, dar.

Üblicherweise werden unterhalb des Application-Servers eine Reihe von Applikationen betrieben, welche explizit das Framework des Application-Servers für einen breiten Bereich von Funktionalität nutzen.

4.4.9 Extended Enterprise

Ein extended Enterprise ist dadurch gekennzeichnet, dass die Topologie mehrere Unternehmen überdeckt, s. Abb. 4.22. Die organisatorisch beeinflussten Systemgrenzen sind in der Abb. schraffiert dargestellt. Wichtig ist die Tatsache, dass die Gesamtarchitektur mehr als ein einzelnes Unternehmen überdeckt.

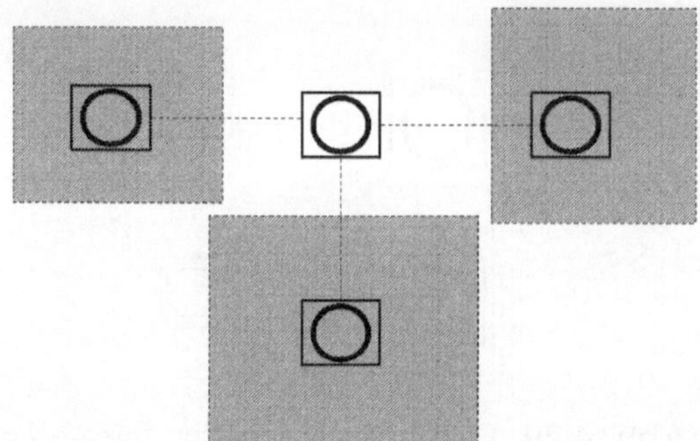

Abb. 4.22. Die extended Enterprise-Topologie

4.4.10 Virtuelles Unternehmen

Für das virtuelle Enterprise existieren zwei Basistopologien. Zum einen, s. Abb. 4.23, mit einem Provider, der alle Funktionen den Beteiligten zur

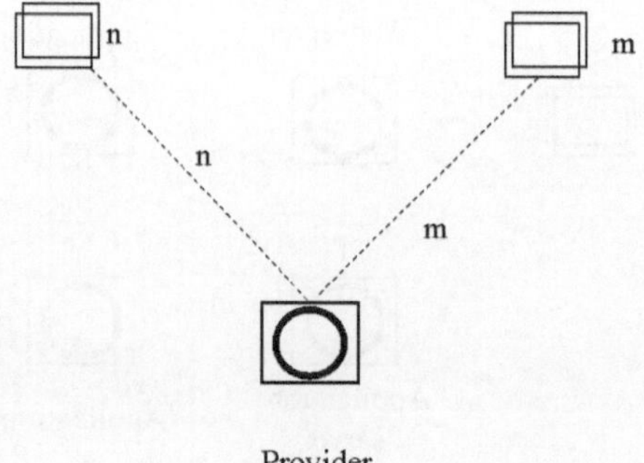

Abb. 4.23. Virtuelles Unternehmen via Portal

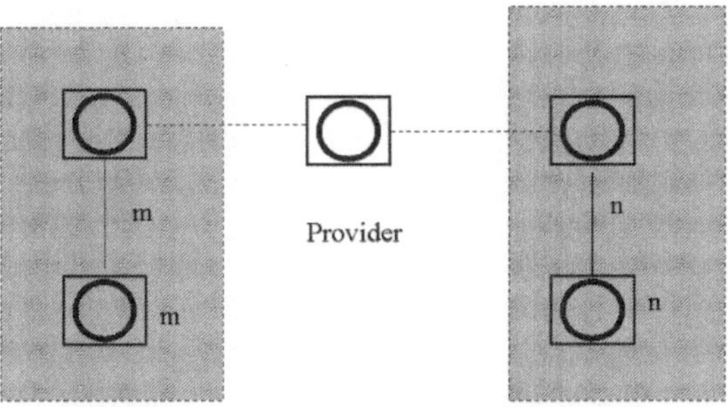

Abb. 4.24. Virtuelles Unternehmen via Funktionsintegration

Verfügung stellt, so z.B. für eine Open-Source-Entwicklung bei Sourceforge, zumindest wird hier der Repositoryteil zur Verfügung gestellt. Zum anderen einen Provider, der eine erweiterte Plattform, analog einem Bus-System wie bei der Enterprise Application Integration, Abschn. 4.4.7, zur Koordination der individuellen Unternehmen, die sich am virtuellen Unternehmen beteiligen, zur Verfügung stellt.

5

Metriken

But let them measure us by what they will
We'll measure them a measure, and be gone ...

Romeo and Juliet,
William Shakespeare

5.1 Einleitung

Ziel der Einführung von Metriken ist es, ein Gebilde messbar und damit klassifizierbar, bewertbar und letztendlich auch vergleichbar zu machen. Rein subjektive Aussagen, wie z.B.:

„Dies ist eine gute Architektur",

führen in der Regel zu keinem sinnvollen Ergebnis im Rahmen einer Diskussion oder Bewertung einer Enterprise Architektur. Erst die Messbarkeit von Eigenschaften macht eine Enterprise Architektur vergleich- und bewertbar. Am deutlichsten hat dies der bekannte Physiker Lord Kelvin 1891 beschrieben:

> When you can measure what you are speaking about, and express it in numbers, you know something about it; but when you cannot express it in satisfactory kind; it may be the beginning of knowledge, but you have scarcely, in your thougths, advanced to the stage of science.

Gemessen werden Größen innerhalb des Systems, welche direkt oder indirekt zugänglich sind. Solche Messgrößen dienen sowohl zur genaueren Bestimmung als auch zur Eichung bzw. Benchmarking von verschiedenen Systemen. Neben den direkt messbaren bzw. indirekt bestimmbaren Größen existieren auch solche, die man meistens als Kennzahlen bezeichnet. Diese stammen oft aus dem Gebiet der Betriebswirtschaft, z.B. das Return of Investment, ROI. Auch andere Größen, wie die Temperatur[1], abgeleitet aus der Entropie, lassen sich durch die Verknüpfung mit der Zeit im Sinne der Systemevolution, s. Kap. 6, bestimmen.

Messungen an einer Software werden durch die Metriken bestimmt und durchgeführt. Mathematisch gesehen ist eine Metrik M der Abstand zweier

[1]Die Einführung eines thermodynamischen Begriffes der Temperatur gibt der saloppen Aussage: „Dies ist aber ein heißes System!" eine völlig neue Bedeutung.

Punkte in einem Raum mit den Eigenschaften:

$$\begin{aligned} M(\mathbf{a},\mathbf{b}) &\geq 0 && \forall \mathbf{a},\mathbf{b} \\ M(\mathbf{a},\mathbf{a}) &= 0 && \forall \mathbf{a} \\ M(\mathbf{a},\mathbf{c}) &\leq M(\mathbf{a},\mathbf{b}) + M(\mathbf{b},\mathbf{c}) && \forall \mathbf{a},\mathbf{b},\mathbf{c} \end{aligned} \quad (5.1)$$

Die so definierte Metrik ist stets positiv definit mit $M(\mathbf{0}) = 0$. Für Softwaremetriken hat es sich bewährt, als Referenzvektor den Nullvektor zu wählen, was dazu führt, dass Gleichungen 5.1 übergehen in:

$$\begin{aligned} M(\mathbf{a}) &> 0 && \forall \mathbf{a} \neq \mathbf{0} \\ M(\mathbf{a},\mathbf{b}) &\leq M(\mathbf{a}) + M(\mathbf{b}) && \forall \mathbf{a},\mathbf{b} \end{aligned} \quad (5.2)$$

Jede Metrik muss den in obigen Gleichungen, 5.2, gewählten Eigenschaften genügen.

Damit das Verhalten der einzelnen Metriken einfacher zu durchschauen ist, lohnt es sich, eine Reihe von Standardfällen zu betrachten:

- Erweiterung der Hierarchie:
$$C = A \oplus B$$
- Verbreiterung der Hierarchie:
$$C = A \odot B$$
- Einkoppelung in die Hierarchie:
$$C = A \sqcup B$$
- Ressourcenteilung:
$$C^* = \{C \oplus A\} \sqcup B$$
- Dekomposition:
$$C = \uplus_i A_i$$
- Selbstkoppelung:
$$C = \tilde{A}$$
oder auch
$$C = \tilde{A} \uplus a$$
- Fremdkoppelung:
$$C = \overline{AB}$$

Der Einfachheit halber sind diese Operationen in den Abb. 5.1 bis 5.5 dargestellt. Anhand dieser Basisoperationen lässt sich das Verhalten eines Systems bezüglich der gewählten Metrik recht gut beurteilen.

Bei der Erweiterung, Abb. 5.1, wird ein bisheriger Graph – rechte Seite durch zwei getrennte Graphen, die linke Seite durch einen einzigen – darge-

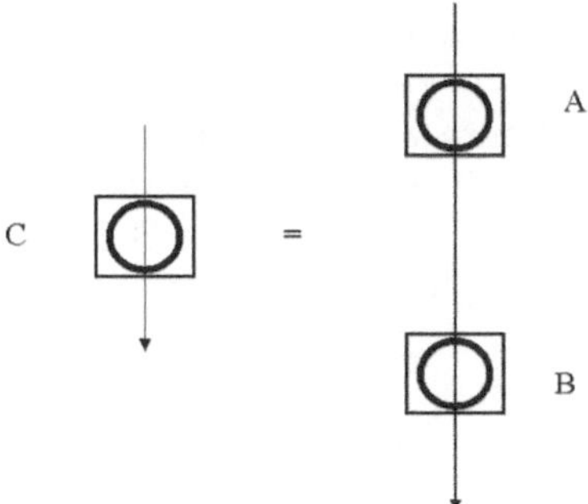

Abb. 5.1. Erweiterung der Hierarchie

stellt. Die rechte Seite läßt sich als eine Detaillierung der linken Seite verstehen, womit dies ein Spezialfall der allgemeineren Dekomposition ist. Die Pfeile zeigen die Aufruf- oder Berechnungsrichtung innerhalb des Gesamtgraphen an, sodass sich hier auf diesen Teilgraphen beschränkt werden kann. Ein solcher Graph taucht typischerweise auf, wenn eine Indirektionsschicht in eine Software eingefügt wird. Praktisch jede Hinzufügung von Schichten in einer Schichtenarchitektur führt zu solchen Operationen.

Die Verbreiterung der Hierarchie geschieht ungekoppelt, s. Abb. 5.2. Ein solcher Graph entsteht, wenn beispielsweise bei einer Stove-Pipe-Architektur eine neue Applikation eingeführt wird, oder wenn, bei einem Application-Server, neue Applikationsteile zur Verfügung gestellt werden. Auch die Hinzufügung neuerer Instanzen in ein laufendes System hat dieses Charakteristikum.

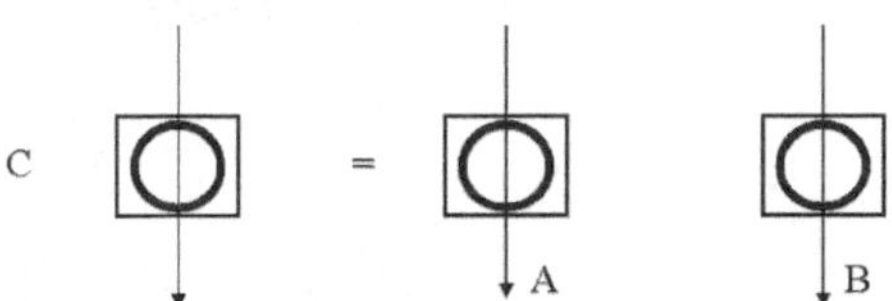

Abb. 5.2. Verbreiterung der Hierarchie

Die Einkoppelung in die Hierarchie führt zu einer Verbindung der Applikationen auf der jeweiligen Hierarchie, s. Abb. 5.3. Typisch für so einen Graphen ist die Entwicklung der Enterprise Application Integration oder das

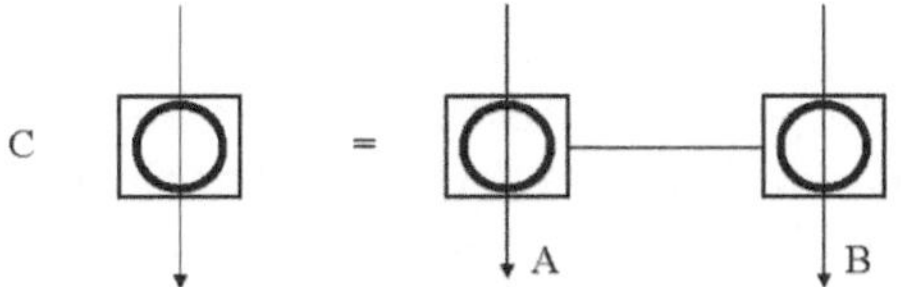

Abb. 5.3. Einkoppelung in die Hierarchie

Einfügen eines neuen pull-Systems in ein Datawarehouse, welches nun neu versorgt werden muss.

Die Teilung einer Ressource, s. Abb. 5.4, ist hier dargestellt dadurch, dass der bisher vorhandene Graph A seine Funktionen nun einem neuen Graphen B zur Verfügung stellen muss. Der bisherige Graph C verändert seine Eigenschaften zu C^* durch die implizite Veränderung von A.

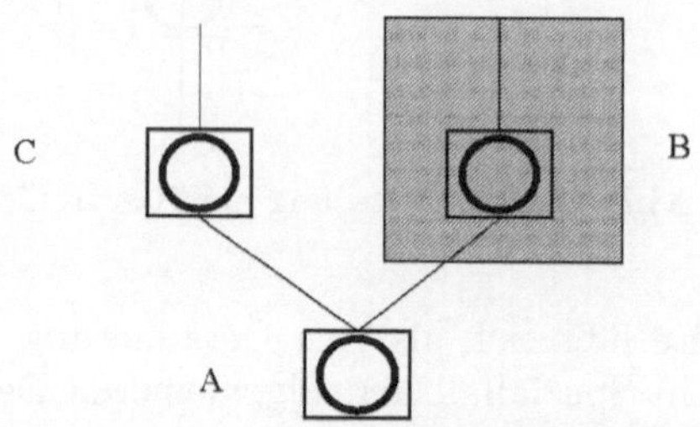

Abb. 5.4. Ressourcenteilung

Die Dekomposition, s. Abb. 5.5, ist die aufwendigste Form eines Graphen, sie entsteht durch zunehmende Zerlegung des Systems in die einzelnen Bestandteile.

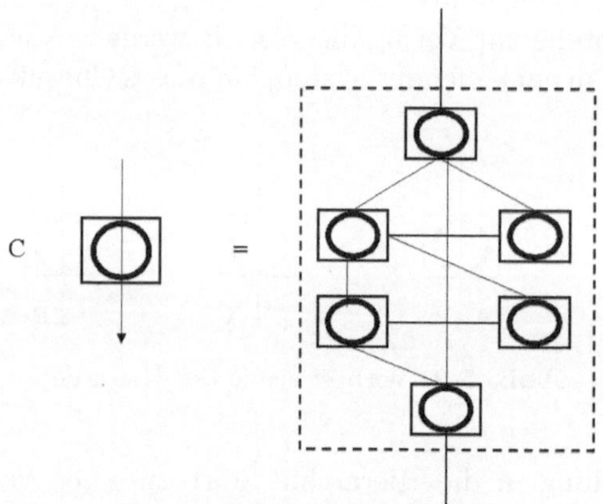

Abb. 5.5. Dekomposition

Bei der Selbstkoppelung, s. Abb. 5.6, handelt es sich um eine zusätzliche Erweiterung der Enterprise Architektur um eine weitere Verbindung bzw. um eine neue Funktionalität. Dabei gilt stets die Annahme, dass diese neue Funktionalität oder Verbindung das Gesamtsystem nur geringfügig verändert. Ein Beispiel für diese Form der Operation ist der Eintritt des Unternehmens in den B2C-Sektor oder eine Ausdehnung desselben.

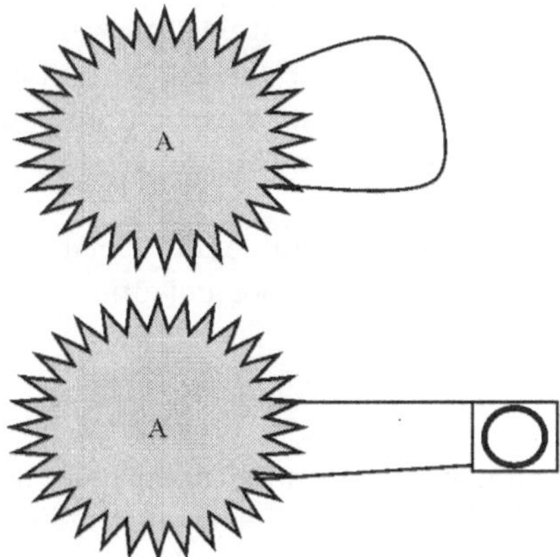

Abb. 5.6. Selbstkoppelung

Im Gegensatz zur Selbstkoppelung ist die Fremdkoppelung, s. Abb. 5.7, das Phänomen, welches in der Geschäftswelt immer häufiger auftaucht: die Koppelung zweier völlig verschiedener Enterprise Architekturen. Besonders im Fall des extended Enterprise bzw. oft auch bei virtuellen Unternehmen ist diese Operation zu beachten. Selbst bei „normalen“ Unternehmen, die sich in das B2B-Geschäftsfeld begeben, ist eine solche Operation zu betrachten, da es in diesen Fällen stets zu einer Koppelung zwischen mindestens 2 Systemen kommt.

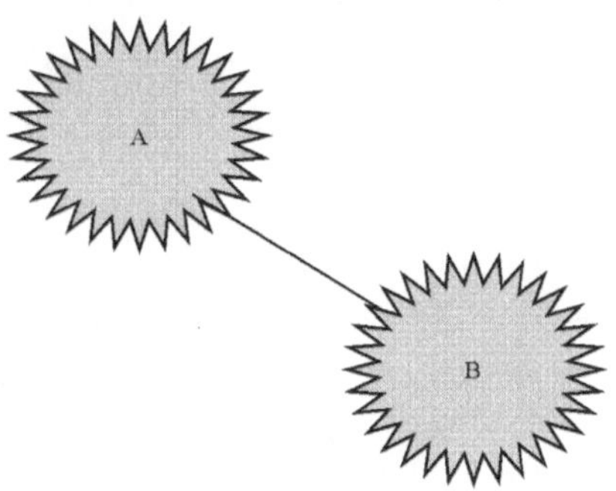

Abb. 5.7. Fremdkoppelung

5.2 Graphen

Damit sich überhaupt Messgrößen beziffern lassen, ist es notwendig, Definitionen über die Art und Weise der Messungen zu machen und einige Festlegungen zu treffen.

Die verschiedenen Enterprise Architekturen werden jeweils als ein Graph dargestellt. Jeder Graph besteht aus einer Reihe von Knoten A_i und jeder Knoten ist über eine oder mehrere Kanten K_{ij} mit anderen Knoten A_j verbunden. Die Kanten stellen Service-Aufrufe an die jeweiligen Knoten dar. Dies ist im Grunde das Modell einer Service Oriented Architecture, s. Abschn. 9.5, aber es lässt sich auch auf andere Enterprise Architekturen als Modellbildungs- und Strukturierungselement übertragen.

5.2.1 Senke

Ein Knoten, der nur eingehende Kanten, aber keine ausgehenden besitzt, ist eine Senke. Typische Senken sind Dateisysteme oder Datenbanken. Da eine Senke den Graphen terminiert, sind die Senken wichtig, um die vollständigen Pfade von Aufrufen innerhalb einer Enterprise Architektur zu verstehen.

5.2.2 Quelle

Ein Knoten, der nur ausgehende Kanten, aber keine eingehenden hat, ist eine Quelle. Ein 3270-Terminal wäre ein Beispiel für eine solche Quelle. Ein anderes Beispiel wäre ein Messsensor an einer Apparatur. Eine Quelle ist in der Regel das auslösende Element für jeden Geschäftsprozess, der im Rahmen einer IT-technischen Implementierung abgebildet wurde.

5.2.3 Gewicht

Jede Kante K_{ij}, zwischen zwei Knoten eines Graphen, besitzt ein Gewicht $w_{ij}(S_l)$, welches die mittlere Anzahl der Aufrufe für diesen Knoten pro Service S_l darstellt.

$$G_{ij} = \sum_l S_l(K_{ij})$$

G_{ij} ist die Menge aller Services, welche der Knoten A_i vom Knoten A_j nutzen kann.

Alternativ dazu lässt sich die Wahrscheinlichkeit $p_{ij}(S_l)$ definieren, die angibt, mit welcher Wahrscheinlichkeit eine bestimmte Kante benutzt wird:

$$p_{ij}(S_l) = \frac{w_{ij}(S_l)}{\sum_k w_{kj}(S_l)} \tag{5.3}$$

Wird dieser Wert über die Menge der möglichen Services S_l gemittelt, so ergibt sich die mittlere Service-Wahrscheinlichkeit π_{ij} zu:

$$\pi_{ij} = \frac{\sum_l p_{ij}(S_l)}{\sum_l S_l} \tag{5.4}$$

bzw. das mittlere Gewicht ω_{ij} zu

$$\omega_{ij} = \frac{\sum_l w_{ij}(S_l)}{\sum_l S_l} \tag{5.5}$$

Da in der Regel auf dem Niveau der Enterprise Architektur recht wenig über die einzelnen Aufrufe und ihre Frequenz bekannt ist, reicht es aus, nur die mittlere Service-Wahrscheinlichkeit zu betrachten.

Die Kanten-Wahrscheinlichkeit bei der Erweiterung der Hierarchie $A \oplus B$ wird nur durch die Operationen der eingehenden Kante C_+ beeinflusst, während die ausgehende Kante C_- durch die Erweiterung unverändert bleibt, was in Analogie auch für das mittlere Gewicht und die mittlere Service-Wahrscheinlichkeit gilt.

$$\begin{aligned} p_{C_+} &= p_{A_+} \\ p_{C_-} &= p_{B_-} \\[1ex] \pi_{C_+} &= \pi_{A_+} \\ \pi_{C_-} &= \pi_{B_-} \\[1ex] \omega_{C_+} &= \omega_{A_+} \\ \omega_{C_-} &= \omega_{B_-} \end{aligned}$$

Für den Fall der Verbreiterung der Hierarchie $A \odot B$ sind die jeweiligen Werte durch

$$\begin{aligned} p_{C_+} &= p_{A_+} + p_{B_+} \\ p_{C_-} &\leq p_{A_-} + p_{B_-} \\[1ex] \pi_{C_+} &= \pi_{A_+} + \pi_{B_+} \\ \pi_{C_-} &\leq \pi_{A_-} + \pi_{B_-} \\[1ex] \omega_{C_+} &= \omega_{A_+} + \omega_{B_+} \\ \omega_{C_-} &\leq \omega_{A_-} + \omega_{B_-} \end{aligned}$$

gegeben.

Für den Fall, dass es sich um sehr ähnliche Knoten A und B handelt, lassen sich die Gleichungen annähern zu:

$$\begin{aligned} p_{C_\pm} &\approx 2p_{A_\pm} \\ \pi_{C_\pm} &\approx 2\pi_{A_\pm} \\ \omega_{C_\pm} &\approx 2\omega_{A_\pm} \end{aligned}$$

Bei der Einkoppelung in die Hierarchie $A \sqcup B$ gilt in Abwandlung zu $A \odot B$:

$$\begin{aligned} p_{C_+} &= p_{A_+} \\ p_{C_-} &\leq p_{A_-} + p_{A_{AB}} \\ \pi_{C_+} &= \pi_{A_+} \\ \pi_{C_-} &\leq \pi_{A_-} + \pi_{A_{AB}} \\ \omega_{C_+} &= \omega_{A_+} \\ \omega_{C_-} &\leq \omega_{A_-} + \omega_{A_{AB}} \end{aligned}$$

Für die Näherung von schwacher, starker und gleichförmiger Koppelung zwischen A und B lassen sich die Formeln annähern durch:

$$\omega_{C_-} \approx \begin{cases} \omega_{A_-} & : \pi_{AB} \ll 1 \\ \omega_{B_-} & : \pi_{AB} \gg 0 \\ 2\omega_{A_-} & : \pi_{AB} \approx \pi_{A_-} \end{cases} \tag{5.6}$$

Die Teilung der Ressource $C^* = C \oplus A \sqcup B$ führt zu einer Veränderung gemäß:

$$p_{A_-*} = p_{A_-} + \mathcal{F}(p_{B_-}) \tag{5.7}$$

Für die Formen von schwacher, starker und gleichförmiger Koppelung, s. oben, ergeben sich die Näherungsfälle:

$$p_{A_-^*} \approx \begin{cases} p_{A_-} & : \pi_{BA} \ll \pi_{A_+} \\ \mathcal{F}(p_{B_-}) & : \pi_{BA} \gg \pi_{A_+} \\ 2p_{A_-} & : \pi_{BA} \approx \pi_{A_+} \end{cases} \tag{5.8}$$

Die allgemeine Dekomposition $\uplus A$ lässt sich leider nicht geschlossen behandeln.

5.3 Arbeitslast

Mithilfe des mittleren Gewichts ω, Gleichung 5.5, lässt sich die Aufrufrate λ_i innerhalb des Graphen definieren:

$$\lambda_i = \begin{cases} f_i & : i \in \mathit{Senke} \\ \sum\limits_{j=0}^{i-1} \pi_{ij}\lambda_j & : \mathit{sonst} \end{cases} \tag{5.9}$$

Die Frequenz f_i gibt an, wie oft pro Zeiteinheit eine Senke aufgerufen wird.

Die Arbeitslast ist die Aufrufrate multipliziert mit der mittleren Datenmenge pro Aufruf.

$$P_i = \lambda_i n(\mathit{Bytes})$$

Korrekterweise müsste über die verschiedenen Aufrufe gemittelt werden, da nicht alle Datenmengen gleich groß sind, jedoch reicht es bis auf Ausnahmen wie die Betrachtung von Datawarehouses aus, die Arbeitslast identisch zur Aufrufrate zu setzen.

5.4 Zeiten

Die drei Größen Antwortzeit $t^{Antwort}$, Verarbeitungszeit $t^{Verarbeitung}$ und Auslastung u, auch Utilität genannt, lassen sich in obigem Modell relativ leicht bestimmen. Die Verarbeitungszeit ist gegeben durch:

$$t_i^{Verarbeitung} = \begin{cases} \tau_i & : i \in Senke \\ \tau_i + \sum_{j=0}^{i-1} \pi_{ij} t_j^{Antwort} & : sonst \end{cases} \tag{5.10}$$

wobei die innere Service-Zeit τ_i die Zeit ist, welche der Knoten A_i benötigt, um den Aufruf intern abzuarbeiten. Hier wird nur die „interne Zeit" gewertet. Das Warten auf andere Knoten zählt nicht zur inneren Service-Zeit. Bedingt durch die Definition der Senke ist im Falle der Senke $\tau = t^{Verarbeitung}$.

Die Auslastung eines Knotens A_i ergibt sich aus der Verarbeitungszeit und der Aufrufrate λ zu:

$$u_i = \lambda_i t_i \tag{5.11}$$

Die Antwortzeit $t^{Antwort}$ ergibt sich dann als ein Funktional aus der Verarbeitungszeit und der Aufrufrate zu:

$$t_i^{Antwort} = \mathcal{F}_i(\lambda_i, t_i^{Verarbeitung}) \tag{5.12}$$

Für den Fall einer so genannten M/M/1-Queue ergibt sich das Funktional $\mathcal{F}(\lambda, t)$ zu Gl. 5.13. Der Begriff M/M/1-Queue stammt aus der Queuing Theorie. Das M bezieht sich auf „memoryless". Dies ist eine Eigenschaft von Exponentialverteilungen. Umgekehrt sind Poissonverteilungen, d.h. rein zufällige Ereignisse, Exponentialverteilungen. Das erste M symbolisiert ankommende zufällige Ereignisse und das zweite M eine zufällige exponentiell verteilte Service-Zeit. Die 1 in der M/M/1-Queue symbolisiert eine einzelne Ressource, die über die Queue zugänglich gemacht wird, z.B. einen Server.

$$\mathcal{F}(\lambda, t) = \frac{t}{1 - \lambda t} \tag{5.13}$$

Die entstehende Latenz als Funktion der Utilität, d.h. Auslastung der Ressource, ist für $u \to 1$ eine sehr steil ansteigende Funktion, s. Abb. 5.8. Bei einer Utilität von 70% ist die Latenz schon auf einen Faktor 5 angestiegen. In anderen Fällen, d.h. für andere Queue-Mechanismen, sind die Ergebnisse

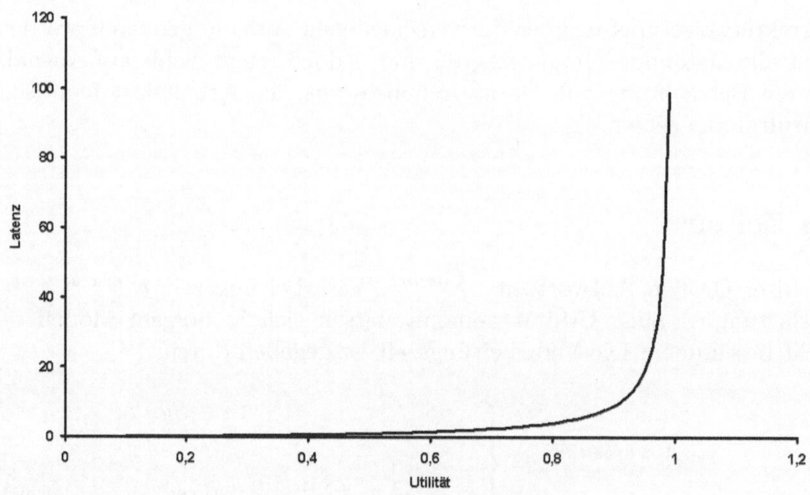

Abb. 5.8. Latenz vs. Utilität

komplexer. Im Rahmen der zu betrachtenden Enterprise Architekturen sollten aber obige Näherungen völlig ausreichend sein.

Diese so skizzierte Bottom-up-Methode lässt sich in Spezialfällen noch weiter vereinfachen. In den meisten Unternehmen existieren zwei Formen von Applikationen, quasi Extremalformen:

- sehr datenintensive Applikationen
- sehr kommunikationsintensive Applikationen

Die datenintensiven sind dadurch gekennzeichnet, dass große Datenmengen zu verarbeiten sind, so z.B. bei Datawarehouse-Anwendungen. Im Gegensatz dazu stammen die kommunikationsintensiven aus dem Bereich der operativen Systeme. Buchungssysteme großer Onlinebanken sind ein Beispiel hierfür. Das wohl ausgeprägteste Beispiel für diese Klasse von Applikationen sind P2P-Filesharingsysteme wie Gnutella, Morpheus oder E-Donkey.

Bei den datenintensiven Systemen ist die Antwortzeit faktisch durch die Datenzugriffszeit gegeben, d.h.

$$t_{Client}^{Antwort} \approx t_{Database}^{Antwort} \tag{5.14}$$

Im Fall der kommunikationsintensiven Applikationen ist die Antwortzeit determiniert durch die reine Kommunikationszeit zusammen mit der Latenzzeit

$$t_{Client}^{Antwort} \approx t_{Kommunikation} + t_{Latenz} \tag{5.15}$$

da hier die Service-Zeit τ sehr klein gegenüber den anderen Zeiten ist. Gleichung 5.15 wiederum kann in der Praxis angenähert werden durch:

$$t_{Client}^{Antwort} \approx t_{IP} \tag{5.16}$$

da die IP-Verbindungen meist die langsamen Verbindungen in den Systemen sind.

Für sehr rechenintensive Applikationen, so z.B. CAD-Programme, sind diese Näherungen selbstverständlich nicht anwendbar.

5.5 Latenz

Die Latenz ist definiert als die Zeit, die verstreicht, bis die erste Reaktion eines Systems vorhanden ist. Sie ist in der regulären Antwortzeit enthalten, jedoch nicht in der Service-Zeit, da diese stets ohne die Latenz berechnet wird. Die Latenz wird hauptsächlich durch Zeiten für Instanziierung von Applikationen oder dem Aufbau von Verbindungen bzw. der Auswahl von Datensätzen bestimmt. Für einen allgemeinen Graphen lässt sich die Latenz recht gut nähern durch:

$$t^{Latenz} \approx \sum_{Pfad\ zur\ 1.ten\ Senke} t_i^{Latenz} \tag{5.17}$$

Für den Fall von sehr datenintensiven Programmen ist die Latenz oft durch die Zeit für die ersten Datenbankzugriffe gegeben, was der Latenzzeit der Senke entspricht.

Bei Internet-Applikationen ist die Latenz meistens durch den Aufbau der SSL bzw. dem Schlüsselaustausch im Rahmen der https-Verbindung, zusätzlich zu den Kosten der Persistenz, gegeben.

5.6 Komplexität

5.6.1 Average Node Degree

Der Average Node Degree, $\bar{N}_d$, wird rein topologisch definiert, s. Gleichung 5.18.

$$\bar{N}_d = 2\frac{n_{Knoten}}{n_{Kanten}} \tag{5.18}$$

Die Knoten und Kanten in Gleichung 5.18 sind die Knoten und Kanten des jeweiligen Graphen. Bei einfachen Topologien lässt sich $\bar{N}_d$ direkt bestimmen, Gl. 5.19–5.23, wobei n die Zahl der Knoten angibt.

$$Lineare\ Kette = 2 + \frac{2}{n-1} \tag{5.19}$$

$$Ring = 2 \tag{5.20}$$

$$Hub\ and\ Spoke = 2 + \frac{2}{n-1} \tag{5.21}$$

$$Gitter = \frac{1}{1 - \frac{1}{\sqrt{n}}} \tag{5.22}$$

$$Baum = 2 + \frac{2}{n-1} \tag{5.23}$$

Der Average Node Degree lässt sich für die Basisoperationen im Graphen leicht berechnen:

$$\begin{aligned}\bar{N}_d\,(A \oplus B) &= \frac{4}{3}\\ \bar{N}_d\,(A \odot B) &= \bar{N}_d\,(A)\\ &= 1\\ \bar{N}_d\,(A \sqcup B) &= \frac{4}{5}\\ \bar{N}_d\,(\{C \oplus A\} \sqcup B) &= \frac{2}{3}\end{aligned}$$

Bei den Operationen Fremd- und Selbstkoppelung ergibt sich durch direkte Rechnung:

$$\begin{aligned}\bar{N}_d(\tilde{A}) &\approx \bar{N}_d(A)\\ \bar{N}_d\left(\overline{AB}\right) &\approx \frac{1}{2}\left(\bar{N}_d(A) + \bar{N}_d(B)\right) \qquad\qquad falls A \approx B\end{aligned}$$

Bei großen Systemen $n \gg 1$ zeigt sich, dass solche Systeme scale free sind und den im Abschn. 5.7 formulierten Gesetzmäßigkeiten genügen, daraus folgt:

$$\bar{N}_d \sim n_{Knoten}^{0.17}$$

Damit wird der Average Node Degree zu einer schwach wachsenden Funktion in großen Systemen.

5.6.2 McCabe-Metrik

Die McCabe-Metrik, auch Cyclomatic Complexity genannt, ist definiert durch:

$$\gamma = n_{Kanten} - n_{Knoten} + 2n_{isolierte\ Graphen} \tag{5.24}$$

Der Vorteil der McCabe-Metrik ist, dass sie recht einfach propagiert. Wenn zwei Teilsysteme Φ und Ψ kombiniert werden, so gilt:

$$\gamma(\Phi \cup \Psi) = \gamma(\Phi) + \gamma(\Psi) - \gamma(\Phi \cap \Psi) \tag{5.25}$$

Da es in einem großen System praktisch keine isolierten Teile gibt, reduziert sich Gleichung 5.24 auf

$$\gamma = n_{Kanten} - n_{Knoten} \tag{5.26}$$

Die Basisoperationen sind relativ simpel:

$$\begin{aligned}\gamma(A \oplus B) &= 1\\ \gamma(A \odot B) &= 2\\ \gamma(A \sqcup B) &= 3\end{aligned}$$

$$\gamma(\{C \oplus A\} \sqcup B) = 1$$
$$\gamma(\uplus_i A_i) = n_{Kanten} - n_{Knoten}$$
$$\gamma\left(\tilde{A}\right) = \gamma(A) + 1$$
$$\gamma\left(\overline{AB}\right) = \gamma(A) + \gamma(B)$$

Bei einfachen Topologien lässt sich γ direkt bestimmen, Gl. 5.27–5.31, wobei n die Zahl der Knoten angibt.

$$Lineare\ Kette = -1 \tag{5.27}$$
$$Ring = 0 \tag{5.28}$$
$$Hub\ and\ Spoke = n - 2 \tag{5.29}$$
$$Gitter = n + \sqrt{n} \tag{5.30}$$
$$Baum = 1 \tag{5.31}$$

Bei großen Systemen $N \gg 1$ zeigt sich, dass solche Systeme scale free sind und den im Abschn. 5.7 formulierten Gesetzmäßigkeiten genügen, daraus folgt:

$$\gamma = c_1 n_{Knoten} + c_2 n_{Knoten}^{1.17}$$

Die Gleichung führt für eine große Anzahl von Knoten $n_{Knoten} \gg 1$ zu der Näherung:

$$\gamma \approx c n_{Knoten}^{1.17}$$

5.6.3 Card-Metrik

Die Card-Metrik ist eine Design-Metrik, die ursprünglich für die Bewertung von Modulen eingeführt wurde. Die Komplexität γ ist definiert durch:

$$\gamma_i = \delta_i + \beta_i \tag{5.32}$$
$$\delta_i = \frac{1}{m} \sum_{j=1}^{m} \phi_i^2(j) \tag{5.33}$$
$$\beta_i = \frac{1}{m} \sum_{j=1}^{m} \frac{\nu_i(j)}{\phi_i(j) + 1} \tag{5.34}$$

für das Modul i mit den Größen: m als Anzahl der internen Prozeduren des Moduls, ϕ als Zahl der Aufrufe des Moduls nach außen und ν als Zahl der I/O-Variablen im Modul.

Der erste Term δ_i, Gleichung 5.33, wird oft als strukturelle Komplexität und der zweite Ausdruck, 5.34, als Datenkomplexität bezeichnet.

Die Card-Metrik, ursprünglich eine Metrik für Module eines Softwarepakets, lässt sich auch auf die Enterprise Architektur übertragen mit:

$$\delta_i^{Card} = n_{Kanten}^2(i) \tag{5.35}$$

und

$$\beta_i^{Card} \approx \frac{n_{Kanten}(i)}{1 + n_{Kanten(i)}} \tag{5.36}$$

Die Gesamtkomplexität ergibt sich dann als Summe der Einzelkomplexitäten:

$$\gamma^{Card} = \delta^{Card} + \beta^{Card} \tag{5.37}$$

$$= \sum_i \left(\delta_i^{Card} + \beta_i^{Card}\right) \tag{5.38}$$

$$\approx \sum_i n_{Kanten}^2(i) \tag{5.39}$$

Die letzte Näherung, Gl. 5.39, ist relativ gut, da für alle praktischen Fälle $n \gg 1$ gegeben ist. Mit dem Resultat, dass gilt:

$$\lim_{n\to\infty} \beta_i = 1$$

sodass Gl. 5.39 durch den ersten Term δ dominiert wird.

Für die einfachen Topologien ergibt sich, trivialerweise:

$$\gamma^{Card} = n^2$$

Für die Selbst- und Fremdkoppelung ergibt sich bei der Card-Metrik:

$$\gamma^{Card}\left(\tilde{A}\right) \approx \gamma^{Card}(A)$$

$$\gamma^{Card}\left(\overline{AB}\right) \approx \gamma^{Card}(A) + \gamma^{Card}(B) + 2\sqrt{\gamma^{Card}(A)\,\gamma^{Card}(B)}$$

5.7 Small Worlds

Große Softwaresysteme leben stets in einem Spannungsfeld zwischen zwei Extremen, zum einen ein völlig zufälliges Netzwerk, zum anderen ein hochsymmetrisches rigides System wie beispielsweise eine lineare Kette.

Ob ein gegebener Graph, und damit das gesamte System, nur zufällig ist oder eine inhärente Struktur besitzt, kann anhand von zwei verwandten Größen bestimmt werden:

- mittlerer Abstand zweier Knoten
- Clusterkoeffizient oder die Wahrscheinlichkeitsverteilung der Kanten.

Ein rein zufälliger Graph, bei dem mit der Wahrscheinlichkeit p eine Kante entsteht, folgt in seiner Wahrscheinlichkeitsverteilung einer Poissonverteilung, d.h.

$$P(k) = \mathrm{e}^{-pN} \frac{(pN)^k}{k!}$$

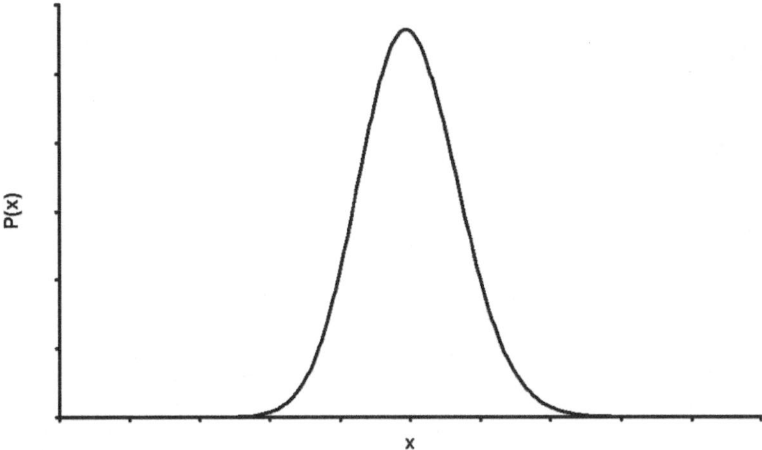

Abb. 5.9. Poissonverteilung

Hierbei ist N die Gesamtzahl der Knoten und $P(k)$ gibt die Wahrscheinlichkeit an, einen Knoten mit genau k Kanten zu finden. Diese Poissonverteilung hat einen Node Average Degree von

$$\bar{N}_d = pN$$

Der mittlere Abstand ist definiert durch:

$$d = \overline{\min d(i,j)}$$

wobei hier der minimalste Abstand zwischen zwei Endknoten i und j benutzt wird und dann über alle diese Abstände im Graphen gemittelt wurde.

Der mittlere Abstand in einem rein zufälligen Graphen ergibt sich zu:

$$d \approx \frac{\log_2 N}{\log_2 \bar{N}_d}$$

Interessanterweise besitzen alle bisher untersuchten großen Systeme nicht eine Poissonverteilung, sondern eine Verteilung der Form:

$$P(k) = Ak^{-\gamma} e^{\frac{k}{k_c}} \tag{5.40}$$

mit, je nach untersuchten System,

$$1.34 \leq \gamma \leq 1.74$$

Große IT-Systeme verhalten sich somit wie soziale Verbände, die einen ähnlichen Koeffizienten besitzen.

Für das Verhältnis von Knoten und Kanten in solchen System ergibt sich:

$$n_{Kanten} \sim n_{Knoten}^{1.17}$$

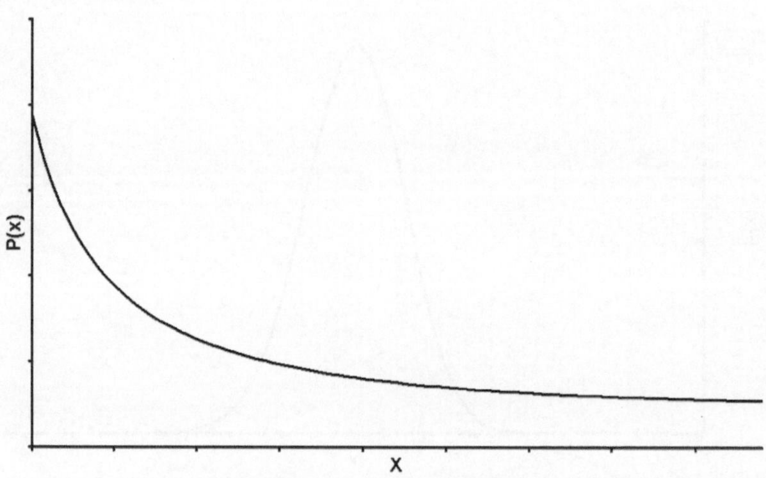

Abb. 5.10. Small-Worlds-Verteilung

bzw. für den Average Node Degree:

$$\bar{N}_d \sim n_{Knoten}^{-0.17}$$

Für die McCabe-Metrik ergibt sich:

$$\gamma^{McCabe} \approx cn^{1.17}$$

und für die Card-Metrik

$$\gamma^{Card} \approx cn^{2.34}$$

Die Card-Metrik reagiert am stärksten auf die Zahl der Knoten.

5.8 Entropie

Die Entropie stellt ein Maß für die Unordnung in einem System dar. Ursprünglich im Rahmen der klassischen Thermodynamik definiert, wurde der Begriff auf die statistische Mechanik ausgedehnt. Die Entropiedefinition der statistischen Mechanik kann auf die Informationstheorie übertragen werden.

Die Entropie eines Graphen ist definiert als:

$$S = -\sum_{j=1}^{N} p_j \log_2 p_j \tag{5.41}$$

wobei p_j die Wahrscheinlichkeit ist, dass ein Knoten zur Klasse j gehört. Die Klassifikation kann unterschiedlich gewählt werden, so z.B. die Zahl der eintreffenden und ausgehenden Kanten eines Knotens.

Wenn alle Knoten identisch sind, so gilt $p_j = 1$ und damit folgt:

$$S = 0 \quad wenn \quad p = 1$$

Sind in einem Graphen alle Knoten unterschiedlich, so gilt:

$$p_j = \frac{1}{N}$$

Hieraus resultiert die Entropie von:

$$\begin{aligned} S &= -\sum_{j=1}^{N} \frac{1}{N} \log_2 \frac{1}{N} \\ &= \log_2 N \end{aligned}$$

Daraus folgt, dass für jedes System gilt:

$$0 \leq S \leq \log_2 N$$

Die Berechnung der Entropie kann an folgendem Beispiel erläutert werden: Die enthaltenen Knoten $N = 7$ können anhand der Zahl der hinführenden und ausgehenden Knoten klassifiziert werden in die Kategorien: $\{a, b, e, g\}$, $\{c, f\}$ und $\{d\}$. Diese Kategorien führen mit ihren jeweiligen Wahrscheinlichkeiten zu einer Entropie:

$$\begin{aligned} S(Graph) &= \frac{4}{7} \log_2 \frac{4}{7} + \frac{2}{7} \log_2 \frac{2}{7} + \frac{1}{7} \log_2 \frac{1}{7} \\ &= 0.4149 \end{aligned}$$

Wie verändert sich die Entropie, wenn einem Graphen ein neuer Knoten hinzugefügt wird? Zwar lässt sich diese Frage im Einzelfall nur durch eine exakte Berechnung mithilfe der Klassifikation durchführen, für sehr große Systeme mit $N \gg 1$ ergibt sich näherungsweise

$$\begin{aligned} \Delta S &= S - S_0 \\ &\approx \log_2(N+1) - \log_2(N) \\ &= \frac{1}{\ln 2} \ln\left(1 + \frac{1}{N}\right) \\ &\approx \frac{1}{\ln 2} \left(1 - \frac{1}{N}\right) \end{aligned}$$

Für den Fall der Fremd- und Selbstkoppelung lässt sich die Entropie annähern durch:

$$\begin{aligned} S\left(\tilde{A}\right) &\approx S(A) \\ S\left(\tilde{A} \uplus a\right) &\approx S(A) + \frac{1}{N} \log_2 N \\ S\left(\overline{AB}\right) &\approx S(A) + S(B) + \frac{1}{N} \log_2 N \end{aligned}$$

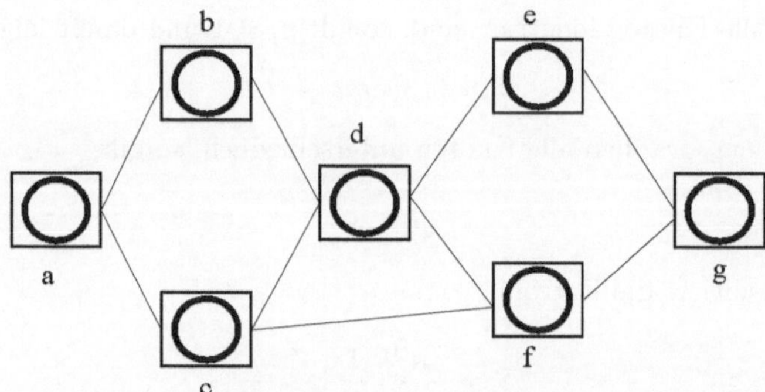

Abb. 5.11. Einfacher Graph mit mehreren Knotentypen

Bei sehr großen Systemen ist die Zahl N so groß, dass durch das Hinzufügen eines Knotens sich die Entropie um eine Konstante erhöht.

$$\Delta S = \frac{1}{\ln 2}$$

Die so gewählte Definition über den Graphen berücksichtigt jedoch nicht die innere Entropie der Knoten. Wenn die innere Entropie der Knoten mit ins Kalkül gezogen wird, ergibt sich die Entropie zu:

$$S = S\left(Graph\right) + \sum_{Knotentyp} S\left(innere\right) \tag{5.42}$$

Die Gesamtentropie, Gl. 5.42, lässt sich durch die mittlere Entropie pro Applikation S_0 annähern durch:

$$S_{gesamt} \approx S\left(Graph\right) + n_{Applikation} S_0 \tag{5.43}$$

Im Rahmen der Enterprise Architekturen ist jedoch nicht die Gesamtentropie ausschlaggebend, sondern die Graphenentropie. Diese Graphenentropie wird im Folgenden stets als Entropie bezeichnet.

Soweit wäre eine simple Entropiedefinition möglich, allerdings sollte beachtet werden, dass das System auch einer Reihe von Zwangsbedingungen genügen muss. Daher sollte die Gleichung 5.41 neu betrachtet werden:

$$S = -\sum_i p_i \log_2 p_i \tag{5.44}$$

$$1 = \sum_i p_i \tag{5.45}$$

$$F^{(k)} = \sum_i p_i f_i^{(k)} \tag{5.46}$$

Dieses Gleichungssystem beschreibt die Entropie eines Systems mit mehreren Zwangsbedingungen. Eine einfache Variation[2] zeigt:

$$\delta \left[S - (\lambda - 1) \sum_i p_i - \sum_k \lambda_k \sum_i p_i f_i^{(k)} \right] = 0$$

mit den Lagrangemultiplikatoren λ und λ_k. Einfache Differenziation nach p_i ergibt die Bedingungen:

$$p_i = e^{\left[-\lambda - \sum\limits_k \lambda_k f_i^{(k)} \right]}$$

Üblicherweise wird die Funktion

$$\mathcal{Z}(\lambda_1, \ldots, \lambda_M) = \sum_i e^{\left[- \sum\limits_k \lambda_k f_i^{(k)} \right]}$$

als Partitionsfunktion bezeichnet. Die Einheitsbedingung $\sum\limits_i p_i = 1$ führt zu:

$$\mathcal{Z} = e^{\lambda}$$

und die Erwartungswerte für die $f_i^{(k)}$ ergeben sich zu:

$$f_k \equiv \overline{f_i^{(k)}} = -\frac{\ln \mathcal{Z}}{\lambda_k}$$

Die Lösungen der Zwangsbedingungen führen dann zu:

$$S_{max} = \lambda + \sum_k \lambda_k f_k$$

Für die Betrachtung der Enterprise Architekturen ist es nicht sinnvoll, beliebige Zwangsbedingungen zu formulieren. Die sinnvollste Zwangsbedingung ist, die Zahl der Applikationen konstant zu halten, d.h.

$$V = \sum_i p_i q_i \tag{5.47}$$

ist eine Konstante. Sie entspricht in der klassischen Thermodynamik einem Volumen. Da es sich hierbei klar um eine additive Größe handelt, verhält sie sich auch wie ein Volumen.

Mit der Folge, dass gilt:

$$S = S\,(Graph) + V S_0 \tag{5.48}$$

wobei für die Enterprise Architekturen nur der erste Term in Gl. 5.48 zu betrachten ist.

[2] Ziel der Variationsrechnung ist das Auffinden eines Extremums unter Zwangsbedingungen.

5.9 Temperatur

Eine Temperatur eines Systems lässt sich völlig analog zur Temperatur in der statistischen Mechanik definieren. Hierzu ist es sinnvoll, ein sich veränderndes System zu betrachten, d.h.

$$S = -\sum_i p_i(t) \log_2 p_i(t) \tag{5.49}$$

$$1 = \sum_i p_i(t) \tag{5.50}$$

$$F^{(k)}(t) = \sum_i p_i(t) f_i^{(k)} \tag{5.51}$$

Reduziert auf die einzige Zwangsbedingung, das Volumen, ergibt sich:

$$V(t) = \sum_i p_i(t) q_i$$

Die Temperatur ergibt sich aus:

$$\frac{dS}{dt} = \frac{\partial S}{\partial V} \frac{dV}{dt} \tag{5.52}$$

wobei der erste Faktor die inverse Temperatur darstellt. Korrekterweise handelt es sich hierbei um eine generalisierte Temperatur, welche bis auf Vorfaktoren identisch zur Temperatur der statistischen Mechanik ist. Der Term

$$\frac{\partial S}{\partial V}$$

stellt in der Thermodynamik den Quotienten aus Druck und Temperatur dar

$$\frac{P}{T}$$

Im Folgenden sei jedoch stets $P = 1$ angenommen.

Die Temperatur T ist also die Ableitung der Entropie:

$$\frac{1}{T} = \frac{\partial S}{\partial V} \tag{5.53}$$

$$\approx \frac{\Delta S}{\Delta V} \tag{5.54}$$

Die so definierte Temperatur führt dazu, dass je größer die Zahl der Komponenten in einem System sind, desto höher seine Temperatur ist, oder umgekehrt, je höher die Entropieänderung eines Systems bei der Hinzufügung oder Wegnahme eines Knotens, desto niedriger die Temperatur des Systems.

Umgekehrt führt eine Wegnahme eines Knotens in der Regel zur Absenkung der Temperatur. Insofern ist die Temperatur ein Maß für die Schwierigkeiten das System abzuändern. Bei sehr großen Systemen gilt

$$\lim_{V \to \infty} T = const.$$

Die aus der Entropieänderung bei Selbst- und Fremdkoppelung sich ergebende Temperatur ist:

$$T\left(\tilde{A}\right) = T(A)$$

$$\frac{1}{T\left(\tilde{A} \uplus a\right)} = \frac{1}{T(A)} + \frac{1}{V}\log_2 V$$

$$\frac{1}{T\left(\overline{AB}\right)} = \frac{1}{T(A)} + \frac{1}{T(B)}$$

oder aufgelöst:

$$T\left(\overline{AB}\right) = \frac{T(A)\,T(B)}{T(A) + T(B)}$$

In obiger Gleichung ist deutlich zu sehen, wie sich die Temperaturen der beiden Systeme A und B mischen.

5.10 Volatilität

Unter Volatilität wird das Risiko eines Systems verstanden, auf Änderungen stabil zu reagieren. Eng verknüpft hiermit ist der Begriff der Stabilität. Je stabiler ein System, desto weniger beeinflusst eine kleine Änderung das Gesamtsystem und desto geringer die Volatilität.

Mit Stabilität wird hierbei die langfristige Stabilität der implementierten Geschäftsprozesslogik verstanden. Kurzfristige Änderungen z.B. der Benutzeroberflächen oder durch das Hinzufügen einzelner Attribute müssen von dem System gut verkraftet werden. Üblicherweise wird der so genannte Volatilitätsindex V definiert durch:

$$V = \frac{\sum C_{structuralchange}}{\sum C_{structuralchange} + \sum C_{physicalchange} + \sum C_{userinterfacechange}} \tag{5.55}$$

Der Volatilitätsindex ist definiert über die Kosten C der Änderungen. Dies ist eigentlich ein indirektes Maß, da hier die Kosten gerechnet werden, welche zur Wiederherstellung der Aktionsfähigkeit des Gesamtsystems dienen. Die einzelnen Größen in Gleichung 5.55 sind:

- $C_{structuralchange}$, stellt die Kosten für die Änderung der Struktur dar. Diese Kosten werden auch als Costs of Deep Structural Changes bezeichnet, da sich die Kosten auf die Veränderung der Geschäftsprozesslogik und damit auf Änderungen im logischen „Herz“ beziehen.

- $C_{physicalchange}$, diese Größe bezeichnet den Aufwand für die Einführung neuer Attribute oder Datenbanksysteme, ohne dass hierbei die grundlegende Geschäftsprozesslogik verändert wird.
- $C_{userinterfacechange}$, die Kosten für die Veränderung der Benutzerinterfaces gehören zu den einfachen Veränderungen im System.

Diese Einteilung der Arten und damit auch der Kosten der Veränderungen entspricht den unterschiedlichen Entwicklungsgeschwindigkeiten. So sind die verschiedenen Änderungsfrequenzen für die einzelnen Gebiete heute gegeben durch:

$$\nu_{userinterface} = 0.5a^{-1}$$
$$\nu_{physicalchange} = 0.2a^{-1}$$
$$\nu_{structuralchange} = 0.05 \ldots 0.1a^{-1}$$

Durch obige Definition, 5.55, des Volatilitätsindexes ergibt sich:

$$0 \leq V \leq 1$$

Obwohl der Volatilitätsindex primär durch die Kosten gemessen wird, lässt sich empirisch belegen, dass er sich auch an anderen Systemgrößen messen lassen kann:

$$V = \mathcal{F}\left(t_{Programmiersprache}, t_{Systemalter}, s_{linesofcode}\right) \quad (5.56)$$

wobei die einzelnen Parameter definiert sind durch:

- $t_{Programmiersprache}$, ist das Alter der eingesetzten Programmiersprache, klassifiziert in Stufen, d.h.

Tabelle 5.1. Sprachvolatilität

Sprache	Wert
Assembler	1
COBOL	2
Fortran	2
4Gl	3
Java	4
C++	4

- $t_{Systemalter}$, das durchschnittliche Alter der Applikationen,
- $s_{linesofcode}$, die Größe des Systems in Anzahl der Codezeilen.

Gefunden wurde ein empirischer linearer Zusammenhang, d.h.

$$V \approx c_0 + c_1 t_{Programmiersprache} + c_2 t_{Systemalter} + c_3 s_{linesofcode} + \epsilon \quad (5.57)$$

wobei der Korrekturparameter ϵ sich als klein herausstellte.

Da die Größe $s_{linesofcode}$ des Systems mit der Zahl der Knoten korreliert ist und bei einer mehr oder minder homogenen Umgebung die beiden Alter konstant sind, lässt sich der empirische Volatilitätsindex, Gleichung 5.57, annähern durch:

$$V \approx c_0^* + c_3^* n_{Knoten} \tag{5.58}$$

folglich steigt in dieser Näherung die Volatilität des Systems mit der Zahl der Applikationen an.

5.11 Skalierbarkeit

Dem Thema Skalierbarkeit kann man durch ein kleines Gedankenexperiment näher kommen:

Gegeben sei ein webbasiertes System, welches reine Anfragen von Webclients verarbeitet. Jeder Client wartet, bis seine Anfragen erledigt wurde und er die Antwort erhalten hat. Die Anfragen werden von einem Request Processor abgearbeitet. In diesem Fall bedeutet Skalierbarkeit des Systems die Anzahl von Anfragen, welcher der Request Processor innerhalb einer gegebenen Zeit abarbeiten kann, wenn sich die mittlere Antwortzeit linear zur Zahl der Anfragen verhält,

$$\bar{t} \sim n_{Requests}$$

so bezeichnet man ein solches System als ein skalierendes System.

Offensichtlich kann kein einziges System eine immer stärker wachsende Zahl von Anfragen abarbeiten. Wenn das System skaliert, so ergeben sich bei einer wachsenden Zahl von Anfragen zwei Möglichkeiten zu reagieren: Zum einen können schnellere Server und zum anderen mehr Server beschafft werden. Diese Maßnahmen greifen jedoch nur dann, wenn das System skaliert!

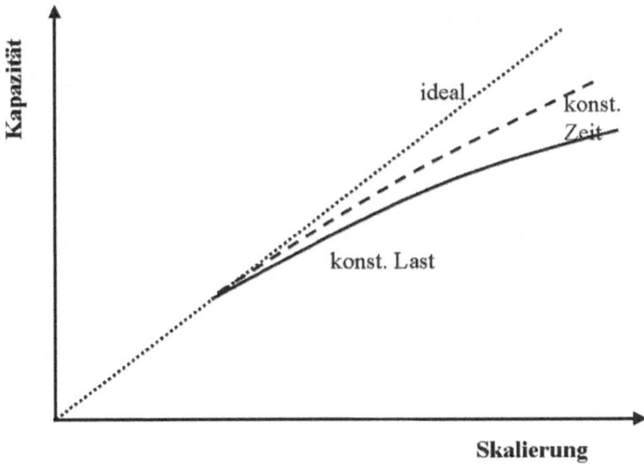

Abb. 5.12. Typische Skalierungsfunktionen: ideal, konstante Zeit, konstante Last

Ein einfaches Gegenbeispiel eines nicht oder nur partiell skalierenden Systems ist ein System, welches Zugriffe auf eine singuläre Ressource benötigt, z.B. ein sequenzieller Zahlengenerator. In diesem Fall würde der schnellere Server helfen, die Vervielfältigung der Server würde jedoch bedeuten die Performanz des Gesamtsystems drastisch zu drücken, da jetzt mehr Anfragen zu einer viel längeren Wartezeit für alle führen würde.

Die Skalierungsfunktion verknüpft die Kapazität eines Systems mit einer anderen Größe im Gesamtsystem. So ist es möglich, die Zahl der möglichen Clients gegenüber der Zahl der physisch genutzten Server oder Server-Prozesse zu zählen.

Die Kapazität eines Systems kann in drei verschiedene Kategorien eingeteilt werden:

- Prozesskapazität
- Informationskapazität
- Verbindungskapazität

wobei unter der Prozesskapazität[3] meistens die Zahl der gleichzeitig in einer gegebenen Zeiteinheit abzuarbeitenden Prozesse verstanden wird. Diese Zahl hat für Enterprise Architekturen eine immanent wichtige Bedeutung, genauso wie die Verbindungskapazität, welche die Zahl der Clients bestimmt. Die Informationskapazität ist heute von untergeordneter Bedeutung, da Plattenplatz recht preisgünstig ist.

Die Skalierungsfunktion beschreibt den Zusammenhang zwischen der jeweiligen Kapazität und einer abzählbar additiven Systemgröße n_{System} mit:

$$Capacity = \mathcal{F}\left(n_{System}\right)$$

Unter dem engeren Begriff der Skalierbarkeit wird üblicherweise ein linearer Zusammenhang der Art:

$$Capacity = c_0 + c_1 n_{System}$$

verstanden. In der Praxis ist dieser lineare Zusammenhang jedoch meistens eine obere Grenze für die tatsächliche Kapazität.

Der Zusammenhang zwischen Koppelung und Skalierbarkeit ist invers proportional, s. Abb. 5.13. Die Gesetzmäßigkeit ist einfach erklärbar: Je enger die Koppelung, desto weniger kann sich das System skalieren, da die enge Koppelung eine ganz starke Bindung zwischen dem Server und dem Client benötigt.

Generell gilt: Je schwächer die Koppelung, desto höher die Skalierbarkeit und je stärker die Koppelung, desto weniger ausgeprägt ist die Skalierungsfunktion. So zeigen stark gekoppelte Systeme, z.B. sitzungsbasierte Systeme, eine schlechte Skalierbarkeit. Im Gegensatz hierzu skalieren Webservices sehr viel besser.

[3] Nicht zu verwechseln mit der Prozessorkapazität, welche die Leistungsfähigkeit einer CPU misst.

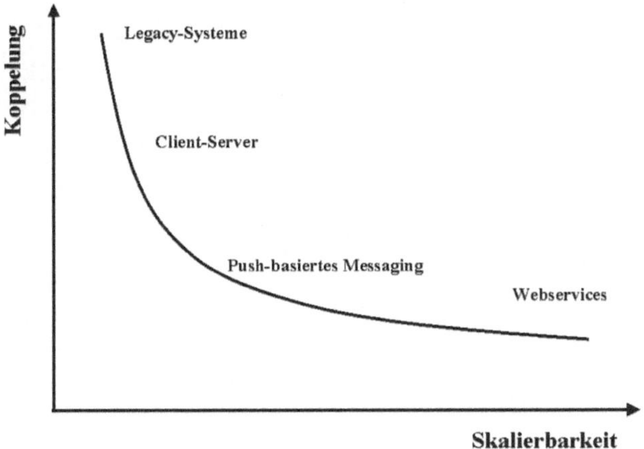

Abb. 5.13. Koppelung vs. Skalierbarkeit

Warum ist die Skalierbarkeit eines Systems so wichtig? Sie ist notwendig, um eine Skalenökonomie zu bewerkstelligen. Rechenzentren und andere Dienstleister, z.B. Application Service Provider, nutzen die Skalierbarkeit, um günstiger anbieten zu können.

6

Evolution und Revolution

Sick now! droop now! this sickness doth infect
The very life-blood of our enterprise...

King Henry IV,
William Shakespeare

6.1 Einleitung

Traditionell gesehen wird Enterprise Architektur stets mit den frühesten Designphasen in einem Unternehmen identifiziert. Aber diese Sichtweise hat sich in den letzten Jahren stark verändert, immer mehr Unternehmen erkennen die führende Rolle der Enterprise Architekturen im Kontext aller Entwicklungsphasen. Diese Tatsache schlägt sich explizit in der Normenformulierung nieder. So definiert die IEEE 1471-2000:

> *...architecting contributes to the development, operation, and maintenance of a system from its initial concept until its retirement from use. As such, architecting is best understood in a life cycle context, not simply as a singular acitivity at one point in that life cycle.*

Die Veränderung, die die Software jenseits der ersten Implementierungsphase erfährt, bezeichnet man als Evolution. Die beiden möglichen Veränderungstypen im Lebenszyklus von Enterprise Architekturen sind Evolution und Revolution. Unter Evolution wird das kontinuierliche, quasi infinitesimal inkrementelle Abändern und unter Revolution das katastrophenartige[1] spontane Verändern der Enterprise Architektur verstanden. Eine typische Revolution in der Enterprise Architektur wäre z.B. die Einführung eines neuen Entwicklungsparadigmas oder eines völlig neuen Architekturprinzips. Solche Revolutionen führen immer zu Diskontinuitäten, welche sich dann anhand der Metriken, Kapitel 5, nachweisen lassen. Genauer gesagt bilden evolutionäre Vorgänge stetige Veränderungen der messbaren metrischen Größen, während revolutionäre zu nichtstetigen Veränderungen dieser Messgrößen führen. Daher auch die Bezeichnung Diskontinuität, s. Abb. 6.1. Besonders stark sichtbar

[1]Der Begriff Katastrophe wird hier im Sinne der Katastrophentheorie gebraucht, d.h., eine nichtstetige Veränderung eines System ist eine Katastrophe. Die Wahl des Ausdrucks Katastrophe impliziert keinerlei moralische Wertung des Phänomens.

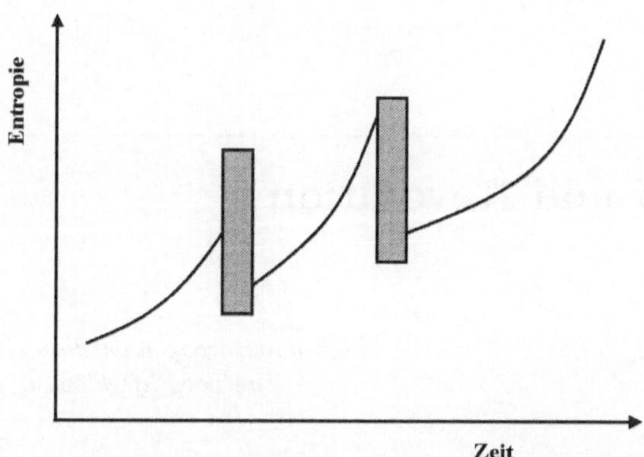

Abb. 6.1. Evolution und Revolution

werden solche Diskontinuitäten bei der Betrachtung der Entropie. Diese Diskontinuitäten sind die eigentliche Signatur der Revolution.

Die Softwareevolution ist eng verknüpft mit dem Prozess der Maintenance[2]. Den meisten ist mittlerweile bewusst, dass Softwaremaintenance sehr teuer in Bezug auf zeitlichen Aufwand und andere Ressourcen ist. Schätzungen über die Kosten von Maintenance rangieren zwischen 50 bis zu über 80% der Kosten für den gesamten Lebenszyklus eines Softwareproduktes. Diese Aufwände müssen während der Maintenance-Phase erbracht werden. Die Maintenance ist jedoch nur ein Teil der Softwareevolution. Weitere Teile sind der Softwareausbau und das Lifecycle-Enablement. Unter Softwareausbau, software enhancement, wird die Erweiterung der Funktionalität gegenüber der ursprünglich konzipierten Funktionalität eines Softwareproduktes verstanden. Das Lifecycle-Enablement subsummiert die Aktivitäten, welche notwendig sind, damit eine Legacy-Software überhaupt in der Lage ist, an Maintenance oder dem Softwareausbau teilzunehmen.

6.2 Alterungsprozess

Jede Software altert! Puristen würden jetzt argumentieren, dass dies so nicht sein kann, da Software ja die technische Implementierung eines mathematischen Algorithmus sei und Algorithmen, wenn sie einmal als korrekt bewiesen wurden, auch in der Zukunft korrekt sind. So wahr diese Annahme ist, für die Betrachtung von Software ist sie leider irrelevant.

Software zeigt Eigenschaften, welche dem menschlichen Altern sehr nahe kommen. Alte Software ist mittlerweile zu einer Last für alle Unternehmen geworden, da immer größere Kosten durch den Softwarealterungsprozess entstehen. Obwohl das Phänomen als solches nicht neu ist, erlangt es immer

[2]Maintenance aus dem Lateinischen: manu tenere – in der Hand halten.

größere wirtschaftliche Bedeutung, einfach durch die Tatsache, dass ein immer größerer Teil der vorhandenen Software in Unternehmen altert.

Die allzu menschliche Neigung zu glauben, dass neue Softwareprodukte nicht altern, ist falsch. Jedes Softwareprodukt, welches eingesetzt wird, altert. Aber was sind die Ursachen und wie kann diesen begegnet werden?

Es gibt beim Softwarealterungsprozess zwei klar unterscheidbare Ursachen:

- Das Unvermögen, auf sich ändernde Anforderungen zu reagieren.
- Die Ergebnisse bzw. Seiteneffekte von Änderungen, welche in der Software vorgenommen wurden.

In den meisten Fällen kommen beide Ursachen zusammen, was zu einer schnell degradierenden Spirale für die Software führt.

Neben einer sich ändernden Geschäftswelt mit neuen oder veränderten Geschäftsprozessen hat sich in den letzten Jahrzehnten die Erwartungshaltung der Benutzer sehr stark verändert. Selbst Programme, die vor 30 Jahren entstanden sind, und noch heute völlig ohne Veränderung lauffähig wären, würden von den Benutzern abgelehnt werden, da sie deren Erwartungshaltung nicht mehr befriedigen könnten[3]. Zusätzlich zu der veränderten Erwartungshaltung ist oft die Hardware bzw. die entsprechende Betriebssystemplattform nicht mehr vorhanden[4]. Neuere Software wird die alte immer ablösen, sobald die Vorteile, hierzu zählen auch die subjektiv wahrgenommenen Vorteile, die Kosten für Training und Migration übersteigen. Im Falle einer windowsbasierten Oberfläche im Vergleich zu einem charakter-orientierten Screendesign überwiegen oft die subjektiven Vorzüge und beschleunigen das Altern der charakter-orientierten Oberfläche enorm. Die Hersteller von Standardsoftware nutzen diese subjektiven Vorteile, verstärkt durch geschicktes Marketing, damit sie neue Releases oder Updates besser verkaufen können.

Obwohl die Veränderung der Software essenziell ist, um den Alterungsprozess zu stoppen oder zu verlangsamen, ist die zweite Quelle von Alterungsprozessen in der Software die Summe der durchgeführten Veränderungen. Der Grund des Alterns liegt darin, dass die Veränderung häufig falsch oder unsachgemäß durchgeführt wird. Der ursprüngliche Designer einer Applikation hatte ein wohl definiertes Konzept bei der Implementierung der Software verfolgt. Die nun pflegende Person ist meistens ignorant in Bezug auf das ursprüngliche Konzept. Die Folge sind Störungen und Fehlverhalten innerhalb der Software. Diese werden zumeist symptomatisch beseitigt, was zu einer stark zunehmenden Komplexität und einer Degradierung der Software führt. Nach vielen solcher Änderungen ist selbst der ursprüngliche Designer der Software nicht mehr in der Lage, die Applikation zu verstehen. Niemand kann sie nun mehr vollständig verstehen! Ist eine Software einmal in diesen Zustand geraten steigen die Maintenance-Kosten exponentiell an.

---

[3]Niemand möchte mehr Lochkarten stanzen und einen Lochkartenleser damit füttern.

[4]Die nicht mehr vorhandene Hardware in Form von Bandgeräten der DDR-Produktion bewahrt einen Teil der Stasiunterlagen vor ihrer Auswertbarkeit.

Veränderungen brauchen nun immer länger und haben ein hohes Risiko, Defekte in das System zu importieren. Dieser Vorgang wird implizit dadurch verstärkt, dass die meisten Maintenance-Programmierer ihre Veränderungen nicht dokumentieren.

In dem Maße, wie Software altert, steigt ihre Größe an. Dieser Zuwachs resultiert primär aus dem Verhalten der Softwareentwickler. Für diese ist es einfacher, neuen Code in ein Programm aufzunehmen, anstatt bestehenden grundlegend abzuändern. Die Ursache dieses Verhaltens ist meistens, dass der zu ändernde Code weder gut verstanden noch wohl dokumentiert wurde. In einer solchen Situation ist die Addition eines neuen Teils der Weg des geringsten Widerstandes. Mit wachsender Größe wird es immer schwieriger, Veränderungen durchzuführen. Am Ende des Lebenszyklus eines großen Softwarepakets kann die 10- bis 20-fache Menge der ursprünglichen Codezeilen vorhanden sein. Durch das starke Ansteigen der Menge der Codezeilen ist das Auffinden und systematische Abändern viel schwieriger geworden, auch die Wahrscheinlichkeit, dass der Code verstanden wird, sinkt drastisch ab. Außerdem lassen sich in den späten Lebensphasen Änderungen oft nicht mehr lokal, auf eine Stelle, beschränken, sondern breiten sich über den gesamten Code aus. Das Ergebnis hiervon ist: Es wird immer mehr Zeit benötigt werden, um Änderungen durchzuführen.

Ab einem gewissen Zeitpunkt entsteht ein so genanntes Maintenance backlog, d.h., Anforderungen enstehen viel schneller, als die Software sich ändern kann. Als Reaktion hierauf wird in den meisten Fällen Entwicklungskapazität in die Maintenance transferiert, was umgekehrt zu einem so genannten Applikationsstau bei den Neuentwicklungen führt.

Neben der reinen Größe des Softwaresystems ändern sich auch Performanz und Verlässlichkeit drastisch. Beide Größen nehmen mit zunehmendem Alter der Software ab. Die zunehmende Codegroße impliziert einen höheren Hauptspeicherbedarf und ursprüngliche Designmaßnahmen für eine hohe Performanz werden durch lange Maintenance gestört. Die Folge ist ein drastischer Anstieg in den Antwortzeiten der Software, die ein Benutzer sofort wahrnimmt. Neben dem eigentlichen Alter der Software, verstärkt der in der Regel stetig wachsende Datenhaushalt dieses Phänomen. Die Verlässlichkeit der Software sinkt mit zunehmenden Alter, da jede Maintenance die Wahrscheinlichkeit birgt, Fehler in das System einzuführen. Im Laufe der Zeit wird sogar die Fehlerbeseitigung zu einem Risiko, da ab einem gewissen Alter das System so fragil ist, dass jedwede Fehlerbehebung im Mittel mehr als einen neuen Fehler hinzufügt.

6.3 Komplexität

Wie entwickelt sich die Komplexität eines Systems im Laufe der Evolution? Hierfür ist es hilfreich, die Komplexitätsentwicklung einer großen Applikation zu betrachten.

Die Änderung der Komplexität, sprich das Komplexitätswachstum einer Applikation beim Hinzufügen eines neuen Moduls, ist infinitesimal gegeben durch:

$$d\phi = \mathcal{K}(\phi)dn \tag{6.1}$$

wobei ϕ ein gegebenes Komplexitätsmaß, z.B. Card oder McCabe, s. Abschnitte 5.6.2 und 5.6.3, ist. Hierbei ist $d\phi$ der Komplexitätszuwachs und $\mathcal{K}$ eine nicht verschwindende Funktion der Komplexität. Für kleine Systeme ergibt sich im Grenzfall:

$$\lim_{\phi \to 0} \mathcal{K}(\phi) = k_0 > 0$$

sodass sich für kleine ϕ die Änderung des Komplexitätsmaßes zu

$$d\phi \approx k_0 dn$$

ergibt.

Auf der anderen Seite kann gezeigt werden, dass das Funktional $\mathcal{K}$ sich für große ϕ wie ein Potenzgesetz verhalten muss, d.h.

$$\mathcal{K}(\phi \gg 1) \sim \phi^{\nu} \tag{6.2}$$

mit einer nichtnegativen Konstanten ν.

6.4 Lehmans Gesetz

Das Lehmansche Gesetz besagt, dass die Zahl der Quellmodule eines Softwarepakets einer einfachen Differenzialgleichung genügt:

$$\frac{\partial \psi}{\partial t} = c_1 \psi + \frac{c_2}{\psi^2} \tag{6.3}$$

Diese Differenzialgleichung korreliert die Zahl der Quellmodule ψ mit der Zeit. Näherungsweise lässt sich die Differenzialgleichung durch

$$\lim_{\psi \to 0} \psi \approx \sqrt[3]{3c_2 t} \tag{6.4}$$

$$\lim_{\psi \to \infty} \psi \approx \mathrm{e}^{c_1 t} \tag{6.5}$$

lösen.

Das Lehmansche Gesetz, Gleichung 6.3, entspricht einer Pareto-Verteilung:

$$P(X > x) = \left(\frac{k}{x}\right)^{\alpha} \tag{6.6}$$

mit $\alpha = 1/3$.

Unter der Näherung, dass alle Applikationen etwa die gleiche mittlere Modulgröße besitzen, lässt sich das Lehmansche Gesetz, Gleichung 6.4, auf die

Enterprise Architektur anwenden. Hieraus folgt, zusammen mit der Small-Worlds-Annahme:

$$
\begin{aligned}
n_{Applikationen} &= n_{Knoten} \\
&= c\sqrt[3]{t} \\
n_{Kanten} &= \alpha n_{Knoten}^{1.17} \\
&= c_2 t^{0.39}
\end{aligned}
$$

Im Falle der McCabe-Metrik, Abschn. 5.6.2, ergibt sich im Grenzfall:

$$
\lim_{t\to\infty} \gamma \sim t^{0.39}
$$

was wiederum zu einem Komplexitätsexponenten für die McCabe-Metrik, Gleichung 6.2, von $\nu = 0.39$ führt.

Für den Average Node Degree ergibt sich dann analog $\nu = 0.17$ und für die Card-Metrik:

$$
\begin{aligned}
\gamma^{Card} &= \delta^{Card} + \beta^{Card} \\
&\approx n_{Kanten}^2 + 1 \\
&\approx n_{Knoten}^{2.34} \\
&\sim t^{0.78}
\end{aligned}
$$

Ein Vergleich mit dem Potenzgesetz der Komplexität, 6.2, führt zu $\nu = 2.34$.

6.5 Volatilität

Der Volatilitätsindex, als Maß für die Volatilität eines Systems, zeigt eine Reihe von interessanten Eigenschaften. Generell lässt sich konstatieren, dass, wenn ein bestimmter Wert des Volatilitätsindexes erreicht wird, ein Austausch der Software dringend notwendig ist, da die Software jenseits dieses Punktes schon so sehr gealtert ist, dass die Kosten der Maintenance exorbitant werden.

Doch wie sieht die Entwicklung der Volatilität während der Softwareevolution aus? Zunächst sei darauf hingewiesen, dass die gewählte Implementierungssprache einen hohen Einfluss auf den Volatilitätsindex als solchen besitzt, s. Abb. 6.2.

Programmiersprachen mit einem niedrigen Grad an semantischer Information, z.B. COBOL, haben einen höheren Volatilitätsindex als Sprachen mit einem hohen Grad an Semantik, z.B. relationale Datenbanken oder Java, da diese Systeme stets Hilfsmittel enthalten, um Änderungen sowohl in dem Benutzerinterface als auch der physischen Struktur sowie den deep structural changes vorzunehmen. Die Folge der Gleichzeitigkeit der Änderung führt in Gleichung 5.55 zwar zu einem größeren Zähler, dieser wird jedoch durch einen größeren Nenner kompensiert. Die Folge ist, dass der Volatilitätsindex länger klein bleibt.

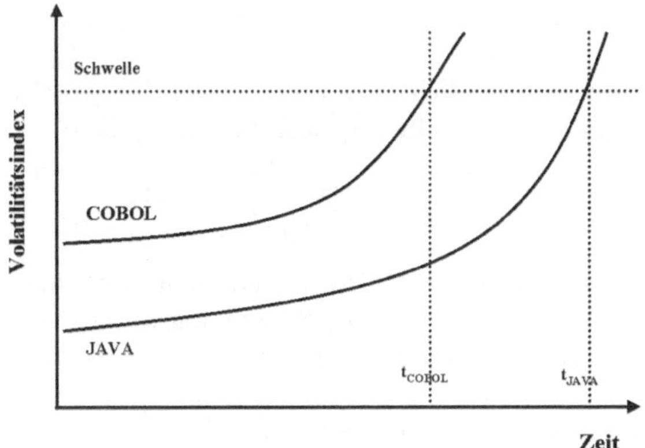

Abb. 6.2. Volatilität für verschiedene Sprachen

Die allgemeine Volatilitätskurve eines Softwaresystems zeigt eine Badewannenform auf, s. Abb. 6.3. Der erste (linke) Bereich ist die Einführungsphase, welche häufig von größeren strukturellen Veränderungen begleitet ist, daher der hohe Volatilitätsindex. Nach der Einführung beginnt die klassische Evolutionsphase, in der die Software altert. Am Ende der Evolutionsphase wird die Software obsolet und muss letztendlich in der Revolutionsphase abgelöst werden.

Da eine große Enterprise Architektur aus vielen einzelnen Softwarepaketen besteht, die ähnliche, in der Regel zeitversetzte Volatilitätskurven aufzeigen, hat die Enterprise Architektur als Ganzes eine Volatilitätskurve mit kleinen Peaks, die von der Einführung neuer Systeme herrühren. Im Ganzen gesehen wird aber einer ähnlichen Entwicklung wie bei der Volatilität des einzelnen Softwarepakets gefolgt. Wenn die jeweilige Enterprise Architektur das Ende ihres Lebenszyklusses erreicht hat, ist eine revolutionäre Phase notwendig.

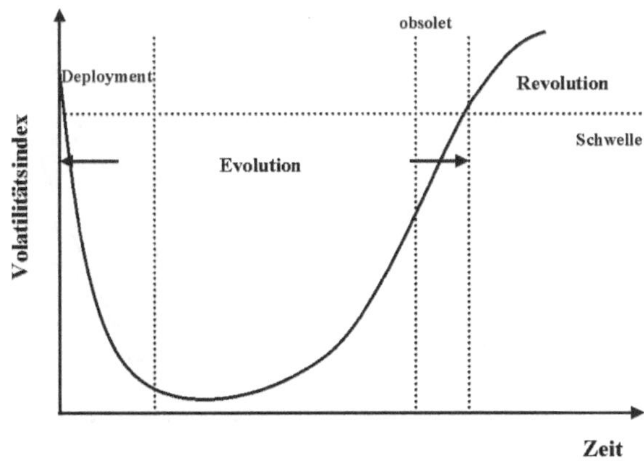

Abb. 6.3. Volatilitätsentwicklung und die Phasen Revolution und Evolution

6.6 Entropie

Die zeitliche Entwicklung einer gesamten Enterprise Architektur ergibt sich aus der Entwicklung der einzelnen großen Softwarepakete.

$$S_{Enterprise} \approx \sum_{largePackets} S_i$$

Diese Näherung ist valide unter der Berücksichtigung, dass große Softwarepakete in der Regel nur eine schwache Koppelung untereinander besitzen und sich die Entropie daher quasi additiv verhält. Wie entwickelt sich nun das einzelne Softwarepaket?

Damit zwischen den einzelnen Softwarepaketen und der Entwicklung ihrer Entropie eine gewisse Vergleichbarkeit möglich ist, empfiehlt es sich als Zeitachse nicht die kalendarische Zeit, sondern die jeweilige Releasenummer des Softwarepakets zu nehmen. Dies führt zu einer Vergleichbarkeit der Releaseabfolge und einer Art Normierung auf der Zeitachse.

Wird die Entropieentwicklung zweier verschiedener Produkte auf diese Art und Weise miteinander verglichen, so lässt sich ein managed Produkt von einem unmanaged Produkt unterscheiden. Bei einer schlecht gesteuerten Entwicklung steigt die Entropie faktisch permanent an und führt zu immer größerem Chaos.

Da jede Änderung an dem Gesamtsystem eine Änderung der Entropie zur Folge hat und in erster Näherung eine Änderung sich in einem proportionalen Wechsel der Entropie niederschlägt, lässt sich die Entropieänderung durch

$$\Delta S \sim S$$

beschreiben. Die Folge ist, dass sich für die Entropie in erster Näherung eine Differenzialgleichung der Form

$$\frac{\partial S}{\partial t} = \alpha S$$

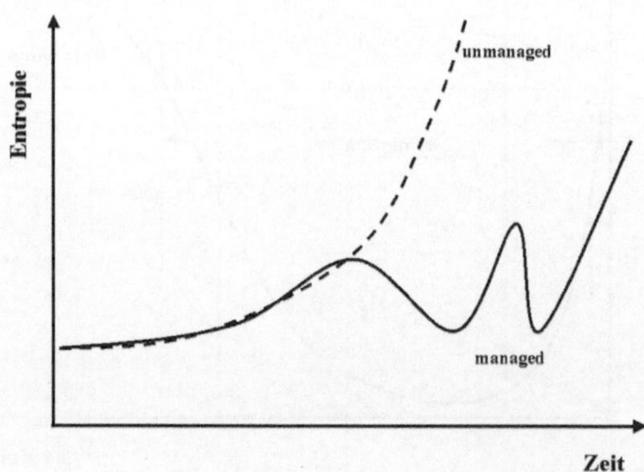

Abb. 6.4. Managed vs. unmanaged Entropie

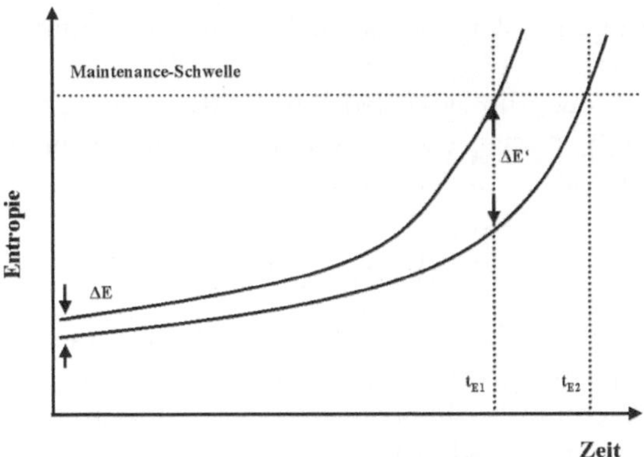

Abb. 6.5. Vereinfachtes Entropiemodell

ergibt. Mit der Folge, dass in diesem vereinfachten Modell die zeitliche Entwicklung der Entropie als

$$S = S_0 e^{\alpha t}$$

formuliert werden kann.

Die Auswirkungen dieser einfachen Entropieentwicklung, s. Abb. 6.5, sind drastisch. Jeder noch so kleine Unterschied bei der Startentropie zum Zeitpunkt t_0 resultiert in einem drastischen Unterschied in der Endentropie, oder anders formuliert, die Grenze der sinnvollen Maintenance wird sehr viel früher erreicht, wenn mit einer höheren Entropie ab initio gestartet wird. Durch das exponentielle Wachstum der Entropie kann dieser zeitliche Unterschied recht hoch sein.

Interessant ist es auch, die Entwicklung der Steigerungsrate der Entropie zu betrachten, s. Abb. 6.6. Hierbei fällt auf, dass sich das Entropieproblem im Laufe der Zeit verschärft hat. Das heißt, dass heutige Applikationen sehr viel schneller altern als die Applikationen in den Achtzigerjahren, da die

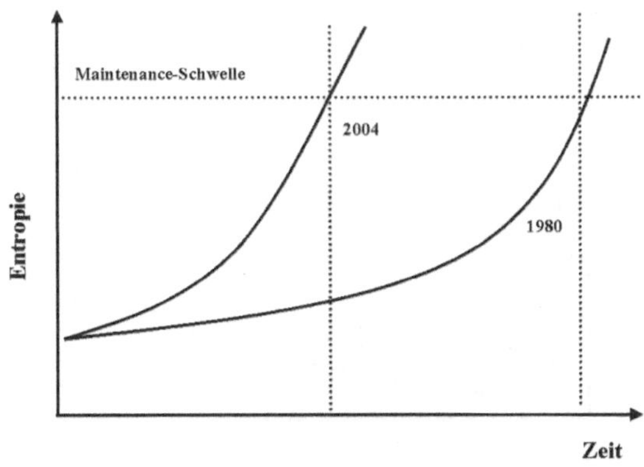

Abb. 6.6. Entwicklung der Entropiesteigerung

rapide Veränderung der Geschäftswelt ihre direkten Spuren in der Software hinterlässt.

Eine zweite Größe, die es zu beachten gilt, ist die Temperatur. Bei sehr alten und großen Systemen erzeugt das Hinzufügen einer neuen Applikation einen konstanten Sprung in der Entropie:

$$\Delta S \approx -\frac{1}{N} \log_2 \frac{1}{N}$$

Hierbei ist N die Zahl der Knoten des Graphs, der das Gesamtsystem repräsentiert. Für alte Systeme wächst jedoch N linear mit der Zahl der Applikationen. Diese empirische Beobachtung ist darauf zurückzuführen, dass nach hinreichend langem Alterungsprozess eine neue Applikation mit allen vorhergehenden verbunden werden muss.

Für die Temperatur bedeutet dies:

$$\begin{aligned} T &= \frac{1}{\frac{\partial S}{\partial q}} \\ &\sim q^2 \end{aligned}$$

Die Temperatur in alten Systemen wächst folglich quadratisch mit der Zahl der Applikationen an, was zu einem sehr hohen Risiko bei Veränderungen führt. Restrukturierungsmaßnahmen müssen das Ziel haben, diese Temperatur zu senken, sodass die Temperaturentwicklung, insgesamt betrachtet, Diskontinuitäten aufweist.

6.7 Kosten

Die Kosten für die mittleren Maintenance-Tätigkeiten lassen sich schematisch, wie in Abb. 6.7, darstellen. Jede einzelne Enterprise Architektur zeigt ein

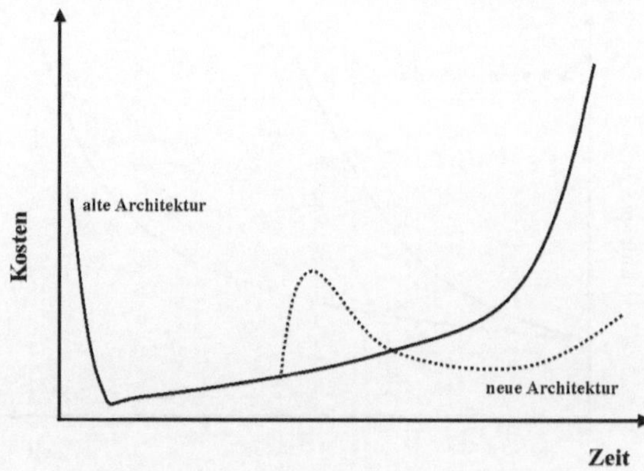

Abb. 6.7. Kosten als Funktion der Zeit

ähnliches Verhalten: am Anfang steht ein recht hoher Berg an Kosten, da die Umstellung auf eine neue Enterprise Architektur auch für die Maintenance relativ teuer ist. Die zu pflegenden Programme müssen der neuen Strukur angepasst werden, die Mitarbeiter der Maintenance-Teams müssen sich in die neue Enterprise Architektur einführen. Dies ist eine typische Tätigkeit im Rahmen des Lifecycle-Enablements von Legacy-Software. Legacy-Software in diesem Sinne ist jede Software, die, einer „alten" Enterprise Architektur entsprechend, implementiert wurde. Wenn die Gesamtkosten aufgrund der Alterung aller Systemteile den exponentiellen Ast in Abb. 6.7 erreicht haben, ist es höchste Zeit, mit einer neuen Enterprise Architektur zu starten. Diese neue Enterprise Architektur zeigt ein analoges Verhalten, eventuell mit einer anderen Zeitskala, aber ansonsten sehr ähnlich der angesprochenen Enterprise-Architektur-Maintenance-Kostenkurve.

7

Systemarchitektur

Wir nennen ein Werk der Architektur gemein, wenn es uns keine andre als physische Zwecke zeigt; wir nennen es edel, wenn es, unabhängig von allen physischen Zwecken, zugleich Darstellung von Ideen ist.

Über das Pathetische
Friedrich Schiller

7.1 Einleitung

Ein System im Sinne der Systemarchitektur ist eine Kollektion von Maschinen, Netzwerken, Kabeln usw. Die Systemarchitektur gibt dieser losen Kollektion eine Struktur und zeigt auf, wie diese mit den Geschäftszielen des Unternehmens verknüpft ist.

Die so definierte Systemarchitektur beschäftigt sich ausschließlich mit der Infrastruktur eines Unternehmens, s. Abb. 7.1. Als Teil der Enterprise Architektur hat sie natürlich Auswirkungen auf diese und vor allem umgekehrt hat die Enterprise Architektur starken Einfluss auf die Systemarchitektur. Die Existenz bestimmter Systemarchitekturen in einem Unternehmen und den daraus ableitbaren, meist nichtfunktionalen Randbedingungen kann die Wahl einer Enterprise Architektur stark einschränken, bzw. ein Wechsel in der Systemarchitektur kann auch neue Enterprise Architekturen erst ermöglichen.

Zu den wichtigen Fragen beim Erstellen der Systemarchitektur zählen:

- Wie erreicht die nötige Information alle entsprechenden Empfänger?
- Welche Kapazität oder Bandbreite wird benötigt, damit die Information den richtigen Empfänger möglichst zeitnah versorgt?
- Wie wird der Zugang zum Gesamtsystem kontrolliert und verwaltet?
- Wie werden Engpässe entdeckt und alternative Kommunikationspfade entwickelt, bevor der Engpass eintritt?

Diese Sichtweise auf Systemarchitektur als Schlüsselelement bei der Enterprise Architektur setzt aber bei dem heutigen Stand der Standardisierung eine revolutionäre Neuentwicklung im Infrastrukturbereich voraus. Unsere heutige Systemarchitektur ist von einigen wenigen De-facto-Industriestandards geprägt und innerhalb dieser, wie z.B. TCP/IP, sind sehr diverse Enterprise Architekturen realisierbar.

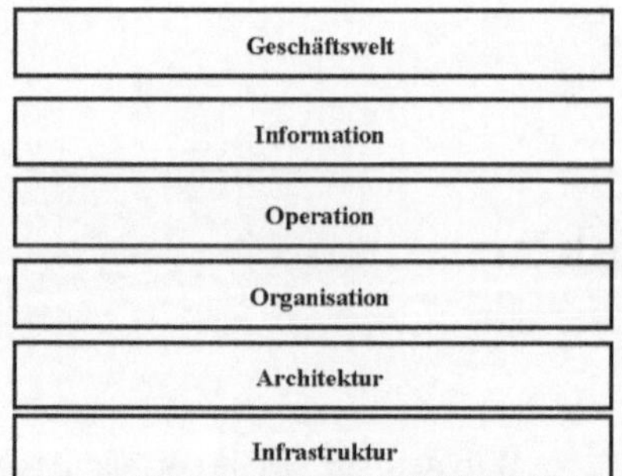

Abb. 7.1. Systemarchitektur als Infrastrukturschicht

Die Aufgabe des Architekten der Enterprise Architekturen ist es aber nicht, die Systemarchitektur vorzugeben. Für die Enterprise Architektur sind die typischen Objekte der Systemarchitektur nur Mittel zum Zweck, welche über kurz oder lang ersetzt werden können. Innerhalb der Frameworks, s. Kap. 3, hat die Systemarchitektur die Aufgabe, den Übergang zu einer neuen Enterprise Architektur zu ermöglichen bzw. diesen Übergang zu unterstützen.

In den meisten Unternehmen ist aber eine, historisch bedingte, stove pipe Architektur zu beobachten. Da die einzelnen vertikalen Partitionen sich unabhängig voneinander entwickelt haben und in der Regel zeitversetzt zueinander implementiert wurden, hat jede eine eigene Systemarchitektur. Diese sind in den meisten Fällen leider nicht kompatibel zueinander. Der Einsatz diverser Standardsoftware mit verschiedenen internen Soft- und Hardwarearchitekturen tut ein Übriges hinzu, um die Zahl der tatsächlichen Systemarchitekturen zu erhöhen. Die aufzufindenden Softwarearchitekturen werden in Auszügen in Kap. 9 aufgezeigt. In der Praxis sind allerdings fast nur folgende drei Softwarearchitekturen anzutreffen:

- Monolithische Legacy-Applikationen,
- Client-Server-Applikationen,
- Thin-Client-Applikationen.

7.2 Netzwerk

Das heutige Standardprotokoll bei Netzwerken ist TCP/IP. Völlig veraltet sind mittlerweile die IPX/SPX-Netzwerke oder andere Kommunikationsformen, z.B. über NetBIOS.

Um die Rolle und Positionierung des TCP/IP zu verstehen, lohnt es sich, zunächst das ISO/ISO-Referenzmodell zu betrachten. Das ISO/OSI-Referenzmodell
reference model for Open Systems Interconnection of the International Organization for Standardization

teilt Netzwerkverbindungen in sieben logische Schichten ein, die jeweils eine spezifische Funktionalität haben und streng hierarchisch aufeinander aufbauen. Diese sieben logische Schichten sind:

1. Physical Layer, Bitübertragungsschicht. Hier wird die physikalische Übertragung, der elektronische sowie der physische Mechanismus, definiert: das Medium, z.B. Kabel, Funk, Infrarot usw., die gesendeten Signale, ...
2. Data Link Layer, Verbindungsschicht oder MAC-Layer. Hier werden die Daten in einzelne Frames aufgeteilt und gesichert übertragen. Beispiele für diese Schicht sind PPP, SLIP und HDLC.
3. Network Layer, Netzwerkschicht. Zentrale Aufgabe ist hier die Berechnung eines optimalen Weges durch ein Netzwerk. Das wichtigste Protokoll auf dieser Ebene ist das IP-Protokoll.
4. Transport Layer, Transportschicht. Diese Schicht stellt einen gesicherten Kanal zwischen zwei Stationen her, damit die Daten gesichert geschrieben und gelesen werden können. Auf dieser Ebene ist das TCP angesiedelt.
5. Session Layer, Sitzungsschicht. Diese Schicht synchronisiert das Zusammenspiel mehrerer Sitzungen.
6. Presentation Layer oder Darstellungsschicht.
7. Application Layer oder Applikationsschicht.

Jede Schicht kommuniziert mit der entsprechenden Schicht auf dem anderen System, indem es Daten entweder an die darüber- oder darunterliegende Schicht weiterleitet.

Das IP, das auf der Ebene 3 des ISO/OSI-Referenzmodelles angesiedelt ist, hat als zentrale Aufgabe, die Datenpakete von einem Rechner zu einem anderen zu steuern. Es stellt den höheren Schichten im ISO/OSI-Referenzmodell Services zur Verfügung:

- Jedes Datenpaket wird mit einer Absender- und Empfänger-Adresse versehen.
- Datenpakete werden nicht nur in das eigene Netzwerk, sondern auch in benachbarte und weiter entfernte Netzwerke verschickt.
- Innerhalb der Netzwerke können nur bestimmte Größen von Datenpaketen verwendet werden. Das IP-Protokoll kann diese Datenpakete aufteilen und wieder zusammenfügen.
- Datenpakete können priorisiert werden.

Das IP ist ein unzuverlässiger, d.h., es werden weder Reihenfolge noch Übertragung garantiert, verbindungsloser, d.h., verschiedene Datenpakete an den gleichen Empfänger können verschiedene Wege nehmen, Datenpaketübermittlungsservice[1].

Das auf dem IP aufbauende TCP stammt aus der Ebene 4 des ISO/OSI-Referenzmodells. Auf dieser Schicht gibt es keine Datenpakete mehr, sondern nur noch Datensegmente. Ein IP-Paket kann einem TCP-Segment entspre-

[1] Auch als send and pray bekannt.

chen, dies muss aber nicht so sein. Wird ein TCP-Segment in mehrere IP-Pakete zerlegt, so bezeichnet man dies als Fragmentierung[2].

Das TCP stellt immer eine bidirektionale, gesicherte Verbindung zur Verfügung. Dabei liefert das TCP gegenüber dem IP folgende Zusatzfunktionalitäten:

- Fehlerkontrolle. Um eine verlustfreie Übertragung zu erreichen, wird der Empfang jedes Segmentes quittiert.
- Zeitüberwachung. Wird der Segmentempfang nicht innerhalb einer bestimmten Zeit quittiert, so wird ein Übertragungsfehler vermutet und die Segmente werden automatisch noch einmal gesendet.
- Flusskontrolle. Durch Pufferbereiche kann zwischen unterschiedlich schnellen Systemen vermittelt werden, ohne dass es dabei zu Datenverlusten kommt. Dazu werden alle Segmente mit Sequenznummern versehen.
- Multiplexing. Ein Rechner kann mehrere TCP-Verbindungen gleichzeitig bearbeiten. Dafür werden verschiedene Ports definiert.

Obwohl TCP/IP relativ alt ist, es wurde 1973 konzipiert, ist es das heutige De-facto-Standardprotokoll in der IT. Die Gründe hierfür sind die

- ungeheure Robustheit und Ausfallsicherheit,
- die Verfügbarkeit für alle Betriebssysteme,
- der Einsatz durch alle Provider,
- TCP/IP bildet die Basis des World Wide Webs,
- Webservices brauchen es,
- CORBA basiert darauf,
- .NET und DCOM basieren darauf.

Die heutige Infrastruktur im Bereich der IP-Netzwerke ist recht gut ausgebildet und die meisten Intra-Enterprisesysteme sind schon sehr kostengünstig zu erhalten und zu betreiben. Die einzige Stelle, wo, im Rahmen der Enterprise Architektur, es sich noch lohnt, die Eigenschaften von TCP/IP näher zu beleuchten, ist im B2B- oder B2C-Sektor, genau dann, wenn der Datenstrom über öffentliche Netze läuft.

7.3 Speicherarchitektur

Ein interessanter Kostenfaktor ist, trotz stark sinkender Hardwarepreise bei den Festplattenspeichern, das Gebiet der Datenspeicherung. Hierbei scheinen die Kosten in den letzten Jahren exponentiell anzuwachsen. Wobei unter Kosten nicht nur die reinen Hardwarekosten, sondern auch die Mitarbeiter für das Speichermanagement, als auch die anfallenden Aufwände für Support, zu rechnen sind. Einer der Gründe hierfür liegt im explosionsartigen Größenwachstum der Datenbestände, einige Vorhersagen sprechen von einem Wachs-

---

[2] Die Fragmentierung ist die beliebteste Stelle für Tuning in Windowsnetzwerken.

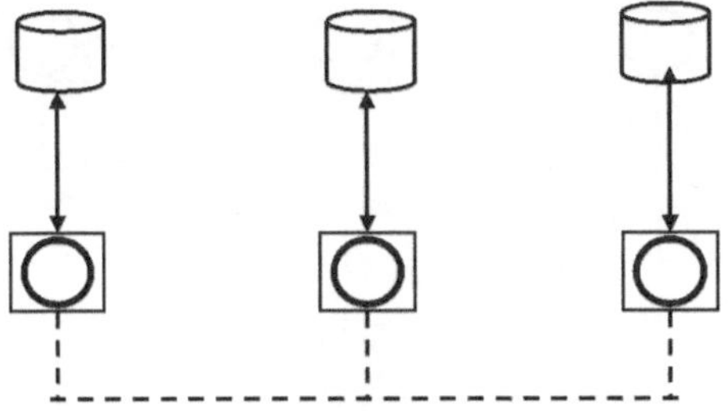

Abb. 7.2. Lokale Speicherung

tum von 50% pro Jahr. Die Datenbestände steigen heute sehr viel stärker an als alle anderen Größen im IT-Umfeld.

Zu den großen Problemen in Unternehmen zählt es, dass es zu viel lokale Datenhaltung gibt. Die Dominanz des Personal Computers, PC, bedingt dies. Diese stark verteilte Datenhaltung wird durch die restriktive Einkaufspolitik mancher Unternehmen, wenige PCs zu einem Zeitpunkt zu erwerben, noch verstärkt, da in solchen Fällen keine langfristigen Infrastrukturinvestitionen getätigt werden[3]. Durch diese Strategie entsteht die typische fragmentierte Verteilung der Datenhaltung, s. Abb. 7.2. Diese Verteilung hat zwar den Vorteil, dass sie in einer Hochsicherheitsumgebung gut kontrollierbar ist, aber sehr häufig hohe Kosten bei der Maintenance und dem Support nach sich zieht. Das häufig gehörte Argument, bei dieser Konstellation sei die Persistenz performanter, da jetzt der Datenzugriff auf die Festplatte lokal geschieht, zieht nicht in Betracht, dass heute Netzwerke schon Geschwindigkeiten, genauer gesagt Datentransferraten, erreicht haben, die hier durchaus konkurrenzfähig sind. Diese Konstellation ist im Sinne einer total cost of ownership, TCO, in der Regel die teuerste, da ein immenser Personalbedarf für Operations & Support notwendig ist. Ein zusätzliches Indiz für dieses Argument ist die Strategie, möglichst viele Thin-Clients einzuführen, da auch hier die Kosten für die notwendigen Mitarbeiter von Operations

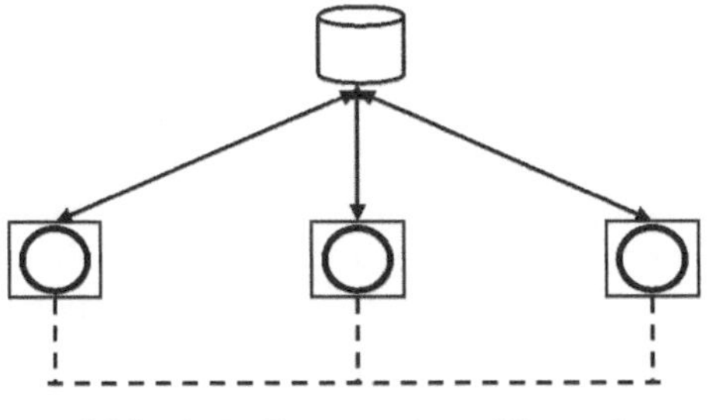

Abb. 7.3. Storage Area Network

[3]Außerdem steigt durch diese Einkaufspolitik die Heterogenität des Gesamtsystems an.

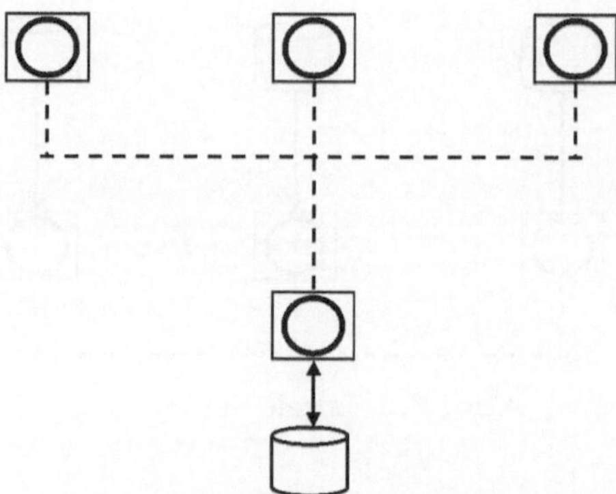

Abb. 7.4. Netzwerkspeicherung

& Support sinken. Viele Unternehmen übersehen diese Kosten, da die Zuordnung der Kosten für solche Tätigkeiten oft nicht verursachungsgerecht vorgenommen wird und die Aufwände summarisch in einem großen „Topf" verschwinden.

Eine Alternative hierzu bilden Storage Area Networks, s. Abb. 7.3. In diesem Fall ist die Datenspeicherung zentral und kann von einer kleinen Anzahl von Mitarbeitern betreut werden. Unter der Voraussetzung eines schnellen Netzwerkes ist diese Konfiguration genauso performant wie die lokale Speicherung, ohne jedoch die hohen Personalkosten aufzuwerfen. Die Storage Area Networks werden heute zumeist durch Fibre-Channel-Technologie implementiert. Bedingt durch die hohen Übertragungsraten, auch bei großen Distanzen, und die niedrige Latenzzeit ist der Fibre Channel zurzeit optimal. Ein andere Option ist das Internet-SCSI, hierbei wird das SCSI-Protokoll über TCP/IP-Verbindungen übertragen, was einen Mittelweg zwischen Storage Area Networks und Network Attached Storage darstellt. Obwohl solche Storage Area Networks hohe Investitionskosten voraussetzen, können sie sich im Sinne eines return of investement, ROI, recht schnell rentieren.

Eine Alternative zu den Storage Area Networks ist die Network Attached Storage, s. Abb. 7.4. Hierbei verhält sich die Datenspeicherung wie ein Rechner innerhalb des Netzwerkes. Die Network Attached Storage ist billig im Vergleich zu den Storage Area Networks, sie hat jedoch eine eingeschränkte Performanz. Eine heute noch gültige Daumenregel besagt, dass Storage Area Networks für Datenbanken und Application-Server geeignet ist, während die Network Attached Storage für den reinen Fileaccess vollständig ausreicht und damit die klassischen Fileserver ablöst. Vielfach ist eine Mischung aus beiden Techniken zu beobachten.

8

Datenarchitektur

Der Lattenzaun

Es war einmal ein Lattenzaun,
mit Zwischenraum, hindurchzuschaun.

Ein Architekt, der dieses sah,
stand eines Abends plötzlich da –

und nahm den Zwischenraum heraus
und baute draus ein großes Haus.

Der Zaun indessen stand ganz dumm,
mit Latten ohne was herum,

Ein Anblick gräßlich und gemein.
Drum zog ihn der Senat auch ein.

Der Architekt jedoch entfloh
nach Afri- od- Ameriko.

Christian Morgenstern

8.1 Einleitung

Eine Datenarchitektur liefert durch Identifikation und Verstehen dessen, wie Daten sich durch das System bewegen und innerhalb des Unternehmens genutzt werden, einen Rahmen. Betrachtung von „Zweck & Form“ der Daten führt zur Datenarchitektur eines Unternehmens.

Die meisten Unternehmen betrachten jedoch ihre Daten sehr viel stärker aus dem Bereich der Systemarchitektur, in Form der Speicherarchitektur, s. Abschn. 7.3. Diese Betrachtungsweise ist extrem kurzsichtig, da die Datenarchitektur, zumindest auf langfristige Sicht, eine viel wichtigere Rolle spielt. Die Datenarchitektur besteht aus einer

- konzeptionellen Ebene,
- logischen Ebene,
- physischen Ebene, identisch mit der Speicherarchitektur.

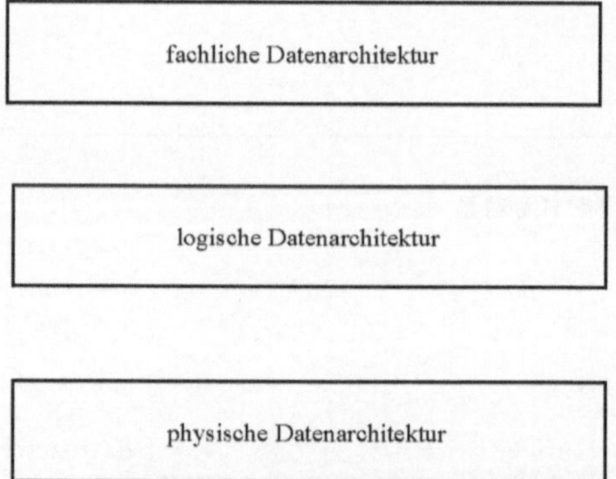

Abb. 8.1. Die drei Ebenen der Datenarchitektur

Zu den typischen Fragen, welche im Rahmen einer Datenarchitektur auftauchen, gehören:

- Was wird an Daten gespeichert?
- Wo werden diese Daten gespeichert?
- Wie bewegen sich diese Daten von einem Standort zum anderen?

Es wird dabei definiert, welche Daten für das Unternehmen wichtig sind und wie mit diesen Daten umzugehen ist. Da Daten in der heutigen Zeit mit die wichtigsten Besitztümer von Unternehmen sind, darf die strategische Rolle einer Datenarchitektur nicht unterschätzt werden.

8.2 Datenquellen

Im Rahmen jeder Organisation entstehen eine große Zahl von Daten, diese können entweder externe, genauso gut aber auch interne Quellen haben, s. Abb. 8.2. Im Rahmen der Datenarchitektur wird beschrieben, wie diese Daten genutzt, verwaltet und gespeichert werden. Außerdem wird beschrieben, wie folgende Funktionen auf den Daten ablaufen:

- Wie die Daten gespeichert werden, betrifft nicht nur die permanente Speicherung, sondern auch die vorübergehende Speicherung der Daten. Oft ist es sinnvoll, den kompletten Lebenszyklus von Daten zu beschreiben. Interessanterweise gehört die Angabe, wie Daten am Ende ihres Lebenszyklusses zu entsorgen sind, zu den am wenigsten beachteten Überlegungen im Bereich der Datenarchitektur, was einen Teil des rasanten Wachstums des Datenvolumens erklärt. Eine andere Erklärung ist mehr psychologischer Natur, vermutlich ist der Mensch innerlich noch immer eine Jäger- und, vor allen Dingen, Sammlernatur. Dieser Datenhaushalt variiert natürlich je nach Natur und Wichtigkeit der Daten, bzw. in manchen Fällen sind auch gesetzgeberische Restriktionen zu beachten.

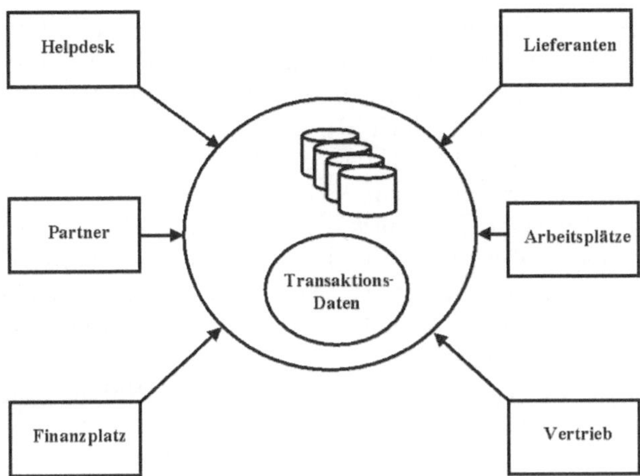

Abb. 8.2. Datenquellen

- Wie die einzelnen Prozesse, Komponenten und Services auf die Daten zugreifen und diese nutzen bzw. erzeugen. Diese Disziplin wird üblicherweise bei den klassischen Softwareentwicklungstechniken intensiv betrachtet, so ist z.B. die Datenmodellierung ein integrierter Bestandteil von den meisten Vorgehensmodellen.
- Wie externe Systeme und andere Dienstleister Daten liefern bzw. auf die eigenen zugreifen. Neben der reinen Verbindungslogik stellt sich hier die Frage nach der Datensicherheit.
- Wie die Daten in das Gesamtmodell passen.

Die Datenarchitektur muss eine strategische Ausrichtung besitzen, um alle Anforderungen, welche im Unternehmen entstehen, abdecken zu können. Dies führt dazu, dass auf der Ebene der Enterprise Architektur die Daten nur relativ grob, d.h. nicht bis ins letzte Detail wie bei einem Datenbankmodell, vorhanden sind. Datenbank- und Datenmodelle werden besser auf der Ebene der Teilprojekte gebildet, da dann die notwendigen Informationen vorliegen. In der Regel sind lokale Verletzungen der Datenarchitektur durch Projektentscheidungen nicht besonders problematisch, solange sie wohl dokumentiert und nicht die Interfaces zu anderen Systemen betreffen.

8.3 Entwicklung

Die Entwicklung einer Datenarchitektur folgt sechs einfachen Schritten:

1. Die vollständige Analyse aller Applikationen und Systeme, inklusive der Interfaces zu den Nachbarsystemen anderer Unternehmen. Hierbei müssen alle Anforderungen der Benutzer aufgenommen werden, die so genannten business requirements. Anhand dieser Untersuchung kann festgelegt

werden, welche Daten, in welcher Qualität, wem und vor allem wann zur Verfügung stehen oder stehen müssen. Besonders interessant ist es hier auch, die Einschränkungen und zukünftige Möglichkeiten für die Befriedigung latenter Bedürfnisse zu betrachten. Die Geschäftsprozess-Architektur, s. Kap. 3, identifiziert die Prozesse und die dafür notwendigen Daten auf Unternehmensebene.

2. Die Entwicklung eines konzeptionellen Datenmodells. Hier werden die zentralen Business-Objects und ihr Datenhaushalt auf konzeptioneller Ebene entwickelt und dokumentiert. Dieses Modell ist notwendigerweise sehr abstrakt, es sollte jedoch trotzdem nicht idealisiert sein, sondern die reale Geschäftswelt widerspiegeln.
3. Die Entwicklung des logischen Datenmodells. Im Rahmen eines top-down-Ansatzes lässt sich das logische Datenmodell aus dem konzeptionellen Datenmodell ableiten. Hier werden die Eigenschaften der Daten in Bezug auf ihren Lebenszyklus, ihre Verwendung durch Applikationen usw. festgelegt, s. Abb. 8.3. Auf dieser Ebene ist es wichtig, die Integrität der Daten und mögliche Verletzungen bzw. Qualitätsverluste zu untersuchen. Die weit verbreitet vorzufindende schlechte Datenqualität hat in fast allen Fällen drei Ursachen:
   - Keine oder mangelnde Verantwortlichkeit für den Lebenszyklus der jeweiligen Daten, d.h. keine explizit ausgeübte Hoheit über die Daten. Zwar wollen die Fachabteilungen stets die Hoheit über die Datenverwendung behalten, sie sind jedoch sehr zurückhaltend bei der Investition von Ressourcen zur Pflege und Schaffung von Daten.
   - Fehlende Incentives bei den Beiteiligten. Erfährt die Person, welche die Daten pflegt, keine direkte Rückmeldung bezüglich der Qualität der Daten, so wird sie langfristig gesehen nicht genügend Disziplin zur Pflege der Daten aufbringen.
   - Verursachungsfremde Pflege. Daten sollten nur dort erfasst werden, wo sie auch entstehen. Diese Regel gilt sowohl organisatorisch als auch ablauftechnisch.

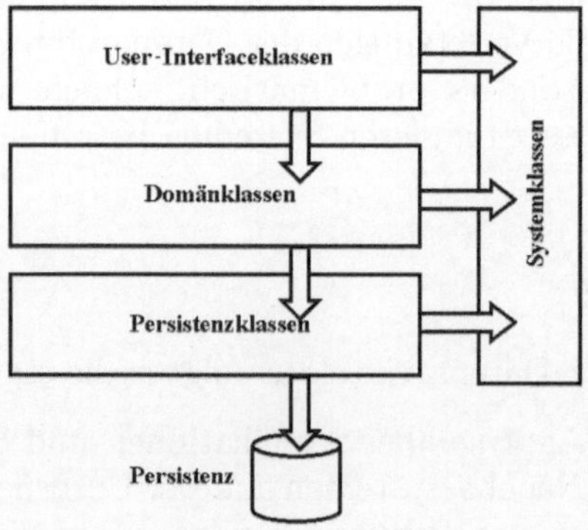

Abb. 8.3. Interne Datenarchitektur

4. Die Entwicklung des physischen Modells. Hier steht der Datenbankentwurf bzw. Interface-Entwurf im Vordergrund.
5. Die Überarbeitung der bestehenden Prozesse aufgrund des konzeptionellen Datenmodells.
6. Die Bereinigung der Daten, das so genannte Data Cleansing.

Die hier beschriebene Abfolge ist in der dargestellten Form idealtypisch. Die meisten Unternehmen sind überhaupt nicht in der Lage, einen top-down-Ansatz in aller Konsequenz durchzuführen, da meistens eine große Diskrepanz zwischen den strategischen Modellen, das konzeptionelle Datenmodell ist ein Teil der strategischen Modelle, und den „taktischen" Modellen, dazu zählen fast immer die logischen und physischen Modelle, herrscht. Hier werden dann iterative Techniken oder bottom-up-Verfahren eingesetzt.

In den meisten Fällen empfiehlt sich ein zyklisches Vorgehen, analog zum Enterprise Unified Process, s. Abschn. 12.3, um die Qualität der Datenarchitektur systematisch zu verbessern. Auch mit einfachen Mitteln lassen sich für die entstehende Datenarchitektur Überprüfungen vornehmen. Zu den häufigsten Fehlern bei der Erstellung einer Datenarchitektur zählen:

- Daten werden nirgends benötigt.
- Daten werden nicht gelöscht, bzw. es existiert kein Entsorgungsprozess.
- Daten sind nicht vorhanden oder nicht zugänglich, zumindest nicht an der korrekten Stelle im konkreten Geschäftsprozess.
- Die Daten werden dort nicht gespeichert, wo sie erzeugt werden.

Wenn diese einfachen Prüfungen auf die Qualität der Datenarchitektur vorgenommen werden, wird ein Großteil der Defizite aufgedeckt und kann dann subsequent behoben werden.

8.4 Metadaten

Metadaten sind auf allen Ebenen der Dreischichtendatenarchitektur angesiedelt, s. Abb. 8.1. Die Informationen über die Verwendung und Bedeutung der operativen Daten werden als Metadaten, d.h. Daten über Daten, bezeichnet. Sind die entsprechenden Metadaten vorhanden, so können Systementwicklungen durch Wiederverwendung und Vermeidung von Redundanzen effizienter und besser durchgeführt werden. Ein anderes Einsatzgebiet der Metadaten ist es, die Brücke zum Anwender zu schlagen, da unabhängig von der konkreten Implementierungsform die Metadaten dem Anwender genügend semantischen Kontext für seine jeweiligen Fragestellungen liefern.

Die Entwicklung einer Metadatenarchitektur innerhalb eines Unternehmens produziert verwandte Problemstellungen zur Semantik bei Webservices, s. Abschn. 9.5.3. Die Ursachen sind in beiden Fällen identisch und die Lösungsvielfalten sind verwandt. Zwar wäre es auch hier möglich, innerhalb des Unternehmens mit einem Taxonomie-Ansatz zu arbeiten, in großen Konzernen ist das sogar unabdingbar, in kleineren Unternehmen lässt sich das Problem jedoch einfacher lösen, da alle Beteiligten relativ rasch organisatorisch zugänglich sind.

Anomalien in der Datenarchitektur enstehen in den meisten Fällen durch:

- Homonyme. Die wohl schwierigste Anomalie bilden die Homonyme. Da diese sich nur innerhalb eines sehr spezifischen Kontextes auflösen lassen, können sie nur durch Übereinkunft oder durch permanente Referenz auf den Kontext verhindert werden. Der massive Einsatz der Übereinkunft zur Auflösung der Homonyme führt zur Schaffung neuer Wörter und Begriffe. Ein solches Phänomen kann, in Extremfällen, in einer Art Orwellschen „Neusprech“[1] resultieren.
- Synonyme. Die Synonyme enstehen meist durch Bequemlichkeit bzw. durch den Wunsch, sich möglichst vielseitig auszudrücken. Hier hilft der Einsatz eines unternehmensweiten Glossars.

Für die meisten Unternehmen sind Metadatenarchitekturen der Versuch, dass rasch um sich greifende Datenchaos durch ein gezieltes Metadatenmanagement in den Griff zu bekommen. Wie schon erwähnt, liefern Metadaten das nötige Rüstzeug, damit alle Beteiligten Daten besser verstehen und gemeinsam verwenden können. Der Gewinn durch den Einsatz von Metadatenarchitekturen ist es, Entwicklungszeiten zu senken, Operations & Supportkräfte zu schonen und Transparenz und Akzeptanz, speziell bei dem Endbenutzer, zu erhöhen. Die bewusste Trennung von technischen und fachlichen Metadaten ist der erste Schritt für die Schaffung einer dreischichtigen Metadatenarchitektur, da jetzt die beiden oberen, bzw. auch Teile der untersten Ebenen, s. Abb. 8.1, auf der Metaebene getrennt werden. Die technischen Metadaten sind in der physischen Ebene und die fachlichen in der konzeptionellen Ebene angesiedelt, welche in erster Linie die Endanwender interessiert. Werden die technischen Metadaten nochmals unterteilt in logische Metadaten, in Form eines logischen Datenmodells (die mittlere Ebene), und physische Metadaten, physisches Datenmodell, Indizes, Transformationsregeln und andere Modelle (die untere Ebene), dann ergibt sich die vollständige dreischichtige Metadatenarchitektur, s. Abb. 8.1.

Die Integrität und Verknüpfung der Metadaten auf den drei Ebenen ermöglicht es, innerhalb des Metamodells Aufwände und Auswirkungen von lokalen Veränderungen bzw. neuen Projekten gut schätzen zu können. Außerdem werden systematische Defizite recht rasch sichtbar.

Die Metadatenarchitektur sollte allerdings, genau wie jedes Modell, eine Reihe von Qualitäten besitzen, dazu zählen:

- Struktur. Eine Metadatenarchitektur muss eine klare Strukturierung besitzen, diese wird durch Abstraktion erreicht.
- Uniformität. Eine Metadatenarchitektur macht nur dann Sinn, wenn hier alle Metadaten des Unternehmens vereint werden.

[1] Nach dem Roman *1984* von George Orwell.

- Integration. Die Metadatenarchitektur muss neben ihrem reinen Inhalt auch die Relationen als Metadaten darstellen können. In manchen Fällen lohnt es sich sogar die Metadatenrelationen zu modellieren.
- Aktualität. Die Aktualität ist neben der Vollständigkeit eines der Schlüsselelemente für die Akzeptanz durch die Endbenutzer.

Für die Weiterentwicklung, bis hin zu Model Driven Architecture, s. Kap. 13, werden die Metadaten benötigt, dazu zählen alle Modelle über die Daten und ihre Repräsentation.

9

Mikroarchitekturen

... wir kennen keine Form, sondern nur Bauprobleme.
Die Form ist nicht das Ziel, sondern das Resultat unserer Arbeit ...

Mies van der Rohe

9.1 Einleitung

Die wachsende Macht des Kunden in der Geschäftswelt zwingt Unternehmen zu immer höherer Flexibilität. In ganzen Industriezweigen hat das Internet und die dadurch allgemein zugängliche Information das Geschäftsgebaren grundsätzlich verändert. Kunden wissen heute sehr genau über aktuelle Preise und Leistungsfähigkeiten von Produkten Bescheid. So einfach wie ein Kunde wechselt, so einfach kann auch ein Lieferant gewechselt werden. Diese Kundenmacht schlägt sich in den Forderungen nach besseren Dienstleistungen, niedrigeren Preisen und stärker individualisierten Produkten nieder. In der Geschäftswelt führt dies zu einer sehr viel granulareren Segmentierung des Marktes. Dieser Trend zwingt die Unternehmen, die Individualisierung der Produkte und die Kundenkommunikation zu den niedrigstmöglichen Kosten zu bewerkstelligen.

Das Aufkommen des Internets unterstützt noch diesen Trend, da jetzt die interne Struktur eines Unternehmens nach außen gekehrt wird. Unternehmen, so beispielsweise *Amazon.de* oder *Libri.de*, konkurrieren teilweise miteinander, wer die beste Benutzerinterface hat, denn die Qualität und Nutzbarkeit des Benutzerinterfaces schlägt sich sehr schnell in Verkaufszahlen nieder.

Zur Beurteilung einer Mikroarchitektur ist es oft hilfreich, die am häufigsten verwendeten Architekturpatterns, s. Abschn. 15.3, bzw. Kap. 15, zurate zu ziehen.

9.2 Monolithische Systeme

Die ersten Softwaresysteme waren monolithische Systeme.[1] Sie entstanden aus dem Bedürfnis heraus, genau ein vorliegendes Problem zu lösen, ohne

[1] Aus dem Griechischen, wörtlich übersetzt „aus einem Stein".

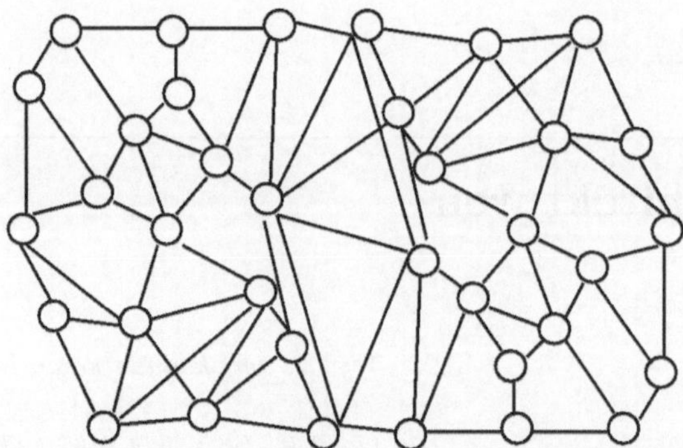

Abb. 9.1. Ein orginäres monolithisches System

Rücksicht auf die Enterprise Architektur des Gesamtsystems. Dies geschah nicht aus blanker Ignoranz, sondern deswegen, weil noch kein Verständnis für Enterprise Architekturen vorhanden war, bzw. das rasante Wachstum die koordinierte Entwicklung von Software innerhalb einer Enterprise Architektur verhinderte, s. Abb. 9.1.

Besonders markant ist die sehr hohe Komplexität und starke Koppelung innerhalb der Software. Durch das Aufkommen von Datenbanken entwickelten sich die monolithischen Systeme hin zu den zweischichtigen Monolithen, s. Abb. 9.2. Die Sicherheit im Bezug auf Backup- und Transaktionsverfahren, die eine Datenbank bot, lieferte genug Impetus, um die Persistenz bewusst aus dem ursprünglichen Monolith, Abb. 9.1, zu lösen und so einen zweischichtigen Monolithen zu formen.

Ein weiterer einschneidender Punkt war die Einführung von grafischen Benutzeroberflächen. Bestehende, alte 3270-Applikationen erschienen dem Endanwender nun nicht mehr modern genug. Die Reaktion darauf war die Anbin-

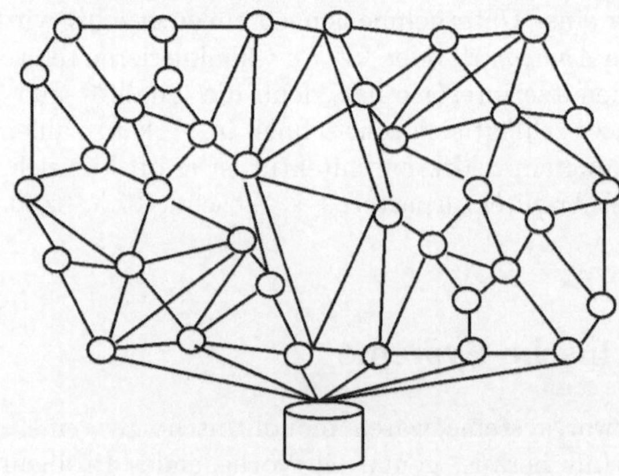

Abb. 9.2. Ein Zweischichten-Monolith

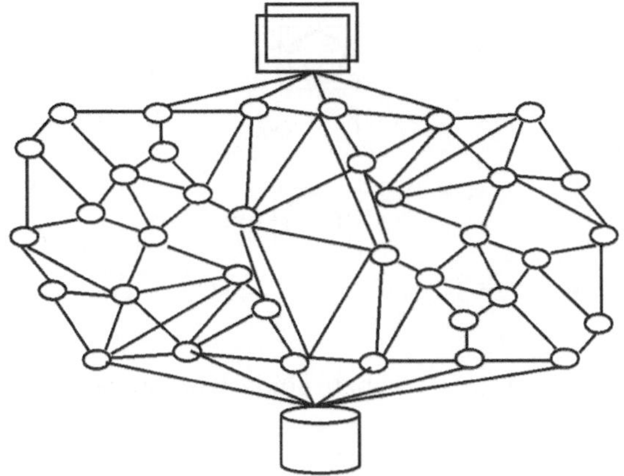

Abb. 9.3. Ein Dreischichten-Monolith

dung einer grafischen Benutzeroberfläche, ohne den Kern der Applikation zu verändern, s. Abb. 9.3. Hiermit war die Dreischichtenarchitektur, zumindest formal, eingeführt.

Die so entwickelten Legacy-Systeme besitzen meistens eine innere Schichtenteilung, welche auf die einzelne Applikation beschränkt ist, d.h., Schichten im Sinne von gemeinsamen Services, welche applikationsübergreifend implementiert sind, werden nicht genutzt.

Wie sehen nun die Metriken für diese Enterprise Architektur aus? Am einfachsten lässt sich dies an folgenden zwei Beispielen erläutern:

- ein Legacy-System DB mit n-Clients und q verschiedenen Applikationen basierend auf einer Datenbank, dargestellt in Abb. 9.4,

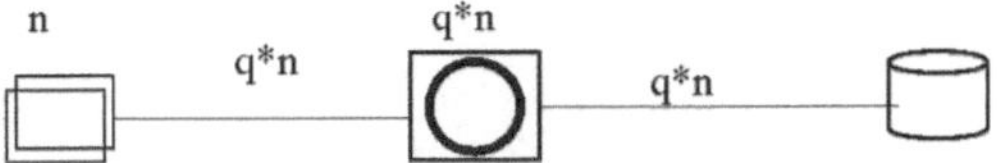

Abb. 9.4. Ein Legacy-System mit Datenbank

- ein Legacy-System $CICS$ mit einem zentralen Transaktionsmonitor und wiederum mit n-Clients und q verschiedenen Applikationen, s. Abb. 9.5.

Für beide Fälle lassen sich die Metriken noch geschlossen berechnen, das Einsetzen der Werte ergibt für den Average Node Degree, Gleichung 5.18,

$$\bar{N}_d = \begin{cases} 2 + \dfrac{1}{qn} & DB \\ \\ \dfrac{4 + 2qn + 2n}{qn + n + 1} & CICS \end{cases}$$

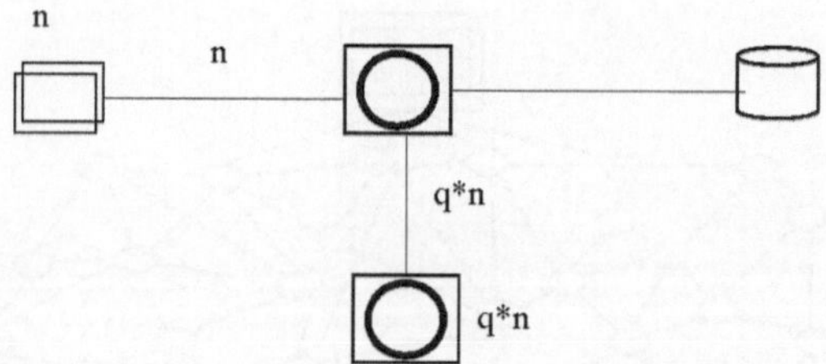

Abb. 9.5. Ein Legacy-System mit CICS und Datenbank

Für große Werte von $n \gg 1$ streben beide Konfigurationen $CICS$ und DB gegen den Grenzwert:

$$\lim_{n\to\infty} \bar{N}_d = 2.$$

Im Gegensatz hierzu bleibt die McCabe-Metrik, Gleichung 5.26, konstant

$$\gamma^{McCabe} = \begin{cases} 1 & DB \\ -1 & CICS \end{cases}$$

Die Card-Metrik, Gleichung 5.39, zeigt im Gegensatz zur McCabe-Metrik ein ausgeprägteres Verhalten:

$$\begin{aligned} \gamma^{Card} &= \sum_i (\delta_i + \beta_i) \\ &= q\gamma_{i=1}^{Card} \\ &= \begin{cases} q(2n+1)^2 + q\frac{2n}{2n+1} & DB \\ q(2n+1)^2 + q\frac{2n+2}{2n+3} & CICS \end{cases} \end{aligned}$$

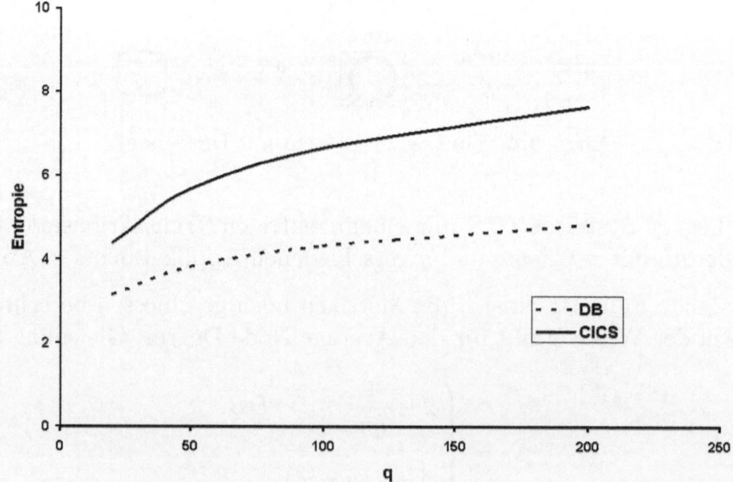

Abb. 9.6. Die Entropie in Legacy-Systemen für $n = 10000$

Bei großen Werten für n ergibt sich als Verhalten für die Card-Metrik:

$$\lim_{n \gg 1} \gamma^{Card} \approx 4qn^2$$

Die entstehende Entropie lässt sich nach Gleichung 5.41 relativ einfach berechnen:

$$\begin{aligned} S &= -\sum_{1}^{N} [p_i \log_2 p_i] \\ &= -\left[\frac{1}{N}\log_2\frac{1}{N} + q\frac{n}{N}\log_2\frac{n}{N} + \frac{qn}{N}\log_2\frac{qn}{N}\right] \end{aligned}$$

mit $N = 2qn + 1$ für den DB-Fall und im CICS-Fall:

$$S = -\left[\frac{2}{N}\log_2\frac{1}{N} + \frac{n}{N}\log_2\frac{n}{N} + q\frac{n}{N}\log_2\frac{n}{N}\right]$$

nun allerdings mit $N = (q + 1)n + 2$.

Die enstehenden Kurvenscharen, d.h. die Entropie S für verschiedene Werte von q, sind in Abb. 9.6 dargestellt. Der Einfluss der Zahl der Clients n ist minimal auf die berechnete Entropie. Genauer gesagt fällt die Entropie leicht mit der Zahl der Clients, da eine höhere Clientzahl das Gesamtsystem homogener, zumindest relativ, macht und damit die Entropie absenkt. Die Erhöhung der Zahl der verschiedenen Applikationen wiederum erhöht die Entropie stärker. Je mehr Applikationen im System vorhanden sind, desto höher ist die Entropie. Unter Berücksichtigung der zeitlichen Entwicklung der Entropie stellt sich eine hohe Zahl von Applikationen als sehr kritisch heraus.

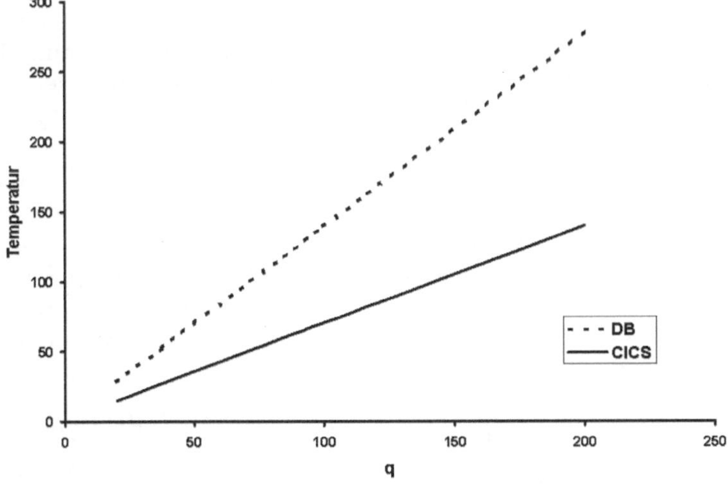

Abb. 9.7. Die Temperatur in Legacy-Systemen für $n = 10000$

Die Temperatur T ergibt sich nach Gleichung 5.53 zu:

$$\begin{aligned}\frac{1}{T} &= \frac{\partial S}{\partial q} \\ &= \mathcal{F}(q,n)\end{aligned}$$

In Abb. 9.7 sind die verschiedenen Temperaturverläufe abhängig von q dargestellt. Es ist deutlich zu erkennen, dass je heterogener ein System ist, desto höher seine Temperatur. Außerdem ist das CICS-System kälter, da hier die Addition einer Applikation zu weniger Störungen führt als in der DB-Version. Der Temperaturanstieg mit der Zahl der Applikationen ist recht drastisch, entspricht aber der Erwartungshaltung, dass heterogene große Systeme sehr viel schwerer zu warten sind als homogene kleine Systeme.

9.3 Schichtenarchitektur

Kennzeichnend für eine Schichtenarchitektur ist der Aufbau der einzelnen Applikationen in so genannte Schichten oder Layers, s. Abschn. 15.3.2. Die einfachste Form der Schichtenarchitektur ist die Client-Server-Architektur, welche eine primäre Einteilung in zwei Rollen vorsieht. Weitere Verfeinerungen führen zu einer echten Schichtenarchitektur. Wie in Abschn. 15.3.2 erwähnt, erscheint die Schichtenarchitektur eine „natürliche“ Architektur zu sein, da die Einteilung der Schichten nach Funktionen und Abstraktionsgraden der intuitiven Zerlegung der Problemdomäne zu folgen scheint.

9.3.1 Client-Server

Die „klassische“ Client-Server-Architektur existiert in verschiedenen Ausprägungen, s. Abb. 9.8. Wobei die Trennlinie, an der die Netzwerkübertragung stattfindet, zunächst willkürlich ist. Die beiden Parameter Leistungsfähigkeit des Servers und der Netzwerkdurchsatz bestimmen letztendlich den optimalen Punkt für diese Trennlinie.

In einem vereinfachten Modell betrachtet, s. Abb. 9.8, lässt sich die Client-Server-Architektur auf fünf verschiedene Konfigurationen reduzieren. Das Modell lässt sich unter der Annahme, dass jede Schicht die darunterliegende mit dem Faktor p aufruft, noch weiter vereinfachen. In diesem Fall gibt es pro Kommunikation zwischen Präsentation und Applikation p-Aufrufe, dito für die Schicht zwischen Applikation und Datenhaltung. Unter der weiteren Annahme, dass für einen kompletten Bildschirmwechsel p Aufrufe notwendig sind, ergibt sich, s. Gl. 5.10:

$$t_i^{Verarbeitung} = \begin{cases} \tau_0 & : Datenbank \\ t_{IP}\delta_{ik} + p\sum\limits_{j=1}^{i-1} \frac{t_{j-1}}{1-p\lambda t_{j-1}} & : sonst \end{cases}$$

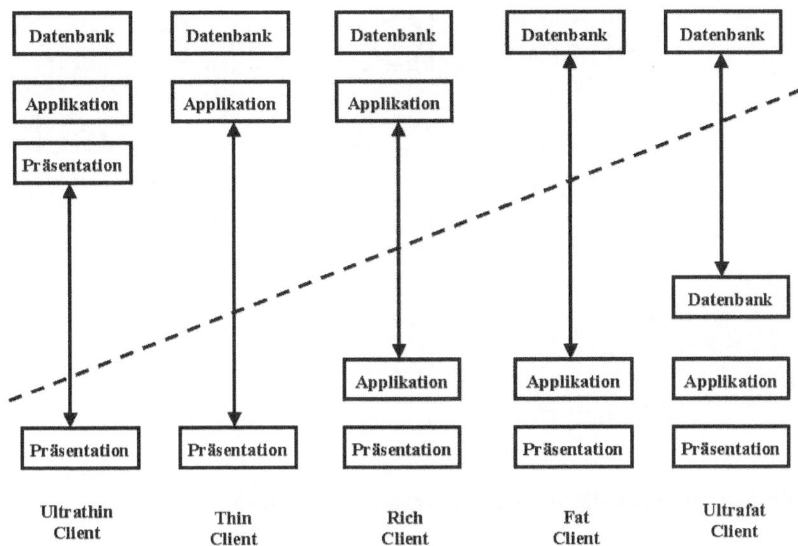

Abb. 9.8. Allgemeine Client-Server-Kombinationen

mit

$$\delta_{ik} = \begin{cases} 0 : i \neq k \\ 1 : i = k \end{cases}$$

Durch Einsetzen der Parameter λ, p und k kann der optimale Trennpunkt näherungsweise bestimmt werden. k ist dabei der Wert in Schichten des Trennpunkts. Obwohl diese Näherung recht grob ist, reicht sie doch für die meisten Fälle als Basisbetrachtung aus.

Ein generisches Client-Server-System mit q-Applikationen kann durch Abb. 9.9 repräsentiert werden. In diesem Falle haben die Applikationen eine starke intra-applikative Koppelung, aber nur eine schwache inter-applikative Koppelung, hier über die schwache Koppelung der Datenbanken, die gepunktete Line, dargestellt. Für dieses System lassen sich die Metriken einfach ausdrücken:

$$\bar{N}_d = \frac{2q(n+2)}{q(n+2)-1}$$

$$\gamma^{McCabe} = -1$$

$$\gamma^{Card} = (q(n+2)-1)^2 + \frac{q(n+2)-1}{q(n+2)}$$

Für große Werte von n ergibt sich:

$$\lim_{n\to\infty} \bar{N}_d = 2$$

$$\lim_{n\to\infty} \gamma^{Card} = q^2n^2$$

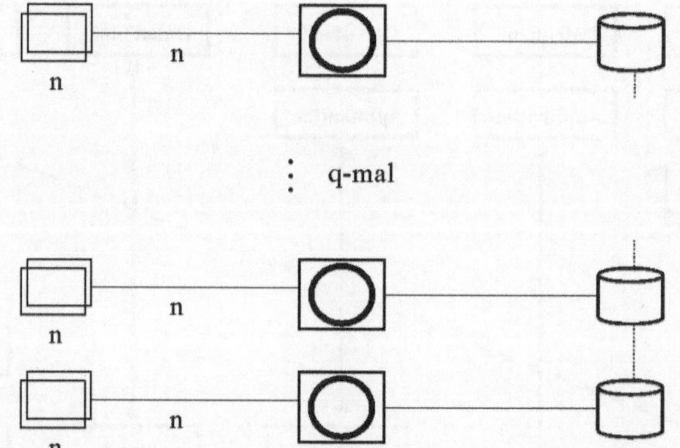

Abb. 9.9. Die Graphen eines Client-Server-Systems

Die Entropie für dieses System ist gegeben durch:

$$S = -q \left[\frac{n}{N} \log_2 \frac{n}{N} + \frac{2}{N} \log_2 \frac{1}{N} \right]$$

mit $N = q(n + 2)$.

Durch einfache Skalierung der Form:

$$n \mapsto \frac{n}{q}$$

werden die Formeln vergleichbar mit den Legacy-Applikationen, da jetzt, nach der Reskalierung, die Zahl der Applikation q und die Zahl der Fenster n ist. Dies führt zu:

$$\bar{N}_d = \frac{2n + 4q}{n + 2q - 1} \quad (9.1)$$

$$\gamma^{McCabe} = -1 \quad (9.2)$$

$$\gamma^{Card} = (n + 2q - 1)^2 + \frac{n + 2q - 1}{n + 2q} \quad (9.3)$$

und für große Werte von n:

$$\lim_{n \to \infty} \gamma^{Card} = n^2$$

Ein Wert, der deutlich niedriger ist als der vergleichbare Wert bei Legacy-Systemen.

Bei der Entropie führt dies zu:

$$S = - \left[\frac{n}{N} \log_2 \frac{n}{qN} + \frac{2q}{N} \log_2 \frac{1}{N} \right]$$

mit $N = n + 2q$.

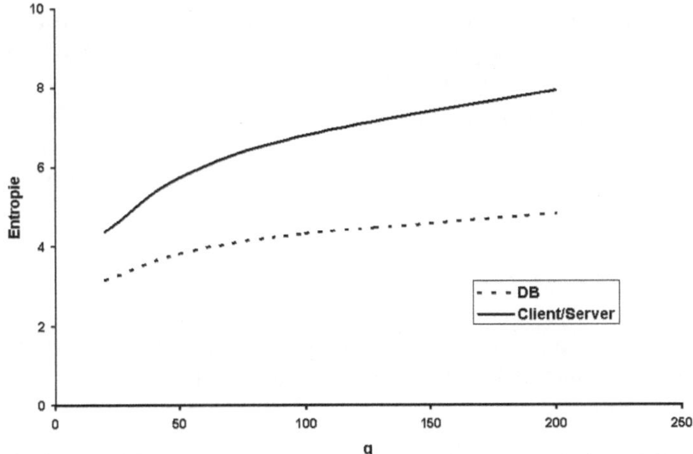

Abb. 9.10. Die Entropie eines Client-Server-Systems, für $n = 10000$, im Vergleich zu einem Legacy-System

Die aus der Entropie entstehende Temperatur

$$\begin{aligned} \frac{1}{T} &= \frac{\partial S}{\partial q} \\ &= \mathcal{F}(n, q) \end{aligned}$$

ist in Abb. 9.11 dargestellt. Dass sich die Temperatur praktisch linear mit der Zahl der Applikationen, d.h.

$$T \sim q$$

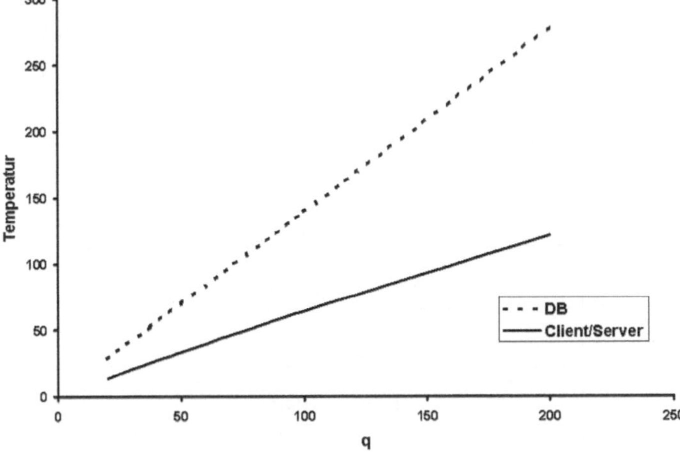

Abb. 9.11. Temperatur eines Client-Server-Systems, für $n = 10000$, im Vergleich zu einem Legacy-System

verhält, ist nicht weiter verwunderlich, da die einzelnen Applikationen nur sehr schwach miteinander gekoppelt sind und der bestimmende Skalierungsfaktor in der Enterprise Architektur q, die Zahl der Applikationen, ist. Die Tatsache, dass die Temperatur im Vergleich zu einer Legacy-Applikation deutlich niedriger ausfällt, beruht darauf, dass die einzelnen Applikationen nur sehr schwach miteinander gekoppelt sind. Daher verändert die Addition einer einzelnen Applikation nur wenig, folglich ist die Temperatur niedrig.

9.3.2 n-Tier

Die Client-Server-Architektur lässt sich verallgemeinern, die verbreitetste Unterteilung der verschiedenen Ebenen, siehe auch Abschn. 15.3.2, ist die in die Schichten, s. Abb. 9.12:

- Benutzerinterface. Hier findet die gesamte Benutzerwechselwirkung statt, wobei der Begriff Benutzerinterface generisch zu sehen ist. Auch ein Drucker oder ein Archivsystem bildet, logisch gesehen, ein Benutzerinterface. Für die Entscheidung, ob es sich bei einer Schicht um das Benutzerinterface oder die Präsentationsschicht handelt, ist nicht die Formatierung entscheidend, sondern die Möglichkeit der Benutzerwechselwirkung.
- Präsentationsschicht. Die Präsentationsschicht stellt alle notwendigen Informationen zu Verfügung, welche dann an das Benutzerinterface geschickt werden. Als Metapher dient hier der Unterschied zwischen Browser und Webserver. Der Browser stellt das Benutzerinterface und der Webserver die Präsentationsschicht dar.
- Prozessschicht. Diese Schicht ist optional in Architekturen vorhanden, welche Service-orientiert sind, da hier der Prozessfluss gesteuert wird. Wichtig ist diese Schicht für Workflow- und Collaborationssysteme.
- Business-Object-Schicht. Die Business-Object-Schicht ist die eigentliche Applikationsschicht. Hier findet die Verarbeitung der Geschäftsprozes-

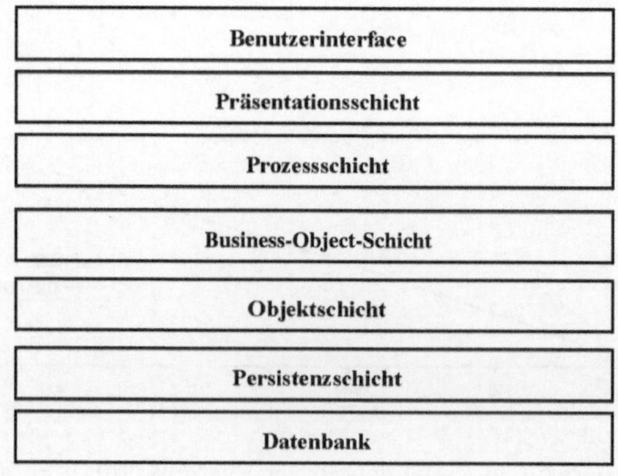

Abb. 9.12. Die allgemeine n-Tier-Architektur

se auf den jeweiligen Geschäftsobjekten statt. Die einzelnen Teile dieser Schicht sind ausschließlich mit Geschäftsprozessoperationen betreut. Solche Operationen finden in der Regel nirgendwo sonst statt.

- Objektschicht. Diese Schicht enthält die einzelnen Objekte, welche eine Sammlung von Daten und Basisfunktionen auf ihnen sind. Hier teilen sich die Business-Objects die Objekte. Die Trennung zwischen Business-Object-Schicht und Objektschicht ist in der Praxis oft willkürlich, meistens ist die Objektschicht viel granularer als die Business-Object-Schicht. Wichtig für diese Schicht ist außerdem, dass sie die Objektkonsistenz sicherstellt und damit elementare Regeln auf den Objekten implementiert. Außerdem sollten die Objekte in dieser Schicht nur von den Business-Objects aus zugänglich sein, da diese, im Gegensatz zu den Objekten in der Objektschicht, über ein „public" Interface verfügen.
- Persistenzschicht. Diese Schicht dient zur Reinstanziierung und Speicherung der Objekte aus der darüberliegenden Schicht. Typischerweise ist hier der fachliche Gehalt sehr klein. Meistens stehen Infrastrukturfragen bzw. Fragen nach der Abbildung zwischen dem fachlich-technischen Objektmodell aus der darüberliegenden Schicht und dem meist relationalen Datenbankmodell der darunterliegenden Schicht im Vordergrund der Betrachtungen auf dieser Ebene.
- Datenbank. Die Datenbank ist die Applikation, welche die Daten konkret speichert und auch wieder lädt. In der Praxis handelt es sich hier meistens um eine relationale Datenbank mit der entsprechenden SQL-Syntax und den Transaktionseigenschaften relationaler Datenbanken. Für den Fall, dass in Zukunft die objektorientierten Datenbanken größere Verbreiterung finden, kann die Persistenzschicht in die Datenbank aufgenommen werden und so mit ihr verschmelzen.

Im Folgenden wird ein System mit $m = 3$ Tiers betrachtet, die ermittelten Werte und Formeln lassen sich jedoch relativ einfach auf eine beliebige Anzahl von Tiers übertragen. Die Werte für eine 3-Tier-Architektur, s. Abb. 9.13, ergeben sich nach Einführung eines Parameters α zu:

$$\begin{aligned}\bar{N}_d &= \frac{2(n+1+q(1+\alpha))}{q(n+1+\alpha)}\\ \gamma^{McCabe} &= n(q-1)-1\\ \gamma^{Card} &= (q(n+1+\alpha))^2 + \frac{q(n+1+\alpha)}{1+q(n+1+\alpha)}\end{aligned}$$

Bei der in Abb. 9.13 betrachteten Architektur mit 3 Schichten ist α definiert durch:

$$\alpha = \frac{\sum Applikationen}{\sum Objekte}$$

Ein Wert, der angibt, wie stark die Applikationen in Objekte zerfallen. Umgekehrt betrachtet, lässt sich α auch als ein Maß für die Wiederverwendung von Objekten betrachten.

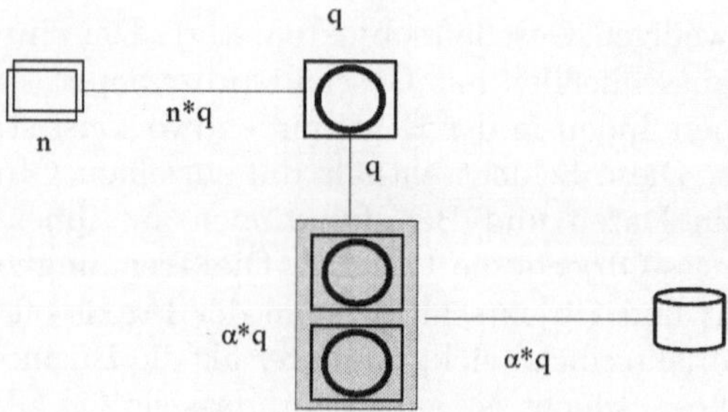

Abb. 9.13. Beispiel einer m-Tier-Architektur mit $m = 3$

Für große Werte von n ergibt sich:

$$\lim_{n\to\infty} \bar{N}_d = \frac{2}{q}$$

$$\lim_{n\to\infty} \gamma^{McCabe} = qn$$

$$\lim_{n\to\infty} \gamma^{Card} = q^2 n^2$$

Die Entropie für dieses System ist gegeben durch:

$$S = -\left[\frac{n}{N}\log_2\frac{n}{N} + \frac{q(1+\alpha)+1}{N}\log_2\frac{1}{N}\right]$$

mit $N = n + q(1+\alpha) + 1$.

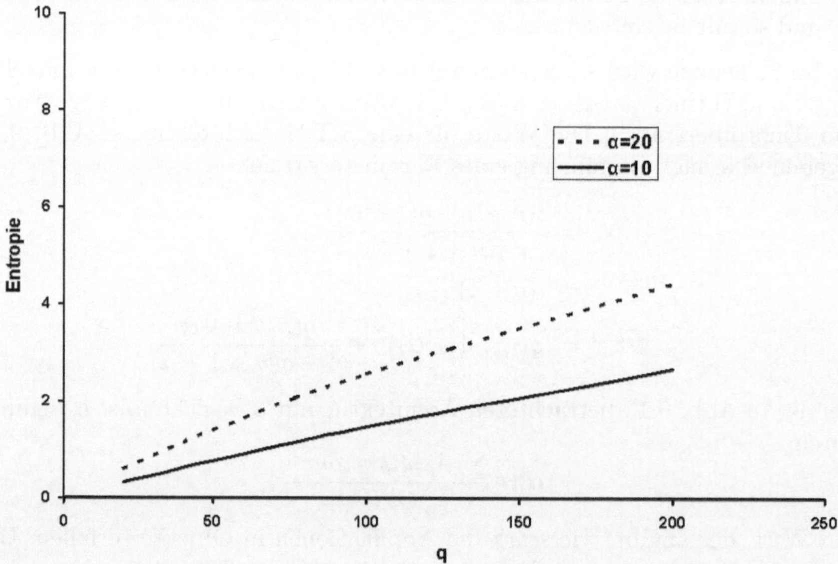

Abb. 9.14. Die Entropie in der n-Tier-Architektur mit $\alpha = 10$ bzw. $\alpha = 20$

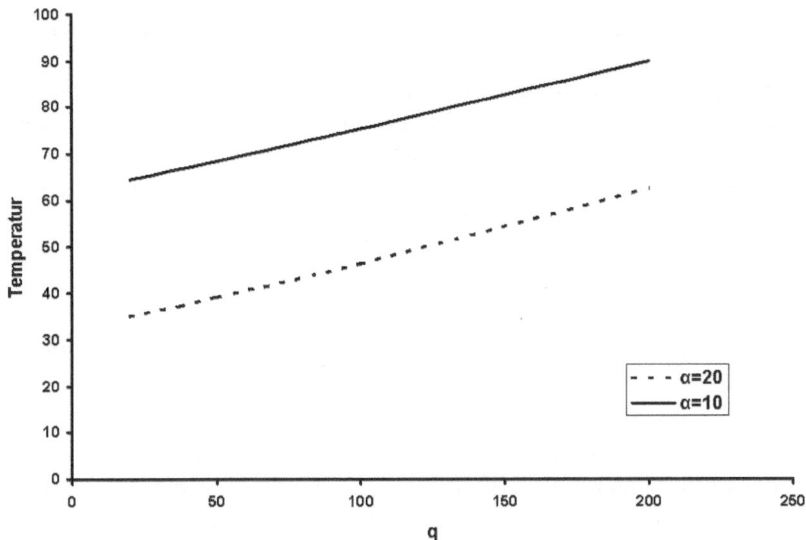

Abb. 9.15. Die Temperatur in der n-Tier-Architektur mit $\alpha = 10$ bzw. $\alpha = 20$

Die aus der Entropie entstehende Temperatur ist gegeben durch:

$$\frac{1}{T} = \frac{\partial S}{\partial q}$$
$$= \mathcal{F}(n, q, \alpha)$$

In Abb. 9.15 ist diese Temperatur für die beiden Parameterwerte $\alpha = 10$ bzw. 20 dargestellt. Das Verhalten ist sehr ähnlich in seiner Abhängigkeit von q wie die der Client-Server-Architektur. Zu beachten ist die starke Abhängigkeit von α. Je niedriger der Wert von α, desto höher die Temperatur, da ein kompaktes homogenes System durch das Hinzufügen einer Inhomogenität schneller „heiß“ wird als ein großes System.

9.4 Komponenten

Komponentenbasierte Softwarearchitekturen werden heute immer verbreiteter. Der Hauptgrund ist, dass Softwareentwickler immer stärker realisieren, dass eine solche Architektur sehr viel höhere Potenziale sowohl für Wiederverwendung als auch Qualität, Robustheit und Endbenutzerkonfiguration haben als andere Architekturen. Die Komponenten werden zur führenden Designrichtlinie bei der Entwicklung von Softwaresystemen. Die zentrale Idee hinter der komponentenbasierten Architektur ist die Zusammenstellung von Softwaresystemen mithilfe von diskreten, meist disjunkten, hochgradig wiederverwendbaren Komponenten. Diese Komponenten sind Einheiten, die Daten und Funktionen kapseln, ihre Interfaces ermöglichen eine Zusammenstellung zu einem kompletten Softwaresystem.[2]

Im Allgemeinen kann eine wiederverwendbare Komponente definiert werden als eine Einheit des Designs, für das die Struktur festgelegt ist. Neben einem eindeutigen Namen folgt die Komponente einer Reihe von Designrichtlinien, in der Form von Designdokumentation. Diese Dokumentation unterstützt die Wiederverwendung und zeigt den Nutzungskontext auf. Der markanteste Unterschied zwischen konventionellen Softwaresystemen und den komponentenbasierten ist, dass die Komponenten zur Laufzeit hinzugefügt oder ausgetauscht werden können.

Jede Komponente muss mindestens drei wohl definierte Teile haben, ohne die sie keine Komponente ist:

- Interface: Jede Komponente besitzt ein Interface, welches eindeutig die Leistung der Komponente spezifiziert, unabhängig davon wie diese Leistung realisiert wird. Ein Interface stellt die Summe der Funktionen oder Services dar, welche eine Komponente seinen Benutzern zur Verfügung stellt.
- Implementierung: Der Code, welcher tatsächlich ausgeführt wird. Diese Implementierung ist austauschbar, wobei, um die Konsistenz der Komponente zu erhalten, das Interface konstant bleibt.
- Deployment: Der Einsatz der Komponente im konkreten Umfeld.

Neben diesen Teilen, welche jede Komponente haben muss, existieren für alle Komponenten eine Reihe von Eigenschaften, die je nach der Qualität der Komponente mehr oder minder gut erfüllt sind. Zu diesen Eigenschaften zählen:

- Kapselung: Ein Benutzer der Komponente sollte nur wissen, was eine Komponente kann, nicht wie sie dies macht. Einzig das Interface stellt den bindenden Kontrakt zwischen dem Nutzer der Komponente und der Implementierung dar. Eine Offenlegung der Implementierung resultiert im Allgemeinen darin, dass ein Benutzer spezielle Implementierungseigenschaften ausnutzt, was wiederum die Austauschbarkeit von Komponenten praktisch unmöglich macht.
- Austauschbarkeit: Jede Komponente muss im Prinzip austauschbar sein, d.h., die konkrete Implementierung muss irrelevant sein. Die Konstanz des Interfaces garantiert auch die Austauschbarkeit.
- Beschreibung: Jede Komponente muss selbstbeschreibend sein. Diese Beschreibung ermöglicht dem Nutzer den Gebrauch des Interfaces, damit die Komponente überhaupt genutzt werden kann. Damit die Nutzung möglich ist, publiziert die Komponente ihr Interface für die Nutzer. Die erweiterte

---

[2]Obwohl in der Theorie die Wiederverwendung von Komponenten eine der zentralen Aufgaben der Komponenten ist, spielt diese Fähigkeit in der Praxis nur eine untergeordente Rolle. Die meisten Softwareentwicklungen nutzen die Komponentisierung primär als Strukturierungstechnik.

Form der Beschreibung, die Fähigkeit zur Selbstbeschreibung, auch Introspektion genannt, einer Komponente erscheint zunächst etwas „esoterisch" oder nicht wirklich wichtig, sie ist jedoch langfristig gesehen sehr wichtig, da sie den Softwaredarwinismus, s. Abschn. 15.2.4, positiv unterstützt.
- Erweiterbarkeit: Komponenten sind erweiterbar, ohne dass die Nutzer davon betroffen werden. Für diese Erweiterbarkeit gibt es zwei grundlegende Mechanismen:
  - Interfaceveränderung: Das Interface verändert sich, um den neuen Funktionalitäten gerecht zu werden. Hier muss zwischen mutable und immutable Interfaces unterschieden werden. Bei den immutablen Interfaces werden Interfaces mit neuen Namen hinzugefügt, da die bestehenden nicht abgeändert werden können, so beispielsweise in der COM+-Welt von Microsoft. Bei den mutablen Interfaces muss neben dem Namen des Interfaces auch die Version der Komponente Teil der Signatur sein, so beispielsweise bei CORBA oder bei .NET.
  - Delegation: Die Delegation ist die Weitergabe eines Komponentenaufrufes an andere Komponenten, was eine weitere Implementierungsmöglichkeit darstellt.

Im ursprünglichen Sinne waren Komponenten Teile einer Enterprise Architektur, welche unabhängig voneinander und autark einsetzbar waren. Diese Definition ist heute so nicht mehr gültig. Komponenten im heutigen Sinne sind Teile, die einen fest umrissenen Rahmen an Funktionalität haben und innerhalb eines Frameworks, wie z.B. CORBA, oder innerhalb eines Application-Servers, wie JBoss oder WebSphere, existieren und selbstverständlich die Infrastruktureigenschaften dieser Umgebung ausnutzen.

9.5 Service Oriented Architecture

9.5.1 Einleitung

Was versteckt sich hinter dem Modewort Service Oriented Architecture, als SOA abgekürzt?

Die Service Oriented Architecture modelliert das gesamte Unternehmen als eine Ansammlung von Services, die über das ganze Unternehmen verteilt und jedem zugänglich sind. Dieser Gedanke stellt eine radikale Abkehr von den traditionellen stove-pipe-Architekturen dar.

Große monolithische Systeme, s. Abschn. 9.2, werden in kleinere Teilsysteme zerlegt. Diese Teilsysteme besitzen ihrerseits wiederum Komponentencharakter, s. Abschn. 9.4. Folglicherweise sind sie in gewissem Sinne autark. Der zweite wichtige Punkt ist, dass der Aufruf dieser Komponenten innerhalb der SOA ausschließlich über öffentlich bekannte Standardprotokolle geschieht. Eine der bisher am weitesten beachteten Implementierungsform solcher Service Oriented Architectures sind die Webservices, s. Abschn. 9.6, andere mögliche Implementierungsformen sind Enterprise Java Beans, s. Abschn. 10.2, oder

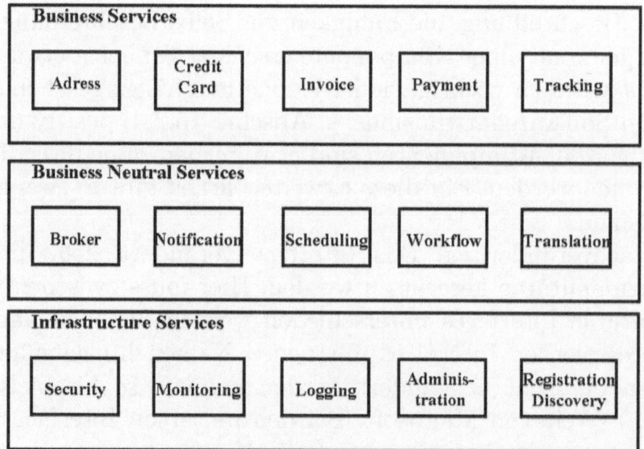

Abb. 9.16. Basis-SOA-Komponenten

CORBA, s. Abschn. 9.7, es existieren aber auch .NET-Implementierungen, s. Abschn. 10.3.

Die allgemeine Service Oriented Architecture, s. Abb. 9.16, kann als eine 3-Tier-Architektur angesehen werden. In diesem Kontext werden die Schichten nicht als Schichten, sondern als Service-Layers bezeichnet. Diese Service-Layers lassen sich wie folgt charakterisieren:

- Infrastrukturservices. Hierzu zählen Services, welche nicht spezifisch für eine bestimmte Applikation oder Funktion innerhalb eines Geschäftsprozesses sind. Bestandteile der Infrastrukturservices sind:
  - Sicherheit und Kryptographie

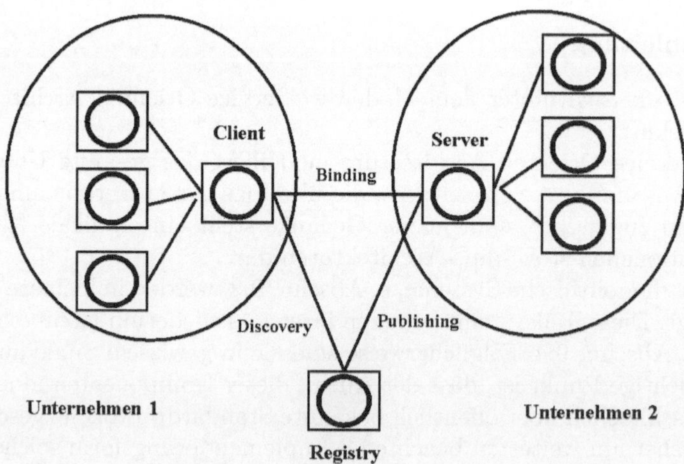

Abb. 9.17. Discovery und Binding

  - Applikations- und Performanzmanagement
  - Benutzer und Datenadministration
  - Backup und Recovery
  - Logging
  - Exception-Handling
  - Service Registry
  - Service Discovery
- Business-Neutrale-Services. Diese sind Services, welche zwar Applikationsniveau haben, aber innerhalb der Geschäftsprozesse eine Querschnittsfunktionalität bieten. Typische Beispiele für solche Business-Neutrale-Services sind:
  - Service Broker, für eine Broker-Architektur.
  - Notification und Eskalations-Services, meist in Form von E-Mails.
  - Scheduling, für asynchrone Jobs.
  - Workflow-Services, um die Business-Services in größerem Rahmen miteinander verknüpfen zu können.
- Business-Services. Hier befinden sich die tatsächlichen Business-Object-Applikationen, s. Abschn. 9.3.2. Wobei diese Services ein sehr breites Feld, nämlich das des gesamten Unternehmens, überdecken.

Neben diesen statischen Funktionalitäten haben Service Oriented Architectures ein zweites Charakteristikum, ihre Dynamik. Innerhalb der SOA werden alle Services nicht statisch, sondern ausschließlich dynamisch gebunden, die Folge hiervon ist die Notwendigkeit, folgende Konzepte zu etablieren:

- Publishing. Die Fähigkeiten und Existenz eines neuen Services bzw. die geänderten Eigenschaften eines bestehenden Services müssen dem gesamten Unternehmen bekannt sein, damit sie überhaupt genutzt werden können. Diese Bekanntmachung bezeichnet man als Publishing.
- Finding oder Discovery. Wie wird ein bestehender Service gefunden? So einfach dies klingt, es ist recht komplex, da die Auffindung des „richtigen“ Services eine hohe semantische Leistung darstellt. Extrapoliert man die heute üblichen applikativen Landschaften von etwa 200 Applikationen auf Services mit einem Wachstumsfaktor von 20, so ergeben sich immerhin 4000 Services, die zum Teil redundant sind oder sich nur minimal unterscheiden.
- Binding. Der aufgefunde Service muss aufgerufen und sein Interface genutzt werden, diesen Vorgang nennt man Binding. Das Binden an den bestehenden Service ist vermutlich der einfachste Teil einer Service Oriented Architecture.

9.5.2 Metriken

Zur Betrachtung der Topologie und den dazugehörigen Metriken ist es sinnvoll, zwischen zwei verschiedenen Einsatzgebieten von Service Orientied Architectures zu unterscheiden:

- Intra-Enterprise-Services; d.h., Funktionen werden jetzt innerhalb eines Unternehmens dem originären oder einem andern Unternehmensteil zur Verfügung gestellt. Damit wird das Unternehmen nicht verlassen und die dazugehörige metrische Operation entspricht der Selbstkoppelung, s. Abb. 9.18.

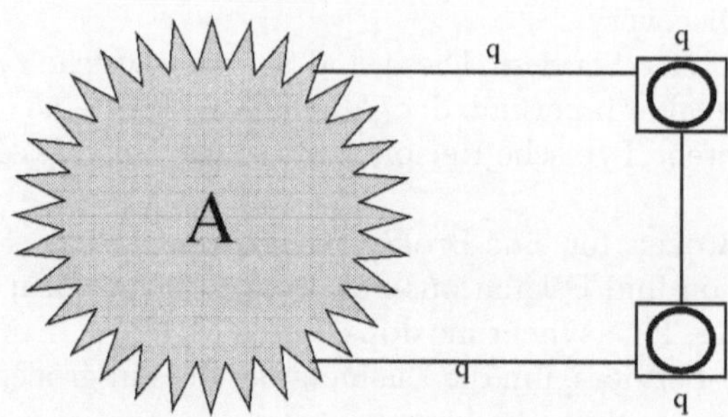

Abb. 9.18. Intra-Enterprise-Services

- Inter-Enterprise-Services; jetzt werden Funktionen auch außerhalb des Unternehmens zur Verfügung gestellt, was der Fremdkoppelung entspricht, s. Abb. 9.19.

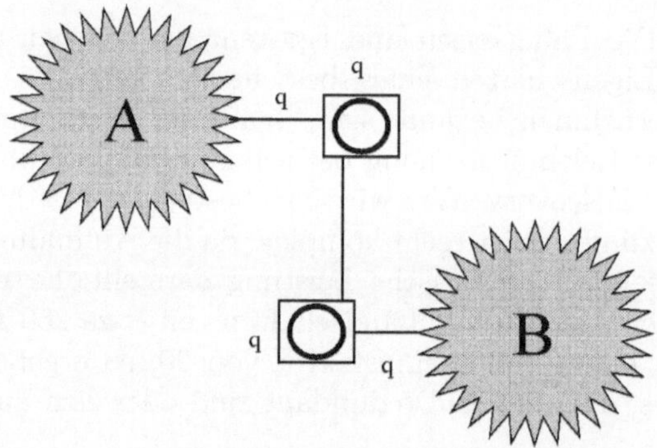

Abb. 9.19. Inter-Enterprise-Services

Die metrischen Werte lassen sich relativ einfach bestimmen, zunächst gilt für die Intra-Enterprise-Services:

$$\bar{N}_d \approx N\bar{(A)}_d - \frac{2q}{n_{Kanten}(A)}$$

sowie

$$\gamma^{McCabe} = \gamma^{McCabe}(A) - 1$$

und

$$\gamma^{Card} \approx \gamma^{Card}(A) + 4qn_{Knoten}$$

Auch die Entropieänderung lässt sich relativ leicht bestimmen:

$$S \approx S(A) - \frac{2q}{N}\log_2\frac{2q}{N}$$

Folglich ist die Temperatur des neuen Systems gegeben durch:

$$\begin{aligned}\frac{1}{T} &= \frac{\partial S}{\partial q}(A) - \frac{\partial}{\partial q}\left[\frac{2q}{N}\log_2\frac{2q}{N}\right] \\ &\approx \frac{1}{T(A)} - \frac{1}{N}\log_2\frac{2q}{N} \\ &= \frac{1}{T(A)} + \frac{1}{T_\Delta}\end{aligned}$$

Interessanterweise ist die Temperaturveränderung durch das Hinzufügen von q Intra-Enterprise-Services gegeben durch:

$$\frac{1}{T_\Delta} \approx -\frac{1}{N}\log_2\frac{2q}{N} \tag{9.4}$$

wobei N die Zahl der Knoten in A ist.

Gleichung 9.4 lässt sich zu

$$T_\Delta \approx \frac{N}{\log_2 N - \log_2 2q}$$

$$\lim_{N \gg q} T_\Delta \approx T_1 + T_2 \log_2 q$$

reformulieren. Der Temperaturanstieg durch die Einführung eines Webservices steigt logarithmisch, d.h. schwach, mit der Zahl der Services an. Diese logarithmische Abhängigkeit bevorzugt die SOAs, da sie sehr viel schwächer ist als die, welche mit q ansteigen, z.B. bei den Client-Server-Architekturen.

Für den Fall der Inter-Enterprise-Services, s. Abb. 9.19, bieten sich zwei Betrachtungsweisen an. Zunächst einmal lässt sich jedes Unternehmen getrennt betrachten und die enstehenden Veränderungen der jeweiligen Metrikwerte sind völlig analog den Änderungen im Fall der Intra-Enterprise-Services, allerdings mit der leichten Einschränkung, dass in allen Fällen eine Substitution der Form:

$$2q \rightarrow q$$

vorgenommen werden muss, da jetzt jedes Unternehmen quasi die Hälfte der Last trägt.

Sehr viel interessanter ist es, die Auswirkungen der Veränderungen auf die Entropie und die Temperatur zu betrachten. Unter der Berücksichtigung, dass sich beide Systeme nur sehr schwach koppeln, ist die Entropie additiv, da die jeweiligen Wahrscheinlichkeiten orthogonal zueinander sind:

$$S = S(A) + S(B) - \frac{q}{N(A)} \log_2 \frac{q}{N(A)} - \frac{q}{N(B)} \log_2 \frac{q}{N(B)}$$

was zu einer Temperaturveränderung von jeweils

$$\frac{1}{T(A,B)} = \frac{1}{T_0(A,B)} - \frac{1}{N(A,B)} \log_2 \frac{q}{N(A,B)}$$

führt. Die Veränderung der Temperatur verhält sich auch hier logarithmisch bzgl. der Variablen q.

Im Gegensatz zu der Phase der Umgestaltung von einer Legacy-Umgebung hin zu einer Service Oriented Architecture, s. Abschn. 11.4, lässt sich der Endzustand wieder relativ einfach berechnen, s. Abb. 9.20, wobei hier gegenüber der „klassischen“ Enterprise Architektur ein Faktor α bei der Zahl der Applikationen die feinere Granularität der Services gegenüber den „klassischen“ Applikationen berücksichtigt.

Für den Average Node Degree ergibt sich:

$$\bar{N}_d = \frac{2n + 4 + 2qn\alpha}{n + 2qn\alpha}$$

mit

$$\lim_{\alpha \gg 1} \bar{N}_d \approx 1$$

während sich McCabe und Card-Metrik annähern lassen durch:

$$\gamma^{McCabe} \approx qn\alpha$$

$$\gamma^{Card} \approx q^2 n^2 \alpha^2$$

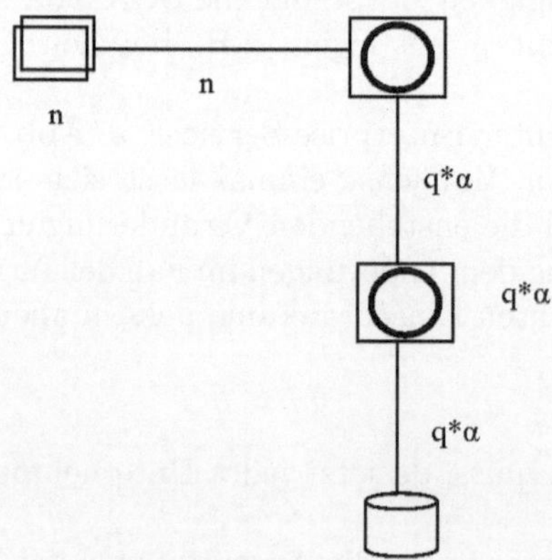

Abb. 9.20. Finale Ausbaustufe der Service Oriented Architecture mit $\alpha = n\alpha$

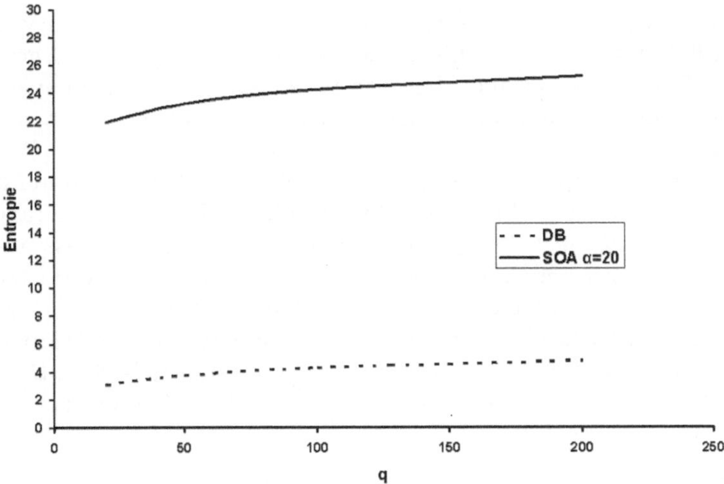

Abb. 9.21. Entropie einer Service Oriented Architecture im Vergleich zu einer Legacy-Applikation

Die Entropie ergibt sich zu:

$$S = -\left[\frac{n}{N}\log_2\frac{n}{N} + \frac{2}{N}\log_2\frac{1}{N} + \frac{\alpha qn}{N}\log_2\frac{1}{N}\right]$$

wobei jetzt N gegeben ist durch:

$$N = n + 2 + qn\alpha$$

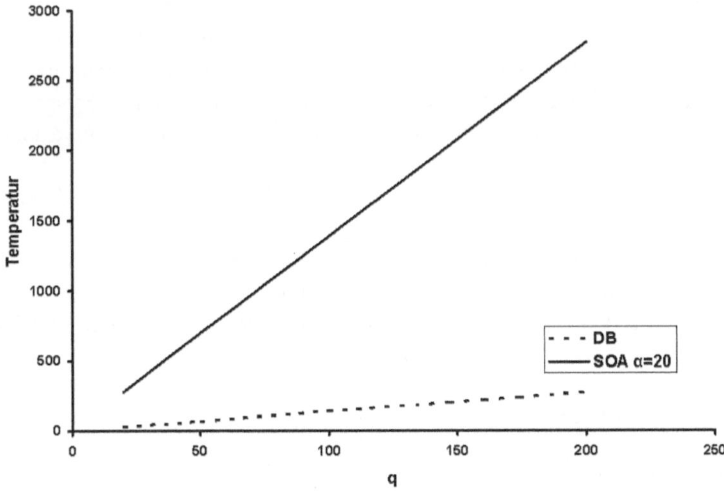

Abb. 9.22. Temperatur einer Service Oriented Architecture im Vergleich zu einer Legacy-Applikation

Die Entropie der SOA ist im Vergleich zu der Entropie einer Legacy-Applikation in Abb. 9.21 und die dazugehörige Temperatur in Abb. 9.22 dargestellt. Sowohl die Temperatur als auch die Entropie sind im Vergleich zu einer Legacy-Applikation mit derselben Leistungsfähigkeit – aus fachlicher Perspektive, nicht IT-technischer – bei der SOA höher, was primär auf die sehr viel größere Zahl von Knoten im Graphen, in Abb. 9.21 und 9.22 handelt es sich um $\alpha = 20$, zurückzuführen ist. Sowohl aus der sehr viel höheren Temperatur als auch größeren Entropie ergibt sich, dass eine vollständige Zerlegung einer gesamten Enterprise Architektur in kleine Services nicht besonders erstrebenswert ist, da das so entstehende System de facto nicht mehr wartbar ist. Solange jedoch nur ein überschaubarer Teil der Applikationen auf Services aufbaut, steigen Temperatur und Entropie nur logarithmisch an und sind somit gut kontrollierbar. Das entsprechende Antipattern wird als Servicitis, s. Abschn. 15.4.9, bezeichnet.

9.5.3 Semantik

Service Oriented Architectures werden auf Dauer das Rückgrat des B2B-Geschäfts darstellen, da sie die entsprechende Flexibilität besitzen, sich auf rasche Veränderungen anzupassen. Allerdings sollte berücksichtigt werden, dass solche Enterprise Architekturen nur innerhalb eines Unternehmens und nicht unternehmensübergreifend sich sinnvoll weiterentwickeln können. Innerhalb eines Unternehmens ist das gesamte System unter der Hoheit einer einzelnen Gruppe, welche die Enterprise Architektur sowie die begleitende Semantik kontrolliert und weiterentwickelt. Dies ist unternehmensübergreifend faktisch nicht möglich.

Gerade diese Semantik der Services ist der Dreh- und Angelpunkt! Der entstehende Mehrwert des B2B-Sektors ist das Ergebnis davon, dass das extended Enterprise effizienter sein kann, was jedoch nur bei einer gemeinsamen, zumindest partiell gemeinsamen, Semantik möglich ist. In kleineren und bekannten Systemen impliziert die Interfacekompatibilität meistens auch eine semantische Kompatibilität. Dies ist jedoch nur für kleine Systeme, welche unter der Hoheit einer kleinen Gruppe stehen, möglich. Bei ausgedehnten Systemen versagt dieser Deduktionsmechanismus. Ein Internet mit Tausenden von Services macht es faktisch unmöglich anhand der Interfaces alleine den passenden Service zu finden.

Die Lösung dieses Problems ist es, explizit Semantik für die Services zu nutzen. Der Einsatz von Taxonomien, s. Abschn. 9.6.5, ist unabdingbar der wichtigste Schritt auf dem Weg zur Beherrschung des semantischen Problems.

9.6 Webservices

9.6.1 Einleitung

Eine spezielle Form der Service Oriented Architectures sind die Webservices. Da diese auf öffentlich verbreiteten und häufig genutzten Protokollen aufbauen, schaffen sie die Möglichkeit andere Unternehmen im Sinne eines virtuellen Unternehmens oder eines extended Enterprises einzubinden. Topologisch betrachtet sind sie jedoch mit den Service Oriented Architectures identisch und teilen deren metrische Eigenschaften.

9.6.2 Modell

Die Webservice-Architektur basiert wie jede SOA-Architektur auf den Wechselwirkungen zwischen drei verschiedenen Beteiligten. Dem Service-Provider, auch Server genannt, dem Service-Requester, auch Client genannt, und dem Service-Registry, s. Abb. 9.23.

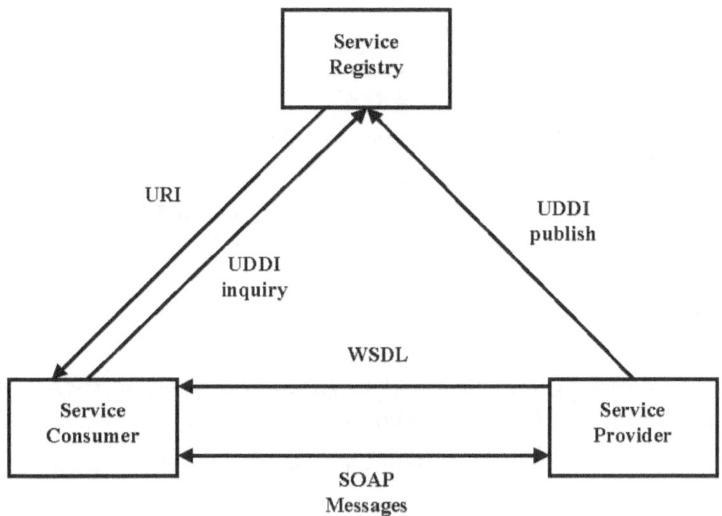

Abb. 9.23. Die drei Rollen bei den Webservices

Der Service-Provider stellt die einzelnen Webservices zur Verfügung und publiziert sie via UDDI, s. Abschn. 9.6.5, und WSDL, s. Abschn. 9.6.7, im Service-Registry. Der Service-Requester wiederum findet seine gesuchten Services mithilfe von WSDL und UDDI im Service-Registry und nutzt die dortigen Interface-Definitionen, um sich gegen den Service-Provider zu binden.

Die konkrete Nutzung der Webservices läuft dann transparent über das Netzwerk mithilfe von SOAP, s. Abschn. 9.6.4, zwischen dem Service-Requester und dem Service-Provider, s. Abb. 9.24.

9.6.3 Services

Im Vergleich zu den mehr allgemein orientierten Komponenten sind die Webservices ein spezieller Fall, denn hierunter versteht man lose gekoppelte

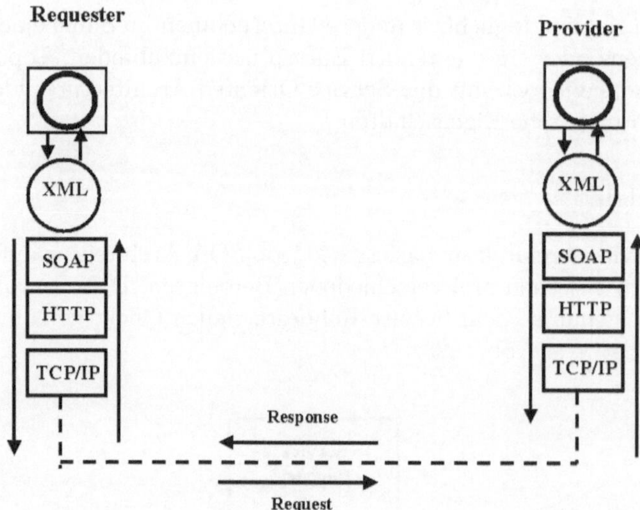

Abb. 9.24. Kommunikation der Webservices via SOAP.

ausführbare Applikationen, welche dynamisch über ein TCP/IP-Protokoll eingebunden werden. Aus einer anderen Perspektive beurteilt, sind Webservices eine mögliche Implementierungsform von einer Service Oriented Architecture, s. Abschn. 9.5. Um die Definition zu vervollständigen, beschränken wir unsere Webservices auf folgende Konstellation:

Ein Webservice ist eine Server-Applikation, die über das XML-Protokoll SOAP mit seinen Clients kommuniziert.

Die offizielle Definition von Webservices ist laut dem World Wide Web Consortium:

... software application identified by a URI, whose interfaces and binding are capable of being defined, described and discovered by XML artifacts and supports direct interactions with other software applications using XML based messages via Internet based protocols.

Welche Voraussetzungen an Technik, auf der Protokollebene, sind für die Webservices notwendig?

Obwohl Webservices auf Standardprotokollen aufbauen, brauchen sie eine gewisse Menge von Voraussetzungen. Diese Voraussetzungen bauen systematisch aufeinander auf, der so genannte Webservice-Protokollstack, s. Abb. 9.25.

Der Webservice-Protokollstack braucht von unten nach oben betrachtet:

- TCP/IP. Diese logische Basisverbindung stellt das Rückgrat jeder Kommunikation im Webservice-Umfeld dar.
- XML. Die Protokollsprache XML dient für den Nachrichtenaustausch der einzelnen Webservice-Aufrufe. Sie hat den großen Vorteil auch Strukturinformationen übertragen zu können.

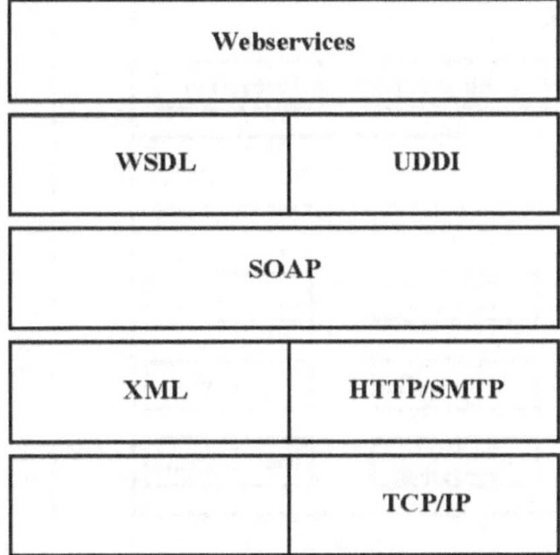

Abb. 9.25. Der Webservice-Protokollstack

- HTTP. Das HTTP nutzt das TCP/IP als darunterliegendes Transportprotokoll. Durch SOAP wird HTTP sowohl für den Aufruf als auch den Austausch der XML-Dateien bzw. XML-Datenströme genutzt.
- SOAP, s. Abschn. 9.6.4
- UDDI, s. Abschn. 9.6.5
- WSDL, s. Abschn. 9.6.7

Aufbauend auf diesen Protokollstack werden die Webservices implementiert. Interessanterweise sind die Teile TCP/IP, HTTP, XML und SOAP so weit verbreitet, dass sie in vielen Bereichen den heutigen De-facto-Standard darstellen.

Neben dem Protokollstack müssen auch bestimmte Services aus dem Bereich der Infrastruktur vorhanden sein, damit die Webservices gefunden und genutzt werden können. Diese Infrastrukturservices gliedern sich in die Bereiche, s. Abb. 9.26:

- Management
- Sicherheit
- Qualität
- Discovery Agency
  - Discovery
  - Publication
  - Inspection
- Description
  - Business Level Agreement
  - Service Level Agreement
  - Composition
  - Präsentation
  - Policy
  - Implementationsbeschreibung

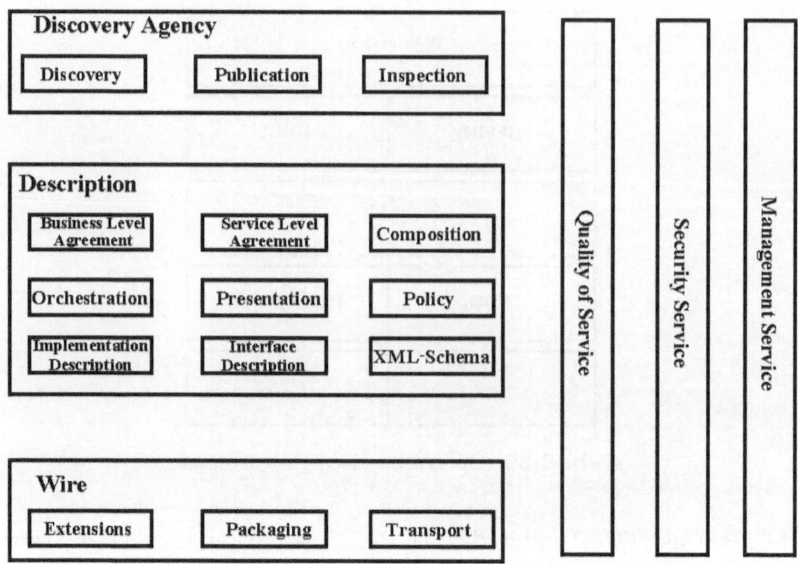

Abb. 9.26. Die logische Webservice-Architektur

  - Interface-Beschreibung
  - XML-Schema
  - Orchestration
- Wire
  - Extension
  - Packaging
  - Transport

Obwohl komponentenbasierte Architekturen schon ein gewisses Alter haben, ist das wirklich Neue an den Webservices ihre lose Koppelung. Hierin unterscheiden sie sich drastisch von traditionellen Komponentenarchitekturen wie beispielsweise CORBA, s. Abschn. 9.7. Die zweite interessante Linie, die es zu betrachten lohnt, ist die der Enterprise Application Integration, s. Abschn. 9.10. Diese sind im Vergleich zu Webservices nicht so erfolgreich, da die Investitionsvoraussetzungen für eine Enterprise Application Integration sehr viel höher sind als für die Webservices. Aus technischer Sicht erzeugt eine Enterprise Application Integration keine flexiblen generischen Interfaces, die eine ideale Voraussetzung für Wiederverwendung darstellen. Mittelfristig wird es vermutlich zu einer gewissen Koexistenz zwischen beiden Techniken kommen, mit der Enterprise Application Integration innerhalb eines Subsystems und den Webservices innerhalb des Intra- und Internets. Eine genauere topologische Betrachtung der Webservices findet sich bei den Service Oriented Architectures in Abschn. 9.5.

Auch die monolithischen Legacy-Applikationen, Abschn. 9.2, werden von den Webservices genutzt. In diesem Fall erhalten die Legacy-Applikationen

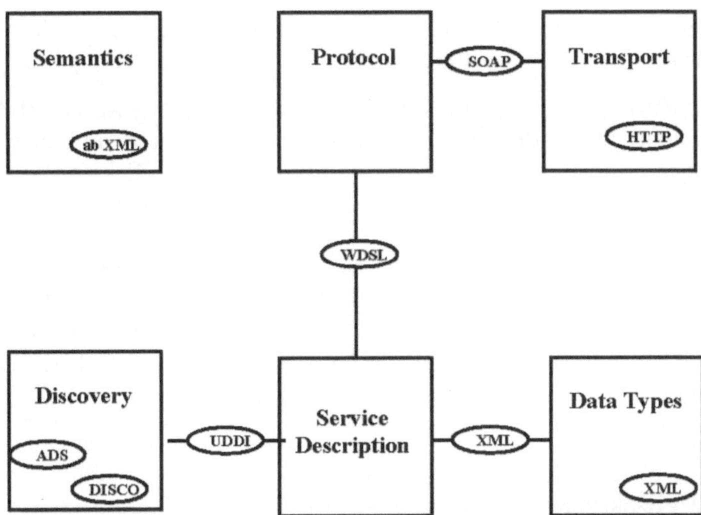

Abb. 9.27. Die Rollen und Wechselwirkungen bei Webservices

zusätzliche Interfaces, die Teile ihrer monolithischen Funktionalität als Webservices zur Verfügung stellen. Dieses Vorgehen ist recht kostengünstig und schnell zu bewerkstelligen. Dieser Trend lässt sich gut daran ablesen, dass heute alle großen ERP- und CRM-Hersteller schon SOAP-Interfaces für ihre Software angekündigt haben.

In diesem Sinne sind Webservices Geschäftsprozessimplementierungen, welche im Internet sowohl über wohl definierte Interfaces als auch über standardisierte Internetprotokolle zur Verfügung stehen. Diese Webservices erlauben es einem Unternehmen seine Dienstleistungen einer großen Anzahl von Nutzern zur Verfügung zu stellen. Durch die Nutzung von standardisierten Internetprotokollen geschieht dies in einer einfachen und effektiven Art und Weise.

Obwohl eine Reihe von verschiedenen Internetprotokollen existieren, hat sich XML als der De-facto-Standard für Webservices herauskristallisiert. Das XML spielt die zentrale Rolle bei der Definition, Implementierung und Ausführung der Webservices.

Historisch gesehen ist die Idee der Webservices nicht neu, schon CORBA hat ähnliche Mechanismen unterstützt. Was aber neu hierbei ist, ist die Einfachheit und Effektivität der Nutzung und der Gebrauch der standardisierten Internetprotokolle. Webservices basieren heute auf XML und dem plattformunabhängigen SOAP-Protokoll, Abschn. 9.6.4. Genauso wie HTML sind Webservices sehr einfach zu nutzen und hoch flexibel. Sie sind einfach und gleichzeitig universell genug, damit sie von einer großen Gemeinde genutzt werden können. Diese Einfachheit hat sie so populär gemacht, dass sie schneller ein De-facto-Standard wurden, als es ihrem eigentlichen Reifegrad entspricht.

Die Erstellung von Webservices folgt zwei verschiedenen Implementierungsstilen:

- Dokumentenbasiert: Bei dieser Variante steht der Austausch großer XML-Dokumente im Vordergrund. Starke Asynchronität und ein hoher Anteil an statischer Information mit großen Bytemengen pro Service-Aufruf kennzeichnen diesen Stil. Sehr lose Koppelung und eine grobe Granularität machen diesen Stil im B2B-Umfeld attraktiv.
- RPC-basiert: Der RPC-basierte Stil ist sehr ähnlich dem CORBA, s. Abschn. 9.7, bzw. DCOM und RMI. Hier ist die einzelne Bytemenge je Service-Aufruf eher klein und die Funktionalität steht im Vordergrund, was zu einer feinen Granularität bei den Webservices führt. Ein solches Modell bietet sich für Collaborationsportale an.

Ganze Bereiche, wie beispielsweise Transaktionssicherheit oder 2-Phase-Commit, sind im Rahmen von Webservices heute noch ungeklärt. Die Einführung von Transaktionen in Webservices haben spezielle Charakteristika. Webservices brauchen langlebige, zum Teil beliebig lange andauernd, und komplexe Transaktionen. Die Ausführung einer Webservice-Transaktion kann Tage, ja sogar Wochen dauern. Solche Typen von Transaktionen werden oft als Geschäftsprozesstransaktionen oder Transactional Workflow bezeichnet. Das Ergebnis der Transaktion muss innerhalb eines Workflows nicht beendet sein, was den Service recht komplex macht. Im Bereich der Transaktionen zeigt sich die Reife von CORBA, da hier die einzelnen Infrastrukturteile schon vorhanden sind. Gleichzeitig wird aber der Nachteil der Proprietät von CORBA offensichtlich. Vermutlich werden die RPC-Stil-Webservices auf Dauer das gleiche Schicksal erleiden wie CORBA. Sie werden aufgrund ihrer Komplexität und der langen Time-to-Market-Zeit für die Applikationen nur in speziellen Gebieten erfolgreich sein.

Im Vergleich zu den Enterprise-Application-Integration-Systemen, s. Abschn. 9.10, fehlen den heutigen Webservices Funktionalitäten in den Infrastruktur- und Managementbereichen.

Die Einführung eines Webservice-Registers ermöglicht die rasche Nutzung jenseits eines simplen RPC-Services. Im Gegensatz zu Komponenten in einem Application-Server sind die Webservices relativ grob-granular und self-contained, d.h., sie nutzen keine klassischen Interfaceerweiterungsmechanismen. Dies macht sie ideal für den B2B-Einsatz, s. Abb. 9.16. Wobei in diesem Umfeld der Ablauf einer Sitzung relativ simpel ist:

1. Durchsuchen des Webservice-Registers
2. Einbinden des gesuchten Webservices
3. Aufruf des Webservices
4. Antwort des Webservices auswerten
5. Bezahlen
6. Ende der Verbindung

Bei dieser einfachen Struktur ist es unwahrscheinlich, dass ein komplexer Client einzig aus Webservices aufgebaut werden kann, obwohl es durchaus sinnvoll sein kann, mehrere Webservices zu nutzen. Die recht lose Koppelung der Webservices untereinander behindert die Entwicklung völlig neuer Geschäftsprozesse auf Grundlage der Webservices.

9.6.4 SOAP

Das Simple Object Access Protocol, kurz SOAP genannt, ist ein einfaches Protokoll für den Austausch von Informationen in einer dezentralisierten, verteilten Softwareumgebung. Das SOAP-Protokoll basiert auf XML und wurde vom W3C-Konsortium verabschiedet.

In der heutigen Praxis existieren noch einige Probleme:

- Viele SOAP-Toolkits implementieren nur eine Untermenge der SOAP-Spezifikation bzw. der XML-Spezifikation.
- Ein Teil der SOAP-Spezifikation ist optional, beispielsweise die Typeninformation für die encodierten Parameter. Dieser optionale Unterschied zwischen unterschiedlichen Implementierungen kann sich zu einer großen Inkompatibilität ausweiten.

Damit, speziell im B2B-Umfeld, die Interoperabilität sichergestellt werden kann, ist für die Integration von einer Applikation zu einer anderen ein Protokoll nötig, welches Implementierungsdetails und Plattformabhängigkeiten negieren kann. Das zurzeit einfachste Protokoll für Integration und Interoperabilität ist SOAP. In der B2B-Kommunikation braucht jedes Unternehmen nur eine Seite des SOAP-Channels, welcher die Verbindung aufrechterhält, zu implementieren.

Eine typische SOAP-Kommunikation, s. Abb. 9.28, besteht aus den Teilen:

- SOAP-Client. Der SOAP-Client ist eine Applikation, welche in der Lage ist einen SOAP-Request an einen SOAP-Server via HTTP zu senden. Der SOAP-Request ist eine mögliche Form der Nachrichten, die andere Form, der SOAP-Response, wird vom SOAP-Server zurückgesandt.
- SOAP-Server. Der SOAP-Server ist auch eine Applikation, welche in der Lage ist auf einen Request zu reagieren. Auf den ursprünglichen Request schickt der Server den SOAP-Response. Der SOAP-Server braucht drei verschiedene Teile:
  - Service-Manager. Der Service-Manager ist verantwortlich für das Management der Services gegen die Requests. Er liest den Request und ermittelt, ob der Service bei ihm vorhanden ist. Hierzu wird die Deployed Service-List benötigt. Falls der Service vom Server tatsächlich zur Verfügung gestellt wird, nutzt der Server den XML-Translator, um die Nachricht für die konkrete Applikation zugänglich zu machen. Die Antwort des Services wird wiederum vom XML-Translator gekapselt und im Rahmen einer SOAP-Response dem Client als XML-Dokument übermittelt.
  - Deployed Service-List. Diese Liste enthält die momentanen Services, die zur Verfügung stehen.

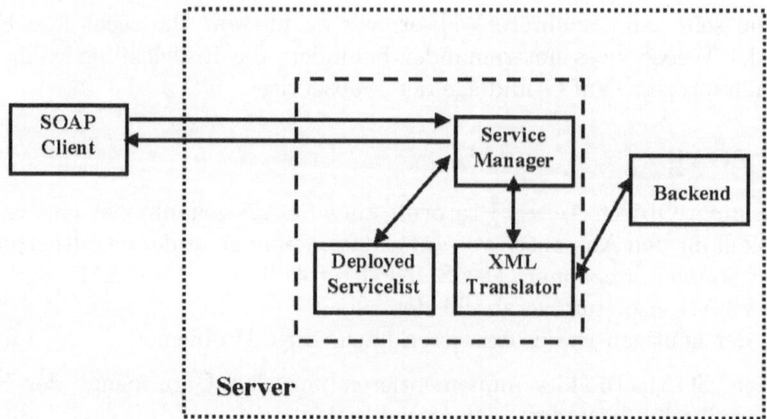

Abb. 9.28. Kommunikation mit SOAP

  - XML-Translator.
- Der eigentliche Webservice.

Obwohl dieses Protokoll relativ einfach erscheint, ist es gerade die Einfachheit, welche SOAP so erfolgreich macht. Das SOAP-Protokoll hat noch ein zweite interessante Eigenschaft, es lässt sich auch asynchron, so z.B. via E-Mail, nutzen.

Die Eigenschaft des SOAP-Protokolls, zustandslos zu sein, hat zur Konsequenz, dass es einfacher zu verwenden und schneller zu implementieren ist als ein vergleichbares zustandsbehaftetes Protokoll. Das weit verbreitete Vorurteil, dass zustandslose Services besser skalieren als zustandsbehaftete Services, ist, wenn überhaupt, nur für sehr einfache Services gültig. Services wie Time-Server oder ähnlich gelagerte, welche memoryresident ohne Plattenzugriff oder Transaktionen auskommen, sind skalierbar. Bei allen anderen, und das sind im Allgemeinen alle geschäftsrelevanten Vorgänge, spielen komplexe Algorithmen oder Datenbankzugriffe eine Rolle, sodass die vorgebliche Zustandslosigkeit der SOAP-Implementierung irrelevant geworden ist, bzw. die Skalierbarkeit aufgehoben ist.

Aber aus dieser Zustandslosigkeit erwachsen auch einige Nachteile. Auf Dauer ist ein zustandsloses Protokoll sehr unpraktisch, da wichtige Elemente wie Transaktionsverhalten oder Parallelität nur sehr schwierig in einem zustandslosen Protokoll implementiert werden können. Im Vergleich zu CORBA, s. Abschn. 9.7, ist SOAP weniger mächtig, trotzdem wird es heute oft bevorzugt. Der Grund für dieses vorgeblich irrationale Verhalten liegt zum Teil in der Psychologie. CORBA wird mit der Welt der Technologie-Dinosaurier identifiziert und SOAP mit der World-Wide-Web-Welt. Auf Dauer jedoch wird auch SOAP mehr und mehr der erfolgreichen CORBA-Funktionalität aufnehmen müssen, um den Bedürfnissen des Marktes gerecht zu werden, siehe auch Abschn. 9.7.9.

9.6.5 UDDI

Die Abkürzung UDDI steht für Universal Description, Discovery and Integration. Das UDDI-Projekt versucht die Interoperabilität und Verfügbarkeit von Webservices zu verstärken. UDDI addressiert spezifisch das Problem des B2B-Sektors, nämlich wie werden Services im Internet gefunden und genutzt, wobei das konkrete Interface des jeweiligen Services durchaus sehr unterschiedlich aussehen kann. Aufgrund des dynamischen Charakters von UDDI werden Services für alle, zum jeweiligen erwünschten Zeitpunkt, zur Verfügung gestellt. Außerdem ermöglicht UDDI die Vergleichbarkeit, beispielsweise in Bezug auf Preis und Leistungsfähigkeit, konkurrierender Webservices.

Das UDDI basiert inhaltlich auf SOAP und XML. Genauer gesagt, baut UDDI auf einer Netzwerktransportschicht und einer SOAP-basierten XML-Nachrichtenschicht auf. Die Nutzung von WSDL als Interface-Definitionssprache für die einzelnen Webservices, welche mithilfe von UDDI publiziert werden, ermöglicht einen hohen Grad an Austauschbarkeit.

Wie arbeitet das UDDI genau?

Das UDDI ist eine Registry, welche die zugänglichen Definitionen von Unternehmen und deren Webservices besitzt. Außerdem sind branchenspezifische Informationen in Form einer Taxonomie enthalten. Das zusätzliche Business Identification System macht die Auffindung der einzelnen Unternehmen leichter. UDDI gibt ein Programmiermodell und Schema für die Kommunikation mit der Registry vor, s. Abb. 9.29. Alle APIs in der UDDI-Spezifikation sind in XML definiert, welche in eine SOAP-Envelope eingebettet ist und als Basistransportschicht HTTP nutzt.

Bevor die Registry von einzelnen Webservice-Providern programmatisch beschickt werden kann, muss sie mit branchenspezifischen technischen Modellen, den so genannten tModels, bestückt werden. Die tModels enthalten

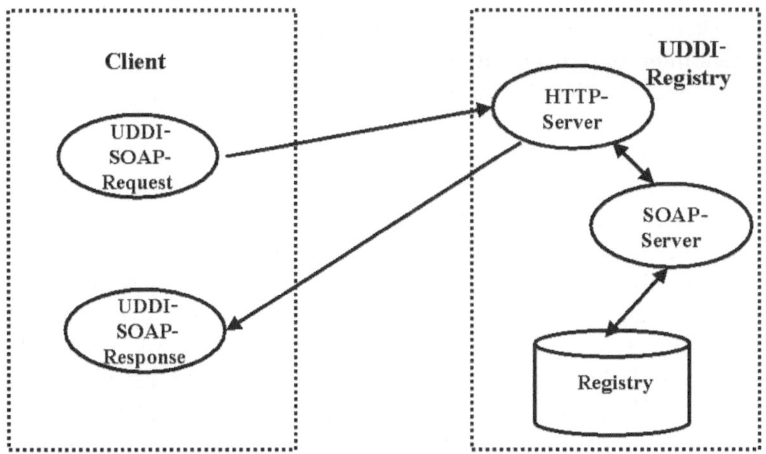

Abb. 9.29. Nachrichtenfluss in UDDI

die branchenspezifische Semantik der Datenelemente und bilden jeweils eine Taxonomie. Wenn die tModels vorhanden sind, kann ein Webservice-Provider sein Unternehmen und die Webservices, welche es anbietet, innerhalb eines technischen Modells registrieren. Jeder Webservice erhält einen Unique Universal Identifier, UUID, der während der gesamten Lebenszeit des Webservices konstant bleibt.[3] Andere Unternehmen, die Webservice-Clients, durchsuchen nun die Registry nach bestimmten gewünschten Webservices. Jeder UDDI-Webservice-Eintrag enthält Informationen über:

- technische Modelle, dem der Webservice zugeordnet ist,
- der jeweilige Provider mit Name, Adresse, Kontaktadresse und neutrale Merkmale, z.B. die „Dun & Bradstreet“ D-U-N-S-Nummer,
- die Services des jeweiligen Providers, die nach verschiedenen Taxonomien zugeordnet werden können, so bspw. ISO-3166-2 für geographische Taxonomien,
- die Webservice-Bindings, die Frage danach, wie der Webservice genutzt werden kann, d.h. die technische Spezifikation zum Aufruf und Nutzung des Webservices inklusive der URL, die anzusteuern ist.

9.6.6 Taxonomie

Die so enstehenden Taxonomien bedürfen einer speziellen Betrachtung, denn sie müssen als Bindeglied zwischen Menschen und gleichzeitig den beteiligten IT-Systemen dienen. Die entstehenden Taxonomien müssen hierarchisch organisiert sein, da sie die großen Komplexitäten des Geschäftslebens abbilden. Analog zu den biologischen Taxonomien werden sich hier mehrere Taxonomien parallel ausbilden. Idealerweise sind diese orthogonal zueinander. Diese unterschiedlichen Taxonomien werden verschiedene Aspekte des Service-Verhaltens klassifizieren. Die Folge hiervon ist, dass die Webservices sich mehrfach an unterschiedlichen Stellen registrieren lassen müssen, um ein hohes Maß an Aufrufbarkeit zu erreichen. Zwar wird auf Dauer eine gewisse Konvergenz der Taxonomien entstehen, aber da sich die Webservices selber relativ rasch ändern dürften, existiert in der Taxonomie bzw. der Registry eine permanente Fluktuation.

Taxonomien sind nur dann sinnvoll verwendbar, wenn sie von Menschen verwaltet und aufgesetzt werden, um den semantischen Kontext der Webservices reflektieren zu können. Jede entstehende Kategorie muss die Semantik ihrer enthaltenen Webservices definieren und jeder Service der Kategorie muss dieselbe Semantik implementieren; die Services werden sich letztendlich nach den Größen Geschwindigkeit, Preis und Zuverlässigkeit differenzieren. Eine solche semantische Beschreibung muss für einen Menschen verständlich und gleichzeitig für einen Parser syntaktisch interpretierbar sein. Die einzelnen Kategorien müssen ein einfaches oder multiples Vererbungsschema besitzen, welches wiederum ein Spiegelbild der Geschäftswelt ist.

[3] Allerdings macht der UUID nur im Kontext der jeweiligen Registry Sinn.

Die darin enthaltenen Services werden in der Regel zu mehreren Kategorien gehören.

Auf Dauer werden neben den reinen Interface-Daten für die Services auch nichtfunktionale Anforderungen wichtig werden, wie z.B. Verfügbarkeit, Authentisierung u.A. Der zunehmende Marktdruck auf die Service-Provider wird zu einer andauernden Fluktuation bei den Webservices führen, mit dem Ergebnis, dass einzelne Webservices obsolet werden. Zurzeit ist noch unklar, wie auf obsolete Services zu reagieren ist, außerdem ist diese Information kein Bestandteil der heutigen UDDI-Definition.

Mit zunehmender Anzahl von Webservices werden sich so genannte Webservice-Broker etablieren, diese werden die Vermittlerfunktion zwischen Provider und Requester wahrnehmen. Die einzelnen Webservice-Broker können untereinander nur anhand ihrer implementierten Taxonomien konkurrieren, bis hin zu Meta-Webservice-Brokern. Vermutlich wird das Geschäftsmodell der Webservice-Broker analog dem Modell von Yahoo funktionieren, d.h., die Provider bezahlen die Webservice-Broker für ihre Services. Hier wird die Entwicklung ähnlich der der Suchmaschinen verlaufen, d.h., auf Dauer wird die gesammelte Information des Webservice-Brokers über Kundenverhalten einen großen Teil seines Kapitals bilden. Um lästige Konkurrenz auszuschalten, werden erfolgreiche Webservice-Broker das Kopieren ihrer Taxonomien verhindern und, als Maßnahme, Fusionen mit anderen Webservice-Brokern anstreben.

9.6.7 WSDL

Die Web Services Definition Language, WSDL, ist eine Spezifikation für netzwerkbasierte XML-Services. Es existiert ein Microsoft-Vorschlag mit dem Namen Discovery of Web Services, DISCO, welcher aber nie an Gewicht außerhalb von Microsoft gewann und nicht in der .NET-Strategie, s. Abschn. 10.3, enthalten ist. Die WSDL ist ein notwendiger Bestandteil für die Infrastruktur von Webservices, s. Abb. 9.27. Sie ermöglicht es, Webservice-Providern ihre eigenen Services unabhängig vom darunterliegenden Protokoll zu beschreiben. De facto handelt es sich immer um SOAP als Protokoll. WSDL ist eines der Schlüsselelemente für UDDI, da ohne eine klare Interface Definition Language Webservices nicht sinnvoll zu publizieren sind.

WSDL benutzt XML, um seine Definitionen des Services an potenzielle Clients zu übertragen. Neben dem Namen der Datentypen wird auch der Portname, d.h. der logische Port des Servers, an den Client übertragen. Die einzelnen Definitionsmöglichkeiten sind:

- <types>. Eine Erweiterung der Standarddatentypen um eigene Typen ist hier möglich. Aufgrund der Erweiterungsfähigkeit von WSDL ist es auch durchaus möglich, ein anderes Typen-Definitions-System, wie z.B. die CORBA Interface Definition Language (IDL), zu benutzen. Dazu wird dann einfach ein anderes Element in dem <types>-Element erzeugt.

- <message>. Die abstrakte Definition der zu übermittelnden Daten, welche auch komplexe oder hierarchische Strukturen enthalten kann. Innerhalb des <definitions>-Elements befinden sich ein oder mehrere <message>-Elemente. Jedes <message>-Element hat ein name-Attribut, das der Message einen eindeutigen Namen verleiht. Ein <message>-Element besteht aus einem oder mehreren <part>-Elementen, die wiederum mit einer bestimmten Typdefinition verknüpft sind. Für die Verknüpfung mit einer Typdefinition stehen die Attribute „element" oder „type" zur Verfügung.
- <portType>. Die Liste der abstrakten Operationen nach Input- und Output-Messages getrennt. Die <portType>-Elemente, es können ein oder mehrere Elemente sein, bekommen durch ihr Attribut „name" jeweils einen eindeutigen Namen verliehen. Jedes <portType>-Element definiert eine Menge von benannten Operationen. Abhängig von der Art der Operation befindet sich innerhalb eines <operation>-Elements ein <input>- und/oder ein <output>-Element. Die Operationsarten können in folgende Kategorien eingeteilt werden:
  - one-way. Der asynchrone Aufruf des Services. One-way kann nur eine Eingabe empfangen und sendet keine Antwort.
  - notification. Asynchron mit Antwort.
  - request-response. Empfangen einer Nachricht, dann Senden einer Nachricht.
  - solicit-response. Erst Senden der Nachricht, dann Empfangen.

  Im Gegensatz zu CORBA, s. Abschn. 9.7, werden bei den beiden asynchronen Aufruftypen keine Exceptions produziert. Das <input>- und das <output>-Element legen das abstrakte Message-Format für ein- bzw. ausgehende Messages fest. Dies geschieht, indem sie mit einem bereits definierten <message>-Element verknüpft werden.
- <binding>. Das <binding>-Element definiert Messageformat und Protokolldetails für Operationen und Nachrichten, die durch ein <portType>-Element identifiziert werden. Es können beliebig viele <binding>-Elemente für ein <portType>-Element existieren. Damit ist es möglich, ein und dieselbe Operation über verschiedene Protokolle anzubieten. Jedes der Elemente wird durch ein „name"-Attribut benannt. Das zu verbindende <portType>-Element wird durch das „type"-Attribut festgelegt.
- <port>. Die Adresse für das <binding>-Element.
- <service>. Beinhaltet die Menge der <port>-Elemente.
- <import>. Ein Strukturierungselement, um XML-Definitionen zu importieren.

Für das SOAP-Protokoll und das MIME-Protokoll sind die <binding>-Elemente schon Bestandteil des WSDL-Protokolls. Eines der Grundlagen von WSDL ist der massive Einsatz von Namespace-Konstrukten in XML. Da WSDL in der Lage sein muss, verschiedenste Webservices abbilden zu können, müssen Homonyme innerhalb des jeweiligen Kontextes sauber aufgelöst werden.

Damit die WSDL-Dokumente innerhalb einer UDDI-Registry einfacher zu finden sind, werden diese Dokumente in zwei Klassen eingeteilt:

- Service Interfaces. Das Service-Interface enthält die obigen Elemente:
  - <types>
  - <import>
  - <message>
  - <portType>
  - <binding>

  Hierbei wird das <import>-Element genutzt, um andere Service Interfaces zu importieren.
- Service Implementations. Das Implementationsdokument enthält nur die Elemente:
  - <import>
  - <service>

  wobei <service> Informationen über Port und Bindings enthält, inklusive der jeweiligen URL.

9.7 CORBA

9.7.1 Einleitung

Im Jahr 1989 gründete sich die Object Management Group, OMG, mit dem gemeinsamen Ziel der

> *Erstellung von Industrienormen und Spezifikation zur Unterstützung einer allgemeinen Plattform zur Applikationsentwicklung.*

Aus den ursprünglich acht Gründungsmitgliedern, zu denen Hewlett Packard, Sun Microsystems und American Airlines gehörten, sind inzwischen über 780 Mitgliedsfirmen und Organisationen geworden. Auf Grundlage der aktiven Arbeit entstanden viele Beschreibungen bezüglich der Objektwelt, wie sie im Sinne der OMG zu verstehen ist. CORBA sollte nun den Standard des architektonischen Grundgerüstes liefern, anhand dessen die Funktionalität des ORB, Object Request Broker, implementiert wird und Applikationen entwickelt werden.

CORBA, ist Teil der Object Management Architecture, OMA. Beide Architekturen stammen von der OMG. Bei der OMA handelt es sich um eine Bus- oder Broker-Architektur, s. Abschn. 15.3.6. Der für die OMA benutzte Bus ist der Object Request Broker, ORB, von CORBA, s. Abb. 9.30. Mithilfe der OMA kann eine verteilte Architektur innerhalb einer heterogenen Umgebung aufgebaut werden, was zur Folge hat, dass sich CORBA und die OMA recht intensiv mit dem Problem der Interoperabilität und der Plattformneutralität beschäftigen. Durch das Befolgen der CORBA-Regeln wird eine OMA-Konformität sichergestellt und diese erlaubt die Implementation sowie das Deployment von interoperablen verteilten Objekten in heterogenen Umgebungen.

Innerhalb des OMA-Objektmodells ist ein Objekt eine Entität, welche eine eindeutige unveränderbare Identität besitzt und deren Services ausschließlich über wohl definierte Interfaces zugänglich sind. Den Clients, welche diese Services nutzen, ist sowohl die konkrete Implementierung als auch der Ort der Objekte unbekannt. Hier ist klar zu erkennen, dass OMA eine Verwandschaft mit der Service Oriented Architecture, s. Abschn. 9.5, besitzt und eindeutig eine Komponentenarchitektur ist.

9.7.2 OMA

Wie in Abb. 9.30 dargestellt, wird ein gemeinsamer Bus genutzt und alle Objekte innerhalb der OMA besitzen vier mögliche Kategorien von Interfaces, die sie in der CORBA-Umgebung zugänglich machen. Zwar ist es theoretisch möglich, dass ein Objekt Interfaces in mehr als einer Kategorie besitzt, dies ist jedoch die große Ausnahme. Die Kategorien sind:

- Object Services: Die Services in dieser Kategorie sind domänenunabhängig und werden als Infrastrukturinterfaces von vielen Objekten genutzt. Die CORBA-Services sind technische Services, die praktisch jede CORBA-Komponente nutzen kann. Sie werden auch Common Object Services (COS) genannt und bilden ein technisches Framework für den Applikationsentwickler, um verteilte Applikationen zu entwickeln. Insgesamt sind 27 Services definiert bzw. von der OMG angedacht. Die meisten ORBs implementieren jedoch nur einen Teil der Services. Dies muss jedoch nicht zwingend ein Nachteil sein, da im Grunde genommen nie alle Services benötigt werden. Die wichtigsten Services sind:
  - Naming Service: Der Naming Service gestattet es den Objekten, andere Objekte über den jeweiligen Namen des anderen Objektes zu finden.

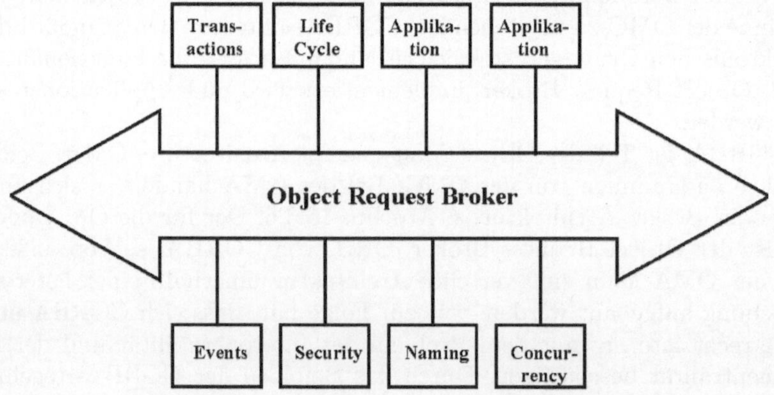

Abb. 9.30. Die Object-Management-Architektur

Der Service ist ein Mechanismus, Objekte in einer verteilten Umgebung zu finden. Er erlaubt die Assoziation eines Objekts mit einem Namen in einem Namensraum, das so genannte Name Binding. Dieser Namensraum bildet den Namenskontext, Naming Context, in dem der Objektname eindeutig ist, d.h., Namen werden immer relativ zu einem Namenskontext definiert. Die Webservices besitzen in der Registry eine analoge Semantik.

- Trading Service: Mithilfe des Trading Services sind andere Objekte anhand ihrer Eigenschaften auffindbar. Dieser Service ist analog in den Webservices innerhalb des UDDI, s. Abschn. 9.6.5, implementiert worden.
- Lifecycle Service: Dieser definiert Services und Konventionen zur Erzeugung, zum Löschen, Kopieren und Verschieben von Objekten im Netz.
- Relationship Service: Er ermöglicht es, Beziehungen zwischen Objekten im Netz zu verwalten. Zur Darstellung von Relationen wurden zwei neue Objekte eingeführt: Rollen und Relationen. Beide können spezifische Attribute zur Beschreibung von Beziehungen enthalten. Ebenso können Typbeschränkungen und Kardinalitätskriterien über diesen Service definiert und überprüft werden.
- Persistent Object Service. Dieser Service dient der dauerhaften Speicherung von Objekten in verteilten Systemen. Er ermöglicht es Objekten, auch dann persistent zu existieren, wenn die Applikation, die das Objekt erzeugt hat, oder der Client, der es verwendet hat, beendet wurde.
- Concurrency Control Service: Dieser versetzt mehrere Clients in die Lage, eine gemeinsame Ressource zu nutzen. Im Falle eines Konflikts beim Zugriff auf eine Ressource hat der Service die Aufgabe, die Ressource in einem konsistenten Zustand zu belassen.
- Transaction Service: Der Transaction Service unterstützt das allgemeine Transaktionskonzept. So besteht jede Transaktion aus dem Start, einer Zahl von Transaction-Events, z.B. Datenbank-Updates, und einem definierten Ende. Eine Transaktion kann auf zweifache Weise enden: Sie wird entweder „commited“ oder „rolled back“. Commited heißt, dass sämtliche Änderungen permanent werden, andernfalls werden die Veränderungen auf ihren ursprünglichen Ausgangsstand zurückgesetzt das so genannte „roll back“.
- Trader-Service: Dieser hat die Aufgabe, Objekte anhand ihrer verfügbaren Services und Service-Arten zu finden. Ein Trader ist ein Objekt, das für andere Objekte „passende“ Services vermittelt. Der Trader Service fungiert dabei als „Vermittler“. Der Trader arbeitet dazu mit zwei Arten von Objekten: den Service-Providern und den Service-Requestoren. Service-Provider bieten dem Trader ihre Services einschließlich deren Beschreibung an. Service-Requestoren erfragen und erhalten gewünschte Services durch den Trader.

- Property Service: Der Property Service ermöglicht das dynamische Zuweisen von Attributen zu einem CORBA-Objekt. Ein Attribut im CORBA-Sinne ist eine Variable, die normalerweise im Interface eines CORBA-Objekts definiert ist und anschließend compiliert wird. Manchmal ist es aber notwendig, eine Eigenschaft einem Objekt zuzuordnen, dessen IDL-Definitionen bereits compiliert vorliegen.
- Security Service: Dieser definiert Interfaces, mit denen Sicherheitsmechanismen bzw. -technologien in einen ORB integriert werden können. Dieser Service ist für die Client- und die Server-Objekte transparent, d.h., der Service muss nicht explizit aufgerufen werden, sondern führt seine Aufgaben im Hintergrund durch. Diese Aufgabenstellungen werden vom Security Service u.a. unterstützt:
  - Authentifizierung,
  - Verschlüsselung,
  - Authorisierung,
  - Protokollierung.
- Event Service: Der Event Service bildet die Basis, auf der Services wie die asynchrone Verarbeitung von Ereignissen, Notification usw. beschrieben werden können.
- Externalization Service: Bildet das Interface zur Transformation eines Objektzustandes in einen flachen Datenstrom sowie umgekehrt zur Extraktion von Objekten aus einem Datenstrom, das so genannte Marshaling.
- Licensing Service: Dynamische Lizensierung für die CORBA-Objektnutzung.

• Common Facilitys: Die Common Facilitys werden oft auch als horizontale Facilitys bezeichnet, beinhalten applikations- und benutzerspezifische Funktionalitäten, die aufgrund ihrer Querschnittsfunktionalität keinem bestimmten Marktsegment zugeordnet werden können. Während die Services hauptsächlich für die Kommunikation zwischen den Applikationen, als CORBA-Client, und dem Objekt, als CORBA-Server, zuständig sind, stellen die Facilitys Services zwischen den Applikationen bzw. Systemen dar. Üblicherweise werden die horizontalen Facilitys in folgende Kategorien eingeteilt:
  - Task Management: Diese Kategorie dient der Prozessautomatisierung und kann Benutzer- als auch Systemprozesse automatisieren. Die beiden bekanntesten Unterkategorien des Task Managements sind:
    - Workflow Facilitys: Da der Workflow in einer komplexen Umgebung extrem wichtig ist, werden hier Services zur Verfügung gestellt, welche den Aufruf der Objekte steuern und koordinieren.
    - Automation Facilitys: Hier können die Abläufe automatisiert werden.
  - System Management: Verwaltet komplexe Informationssysteme durch die Service-Provider. Die angebotenen Subkategorien sind:
    - Policy Management Facility: Dient der Kontrolle von Objekten. Eine einmal formulierte Policy wird hier quasi implementiert.

- Quality of Service Management Facility: Die QoS-Facility ist ein sehr wichtiger Bestandteil für die kommerzielle Nutzung von Services. Diese Basisfunktionalität fehlt zurzeit noch bei den Webservices, s. Abschn. 9.6, da mit dieser Facility die Nutzung, die Verfügbarkeit, der Durchsatz und die Wiederherstellung eines Services gemessen und verändert werden kann. Natürlich nur dann, wenn das Objekt, welches die Services zur Verfügung stellt, dieses Interface unterstützt.
- Instrumentation Facilitys: Ist eine Kollektion von Interfaces für die Benutzung von ressourcespezifischen Daten.
- Data Collection Facilitys: Hier werden Logging- und History-Funktionen zur Verfügung gestellt. Diese Funktionalität ist zurzeit bei den Webservices noch nicht standardisiert worden.
- Security Facilitys: Ein allgemeines Interface für Authorisierung und Authentisierung in Systemen. Dieses Interface reicht die Daten an die konkrete Security-Implementierung jedes einzelnen Systems weiter.
- Instance Management Facilitys: Operationen, die sich mit multiplen Instanzen des gleichen Objekts beschäftigen, sind hier angesiedelt.

– Information Management: Ermöglicht die Modellierung, Definition und Persistenz von Informationen. Teile der Information Facilitys sind:
  - Information Modeling Facilitys: Diese Facilitys stellen Services zum Modellieren von Informationssystemen zur Verfügung. Sie stellen einen möglichen Input für die Model Driven Architecture, s. Kapitel 13, dar.
  - Information Storage and Retrieval Facilitys: Services für die Persistenz und das Suchen von Informationen werden hier addressiert, neben XML und SQL wird auch HTML und ODBC erlaubt.
  - Compound Interchange Facilitys: Hier werden die Services zum Austausch von Daten innerhalb der Compound Document Architecture definiert. Neben Konvertierungen und Bindung an die jeweilige Darstellung im Presentation Manager ist Drag& Drop und auch SMTP als Datenverbindung in dieser Facility angesiedelt.
  - Data Interchange Facilitys: Allgemeine Services zum Austausch von Daten, z.B. TIFF, JPEG, GIF etc.
  - Information Exchange Facilitys: Services für den Informationsaustausch zwischen Systemen.
  - Data Encoding und Representation Facilitys: Services für die Verschlüsselung und Codierung von Daten, so z.B. MIME, XDR etc. Diese Facilitys werden durch den verstärkten Einsatz von XML auf Dauer obsolet.
  - Time Operations Facilitys: Kalenderkonvertierung und Zeitberechnungsservices sind an dieser Stelle angesiedelt.

– User Interface: Diese Facilitys ermöglichen das Benutzerinterface für einzelne Applikationen oder ganze Systeme. Zu diesen User-Interface-Funktionen gehören:

  - Rendering Management: Stellt Services für die Darstellung und Ausgabe auf diversen Geräten, rangierend von Druckern oder auch Soundkarten bis hin zu Monitoren oder Plottern, bereit. Neben der Ausgabe wird auch die Eingabe von verschiedenen Quellen unterstützt, von der Maus über die Tastatur und Scanner bis hin zu einem Mikrophon.
  - Compound Presentation Management: Mithilfe dieser Facility lassen sich auf einem Fenster verschiedene Teile zu einem Ganzen zusammenfassen, so z.B. Buttons, Scrollbars, Listen etc. Voraussetzung und Modell hinter dem Compound Presentation Management ist die Compound Document Architecture.
  - User Support Facilitys: Hinter dieser Facility stehen Aufgaben wie Look& Feel der Applikation, Hilfesystem, Rechtschreibprüfung sowie einfache Tabellenkalkulation und Grafik.
  - Desktop Management Facilitys: Diese Facilitys stellen die allgemeine Struktur einer Benutzerumgebung, den Desktop, zur Verfügung bzw. erlauben Manipulationen auf dem Desktop.
  - Scripting Facilitys: Die Skripting Facilitys stellen einen einfachen Interpreter zur Verfügung, damit die Automation überhaupt genutzt werden kann.
- Domain Interfaces: Die Domain Interfaces sind branchenspezifische Services, sie werden auch als vertikale Facilitys bezeichnet. Sie sind meist so speziell, dass nur bestimmte Interessengruppen sie wirklich nutzen können. Die beiden bekanntesten Unterkategorien sind Accounting und Mapping. Das Erstere stellt Services für kommerzielle Transaktionen, wie Geldtransfer, Bestellung und Fakturierung, und das zweite Services für die Verarbeitung von geospatialen Daten zur Verfügung.
- Application Interfaces: Die Application Interfaces werden immer für genau eine Applikation gebaut. Da die OMG keine Applikationen entwickelt, werden diese Interfaces auch nicht standardisiert. Wenn sich jedoch die Brauchbarkeit eines Application Interfaces für eine größere Anzahl von Unternehmen herausstellt, werden sie zu Domain Interfaces erklärt.

9.7.3 Basisstruktur

Der Object Request Broker, ORB, ist der eigentliche Kommunikationsbus zwischen den CORBA-Objekten, der einen Mechanismus anbietet, um Anfragen des Clients an die entsprechenden Objekt-Implementierungen weiterzuleiten, unabhänigig davon, an welchem Ort diese im Netzwerk residieren und unter welchem Betriebssystem sie dort laufen, s. Abb. 9.31 und Abb. 9.32.

Hinter einem einfachen Methodenaufruf des CORBA-Clients, s. Abb. 9.33, verbirgt sich eine komplexe Netzwerkkommunikation, die vom ORB gehandhabt wird. Eine Anfrage des CORBA-Clients, bestehend aus dem Methodenaufruf und den Parametern, wird in einen binären Strom umgesetzt, das

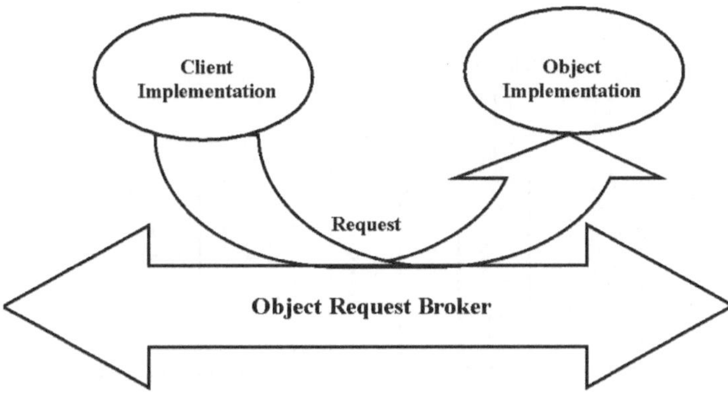

Abb. 9.31. Aufruf mithilfe des ORB

so genannte Marshaling, und über das Netzwerk an den Server geschickt, s. Abb. 9.34. Die Informationen werden auf der CORBA-Objektimplementierungsseite wieder decodiert, das so genannte Unmarshaling, und die gewünschte Operation ausgeführt. Rückgabewerte werden auf die gleiche Weise wieder über den ORB an den CORBA-Client gesendet.

Der ORB hat also die Aufgabe, die entsprechende Objektimplementierung zu finden, sie zu aktivieren, falls erforderlich, die Anfrage an das Objekt zu leiten und entsprechende Rückgabewerte wieder an den CORBA-Client zurückzugeben.

Das ORB-Interface stellt einige wichtige Funktionen für lokale Services bereit, um eine reibungslose Kommunikation der CORBA-Objekte zu gewährleisten. Hierunter fallen die Konvertierung einer Objektreferenz in eine

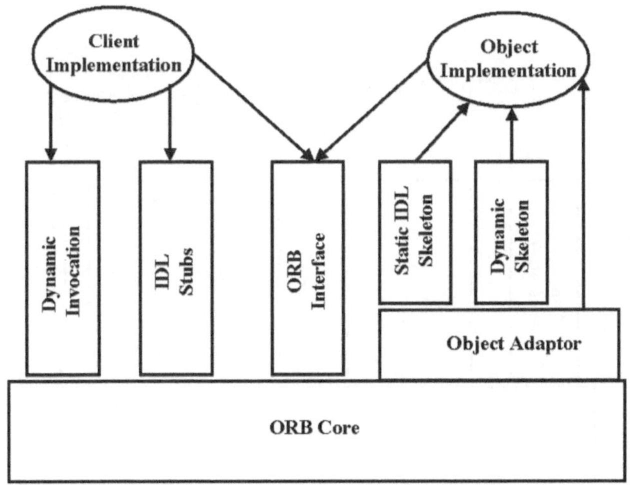

Abb. 9.32. Das Object Request Interface

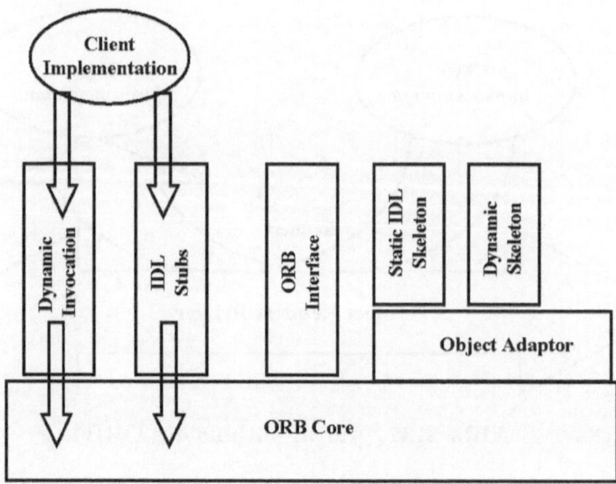

Abb. 9.33. Die CORBA-Client-Seite

Zeichenfolge bzw. die Rücktransformation aus der Zeichenfolge sowie das Erstellen von Argumentlisten, welche für dynamische Methodenaufrufe benötigt werden.

Die CORBA-ORB-Architektur auf der CORBA-Client-Seite besteht aus folgenden Komponenten:

- Der Client nutzt die vom Server-Programm bereitgestellten Services durch Aufruf der entsprechenden Operationen der Object Implementations. Dabei läuft der Zugriff auf ein entferntes Objekt für den CORBA-Client vollkommen transparent ab. Dieser hat lediglich die Aufgabe, einen Methodenaufruf abzusetzen, ohne sich mit der Netzwerkkommunikation über

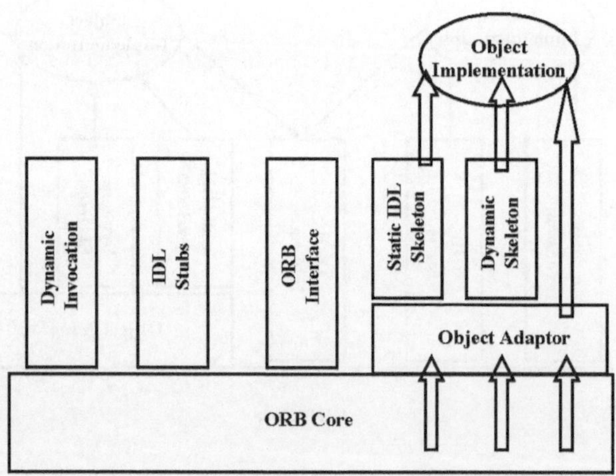

Abb. 9.34. Die CORBA-Objektimplementierungsseite

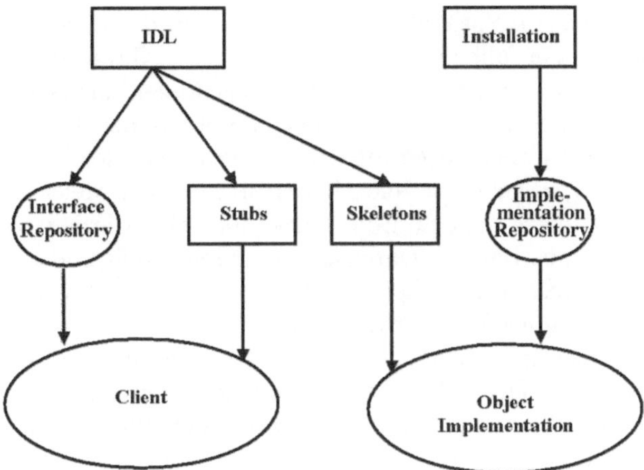

Abb. 9.35. Die Repositorys

den ORB befassen zu müssen. Die in Abb. 9.35 gezeigten Komponenten unterstützen diese Transparenz.

- CORBA-IDL-Stubs. Die IDL-Stubs stellen die Interfaces zu den Objektservices bereit. Aus der Sicht des CORBA-Clients verhält sich der Stub wie ein Proxy-Objekt für ein entferntes Server-Objekt. Die Services werden mithilfe von IDL, der Interface Definition Language, ähnlich dem XML-Teil der Webservices, definiert, ihre zugehörigen CORBA-Client-Stubs von einem IDL-Compiler generiert. Ein Stub beinhaltet den Code für die Umsetzung der Methodenaufrufe mit ihren Parametern in einfache Nachrichtenströme, die an die Objektimplementierung gesendet werden. Die zugrunde liegenden Protokolle oder Details wie Datenanordnungen bleiben für den Client vollkommen transparent, der die Services als einfache Methodenaufrufe in seinem eigenen Kontext nutzt.
- Dynamic Invocation Interface. Das DII erlaubt die von der Objektimplementierung bereitgestellten Services zur Laufzeit zu finden und diese anzusprechen. CORBA liefert hierfür Standard-APIs für die Suche der Metadaten, welche die Objektinterfaces definieren, für die Generierung der Parameter, für das Absetzen des Remote-Aufrufs und für das Empfangen der Ergebnisse. Dynamische Methodenaufrufe erfordern keine CORBA-Client-Stubs, da sie erst zur Laufzeit zusammengesetzt werden.
- Interface Repository, s. Abb. 9.35, ist eine verteilte Laufzeit-Datenbank, die maschinenlesbare Versionen der IDL-definierten Interfaces, die Metadaten, beinhaltet. Ein API erlaubt, die Metadaten zu lesen, abzuspeichern und zu verändern.

Auf der Server-Seite sind folgende Komponenten zu finden:

- Object Implementation. Die Objektimplementierung erstellt die in den IDL-Interfaces spezifizierten Interface-Beschreibungen. Diese dürfen in den unterschiedlichsten Sprachen realisiert werden, die vom ORB unterstützt werden. Hierunter fallen unter anderem C, C++, Java, Smalltalk und Ada.

- CORBA-IDL-Skeletons. Die IDL-Skeletons stellen das Gegenstück zu den CORBA-Client-Stubs dar. Sie stellen die statischen Interfaces für jeden von der Objektimplementierung unterstützten Service bereit. Sie beinhalten Code, um eingehende Nachrichten in normale Methodenaufrufe umzusetzen und diese auszuführen. Rückgabewerte werden wieder über die Skeletons in einen binären Datenstrom umgewandelt und an den CORBA-Client zurückgeschickt. Wie die Stubs werden die Skeletons vom IDL-Compiler aus dem IDL-Interfaces generiert.
- Dynamic Skeleton Interface, DSI. Das Dynamic Skeleton Interface ist das Gegenstück zum DII auf der CORBA-Client-Seite. Es erlaubt eingehende Methodenaufrufe von einem CORBA-Client, für die keine entsprechenden IDL-compilierten Skeletons existieren, dynamisch zu bearbeiten. Seine Aufgabe besteht darin, ankommende Anfragen von einem Client zu analysieren und die dafür vorgesehene Objektimplementierung zu finden und den Methodenaufruf abzusetzen.
- Object Adapter. Der Objektadapter nimmt Service-Requests der CORBA-Clients entgegen und aktiviert die entsprechenden Objektimplementierungen. Er bildet die Laufzeitumgebung der Objektimplementierungen, übergibt ihnen die Anfragen und weist ihnen Objektreferenzen zu. Der Objektadapter registriert die von ihm unterstützten Klassen und Objekte im Implementation Repository.
- Das Implementation Repository bildet eine Laufzeitdatenbank, welche Informationen über die von einem Server unterstützten Klassen und Objekte enthält. Weitere Informationen, die mit der Implementierung von ORBs zusammenhängen, z.B. Trace-Informationen, Prüfprotokolle, Sicherheit und andere administrative Daten, sind dort ebenfalls zu finden.

9.7.4 Interface Description Language

Ein grundlegender Bestandteil des CORBA-Standards stellt die abstrakte, programmiersprachenunabhängige[4] Interface-Beschreibungssprache, die Interface Definition Language (IDL), dar. Mit der IDL werden die an den Interfaces der verteilten CORBA-Objekte sichtbaren Eigenschaften auf standardisierte Weise beschrieben. Dadurch wird festgelegt, welche Methoden und Attribute der Objekte im CORBA-System verteilt zur Verfügung stehen.

In der IDL werden hauptsächlich Attribute und Operationen mit ihren Parametern spezifiziert. Die Implementierung dieser Funktionalität geschieht aber nicht in IDL, welche lediglich deklarativ ist, sondern in einer herkömmlichen Programmiersprache, meist Java oder C++.

---

[4] Obwohl die IDL offiziell als sprachunabhängig bezeichnet wird, ist die C++-Herkunft der IDL deutlich anzumerken.

Mit dieser strikten Trennung von Interface-Definition und Implementierung eines Objektes und einer einfach gehaltenen IDL soll die Integration möglichst vieler verschiedener Programmiersprachen unter der CORBA-Architektur erwirkt werden. Dies ist ferner eine Voraussetzung für die Weiterverwendung von bereits bestehendem Programmcode, der nicht umgeschrieben werden muss, sondern für den lediglich die Definition seiner Interfaces in IDL notwendig ist.

9.7.5 DSI

Ergänzend zu den statischen Mechanismen besitzt CORBA zwei standardisierte Interfaces zur Unterstützung eines dynamischen Verhaltens:

- Dynamic Invocation Interface, DII,
- Dynamic Skeleton Interface, DSI.

Beide werden direkt vom ORB unterstützt und beide sind unabhängig von den IDL-Interfaces der aufgerufenen Objektimplementierungen.

Das Dynamic Invocation Interface ermöglicht es den CORBA-Clients, dynamische Requests auf beliebige CORBA-Objekte durchzuführen, d.h., Informationen über die Objektinterfaces müssen zur Compilezeit nicht vorhanden sein.

Durch Aufruf von create_request innerhalb des generischen CORBA-Objekt-Interfaces wird eine Referenz auf das Zielobjekt aufgebaut, welche über die CORBA-Nameservices zu erhalten ist, dadurch lässt sich ein Request-Objekt[5] erzeugen, mit dem dieser dynamische Aufruf realisiert wird. Zuvor müssen natürlich noch bestimmte Informationen über das Interface beschafft werden, und zwar, welche Operation ausgeführt werden soll, welche Argumente die Operation besitzt sowie deren Anzahl, Typen und Werte. Solche Informationen erhalten die CORBA-Clients direkt aus dem Interface Repository. Das erzeugte Request-Objekt kann an den ORB weitergegeben werden. Jetzt können Aufrufe an das Objekt, genau wie bei den Stubs, auf drei Arten erfolgen:

- Synchron: Der CORBA-Client blockiert bis zum Erhalt der Antwort. Aus Sicht des CORBA-Clients ist diese Aufrufform sehr ähnlich einem RPC-Aufruf und von daher auch am weitesten verbreitet. Synchronität gehört zu den verbreitetsten Denkmustern, von daher ist das hohe Aufkommen dieser Aufrufform zu erwarten.
- Deferred Synchron: Der CORBA-Client wartet nicht auf das Ergebnis, sondern fährt mit seinem Prozess fort. Zu einem späteren Zeitpunkt sammelt er die Antworten ein. Sinnvoll ist der Einsatz bei großen lang laufenden Services, die sich gut parallelisieren lassen.
- Oneway: Der CORBA-Client tätigt nur seinen Aufruf und kehrt sofort zu seinem Prozess zurück. Eine Antwort gibt es nicht.[6]

---

[5] Dies ist ein Pseudo-Objekt, da es nicht wie ein echtes CORBA-Objekt implizit von CORBA-Object erbt.

[6] Auch als „fire and forget“ bekannt.

Das DII stellt eine flexible Alternative zu den Stubs dar, was für eine kleine Gruppe von Applikationen von großer Bedeutung sein kann, allerdings ist die Benutzung des DIIs programmiertechnisch umständlicher und kann zudem, durch die Zugriffe auf das Interface Repository, zu einem unerwünschten Overhead führen.

Als Gegenstück zum DII ist das DSI auf der Serverseite zu sehen. Es ermöglicht die Programmierung von Servern, ohne Skeletons für die aufzurufenden Objekte zu besitzen. Das bedeutet, dass der Server zu seiner Entwicklungszeit keine Kenntnis über die Interfaces braucht, die er implementieren soll. Er erhält diese Informationen direkt zur Laufzeit. Zum Beispiel könnte ein derartiger Server eine Referenz auf ein Objekt erhalten und sich anschließend als dessen Objektimplementierung allen CORBA-Clients anbieten. Erfolgt nun eine Anfrage bezüglich dieser Referenz, so wird sie zu diesem Server befördert. Da er aber keinen Stub für dieses Interface enthält, muss er selbst als CORBA-Client auftreten und das DII benutzen, um bei der echten Objektimplementierung die Aufgabe erledigen zu lassen. Der Server muss folglicherweise eine universelle Funktion für die Annahme und Behandlung beliebiger Requests bereitstellen. Typischerweise verlangen Gateways, die als Vermittler zwischen verschiedenartigen Systemen agieren, nach einer solchen DSI-Funktionalität, weil sie nicht jedes Mal neu compiliert werden können, wenn ein neues Interface dem CORBA-System hinzugefügt wird.

9.7.6 Interface Repository

Das Interface Repository ist ein Repository, bestehend aus IDL-Definitionen, die zur Laufzeit abgefragt werden. Die Informationen in einer IDL-Definition werden im Interface Repository jeweils als CORBA-Objekte repräsentiert, sodass ein Zugriff für alle Applikationen möglich ist.

Unter Benutzung der Interfaces eines Interface Repositorys[7] kann eine Applikation durch eine Hierarchie von IDL-Informationen wandern. Sämtliche hierarchische Information kann iterativ aufgelöst werden.

Durch global eindeutige Identifikation der Einträge mittels Repository-IDs kann eine Anwendung mit Interfaces-Informationen verschiedener Interface-Repositorys arbeiten.

Verteilte Applikationen benötigen bei ihrer Ausführung Zugriff auf das OMG-IDL-Typsystem, da sie Parametertypen, Rückgabewerttypen sowie Interfacetypen für ihre Anfragen zum benutzten Objekt angeben müssen. Häufig ist dieses Wissen statisch in der Anwendung vorhanden, wenn bereits zur Zeit der Programmentwicklung die Interfaces der gebrauchten Objekte bekannt sind, die so genannten Stubs. Diese Vorgehensweise hat den Nachteil, dass durch Veränderungen im restlichen, verteilten System Inkompatibilitäten auftreten könnten, die nach einer permanenten Recompilation des Applikations-

[7]Sinnigerweise ist auch das Interface Repository eine CORBA-Objektimplementierung.

systems verlangen. Zur Erzeugung solcher statischer Codes für Applikationen kann auch das Interface Repository eingesetzt werden.

Falls nun die Objekte während der Programmentwicklung teilweise unbekannt sind, benötigt man zur Laufzeit Zugriff auf deren IDL. Zum Beispiel wird ein Interpreter erst zur Laufzeit über neue Objekte informiert und muss sofort mit ihnen umgehen können, d.h., er muss über eine Referenz auf ein Objekt den Aufbau der zugehörigen Interface ermitteln können. Damit ist er in der Lage, eine Kommandozeile eines Benutzers bezüglich dieses Objektes zu überprüfen, indem er den Namen der Operation und die Anzahl sowie die Typen der Parameter mit der entsprechenden Interfaces-Information aus dem Interface Repository vergleicht.

9.7.7 GIOP

Um eine interoperable Kommunikation zwischen verschiedenen ORB-Herstellern zu gewährleisten, wurde für CORBA das abstrakte General Inter-Orb Protokoll, GIOP, spezifiziert. Für dieses Protokoll ist definiert, wie die entfernten Methodenaufrufe, inklusive der zugehörigen Datentypen, auf ein binäres Format abzubilden sind. GIOP ist unidirektional verbindungsorientiert angelegt, d.h., Anfragen gehen immer vom CORBA-Client aus, die Objektimplementierung antwortet nur. Auf beiden Seiten der Verbindung muss ein GIOP-Server laufen. Für die tatsächliche Übertragung wird das abstrakte GIOP auf ein vom Betriebssystem angebotenes Protokoll abgebildet.

Die Abbildung von GIOP auf TCP/IP wird Internet Inter-ORB Protokoll, IIOP, genannt. IIOP ist der spezifizierte Standard für die Kommunikation zwischen den einzelnen ORBs. Das IIOP wie auch das GIOP-Protokoll sind für den Aufruf völlig transparent. Die Beziehung zwischen IIOP und GIOP ist völlig analog der Beziehung zwischen der IDL und der Objektimplementierung.

9.7.8 Metrik

Die CORBA-Architektur lässt sich aus der Enterprise-Architektur-Sicht einfach darstellen, s. Abb. 9.36. Theoretisch lassen sich die einzelnen Zweige zusammenfassen zu einem großen Strang. Erfahrungsgemäß existiert diese Einzelstrangtopologie nicht in der Praxis. In den meisten Unternehmen haben CORBA-Architekturen eine längere Existenzdauer, d.h., sie sind schon älter. Von daher folgt die Enterprise Architektur stärker einer Spartenorientierung innerhalb des Unternehmens. Entsprechend ist die Organisation in Abb. 9.36 mit p Sparten und einem Faktor q zwischen den Applikationen und den Objektimplementierungen dargestellt.

Wie leicht zu sehen ist, ist die Zahl der Knoten und Kanten im entstehenden Graphen:

$$n_{Knoten} = 1 + (\alpha + 2)n + q$$
$$n_{Kanten} = (\alpha + 2)n + 2q - 1$$

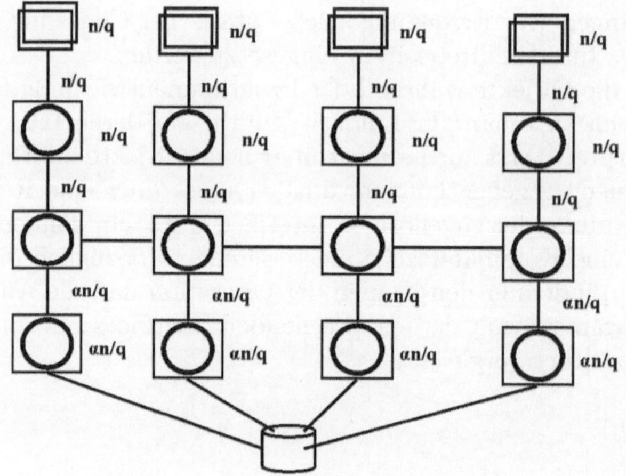

Abb. 9.36. Die CORBA-Topologie

Hierbei ist die Zahl der Fenster mit n gegeben und die Zahl der Applikationen durch q, der Faktor zwischen den Applikationen und Objektimplementierungen:

$$\alpha = \frac{n_{Objekte}}{n_{Applikationen}}$$

gibt letztendlich die Granularität der CORBA-Objekte an.

Die einzelnen Komplexitätsmetriken ergeben sich zu:

$$\lim_{n \gg \alpha, q} \bar{N}_d \approx 1$$
$$\gamma^{McCabe} = q - 2$$
$$\lim_{n \gg \alpha, q} \gamma^{Card} \approx \alpha^2 n^2$$

Die Entropie ergibt sich zu:

$$S = -\left[\frac{n}{N}\log_2\frac{n}{N} + \frac{n}{N}\log_2\frac{n}{qN} + \frac{q}{N}\log_2\frac{q}{N} + \frac{\alpha n}{N}\log_2\frac{\alpha n}{qN} + \frac{1}{N}\log_2\frac{1}{N}\right] \quad (9.5)$$

wobei N gegeben ist durch

$$N = 1 + n(\alpha + 2) + q$$

Die aus Gl. 9.5 ableitbare Temperatur ist

$$\frac{1}{T} = \frac{\partial S}{\partial q} = \mathcal{F}(\alpha, q) \quad (9.6)$$

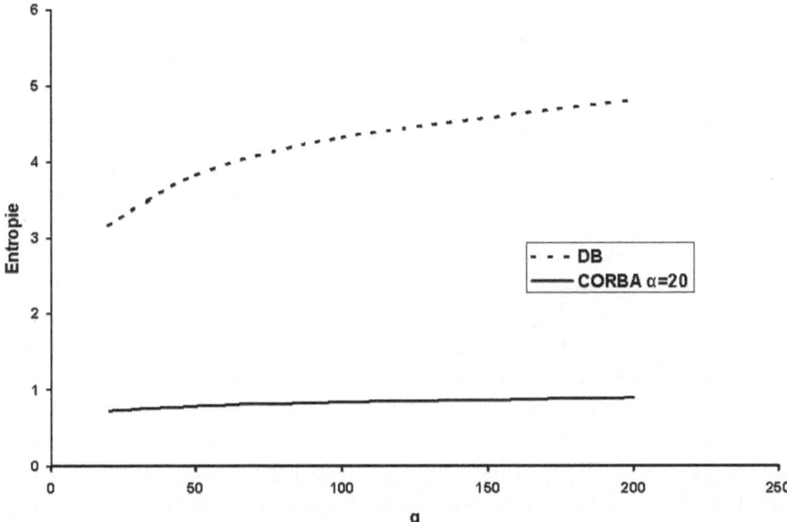

Abb. 9.37. Entropie einer CORBA-Architektur im Vergleich zu einer Legacy-Applikation

Die Entropie ist in Abb. 9.37, und die Temperatur in Abb. 9.38 dargestellt. Auffallend ist hierbei, dass für große Werte von α sowohl die Entropie als auch

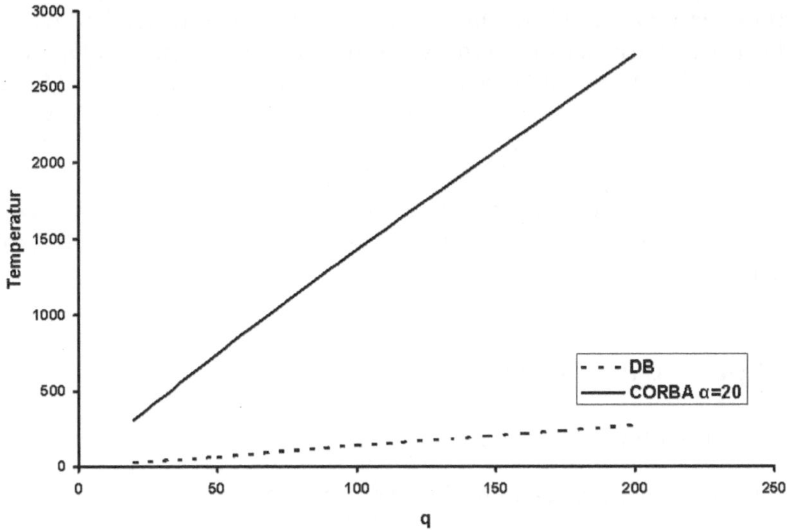

Abb. 9.38. Temperatur einer CORBA-Architektur im Vergleich zu einer Legacy-Applikation

die Temperatur drastisch ansteigen, was ähnlich der Entwicklung im Bereich der Service Oriented Architecture ist.

9.7.9 CORBA vs. SOAP

Im Vergleich zu SOAP, s. Abschn. 9.6.4, ist CORBA ein zustandsbehaftetes Protokoll. Der darunterliegende ORB allerdings ist per se zustandslos. Es gibt jedoch keinerlei Grund, dass man nicht auch zustandslose CORBA-Objektimplementierungen bauen könnte, allerdings werden solche Systeme sehr schnell hoch komplex und damit wenig pflegbar.

Warum gibt es jetzt diese große Beachtung von SOAP und Webservices gegenüber CORBA, wenn CORBA doch so viel mächtiger ist als SOAP?

CORBA hat es nie geschafft, wirklich herstellerunabhängig zu werden. Im Gegensatz zu den Webservices, welche auf existierenden Standards aufbauen, musste CORBA seinen eigenen Standard postulieren. Die Idee von Service-Providern setzte sich, obwohl technisch einfach implementierbar, bei CORBA nicht durch, d.h., es existiert kein öffentlicher Markt für CORBA-Services. Der tiefere Grund für diese Entwicklung liegt darin, dass bei CORBA die einzelnen ORB-Implementationen miteinander konkurrieren. Die ORB-Lieferanten haben das Geschäftsziel, sowohl den Service-Provider als auch den Service-Requester mit ihrem ORB zu beliefern mit der Folge, dass keinerlei Interesse an Interoperabilität vorliegt. Dies wiederum macht einen Aufbau eines öffentlichen Objektimplementierungsmarktes faktisch unmöglich.

Ein zweiter Grund für die mangelnde Akzeptanz von CORBA jenseits des Applikationsniveaus ist die Vernachlässigung der Semantik von Operationen, s. Abschn. 9.5.3. Die Mächtigkeit von CORBA-Systemen beruht auf ihrer Herkunft aus der Objektorientierung. Hier steht die Eigenschaft der Vererbung von Klassen und Interfaces im Vordergrund, nicht jedoch der Aufbau einer Taxonomie oder eines größeren semantischen Kontextes. Insofern ist CORBA viel stärker handwerklich, d.h. technisch, orientiert als die Webservices, welche Taxonomien und Semantik, s. Abschn. 9.6.5, einsetzen und somit der Geschäftswelt viel näher sind.

9.8 Application-Server

9.8.1 Einleitung

Obwohl in den letzten Jahren die Application-Server immer stärker in den Medien erschienen sind, handelt es sich bei ihnen um keine neuen Produkte. Ihre Funktionalität wurde noch vor einigen Jahren als „Middleware“ bezeichnet. Das stärker aufkommende Problem der Heterogenität der Hard- und Software in größeren Unternehmen verlangt nach einer Lösung. Application-Server versprechen hier einen Ausweg. Sie verlangen nicht die Umstellung zu einem Zeitpunkt, sondern während eines Zeitraumes, in dem sie die Zusammenarbeit von alter und neuer Technik ermöglichen. Es ist nicht möglich, den Begriff Application-Server wirklich gut zu definieren, da es sich um ein „Buzzword“ handelt, welches durch das Marketing der Softwarehersteller permanent verwischt wird.[8]

Ein weit verbreitetes Missverständnis ist die Verwechselung zwischen Webservern und Application-Servern. Der Webserver erfüllt nur statische Aufgaben, während dynamische Aufgaben an den Application-Server weitergegeben werden. Die Tatsache, dass Hersteller, wie z.B. IBM mit WebSphere, s. Abschn. 10.2.13, beides gemeinsam in einer Plattform anbieten, führt zu diesem Missverständnis.

Es existieren jedoch eine Reihe von Anforderungen, welche ein Application-Server abdecken sollte:

- Moderne Application-Server bauen auf einem objektorientierten Komponentenmodell auf und arbeiten in verteilten Systemen. Die Komponenten verwenden eine direkte, synchrone und eng gekoppelte Architektur.
- Ein Application-Server muss transaktionsorientiert Verarbeiten, daher ist ein Transaktionsmonitor, bzw. das Interface zu einem solchen, in jedem Application-Server enthalten.
- Die Integration bestehender Datenhaltungssysteme in Komponententechnik ist eine notwendige Voraussetzung für eine effiziente Persistenz.
- Für die Interfaces zwischen den einzelnen Komponenten und dem Zugriff auf die Backend-Ressourcen ist ein Messaging-System oder ein Object Request Broker nötig.
- Ein Application-Server besitzt einen Webserver, welcher um zusätzliche Funktionalität zum Ausführen von Servlets oder JSPs erweitert ist.

Besonders wichtig ist, dass es einen Unterschied zwischen Application-Servern und J2EE-Servern gibt. Die J2EE-Server stellen eine Untermenge aller Produkte dar, die als Application-Server bezeichnet werden. So werden Lotus Domino, Apple WebObjects oder Microsoft MTS/COM+ auch als Application-Server bezeichnet. Im Folgenden soll unter Application-Server ausschließlich ein J2EE-Server verstanden werden. Die wichtigsten Application-Server in diesem Sinne sind:

- WebLogic von BEA Systems.
- WebSphere vom IBM, s. Abschn. 10.2.13, basierte ursprünglich auf der Servletengine Servlet-Exec. Inzwischen ist mit WebSphere der Zugriff auf Transaktionsmonitore wie CICS, Messaging-Systeme wie MQ Series und auch OS/390-Großrechnern möglich.
- Der Borland Application-Server. Mit der Besonderheit, dass er auf dem Visigenic CORBA-ORB aufbaut.

---

[8]Marketing, speziell das Marketing der Softwarehersteller, hat die Tendenz durch Fehlbenutzung von Begriffen bzw. Schaffung neuer Ausdrücke die Begrifflichkeiten aufzulösen und so leere Worthülsen zu schaffen.

- JBoss, s. Abschn. 10.2.12, ist ein vollständiger Application-Server, für den neue API-Versionen sehr schnell verfügbar sind. JBoss stammt aus dem Open-Source-Umfeld.

Der Application-Server ist das Herzstück einer verteilten Applikation, da alle Verbindungswege hier zusammenlaufen. Er stellt eine Verbindung zwischen der Client-Applikation, z.B. einem Web-Browser, und einem Datenbank-Server her. Man nennt den Application-Server auch Middle-Tier-Server, da er in einer 3-Tier-Architektur die mittlere Schicht darstellt, s. Abb. 10.8.

9.8.2 Topologie

Für den möglichen Einsatz eines Application-Servers gibt es diverse Topologievorstellungen. Die verbreitetste ist in Abb. 9.39 dargestellt. Eine große Anzahl von Clients sind via eines Webservers, in Abb. 9.39 oberer Teil, mit einem Application-Server verbunden. Der Application-Server beherbergt seinerseits eine größere Anzahl von EJB-Containern. Selbstverständlich lässt sich diese Topologie weiter ausbauen. So könnten multiple Webserver mit einem Sprayer versehen werden, die ihre Aufrufe an mehrere Application-Server weitergeben. In dieser Form würde eine Edge-Service-Architektur entstehen, die eine logische Konsequenz aus der einfachen Topologie und der Forderung nach Performanz und Skalierbarkeit ist.

Im Beispiel, Abb. 9.39, ist die Zahl der Knoten und Kanten im entstehenden Graphen:

$$n_{Knoten} = n + \alpha q + 3$$
$$n_{Kanten} = n + \alpha q + 2$$

Hierbei ist die Zahl der Fenster mit n gegeben und die Zahl der Applikationen durch q. Der Faktor α gibt an, wie stark sich eine Applikation auf EJB-Container verteilt, d.h., die Zahl der EJB-Container ist αq.

Die einzelnen Komplexitätsmetriken ergeben sich zu:

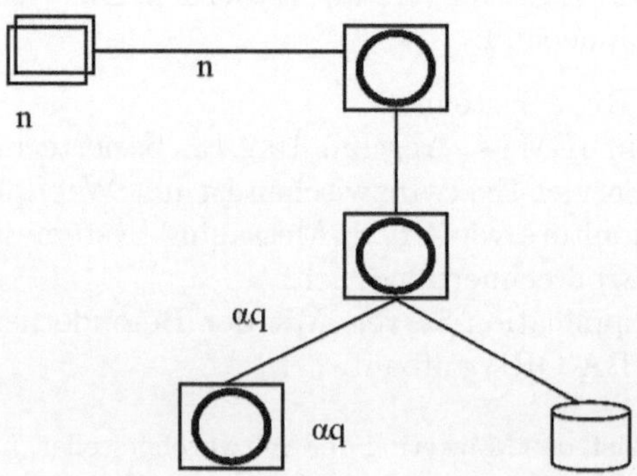

Abb. 9.39. Einfache Application-Server-Topologie mit Webserver

$$\lim_{n \gg q,p} \bar{N}_d \approx 1$$

$$\gamma^{McCabe} = -1$$

$$\lim_{n \gg q,p} \gamma^{Card} = (n + \alpha q + 2)^2$$

$$\approx \begin{cases} n^2 & \text{für } n \gg 1 \\ \alpha^2 q^2 & \text{für } \alpha \gg 1 \end{cases}$$

Die Entropie ergibt sich zu:

$$S \approx -\left[\frac{n}{N}\log_2\frac{n}{N} + \frac{3}{N}\log_2\frac{1}{N} + \frac{\alpha q}{N}\log_2\frac{\alpha q}{N}\right]$$

mit $N = n + \alpha q + 3$.

Die entstehende Temperatur ergibt sich zu:

$$\begin{aligned}\frac{1}{T} &= \frac{\partial S}{\partial q} \\ &= \mathcal{F}(q, \alpha) \\ &\approx \frac{\alpha}{N}\log_2\frac{\alpha q}{N}\end{aligned} \tag{9.7}$$

wobei die letzte Näherung in Gl. 9.7 für den Fall $\alpha, q \gg 1$ gültig ist. In diesem Falle steigt die Temperatur faktisch linear mit α an.

In Abb. 9.40 ist die Entropie und in Abb. 9.41 die entsprechende Temperatur eines J2EE-Servers mit einer sehr einfachen Topologie dargestellt. Auffallend ist das exponentielle Wachstum der Temperatur bei kleinen q. Die

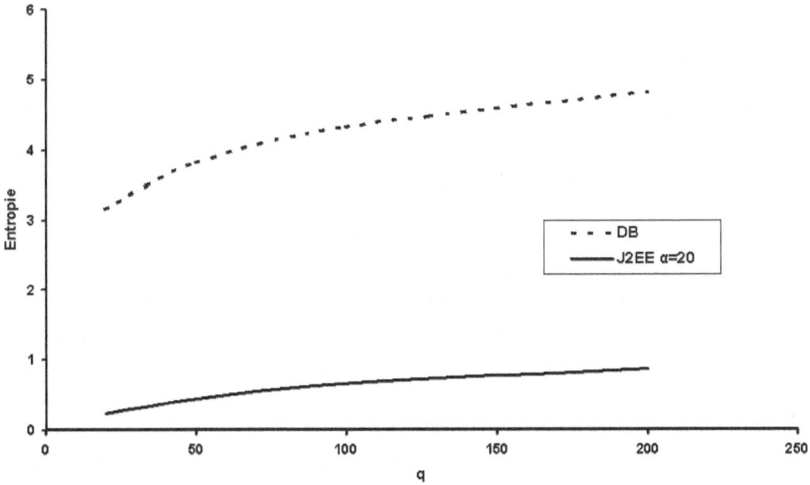

Abb. 9.40. Die Entropie einer J2EE-Architektur im Vergleich zu einer Legacy-Applikation mit $\alpha = 20$

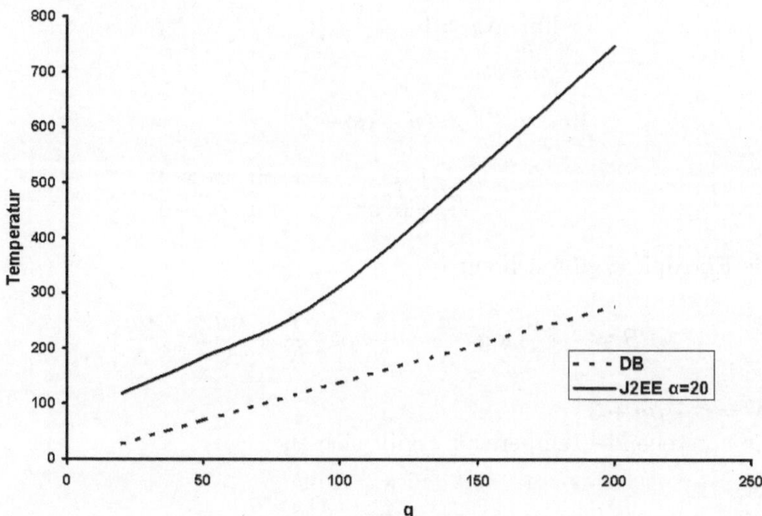

Abb. 9.41. Die Temperatur einer J2EE-Architektur im Vergleich zu einer Legacy-Applikation mit $\alpha = 20$

Temperatur in diesem Bereich steigt sehr viel schneller an als die Temperatur einer vergleichbaren Legacy-Applikation. Das zweite interessante Merkmal ist das vorhergesagte Abflachen der Temperatur hin zu einem linearen Verhalten für große $q \approx 150$.

9.9 Messaging

9.9.1 Integration

Das Problem der Integration lässt sich neben direkten Aufrufen und Webservices auch über Messaging angehen. Die so entstehenden Systeme sind flexibel und recht lose gekoppelt. Die Zielsetzung eines lose gekoppelten Systems ist identisch mit der Zielsetzung der Webservices, s. Abschn. 9.6.

ist eine wichtige Komponente innerhalb einer Service Oriented Architecture, da mittlerweile Messaging-Systeme auf praktisch jeder wichtigen Legacy-Plattform vorhanden sind. Der Einsatz und die Vorteile sind identisch mit den anderen Formen der Enterprise Application Integration, allerdings hat Messaging einige Besonderheiten. Vor allem im Legacy-Umfeld lohnt sich das Messaging, da die Mechanismen erprobt sind und die Kosten überschaubar bleiben. Allerdings muss beachtet werden, dass Messages durch ihre Struktur prinzipiell asynchron sind. Die versandten Messages werden nicht sofort ausgeführt und es ist nicht garantiert, dass sie abgeliefert werden. Diese Form der losen Koppelung kann auch sehr vorteilhaft sein, da es nun nicht notwendig ist, ein System permanent zur Verfügung zu haben.[9] Erstaunlich viele Applikationen benötigen keine synchrone Antwort, solange sichergestellt ist, dass die Information an sich irgendwann verarbeitet wird.

Interessanterweise ist das Messaging mit dem JMS, dem Java Messaging Service, einer der Kernbestandteile der J2EE. Damit kann von Java aus der gesamte Bereich des Messagings inklusive einer Reihe von Funktionen wie:

- Delivery Guarantee
- Quality of Service

genutzt werden.

Eine oft übersehene Tatsache ist es, dass Webservices Synchronität verlangen, was durch ihre Nutzung des HTTP-Protokolls bedingt ist, während das unterliegende SOAP-Protokoll keinen spezifischen Mechanismus vorsieht, d.h., SOAP kann auch asynchron eingesetzt werden.

Historisch gesehen war das SMTP, Simple Mail Transfer Protocol, das erste verbreitete Protokoll, welches Messaging zur Verfügung stellte.

Im asynchronen Messaging brauchen die Applikationen nur ein einfaches Interface, welchem sie die Message übergeben. Anschließend transportiert der jeweilige Client die Message mithilfe der Message-Oriented Middleware an die weiter folgende Verteilung. Eine Message ist ein Paket von Daten, welche von einer Applikation zu einer anderen über ein Netzwerk transportiert wird. Die Message muss selbstbeschreibend sein. Das Attribut selbstbeschreibend impliziert, dass der Empfänger die Message unabhängig vom Sender weiterverarbeiten kann. Die Fähigkeit zur Selbstbeschreibung wird heute idealerweise mithilfe von XML implementiert, da dieser Sprachstandard eine nichtproprietäre Selbstbeschreibung ermöglicht.

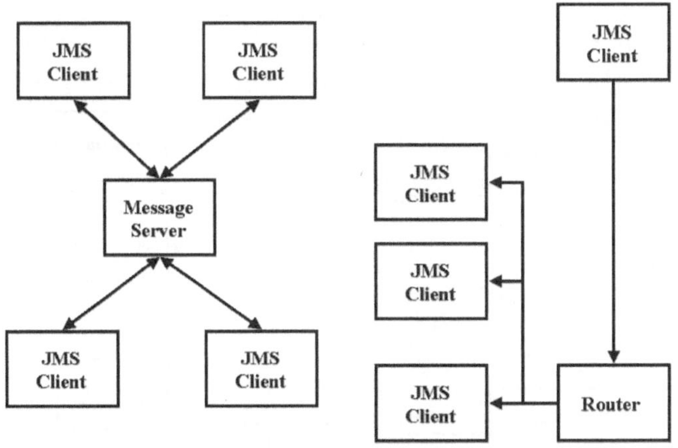

Abb. 9.42. Message-Oriented-Middleware-Konzepte

[9]Interessant ist diese Eigenschaft für mobile Außendienstsysteme, da hier die Asynchronität vorteilhaft ausgenutzt werden kann.

Message-Oriented-Middleware-Architekturen existieren in zwei verschiedenen Formen, s. Abb. 9.42:

- Stern-Architektur: Der Message Server, bzw. der Message Router oder auch Broker, ist für die Verteilung der Nachrichten verantwortlich und nimmt eine zentrale Stellung ein.
- Dezentrale Architektur: Alle dezentralen Architekturen benutzen IP Multicast innerhalb des TCP/IP-Netzwerks. Hierdurch bedingt, ist in einer solchen Architektur kein Server nötig. Die Nachrichten werden automatisch weitergeleitet. Jedoch werden, um die Persistenz und Qualität der Nachrichten zu sichern, weiter gehende lokale Mechanismen benötigt.

9.9.2 JMS

Der Java Messaging Service beschreibt zwei verschiedene Programmiermodelle, s. Abb. 9.43:

- Publish & Subscribe,
- Point-To-Point Queuing, auch P2P genannt.

In JMS werden Messaging Clients als JMS Clients bezeichnet, die dazugehörigen Messaging Systeme nennt man JMS Provider. Eine Reihe von JMS Clients und, im Normalfall, ein JMS Provider bilden zusammen eine JMS Applikation. Den JMS Client, welcher die Messages produziert, bezeichnet man als Producer und den Empfänger dieser Messages als Consumer. Allerdings kann ein Client beide Rollen, Producer und Consumer, wahrnehmen, was die strukurelle Verwandschaft zu Broker-Architekturen zeigt, s. Abschn. 9.7.

- Publish & Subscribe: Beim Publish & Subscribe schickt ein Producer seine Messages zu verschiedenen Clients durch einen virtuellen Kanal, welcher Topic genannt wird. Consumers können sich für bestimmte Kanäle inte-

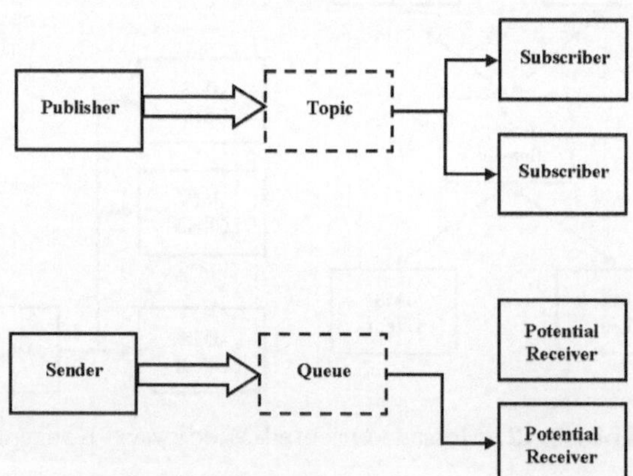

Abb. 9.43. Die JMS-Programmiermodelle

ressieren, was man als „Topics subscriben“ bezeichnet. Die Clients erhalten dann jeweils alle Messages, die an dieses Topic adressiert wurden. Die Messages werden anschließend automatisch an alle Subscriber weitergeleitet. Die Middleware versichert den Subscribern, dass sie alle Nachrichten erhalten, auch wenn sie nicht permanent mit dem System verbunden sind. Nur Multicast-Architekturen weichen von dieser Policy ab.

- Point-To-Point: Im Point-To-Point-Modell können Clients Messages über virtuelle Kanäle, hier Queues genannt, transportieren. Die Messages müssen allerdings vom Client selbst abgeholt werden. Die Verteilung erfolgt also nicht automatisch. Eine Queue kann verschiedene mögliche Empfänger haben. Eine Nachricht kann aber nur einmal konsumiert werden. Dies bedeutet, dass, wenn ein Client eine Nachricht von der Queue holt, diese Nachricht aus der Queue entfernt wird. In der Praxis umgehen die Clients diese Limitierung, indem sie die Nachricht erneut senden.

Alle Daten, welche ein Message-Oriented-Middleware-System versendet, werden in Messages verpackt. Eine Message kann aus bis zu 3 Teilen bestehen:

- Header. Der Header gibt an, welches die Zieladresse ist und welche Priorität die Message hat.
- Propertys. Die Propertys erlauben es, eigene Attribute zu definieren.
- Payload. Die Payload ist der eigentliche Inhalt der Message.

JMS erlaubt es, auf einfache Weise fünf verschiedene Message-Typen zu versenden.

- StreamMessage. Eine Message, welche aus einem Strom von Java-Primitiven[10] besteht. Eine StreamMessage wird streng sequenziell gefüllt und genauso sequenziell gelesen.
- MapMessage. Die MapMessage besteht aus einer Menge von key-value-Paaren, wobei die Schlüssel als Zeichenketten, Strings, und die Werte Java-Primitive sein können. Der Zugriff erfolgt sequenziell oder direkt via dem Schlüssel
- TextMessage. Eine Message, welche nur aus einer einzige Zeichenkette besteht.
- ObjectMessage. Eine Message, welche ein serialisiertes Java-Objekt darstellt. Somit stellt JMS eine Form des Marshaling zur Verfügung.
- BytesMessage. Bei der BytesMessage wird eine reine Bytezeichenkette übergeben.

Möchte man eine Message übertragen, muss man sich für eines dieser fünf Formate entscheiden. So würde man z.B. XML als TextMessage versenden und ein Bild als BytesMessage. Zum Teil unterstützen die verschiedenen JMS-Implementationen noch andere, proprietäre Formate. Häufig ist auch ein eigener XML-Nachrichtentyp implementiert, der das Versenden und Empfangen von XML-Dokumenten vereinfacht.

[10] Java-Primitive sind die elementaren Datentypen der Sprache Java.

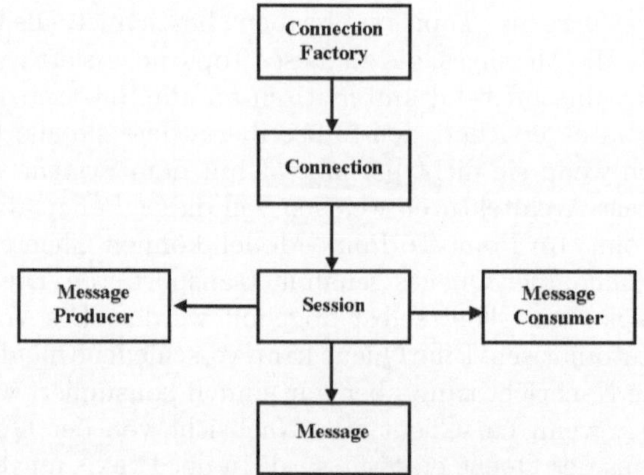

Abb. 9.44. Das JMS-Objektmodell

Die JMS API unterstützt sowohl das Publish & Subscribe als auch die Point-To-Point-Kommunikation. Implementiert werden beide Modell durch folgende Objekte, s. Abb. 9.44:

- Connection Factorys: Diese produzieren nach dem Factory-Pattern die Connections.
- Destination: Bestimmt das Ziel der Messages aus den Informationen der Header.
- Connection: Stellt die eigentliche Verbindung dar.
- Sessions: Ein eigener Thread für das Empfangen und Senden von Messages.
- Message-Producer: Erzeuger der Messages.
- Message-Consumer: Empfänger der Messages.
- Message: Die eigentliche Message, die übertragen werden soll mit ihren Untertypen.

Wie schon eingangs erwähnt, ähneln die aus dem Messaging entstehenden Topologien den Broker-Architekturen, so z.B. CORBA.

9.10 Enterprise Application Integration

Die beiden Begriffe Enterprise Application Integration, EAI, und E-Business werden häufig miteinander verwechselt, obwohl diese nicht verwandt und im Grunde völlig unabhängig voneinander sind. Allerdings ist die Enterprise Application Integration im elektronischen Handel sehr wichtig, da die Integration bestehender Applikationen im Vergleich zur Neuentwicklung die preisgünstigere Variante ist. Erst durch die Geschäftsprozessintegration auf fachlicher Ebene wird E-Business sinnvoll. Generell gilt, dass Enterprise Application Integration immer dann zum Einsatz kommt, wenn Legacy-Systeme integriert oder ausgeweitet werden müssen. Zielsetzung hinter der Enterprise Application Integration ist es stets, die beteiligten Systeme möglichst lose und idealerweise ohne gegenseitige Abhängigkeiten miteinander zu verbinden. Enterprise Application Integration beschäftigt sich somit stets mit den Integrationsprozessen von Softwaresystemen. Diese sind oft sehr heterogen aufgebaut und es bedarf spezieller Techniken, gemeinsame Integration zu bewerkstelligen. Enterprise Application Integration ist damit als eine komplementäre Funktionalität zu den Portalen zu verstehen, denn sie erweitert die Funktionalität von Portalen um die Möglichkeit der Durchführung von Transaktionen durch Integration. Das bekannteste Beispiel für diese Form der Integration ist EDIFACT, bei dem die Informationen nicht nur elektronisch übermittelt werden, sondern automatisch bestimmte Aktionen innerhalb einzelner Systeme auslösen.

Das Problem der Enterprise Application Integration lässt sich in die drei Ebenen aufteilen:

- Syntax,
- Semantik,
- Geschäftsprozesse.

Die meisten traditionellen Ansätze, wie z.B. EDIFACT oder DTA, definieren nur die Syntax und die Datentypen. Während die Integration auf technischer und syntaktischer Ebene heute weitgehend durch allgemein akzeptierte Standards gelöst ist, z.B. CORBA, s. Abschn. 9.7, MQ, s. Abschn. 9.9, ist die semantische[11] und geschäftsprozessurale[12] Integration zum Teil noch ungelöst. Die drei möglichen Integrationsebenen definieren wiederum drei verschiedene Formen der Enterprise Application Integration:

- Data Integration. Unter der Datenintegration wird sowohl die Verbindung von verschiedenen Applikationen durch Datenaustausch als auch durch die gemeinsame Nutzung von Datenbanken durch verschiedene Applikationen verstanden. Primär beschäftigt sich die Datenintegration mit den strukturierten Daten, die formalisiert erfasst, verwaltet und verarbeitet werden. Das Kernproblem einer Datenintegration besteht darin, unterschiedliche Datenmodelle für unterschiedliche Applikationen transparent zu machen, dabei können unterschiedliche Typsysteme oder Beschränkungen in den Datentypen sehr hinderlich sein.
  Im Bereich der Datenintegration gibt es zwei Grundmechanismen:
  - Database-to-Database,
  - Federated Database.

  Im ersten Fall werden Synchronisationsmechanismen zwischen den beteiligten Datenbanken aufgebaut, auch Replikation genannt. Im zweiten Fall werden die Datenbanken zu einer großen zusammengezogen, indem die

[11] XML ist hier der erste Schritt in diese Richtung.

[12] Die Taxonomien der Webservices sind ein möglicher Ansatz für eine pragmatische Integration.

einzelne Applikation nur noch eine virtuelle Datenbank sieht, welche dann physisch wieder in einzelne zerfällt. Die Folge hiervon ist, dass Federation zu einer losen und Database-to-Database zu einer engeren Koppelung führt. Der Einsatz einer Datenintegration führt zu einer schnellen und, im Regelfall, recht preiswerten Lösung, da die einzelne Applikation im Normalfall von der Integration unberührt bleibt. Umgekehrt liefert diese Integrationsform keine „echten" Business Objects, da das gesamte Konsistenzregelwerk für Objekte umgangen wird.

- Business Object Integration. Eine Integration über Geschäftsobjekte ist zwar wesentlich aufwendiger als eine reine Datenintegration, dafür aber sehr viel effektiver. Die Geschäftsobjektintegration erzwingt die Definition einheitlicher Objektmodelle für einzelne Geschäftsobjekte auf fachlicher Ebene. Ein Geschäftsobjekt wird dabei durch die Klasse, Interfaces und Exceptions beschrieben. Die zugrunde liegende Kommunikation ist meist ein höherwertiges Protokoll, wie z.B. CORBA oder IDOC von SAP.
- Business Process Integration. Die Integration von Geschäftsprozessen gestaltet den Workflow auf Geschäftsprozessebene. Die Steuerung der übergeordneten Geschäftsprozesslogik ist hier ein integrativer Bestandteil. Durch die Business Process Integration werden völlig separate, heterogene Applikationen für einen konkreten Geschäftsprozess integriert, indem Geschäftsprozessregeln für die Abwicklung der Geschäftsprozesse definiert werden. Diese Form der Integration verspricht den höchsten Mehrwert, da jetzt völlig neue Geschäftsprozesse und Abläufe auf Basis der vorhandenen möglich werden.

Die Enterprise-Application-Integration-Systeme bieten eine große Zahl an Services an, welche komplementär zu den Middlewareprodukten sind. Diese Services, individuell betrachtet, sind üblicherweise relativ einfache Services. Erst durch ihr „synergistisches" Zusammenspiel[13] entsteht die Mächtigkeit eines Enterprise-Application-Integration-Systems. Zu diesen Services zählen:

- Interface Services. Die Interface Services werden in den Enterprise-Application-Integration-Systemen durch vorgefertigte Adapter geliefert. Die Nutzung solcher Adaptoren kann die Kosten für die Realisierung einzelner Interfaces drastisch reduzieren. Die Java Connector Architecture ist eine Weiterentwicklung der Adaptorenidee. Adaptoren mappen die Interfaces der einzelnen zu integrierenden Applikationen in das Enterprise-Application-Integration-System auf das generische Interface des Enterprise-Application-Integration-Systems. Die Komplexität des Interfaces mit seinen Daten und z.T. auch Funktionen wird in einer eigenen Softwareschicht gekapselt.
- Transformation Services. Die Transformationsservices erleichtern die Entwicklung von Regeln zur Transformation von Interfaces bzw. Datenforma-

[13]Dies ist ein technisches Beispiel für die Emergenz in Systemen, s. Abschn. 12.1.

ten, basierend auf der Semantik. Hier wird die Semantik einer Applikation in die Syntax einer anderen Applikation umgeformt. Die Transformationsservices ermöglichen die Definition und das Mapping von Business Objects.

- Business Process Services. Die Business Process Services ermöglichen es, Schnittstellen und Daten unterschiedlicher Applikationen miteinander zu verbinden und dabei eventuell zu transformieren. Die Business Process Services stellen dabei stets sicher, dass der Geschäftsprozess in seiner Abwicklung den definierten Geschäftsprozessregeln folgt.[14]

Alle Enterprise-Application-Integration-Systeme können durch sechs generische Funktionalitäten beschrieben werden, s. Tab. 9.1. Diese verschiedenen Services adressieren zugleich auch die erwähnten Integrationskonzepte. Während Integrations- und Interface Services die Voraussetzung zur Datenintegration bilden, ermöglichen Transformationsservices eine Integration durch die Business Objects, und die Business Process Services ermöglichen eine Geschäftsprozessintegration in einem Unternehmen. Diese Integration lässt sich relativ einfach auf virtuelle Unternehmen oder extended Enterprises ausdehnen, von daher ist die wichtige Rolle von Enterprise Application Integration im Umfeld des B2B-Sektors verständlich.

Tabelle 9.1. Integrationsebenen und Funktionen im Enterprise-Application-Integration-System

	Prozessintegration	
Development	**Processmanagement**	**Runtime**
	Object Integration	
	Transformation	
Process Modeling	Identification	Distribution
Transformation Spezification	Synchronization	Scaling
Interfaces	Routing	Monitoring
	Transaction	
	Data Integration	
Integration		**Interfaces**
Communication		Translation
Adressing&Delivery		Metadata
Security		

[14]Der klassische Workflow, der eine verwandte Funktionalität besitzt, wird in der Regel meistens für den Präsentationsbereich bzw. für kleinere Funktionen eingesetzt, nicht jedoch für komplette Geschäftsprozesse.

- Integration Services. Die Integration Services ermöglichen es, zusammen mit den Interface Services eine Integration auf Daten- oder Interface-Ebene bereitzustellen. Dabei können die Schnittstelle oder Daten auf unterschiedlichsten Applikationen, Betriebssystemen oder Hardwareplattformen implementiert worden sein. Alle Enterprise-Application-Integration-Systeme benutzen für solche Operationen die „klassischen" Middleware-Systeme, so z.B. MQ-Series von IBM oder Tuxedo von BEA. Solche Integration Services stellen meist eine Reihe von Funktionalitäten zur Verfügung, die stark auf der technischen bzw. infrastrukturellen Ebene angesiedelt sind:
  - Kommunikationsservices. Die Kommunikationsfunktionalität ermöglicht den physischen Transport von Daten zwischen verteilten Applikationen. Wobei es Unterschiede darin gibt, ob die Kommunikation synchron, d.h. direkter Aufruf, oder asynchron via Messages, s. Abschn. 9.9, abläuft. Der synchrone Aufruf impliziert stets eine starke und der asynchrone eine lose Koppelung. Innerhalb der meisten Enterprise-Application-Integration-Systeme wird bei dem Anbinden von Legacy-Applikationen die lose Koppelung bevorzugt. Dies hat historische Gründe, da ein großer Teil der Legacy-Systeme in ihrem Kern batchorientiert entwickelt wurden und sich daher nur bedingt für Synchronität eignen.
  - Naming Services. Die Naming Services innerhalb der Enterprise Application Integration haben zwei Funktionen. Zum einen geht es um das Auffinden von Diensten, zum anderen aber auch, unterschiedliche Adressierungsformen für den Aufruf umwandeln zu können. Die Modelle an dieser Stelle sind denen aus dem Bereich Messaging, s. Abschn. 9.9, eng verwandt.
  - Security. Mit diesem Service wird sowohl die Authorisierung als auch Authentisierung geregelt.
- Interface Services. Die einzelnen Applikationen, unabhängig davon, ob es sich um Individual- oder Standardsoftware handelt, verwenden zur Kommunikation mit anderen Applikationen zumeist unterschiedliche Interface-Technologien.[15] Die Interface Services stellen nun eine Reihe von Funktionen zur Verfügung, welche zur Lösung dieser Aufgabenstellung dienen.
  - Transformation Services. Diese Services unterstützen die Datenintegration durch die Abbildung der Enterprise-Application-Integration internen Interfaces auf die APIs der jeweiligen Applikation. Während die APIs von Standardsoftware wie z.B. SAP R/3 auf Interfaces wie IDOCS oder BAPIs aufbauen, ist die Integration von Individualsoftware sehr viel problematischer. Da Individualsoftware in der Regel nicht für die Integration in eine Gesamtsystemlandschaft konzipiert wurde, fehlen hier die Mechanismen dies zu bewerkstelligen. Gegenüber dem Enterprise-Application-Integration-System erweist sich die Individual-

[15] Die meisten Softwarehersteller wollen im Grunde nicht kompatibel mit anderen Anbietern sein, da sie diese als Konkurrenz ansehen.

software als stark gekapselt. Die Integration von solchen Applikationen findet entweder über eine Datenbankkoppelung, indem direkt in den Datenhaushalt der zu integrierenden Applikation eingegriffen wird, oder über die Implementierung einer neuen Funktionalität, d.h. eines Adapters für das Enterprise-Application-Integration-System, statt.
  - Meta Data Services. Metadatenservices dienen der Business Object und Business Process Integration. Sie registrieren, welche Datenstrukturen die einzelnen Applikationen bzw. Interfaces benötigen bzw. bereitstellen. Diese Metadaten bilden somit strukturelle Information über die Daten und ihre Verwendung ab.
- Transformation Services. Die Transformation Services sind der eigentliche Kern jedes Enterprise-Application-Integration-Systems. Sie übernehmen die Daten von den Business Objects, transformieren sie auf andere Interfaces und rufen damit auch andere Business Objects auf. Für diese Transformationen sind die Metadaten notwendig, diese werden von den Meta Data Services geliefert. Damit dies bewerkstelligt werden kann, sind nötig:
  - Metadatenobjektmodell aller zu integrierenden Systeme,
  - Transformationsbibliothek, welche Informationen über die Datenstrukturen der auszutauschenden Nachrichten enthält.

Als langfristig besonders effektiv hat es sich herausgestellt, innerhalb des Enterprise-Application-Integration-Systems ein kanonisches Format für die einzelnen Business Objects zu definieren. Die Anzahl der Transformationsbibliotheken wächst in diesem Fall mit

$$n_{Transformationen} = \mathcal{O}\left(n_{Applikation}\right)$$

Im Vergleich hierzu steigt die Zahl der direkten Verknüpfungen zwischen den einzelnen Business Objects mit:

$$n_{Transformationen} = \mathcal{O}\left(n^2_{Applikation}\right)$$

Bei großen n erweist sich die Koppelung über ein kanonisches Format folglich am günstigsten. Ausnahme ist hier die Koppelung zwischen genau zwei Business Objects. In diesem Fall lohnt sich der Overhead für die Einrichtung des kanonischen Formats nicht.
  - Identification Services. Die Identification Services ermöglichen es, eingehende Messages zu validieren und ihre Adressaten zu identifizieren.
  - Routing Services. Sehr häufig kann eine Transformation mehrere Empfänger besitzen oder es wird abhängig vom Inhalt der Message ein bestimmter Empfänger gesucht. Dies taucht vor allem bei der Anwendung von Geschäftsprozessregeln auf. Ein Enterprise-Application-Integration-System benötigt daher entsprechende Services, die in der Lage sind, Prozeduren auszuführen, Zugriff auf den Inhalt eingehender Daten zu gewährleisten und ein dynamisches Routing an verschiedene Applikationen je nach dem Ergebnis zu unterstützen.

  - Transaction Services. Neben einfachen Transaktionen ermöglichen die Transaction Services auch den Einsatz von verteilten Transaktionen. Allerdings setzt dies den Einsatz eines Transaktionsmonitors mit einer 2-Phase-Commit-Funktionalität voraus.
- Business Process Management Services. Völlig analog der Art und Weise, wie die Transformation Services Strukturen von Daten integrieren, koordinieren Business Process Management Services die Strukturen von Transformationen. Sie führen Transformationsroutinen aus, die zuvor in einem Geschäftsprozessmodell definiert wurden, s. Abb. 9.45. Theoretisch lassen sich dadurch verteilte Applikationen integrieren, um aus deren Prozeduren neue Applikationen zu realisieren.
- Runtime Environment. Enterprise-Application-Integration-Systeme bilden eine Abstraktionsschicht zusätzlich zu den sowieso vorhandenen Applikationen. Damit diese Komplexität beherrscht werden kann und das Enterprise-Application-Integration-System sich während der Laufzeit durch Performanz, Skalierbarkeit, Verfügbarkeit und Zuverlässigkeit auszeichnen kann, müssen in dieser Umgebung folgende Funktionalitäten vorhanden sein:
  - Scaling. In den Bereich des Skalierens gehört das Verfahren zum Load Balancing. Hierdurch wird die Arbeitslast auf mehrere Server verteilt. Das Load Balancing führt durch eine Verteilung der Transformationen auf verschiedene Server zu einer besseren Auslastung der einzelnen Server, da die Transformationen in der Regel sehr CPU-intensiv sind.
  - Availability. Das Failover-Verfahren dient zur höheren Verfügbarkeit des Gesamtsystems durch verbesserte Verfügbarkeit der einzelnen Teile. Erreicht wird dies durch ein automatisches Routing von Anfragen an Backup-Server.

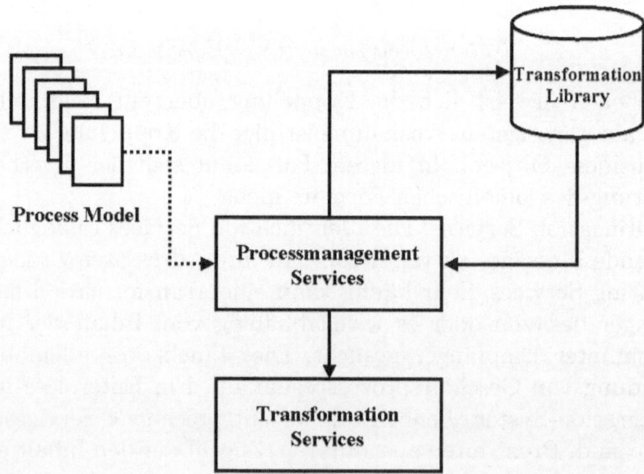

Abb. 9.45. Business Process Integration via Transformation

- Distribution. Für die Implementierung eines verteilten Enterprise-Application-Integration-Systems existieren zwei grundsätzliche Möglichkeiten: Zum einen alle Transformationen zentral an einer Stelle anzusiedeln und zum anderen die Transformation auf den Systemen der jeweiligen Applikation zu belassen. Die Konsequenz aus der Transformationsverteilung ist eine Verteilung der Metadateninformationen, welche von den Transformationen benötigt werden.
- Monitoring. Analog zu den „klassischen" Middlewaresystemen muss ein Enterprise-Application-Integration-System auch eine Komponente zum Monitoring der Bestandteile enthalten.

Die hier angesprochenen Enterprise-Application-Integration-Systeme und die vorher erwähnten Webservices, s. Abschn. 9.6, unterscheiden sich oberflächlich betrachtet zunächst kaum voneinander. Der Hauptunterschied liegt in dem Einsatz von Standardprotokollen für die Kommunikation zwischen den einzelnen Applikationen, im Falle der Webservices, gegenüber den proprietären Protokollen im Enterprise-Application-Integration-Fall. Für den praktischen Einsatz sind beide Ansätze jedoch nicht konkurrierender Natur, im Gegenteil, sie ergänzen sich. Die Enterprise-Application-Integration-Systeme decken mit ihrer Fähigkeit zu Transaktionen und komplexen Objekt- bzw. Prozesszuständen die Anforderungen der internen Services sehr gut ab, während die Webservices sich aufgrund ihrer hohen Standardisierung und Flexibilität wie auch der Einfachheit ihrer Interfaces für den überbetrieblichen Einsatz vorzüglich eignen.

Die Systeme, welche aus einem Enterprise-Application-Integration-Ansatz heraus entstehen zeichnen sich meistens durch eine sternförmige Topologie aus, s. Abb. 9.46. Die Komplexität der Enterprise-Application-Integration-Systeme wird primär durch die Tatsache bestimmt, dass sie dazu dienen, Legacy-Systeme zu integrieren. Da sich alle hier betrachteten Messgrößen für Enterprise Architekturen metrisch verhalten, muss die jeweilige Metrik eines Enterprise-Application-Integration-Gesamtsystems, was aus einer bestehende

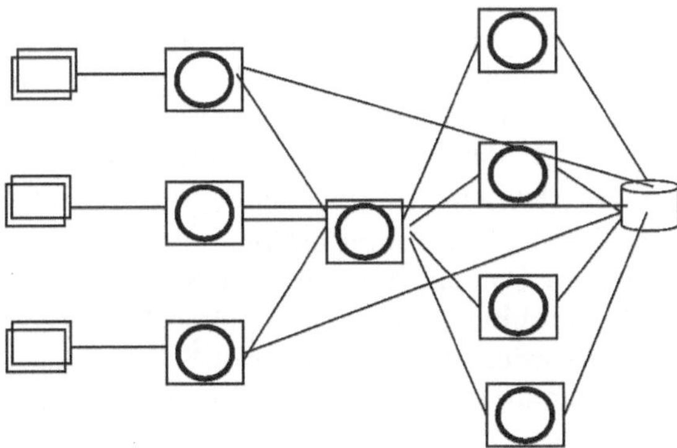

Abb. 9.46. Einfache Enterprise-Application-Integration-Topologie

Legacy-Landschaft abgeleitet wurde, immer größer[16] sein als das zugrunde liegende Legacy-Gesamtsystem, d.h.

$$\mathcal{M}\left(EnterpriseApplicationIntegrationSystem\right) \geq \mathcal{M}\left(LegacySystem\right)$$

9.11 Portale

Historischer Vorläufer der heutigen Portale sind die mittelalterlichen Handelsmessen, welche immer innerhalb von Städten, also innerhalb des Portals stattfanden. Im 12. und 13. Jahrhundert kam es in Frankreich mit der zunehmenden Entwicklung von Fertigkeiten zu Handelsmessen. Diese waren die größten Marktplätze des damaligen Europas. Diese Handelsmessen bildeten einen zentralen Ort, an dem Interessenten und Anbieter zusammenkamen. Ca. zweihundert Jahre lang existierte dieser zentrale B2B-Markt, der dann nach und nach durch wachsende Schifffahrt, Entstehung der Nationalstaaten und den Ausbau der Straßen an Bedeutung verlor. Der Begriff des Portals wird sehr weit gefasst, da es in den letzten Jahren eine Portal-Hype gab, auf die jeder Hersteller mit dem Wunsch reagierte, Portale in seinem Produktportfolio zu haben. Es existieren jedoch drei Aspekte, die allen Portalen gemeinsam sind:

- Jedem Portal liegt der Gedanke zugrunde, dem Benutzer genau einen Einstiegspunkt für alle seine Tätigkeiten zu bieten. Aus dieser Forderung ergeben sich zwangsläufig die charakteristischen Funktionalitäten wie:
  - Suchfunktion
  - Personalisierung
  - Informationskanäle.

  Alle diese Funktionen werden als Teil des Portals dargestellt. Einzelne Funktionsteile werden über Portalteile, so genannte Portlets, implementiert. Portlets sind kleine virtuelle Fenster innerhalb eines großen Gesamtfensters, des Portals. Diese Portlets grenzen die verschiedenen Applikationen innerhalb des Portals voneinander ab und lassen sich einzeln verändern, um der Personalisierung Rechnung tragen zu können.
- Ein Portal ist kein isoliertes System, sondern es bündelt die Funktionalität aus einer Reihe von anderen Systemen, die in der Regel schon im Unternehmen vorhanden sind. Der Aufbau eines Portals ist daher nicht monolithisch, sondern viel stärker komponentenorientiert, s. Abb. 9.47. Die in das Portal zu integrierenden Systeme lassen sich in drei Typen aufteilen:
  - Information Services: Die Information Services werden in den meisten Fällen durch ein Content Management System, CMS, zur Verfügung gestellt. Alle Webinhalte oder Ticker zählen zu diesem Typus.
  - Collaboration Services: Die Collaboration Services liefern technische Mittel zur Zusammenarbeit verschiedener Benutzer bzw. Benutzergruppen.

[16]Theoretisch ist, in Ausnahmefällen, eine Gleichheit möglich, in der Praxis ist die entstehende Entropie jedoch stets größer.

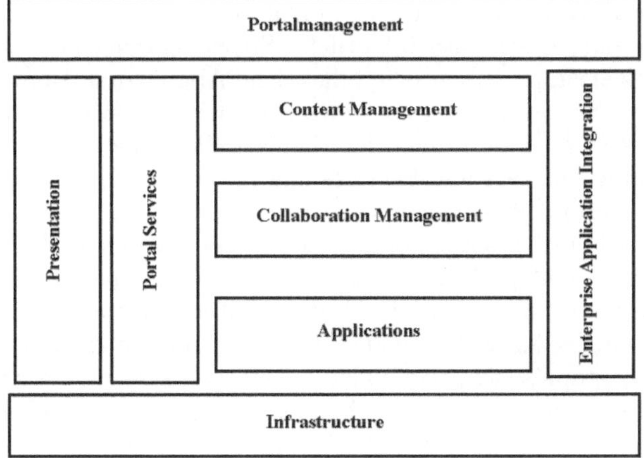

Abb. 9.47. Die Portalbestandteile

Zu solchen Services gehören z.B. E-Mail, Groupwareprodukte, Workflowsysteme.
- Application: Unter diesen Typus fallen alle Applikationen, welche aus dem regulären Unternehmen stammen und eine hohe fachliche Funktionalität besitzen. Häufig handelt es sich hierbei um Legacy-Systeme, welche über ein Enterprise-Application-Integration-System angesteuert werden.
- Management Services: Zu den Aufgaben der Management Services gehören sowohl Benutzerverwaltung als auch das Monitoring des Portals.
- Portal Services: Zu den Portal Services gehören Services, die sich mit dem Suchen und der Personalisierung auseinander setzen.

- Portale werden stets durch einen Internetbrowser vonseiten des Nutzers aufgerufen, d.h., ihre HTML-Fähigkeit ist Bestandteil ihrer Definition.

Anhand der technischen Kriterien ist es offensichtlich, dass Portale keine eigenständigen Produkte sind, sondern nur in Zusammenarbeit mit anderen Systemen innerhalb eines Unternehmens agieren können.

Die Portale lassen sich grundsätzlich, unabhängig von der jeweiligen Realisierungstechnik, in zwei Basistypen einteilen. Im Allgemeinen wird zwischen horizontalen und vertikalen Portalen unterschieden:

- Horizontale Portale: Die horizontalen Portale sind, im Gegensatz zu den vertikalen, nicht thematisch spezialisiert. Die Zielsetzung hier ist es, eine möglichst große Zielgruppe von Endanwendern zu erreichen. Die Basisstrategie, um dieses Ziel zu erreichen, ist es, ein möglichst breites Angebot an Diensten und Inhalten für das Portal bereitzustellen. Durch dieses Angebot eignen sich horizontale Portale vor allem als allgemeine Startseiten für viele Internetbenutzer. Typische Beispiele für solche horizontale Portale sind Yahoo, Lycos oder Web.de. Aus Sicht eines Unternehmens bieten die horizontalen Portale meistens geschäftsprozessunabhängige Services.

- Vertikale Portale: Als vertikale Portale bezeichnet man Portale, welche entweder eine bestimmte inhaltliche Spezialisierung oder eine eng umgrenzte Zielgruppe haben. Die inhaltliche Abgrenzung kann entweder das Resultat einer Spezialisierung eines thematischen oder organisatorischen Kontextes sein. Im Rahmen der thematischen Spezialisierung bietet ein Portal Informationen und Services eines bestimmten Themenbereichs an. Diese wiederum können von verschiedenen Organisationen bereitgestellt werden. Bei einer Spezialisierung auf organisatorischer Ebene kann durch ein solches Portal auf Informationen und Services einer Organisation zugegriffen werden. Oft sind solche Portale Unternehmenspräsentationen oder B2C-Seiten. Die Ausrichtung auf eine bestimmte Zielgruppe kann entweder nach demographischen, regionalen oder organisatorischen Kriterien erfolgen. Um eine demographische Ausrichtung handelt es sich zum Beispiel, wenn ein Portal speziell Informationen für Jugendliche oder Senioren anbietet. Städteportale sind klassische Beispiele für Portale mit regionaler Ausrichtung. Typische Portale, die ihre Zielgruppe nach organisatorischen Gesichtspunkten abgrenzen, sind Internetportale einer Organisation, dessen Zugriff nur den Mitgliedern bzw. Mitarbeitern erlaubt ist. Die vertikalen Portale sind im Unternehmen die Domäne der geschäftsprozessabhängigen Services.

In der Praxis ist jedoch meistens eine Mixtur aus beiden Typen vorzufinden. Wenn noch die Schaffung paralleler Portale mit verschiedenen Portalprodukten hinzukommt, so ist der entstehende Wildwuchs faktisch nur noch mit hohem Aufwand zu bändigen.

Ein weiteres organisatorisches Unterscheidungsmerkmal ist der zwischen Portalen im Inter- und Intranet. Diese Unterscheidung hat meistens auch technische Konsequenzen. Intranetportale sind nur innerhalb eines abgeschlossenen Netzwerkes zu erreichen, meist handelt es sich um das interne Netzwerk eines Unternehmens. Bei den Internetportalen handelt es sich um Portale, auf die Benutzer im WWW primär zugreifen. Der technische Unterschied liegt darin, dass ein Internetportal zunächst auf eine sehr hohe Besucheranzahl ausgelegt sein muss. Hierzu werden die Anforderungen an die Bandbreite der Anbindung an das Internet sowie die Kapazität der Server in Betracht gezogen. Der Umstand, dass die Server im Internet zunächst für jede Person erreichbar sein müssen, führt zu spezifischen Anforderungen an die Sicherheit des Internetportals. Die populärsten Sabotageversuche von Websites sind Denial-of-Service-Angriffe, bei denen die Kapazität der Server einer Website durch möglichst viele gleichzeitige Anfragen überfordert wird. Bei einem Intranetportal steht fast immer die Integration der vorhandenen IT-Infrastruktur des Unternehmens im Vordergrund. Da der Benutzerkreis meist aus den Mitarbeitern besteht, sind vergleichsweise geringe Kapazitäten für die Server einzuplanen. Die Sicherheitsaspekte für das Netzwerk des Unternehmens betreffen nicht nur die Installation des Portals, sondern auch die der restlichen vorhan-

Tabelle 9.2. Teile eines Prozessportals

Präsentation		
HTML	SMTP	WML
Display Support		Conten Syndication
Navigation		
Top-Level Navigation	Low-Level Navigation	Portlet Navigation
Interaction		
Synchrones Pull	Asynchrones Pull	Push
Personalizing		
Rule-based Profiling	Realtime Profiling	Collaborative Filtering
Integration		
Technologie		
Portlets	Enterprise Appl. Integ.	Webservices
Objekt		
Prozesse	Objekte	Daten
Scope		
Internal		External
Security		
Authentification	Authorization	Session Handling
Cryptography		Single Sign On
Administration		
User Administration	Role Administration	Portlet Administration
Monitoring	Logging	Billing

denen IT-Infrastruktur, und brauchen folglich nicht gesondert berücksichtigt zu werden.

Eine besondere Problematik bilden Mischformen, bei denen ein Teil öffentlich zugänglich ist, der B2C-Sektor, ein anderer jedoch nur den eigenen Mitarbeitern oder Geschäftspartnern, der B2B-Sektor, vorbehalten ist. Hier sind beide Anforderungen, der Sicherheit als auch der hohen Last, zu berücksichtigen. Diese Form eines Portals wird auch als Enterprise-Information-Portal bezeichnet. Die exakte Definition lautet:

Enterprise-Information-Portale sind Applikationen, die Unternehmen intern und extern gespeicherte Informationen bereitstellen und einen einheitlichen, personalisierten Zugang gewährleisten, um informierte Unternehmensentscheidungen tätigen zu können. Ein Enterprise-Information-Portal ist eine Verbindung aus mehreren Software-Applikationen, die es erlauben, Informationen zusammenzulegen, zu verwalten, zu analysieren und sowohl innerhalb als auch außerhalb eines Unternehmens zu verteilen. Komponenten eines Enterprise-Information-Portals sind Business-Intelligence-, Content-Management-, Data-Warehouse & Mart- und Data-Management-Applikationen.[17]

Topologisch gesehen sind die verschiedenen Portalausprägungen, s. Abb. 9.47–9.49, relativ einfach. Sie lassen sich mit zunehmender Abstraktion auf die Basistopologie, s. Abb. 4.18, reduzieren.

Aus betriebswirtschaftlicher und entwicklungstechnischer Sicht sieht die Sache jedoch anders aus, hier sind die Portale immanent wichtige Treiber der Unternehmens- bzw. Softwareentwicklung. Aus dem Blickwinkel des B2C-Sektors sind Portale wichtig, da sie mehrere Basisanforderungen in quasi idealer Weise erfüllen:

- Zugang für eine breite Kundengruppe zu gewährleisten. Das Portal stellt über seine Internetpräsenz die Produkte eines Unternehmens einem breiten Publikum zur Verfügung. Zwar mag man an dieser Stelle anmerken, dass nicht alle Kunden einen Internetzugang besitzen, aber die für das Consumermarketing interessanteste Zielgruppe zwischen 15 und 40 hat zum

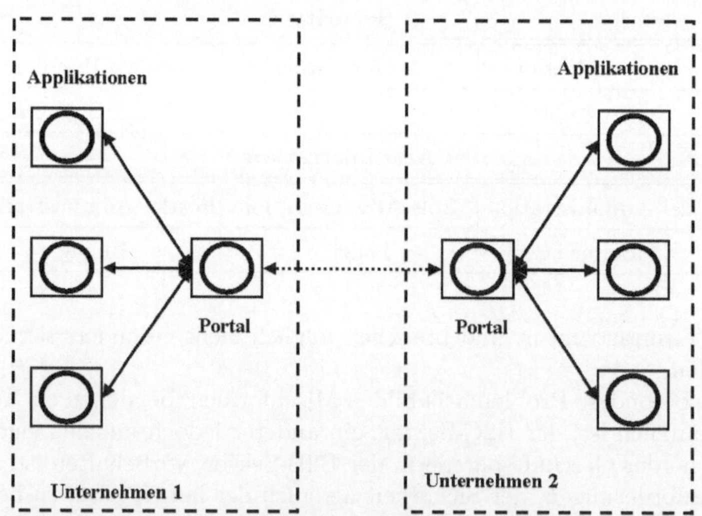

Abb. 9.48. Das Prozessportal

[17]Shilakes & Thylman, Merrill Lynch Enterprise Software Team.

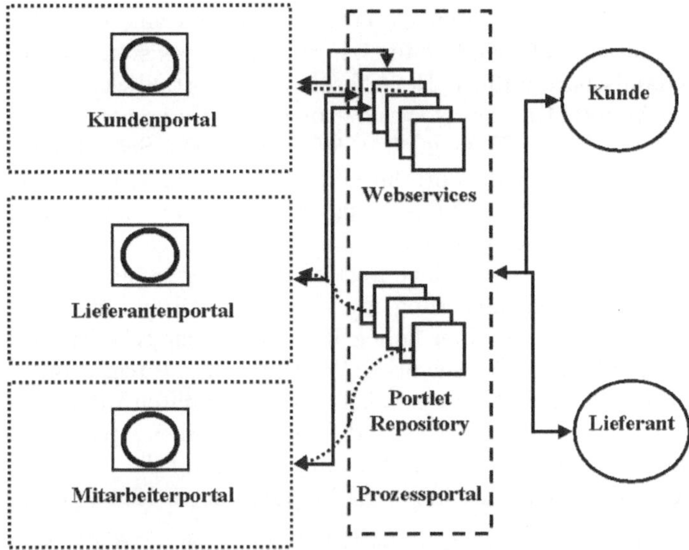

Abb. 9.49. Die Prozessportalarchitektur

einen eine höhere Wahrscheinlichkeit eines Internetzugangs und besitzt zum anderen die nötige Technikaffinität, um ein Portal zu nutzen.

- Der Point of Sales in räumlicher als auch zeitlicher Sicht wird zum Kunden hin verlagert. Nun kann der Kunde sowohl zu jedem beliebigen Zeitpunkt als auch an einem ihm genehmen Ort die Dienste eines Unternehmens in Anspruch nehmen bzw. die Produkte erwerben.
- Alle Leistungen für den Kunden laufen an einem einzelnen Punkt zusammen. Aus dieser Tatsache resultieren die Möglichkeiten zur
  - Prozessoptimierung, da jetzt aller Kundenvorgänge an einer Stelle erfasst werden können.[18]
  - Personalisierung. Durch die immanente Fähigkeit eines Portals existiert die Möglichkeit des Process Tailorings, d.h., Geschäftsprozesse können jetzt subjektiv, für den Kunden, und zum Teil auch objektiv, als eine tatsächlich veränderte Geschäftsprozessinstanz, auf den Kunden ausgerichtet werden.

Voraussetzung für eine langfristige Kundenbindung durch ein Portal ist jedoch, neben den oben erwähnten Eigenschaften, die Exaktheit und Aktualität der Kundenprozessdaten. Gerade die Konsistenz und die Aktualität von Kundenprozessdaten stellen in heutigen Unternehmen ein großes Problem dar, da durch die historische Entwicklung der IT in dem Unternehmen zwei Problemkreise existieren, welche eine Aktualität und Exaktheit stark erschweren:

[18] Im Gegensatz zu einem Datawarehouse, welches ex post alle Kundenvorgänge vereint, werden diese a priori gebündelt.

- Heterogenität. Die meisten Unternehmen haben eine gewachsene dezentral organisierte IT-Landschaft, was zu einer Koexistenz von heterogenen Systemlandschaften führt. Der Einsatz eines Portals setzt jedoch eine Enterprise Architektur voraus, welche von diesen Heterogenitäten abstrahiert und dem Portal eine Homogenität liefern kann. Der Schritt der Einführung eines Portals mit den darunterliegenden treibenden Kräften resultiert langfristig gesehen, s. Kap. 3.6.8, in einer Flexibilität und Homogenität der gesamten Enterprise Architektur.
- Redundanz. Der Einsatz einer Best-of-Breed-Strategie, bzw. die oben angesprochene Dezentralisierung mit ihrer impliziten Heterogenität, führt langfristig gesehen zu einer hohen Redundanz der Kundendaten. Obwohl diese Redundanz an sich schon die Wartungs- und Integrationskosten drastisch erhöht, resultiert sie zusätzlich in einer erhöhten Komplexität für den Benutzer, was die Effektivität und Akzeptanz eines Portal senkt. Folglich übt ein Portal nach seiner Einführung Druck auf die IT aus, indem Forderungen nach möglichst hoher Redundanzfreiheit laut werden.

Diese Forderungen resultieren in der Schaffung eines so genannten Real Time Enterprises.

Neben den B2C-Portalen beginnen, obwohl historisch älter, die B2B-Portale eine wichtigere Rolle zu spielen. Hier kristallisiert sich immer stärker die Rolle der so genannten Collaborationsportale heraus. Ein Collaborationsportal ist ein Portal, welches auf die überbetriebliche Zusammenarbeit von Personen, Gruppen und Organisationen mittels IT-Unterstützung hinarbeitet. De facto ist weder ein extended Enterprise noch ein virtuelles Unternehmen ohne eine Form des Collaborationsportals denkbar!

10

Produktplattformen

To the platform, masters; come, let's set the watch.

Othello, The Moor of Venice,
William Shakespeare

10.1 Einleitung

Eine heutige Softwareentwicklung ist ohne den Einsatz von Produktplattformen nicht mehr denkbar. Obwohl es diverse Produkte und Frameworks gibt, welche die Softwareentwicklung mehr oder weniger gut unterstützen, sind die meisten davon jedoch recht proprietär. Produkte wie SAP oder auch Oracle Business Objects erzwingen den Einsatz weiterer Produkte des jeweiligen Herstellers. Im Folgenden werden die beiden „Marktführer" J2EE und .NET betrachtet. Die Betrachtung dieser beiden sollte ausreichen, um einen Einblick in die Mächtigkeit heutiger Produktplattformen zu bekommen. Die hier vorgestellte Auswahl ist rein subjektiv, d.h., sie spiegelt die Erfahrung des Autors wider.

10.2 Java 2 Enterprise Edition

10.2.1 Geschichte

Die Ursprünge von J2EE, der Java 2 Enterprise Edition, liegen in der Entwicklung der darunterliegenden Sprache Java. Die Programmiersprache Java wurde ursprünglich von Sun entwickelt, um Haushaltsgeräte steuern zu können, daher auch der große Wert auf die Plattformunabhängigkeit in der ganzen Java-Familie. Obwohl für Haushaltsgeräte entwickelt[1], folgte Sun sehr schnell dem Trend der aufkommenden Internetrevolution und erweiterte Java zu einer Sprache für die Clientseite im Internet. Nach der Schaffung von Java-Applets und Java-Beans kam relativ rasch das JDBC, die Java Database Connectivity, als Verbindungspaket für Datenbanken hinzu. Damit war die erste Brücke hin zur Serverseite für Java geschlagen.

Ziemlich rasch stellte es sich heraus, dass Java für eine browserbasierte Clientseite nur bedingt geeignet ist. Das größte Problem ist die hohe Latenzzeit, bis die notwendigen Java-Bibliotheken über das Internet geladen worden

[1]Heute benutzen einige digitale Satellitendecoder Java.

sind. Ohne diesen Ladevorgang jedoch kann der Client nicht arbeiten, da er das Programm[2] durch den Ladevorgang erst bezieht. Trotz dieser Schwierigkeit bot Java eine Reihe von Eigenschaften und Bibliotheken an, welche die Entwicklung von Web-Applikationen stark vereinfachten. Obwohl Java ab initio serverfähig war, besaß es keine spezifischen Funktionalitäten, um für Server-Applikationen eingesetzt zu werden. Doch der Hersteller[3] Sun realisierte relativ schnell das Potenzial einer serverseitigen Sprache im Verbund mit Web-Applikationen. Der erste Versuch in diese Richtung war die Einführung von Servlets. Mit den Servlets konnte nun der Web-Client ein Java-Programm auf einem Server aufrufen, ihm Daten übergeben und eine Antwort erhalten. Die einzelnen Unternehmen reagierten rasch und innerhalb kürzester Zeit wurden die Servlets massiv eingesetzt.

Allerdings sind Servlets relativ einfach aufgebaut, sie unterstützen faktisch keine komplexen Operationen wie Transaktionen und Synchronisierung, hierin ähneln die Servlets sehr stark dem heutigen Zustand von Webservices, s. Abschn. 9.6.

Mit dem Aufkommen von Enterprise Java Beans, EJBs, bündelte Sun seine Anstrengungen, serverseitige Applikationsentwicklung zu unterstützen, dies endete im heutigen J2EE-Paket.

Zurzeit werden von Java drei verschiedene Plattformen unterstützt, s. Abb. 10.1:

- J2ME, die Micro Edition. Ein Paket zur Entwicklung von Software auf Embedded Devices, wie z.B. Telephone, Palmtops usw.

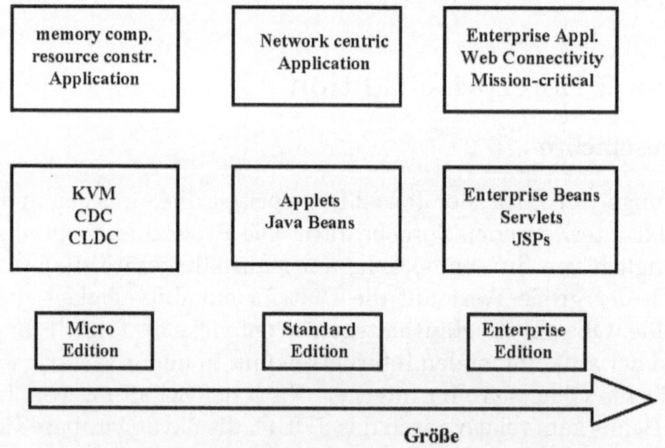

Abb. 10.1. Die verschiedenen Java-Plattformen

[2]Korrekterweise lädt der Client zunächst die notwendigen Klassen, welche anschließend durch einen Just-in-time-Compiler übersetzt und von der Java Virtual Machine interpretiert werden.

[3]Heute ist Java Open Source.

Tabelle 10.1. Die Teile der J2SE-Umgebung

Java Standard Edition			
Plattformen			
Solaris	Linux	Windows	...
Java Virtual Machine			
Java Hotspot Client Compiler		Java Hotspot Server Compiler	
Core APIs			
Language	Utility	I/O	Networking
Preferences	Collections	JNI	Security
XML	Logging	Beans	Locale
Integration APIs			
RMI	JDBC	JNDI	CORBA
User Interface Toolkit			
Swing		AWT	
Sound	Input Methods	Java 2D	Accessibility
Deployment			
Web Start		Plug-in	
Development			
Java Compiler	Javadoc	Java Debugger	JPDA

- J2SE, die Standard Edition, s. Tab. 10.1. Dies ist die wohl bekannteste Java-Plattform mit allen Funktionalitäten, welche im regulären Sprachumfang vorhanden sind, inkl. des JDK, Java Development Kit.
- J2EE, die Enterprise Edition. Konzipiert für die Schaffung von Enterprise-Applikationen. Da das vorliegende Buch sich mit Enterprise Architekturen beschäftigt, wird die J2EE und ihre Eigenschaften in den Mittelpunkt gerückt.

10.2.2 Überblick

Mit Java Enterprise Edition, J2EE, liegt eine integrierte Plattform für die Entwicklung portabler Softwarekomponenten auf dem Server vor. Die J2EE spezifiziert also eine komplette Architektur zur Entwicklung verteilter mehrschichtiger Applikationen, s. Abb. 10.3. Diese Architektur basiert auf Komponenten, welche auf standardisierten Richtlinien aufbauen, um eine maximale

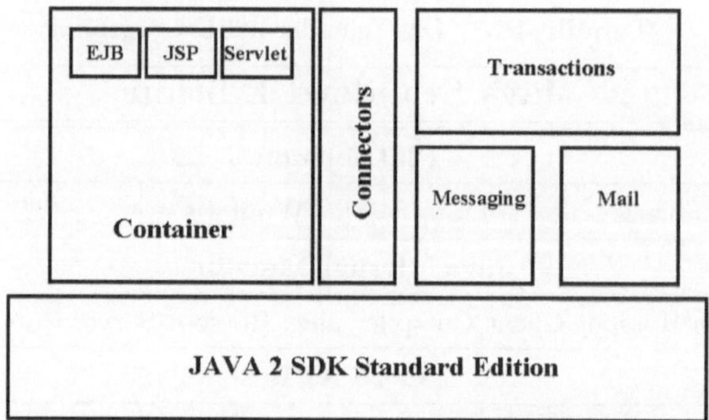

Abb. 10.2. Die Teile der J2EE-Umgebung

Qualität, Übersichtlichkeit und Wiederverwendbarkeit zu gewährleisten. J2EE ist ein komponentenorientiertes Framework, welches technische Basisservices insbesondere auf Serverseite anbietet, welche bei der Entwicklung von komplexen, verteilten Systemen helfen. Ein zentrales Element hierfür sind die Enterprise Java-Beans, welche die eigentlichen Komponenten für den Einsatz auf Application-Servern darstellen. Dennoch handelt es sich bei J2EE eigentlich um eine reine Spezifikation, nicht um ein Produkt. J2EE enthält zwar eine Referenzimplementierung der J2EE-Architektur, Java ist als Implementierungssprache aber nicht zwingend vorgeschrieben.

Im Grunde stellt J2EE eine verteilte Application-Serverumgebung dar, s. Abb. 10.8, liefert also die Grundlagen und Mittel zur Realisierung der Ebene der Geschäftslogik in der Applikationsschicht, in J2EE vereinfacht auch „Middle-Tier“ genannt. Hauptbestandteile sind eine Laufzeitinfrastruktur für

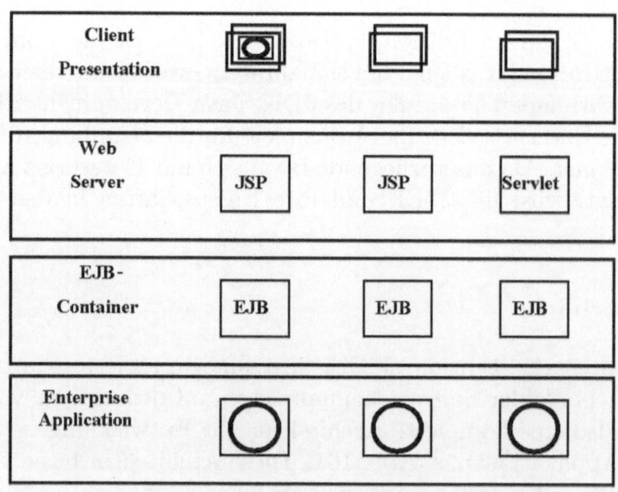

Abb. 10.3. Die allgemeine J2EE-Architektur

den Einsatz und eine Anzahl von APIs für die Entwicklung von Applikationen. Es wird nicht vorgeschrieben, wie eine Laufzeitumgebung für Geschäftslogik implementierende Komponenten im Einzelnen auszusehen hat, sondern es werden Rollen und Schnittstellen der verschiedenen beteiligten Parteien definiert. Dadurch lässt sich eine Trennung von Applikation und Laufzeitumgebung erreichen, welche es der Laufzeitumgebung ermöglicht, den Applikationen Services des zugrunde liegenden Rechnersystems einheitlich zur Verfügung zu stellen. Komponenten können so auf verschiedenen Betriebsplattformen mit gleichen Umgebungsbedingungen rechnen.

Obwohl es in der offiziellen J2EE-Spezifikation keinen Zwang gibt, eine bestimmte Architektur zu nutzen, empfiehlt sie doch zum Aufbau eines Clients das Model-View-Controller-Paradigma, MVC.

10.2.3 Container

Der Begriff des Containers ist der zentrale Begriff im Umfeld des serverseitigen J2EE, s. Abb. 10.4. Ein Container ist ein Softwareteil, welches in einem Server abläuft und für eine Reihe von Komponenten zuständig ist. Umgekehrt stellt der Container die Ausführungsumgebung für die J2EE-Komponenten dar.

Durch den Einsatz des Containerkonzepts erlaubt es die J2EE-Architektur, die Trennung von Entwicklung und Deployment aufrechtzuerhalten und gleichzeitig einen hohen Grad an Portabilität für den „Middle-Tier" zur Verfügung zu stellen.

Neben der reinen Laufzeitumgebung „managed" der Container den vollständigen Lebenszyklus der in ihm enthaltenen Komponenten und stellt einen Teil der Infrastruktur sowohl im Bereich Ressourcen Pooling als auch Security zur Verfügung.

Innerhalb der J2EE-Spezifikation existieren vier verschiedene Typen von Containern:

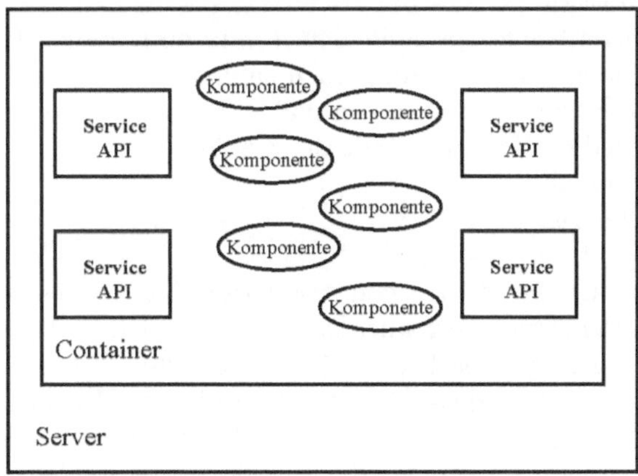

Abb. 10.4. Der Container bei J2EE.

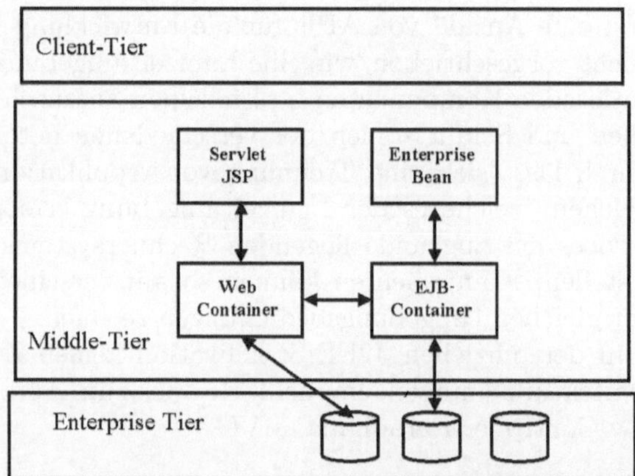

Abb. 10.5. Die Zusammenarbeit der verschiedenen Container.

- Application Container, es handelt sich hierbei um stand-alone Java-Applikationen.
- Applet Container. Der Applet Container stellt die Laufzeitumgebung für Applets zur Verfügung.
- Web Container. Dieser ist für zwei Typen zuständig:
  - Servlets, s. Abschn. 10.2.4.
  - Java Server Pages, JSP, s. Abschn. 10.2.5.

  Grob vereinfacht gesehen, spielt der Web Container die Rolle eines Webservers, welcher mit HTTP umgehen kann und als Host für die Servlets und Java Server Pages zur Verfügung steht.
- Enterprise Container. Dieser enthält die Enterprise Java Beans, EJBs. Von diesen Enterprise Java Beans existieren drei Typen:
  - Session Beans, s. Abschn. 10.2.7,
  - Entity Beans, s. Abschn. 10.2.8,
  - Message Beans, s. Abschn. 10.2.9.

  Der Enterprise Container stellt den in ihm enthaltenen Beans eine Reihe von Funktionen zur Verfügung, dazu zählen:
  - Lifecycle-Services. Der Lebenszyklus der EJBs wird im Container verwaltet. Jedes EJB durchläuft die Zustände:
    - neu erzeugt,
    - verändert,
    - gelöscht.

    Die zentrale Idee hinter den Enterprise Java Beans ist es, einen abstrakten Persistenzmechanismus zu kreiern. Die Enterprise Java Beans liefern einen generischen, objektorientierten Zugang zur Persistenz von Daten, ohne dass zunächst spezifisches Wissen über Datenhaltung vorhanden sein muss. Der EJB-Container implementiert dann selbstständig die Vorgaben des Entwicklers bezüglich Transaktionsverhalten und Speichermechanismen oder auch Zugriffsschutz. Auf der

anderen Seite produzieren die Enterprise Java Beans auch ein gewisses Maß an Komplexität, was dazu führt, dass die EJB-Container oft der Performanzflaschenhals per se sind.[4]
Der Container sorgt auch für den Abgleich mit der Datenbank, um immer den aktuellen Zustand seiner EJB-Objekte mit der Datenbank zu synchronisieren. Eine weitere Aufgabe des Containers ist die Verwaltung eines Objekt-Caches für den schnelleren Zugriff auf die Objekte.
- Object Persistency. Für die persistente Speicherung der Objektdaten ist der Container zuständig. Er kann die Objekte in einer Datenbank speichern und sie mittels einer Objekt-Id eindeutig identifizieren. Die Object Persistency ist auch in der Lage, Relationen zwischen den Objekten abbilden zu können.
- Transaction Management. Der Container verwaltet einen Pool von Datenbankverbindungen und ist in der Lage die Datenbanktransaktionen zu steuern.
- Security. Innerhalb des Containers existiert das J2EE Security Model, welches, ähnlich einer Datenbank, die Zugriffe für die Benutzer regelt.
- Remote Client Connectivity. Mithilfe des JNDI, des Java Naming and Directory Interface, lässt sich auf EJB-Objekte auch remotely zugreifen. Dieser Zugriff vonseiten eines Clients erfolgt mit dem RMI/IIOP-Protokoll, Remote Method Invocation, siehe auch Abschn. 9.7.

10.2.4 Servlets

Die Servlets sind Webkomponenten, welche einen dynamischen Content erzeugen können. Sie sind die am stärksten verbreiteten und meistgenutzten J2EE-Komponenten im World Wide Web. Sie liefern einen effektiven Mechanismus für die Wechselwirkung zwischen der serverbasierenden Geschäftslogik und dem Web-basierenden Client. Im Grunde sind sie dem CGI, Common Gateway Interface, sehr ähnlich, zumindest beim Aufruf, ohne dessen Komplexität zu besitzen. Da die Servlets einfach zu implementieren sind und während der Laufzeit weniger Ressourcen brauchen als äquivalente EJBs, wählen viele Implementationen den Weg über Java Server Pages und Servlets, um Clients anzubieten.

Der Einsatz von Servlets kann sinnvoll sein, allerdings nur in eingeschränktem Umfang. Sobald komplexe Abläufe oder Transaktionsverhalten gefragt sind, sind die Servlets nicht mehr adäquat, hierin ähneln sie stark den Webservices, s. Abschn. 9.6. Servlets sind recht gut darin, einfache Aufgaben, wie die Prüfung von Input auf Wertebereiche bei Eingabefeldern oder Ähnliches zu vollziehen, aber danach ist es sinnvoller, den aufbereiteten Input an andere Komponenten weiterzugeben.

[4]Eine einfache Daumenregel ist es, bei neuen Datenbanken CMP zu nutzen und nur im Falle von vorhandenen Datenbanken oder komplexen Transaktionen auf BMP auszuweichen.

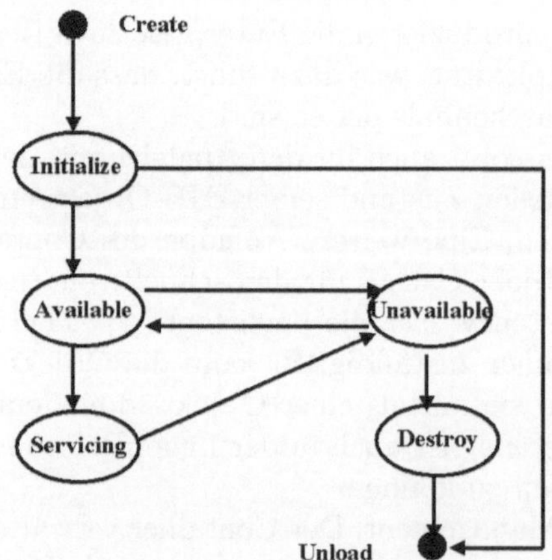

Abb. 10.6. Die Servlets bei J2EE

Im Grunde sind die Servlets spezielle Java-Klassen, welche einen HTTP-Request des Clients bearbeiten. Die Servlets können fast alle Klassen in Java nutzen, ihre zentrale Aufgabe ist aber in der Regel HTML-Code zu erzeugen und diesen dem Request-Client zurückzugeben. So bequem dies innerhalb eines Servlets erledigt werden kann, der Überblick, wo Layout und wo Geschäftslogik in einer Applikation angesiedelt ist, geht beim Einsatz von Servlets recht rasch verloren.

Ein Servlet besitzt einen definierten Lebenszyklus, dessen Ablauf vom Servlet Container gesteuert und überwacht wird. Im Wesentlichen wird dieser Zyklus durch die Methoden des API ausgedrückt. Dabei muss jedes Servlet das javax.servlet.Servlet-Interface direkt oder indirekt über die abstrakten Klassen GenericServlet oder HttpServlet implementiert haben. Die 3 wichtigsten Methoden dieses Interfaces sind die Methoden:

- init()
- service()
- destroy()

Abb. 10.6 zeigt eine grafische Darstellung des Lebenszyklus eines Servlets. Anhand dieser Grafik ist zu sehen, welche Rollen die oben angeführten Methoden spielen.

- Create. Wird ein Servlet benötigt, welches noch nie verwendet wurde, so muss dieses vom Servlet Container zuerst referenziert werden. Das heißt, der Servlet Container lädt das Servlet dynamisch in den Speicher. Es gibt zwei Varianten, wann ein Servlet geladen wird:
  - Das Servlet wird beim Starten des Servers schon geladen und steht von Beginn an im Speicher zur Verfügung.
  - Der Servlet Container lädt das Servlet in den Speicher, wenn ein HTTP-Request an eine URL gestellt wird. Dieser weiß, welches Servlet

an diese URL gebunden ist und lädt das entsprechende Servlet. Dieser Vorgang wird jedoch nur bei der ersten Anfrage durchgeführt.

- Initialize. Bevor ein Servlet für die Verwendung zur Verfügung steht, muss es initialisiert werden. Das erfolgt mit der Methode init(). Dabei wird dem Servlet ein Objekt vom Typ ServletConfig übergeben. Mit diesem Objekt kann das Servlet per Name auf Initialisierungsdaten der Web-Applikation zugreifen.
- Available. Konnte das Servlet ordnungsgemäß initialisiert werden, ist es jetzt bereit, HTTP-Requests entgegenzunehmen.
- Servicing. Damit ein Servlet einen HTTP-Request entgegennehmen kann, wird vom Servlet Container die Methode service() aufgerufen. Dieser Methode wird das HTTP-Request-Objekt und das HTTP-Response-Objekt als Parameter übergeben.
- Unavailable. Ein Servlet kann während der Bearbeitung eines HTTP-Requests entweder eine ServletException oder eine UnavailableException verursachen. Eine ServletException tritt dann auf, wenn ein Fehler bei der Bearbeitung des HTTP-Requests aufgetreten ist. Der Servlet Container hat jetzt zu entscheiden, ob die Verarbeitung eines Requests abgebrochen wird oder erneut gestartet wird. Eine UnavailableException signalisiert, dass das Servlet in Moment nicht in der Lage ist, einen HTTP-Request entgegenzunehmen. Dabei unterscheidet man zwei Varianten:
  - Permanent. Es ist ein Fehler aufgetreten, der es für das Servlet unmöglich macht, jemals wieder einen HTTP-Request zu bearbeiten. Der Servlet Container hat jetzt die Aufgabe, die Methode service() zu beenden und das Servlet aus dem Speicher zu entfernen.
  - Transient. Die Variante Transient zeigt dem Servlet Container an, dass für die Dauer dieses Zustandes dem Servlet keinen HTTP-Request mehr zugeordnet werden soll.
- Destroy. Bevor ein Servlet aus dem Speicher entfernt wird, muss die Methode destroy() aufgerufen werden. Diese Methode gibt dem Servlet die Chance alle gebundenen Ressourcen freizugehen. Dabei kann es sich z.B. um Datenbankverbindungen oder Java-Threads handeln.
- Unload. Nachdem alle Aufräumarbeiten beendet worden sind, kann der Speicherbereich freigegeben werden.

10.2.5 JSP

Die Java Server Pages, JSP, sind aus den Servlets, s. Abschn. 10.2.4, heraus entstanden. Die Verzahnung ist so eng, dass Teile der Java Server Pages in Servlets hineincompiliert werden, welche dann in einer Servletumgebung ausgeführt werden.

Java Server Pages entstanden, um das Servletproblem der Einbindung in HTML-Seiten zu lösen. Servlets werden in umliegenden HTML-Code eingebettet, erzeugen selber aber meistens auch HTML-Code, was zur Folge hat, dass erst zur Laufzeit die vollständige HTML-Seite vorhanden ist. Dies ist

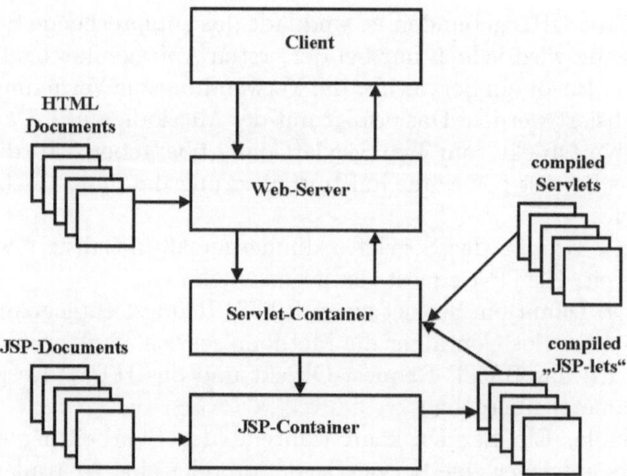

Abb. 10.7. Die Java Server Pages im Webserver

bei der Erstellung einer neuen HTML-Seite sehr umständlich bzw. lässt sich zum Teil überhaupt nicht testen. Java Server Pages gehen den umgekehrten Weg. Hier wird es erlaubt, Java-Code in HTML-Seiten einzubetten. Dies ist für klassische Web-Designer einfacher, da diese meist aus einem künstlerischen und seltener aus dem programmiertechnischen Umfeld stammen. Die Tatsache, dass Java Server Pages sich auch in XML-Dokumente einbetten lassen, ist ein Zeichen ihrer Flexibilität.

Obwohl der durch die Java Server Pages eingebettete Java-Code fast den vollständigen Java-Funktionsumfang besitzt, gilt es als schlechter Stil, hoch komplexe Java Server Pages zu bauen. Der Hintergund für diese Praxis ist die Trennung zwischen Logik und Darstellung. Bei diesem Design tendiert die Darstellung dazu, relativ wenige komplexe Operationen auszuführen und diese werden in die Geschäftslogik, in diesem Fall dann die Serverseite, verlagert.

Aufgrund ihrer Herkunft und engen Verwandschaft mit den Servlets haben die Java Server Pages ähnliche Limitierungen wie diese, auch hier sind komplexe Geschäftsvorfälle, Transaktionen und Persistenz nur schwer zu realisieren.

Einer der interessantesten Aspekte bei der Verwendung von Java Server Pages ist die Möglichkeit, die Java Beans einzusetzen. Die Java-Beans-Spezifikation erlaubt es, Komponenten in Java zu schreiben, welche ein definiertes Interface besitzen, was die Wiederverwendbarkeit von Software erleichtert. Java Beans – die Beans sind Teile aus dem J2SE, nicht zu verwechseln mit den Enterprise Beans aus dem J2EE – kapseln die Logik der Web-Applikationen. Das Ergebnis ist ein JSP-Code, der einfacher im Aufbau, leichter zu pflegen und für Nicht-Programmierer ohne weiteres zugänglich ist. Ein Java Bean verwendet Eigenschaften, um interne Daten zu beschreiben. Diese Daten beeinflussen die Arbeitsweise und die Anzeige der Beans.

Die Beans gestatten den Zugriff auf interne Daten mit öffentlichen Methoden. Das entspricht der Norm der Objektorientierung, die interne Daten vor dem Anwender verbirgt und nur über Zugriffsmethoden zugänglich macht. Es entspricht auch dem Black-Box-Konzept des Komponentenmodells. Java Beans stellen hauptsächlich eine visuelle Konstruktion wiederverwendbarer Komponenten dar. Sie sind nicht an die speziellen Bedürfnisse von verteilten Systemen und Applikationen angepasst. Mithilfe von Enterprise Java Beans sind hingegen verteilte, transaktionsgesteuerte, sichere, skalierbare, portable, serverseitige Java-Applikationen realisierbar.

10.2.6 Enterprise Java Beans

Der EJB-Container, Enterprise Jave Bean Container, befindet sich immer innerhalb des Application-Servers, der auch als J2EE-Server bezeichnet wird, s. Abb. 10.8. Der Application-Server ist in der Lage, mehrere EJB-Container simultan zu unterstützen. Dadurch ist es möglich, Applikationen zu installieren, welche getrennt voneinander administriert werden können. Die Hauptaufgabe des EJB-Containers ist die Delegation von Anfragen an die EJBs. Weiterhin übernimmt er die Aufgabe der Rückmeldung der Ergebnisse eines Enterprise Java Beans an den Client. Der EJB-Container stellt einem Enterprise Java Bean eine Laufzeitumgebung zur Verfügung und verwaltet zudem deren Lebenszyklus und sichert ihre Ansprechbarkeit. Diese Absicherung ist nach der Spezifikation von J2EE ein Service des Containers. Fordert ein Client ein EJB an, so erzeugt der EJB-Container eine EJB-Instanz. Damit der EJB-Container die EJBs in verschiedene Zustände bringen kann, existieren Callback-Methoden innerhalb des Enterprise Java Beans, welche der Container nutzen kann. Da der Application-Server die Aufgabe

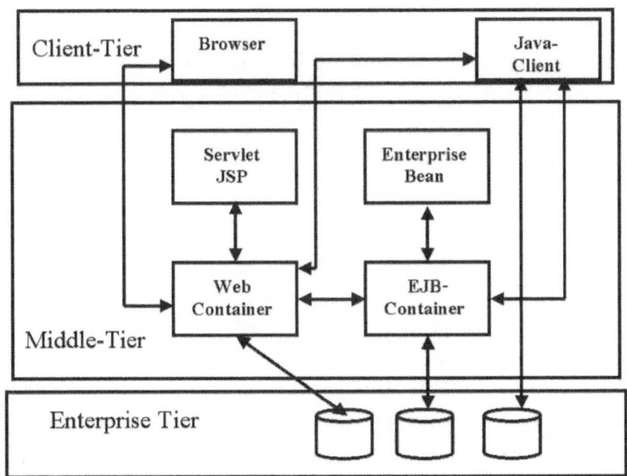

Abb. 10.8. Der J2EE-Application-Server

hat, eine große Zahl von Clients zu unterstützen, entsteht das Problem, dass mit der Anzahl von Clients meist die Anzahl der erzeugten bzw. notwendigen Enterprise-Java-Bean-Instanzen steigt. Um die Systemlast zu reduzieren, besteht für den EJB-Container die Möglichkeit, nicht benötigte EJBs in so genannten Pools zu verwalten. Als vorteilhaft erweist sich die Tatsache, dass die EJB-Instanzen bereits existieren und somit die Zeit für die Instanziierung wegfällt. Befinden sich Bean-Instanzen im Zustand „pooled“, so können sie in den Zustand „ready“ überführt werden und umgekehrt. Bei einem Aufruf durch einen Client wird zuerst überprüft, ob eine Instanz des benötigten Enterprise Java Beans im Pool verfügbar ist. Außerdem kann der EJB-Container eine EJB-Instanz aus dem Arbeitsspeicher in eine Datenbank auslagern, wenn sie über einen definierten Zeitraum hinweg nicht genutzt wurde. Die Aktivierung dieser Instanz wird durchgeführt, sobald ein erneuter Zugriff auf die persistente Instanz erfolgt. Auch Thread- und Prozessmanagement werden durch den EJB-Container zur Verfügung gestellt.

Da Daten persistent zu speichern sind, ermöglicht der EJB-Container Zugriffe auf die entsprechenden Ressourcen. Sollen Änderungen von Daten nur dann vorgenommen werden, wenn mehrere, voneinander abhängige Operationen erfolgreich absolviert wurden, dann lassen sich die Transaktionen nutzen, welche durch den EJB-Container bereitgestellt werden. Die so bereitgestellten Services können sowohl durch den aufrufenden Client als auch durch ein anderes Enterprise Java Bean genutzt werden. Einem Enterprise Java Bean ist es nicht möglich, mit dem Server direkt zu kommunizieren, sondern nur mit dem EJB-Container. Eine weitere Funktion des EJB-Containers ist die Bereitstellung eines Namens- und Verzeichnisservices. Über den Namensservice kann ein EJB ortstransparent gefunden werden, wobei das „Java Naming and Directory Interface“, JNDI, genutzt wird. Nachdem das EJB angefordert wurde, erzeugt der EJB-Container ein neues Objekt des EJBs oder entnimmt ein bereits existierendes aus einem Pool.

Sollen mehrere Aktionen zusammenhängend auf der Datenbank ausgeführt werden, wobei andere Aktionen nicht in der Lage sein sollen, diese zu beeinflussen, empfiehlt sich die Verwendung von Transaktionen. Dies kann vor allem dann von Vorteil sein, wenn es von Bedeutung ist, ob wirklich alle Datenbankoperationen korrekt ausgeführt wurden.

Ein Hauptmerkmal der EJB-Architektur ist die Transaktionsunterstützung. Die Bereitstellung der impliziten und expliziten Transaktionsunterstützung durch EJB setzt neue Maßstäbe in der Entwicklung von Web-Technologien bzw. in der Realisierung robuster Web-basierter Applikationen. In der Entwicklung von Web-basierten Applikationen übernimmt die Transaktionsunterstützung somit in der Praxis einige Implementierungsaufgaben, die bisher zum Teil jede einzeln realisiert werden mussten. Transaktionen ermöglichen dem Entwickler die Implementierung der Applikationslogik, die atomare Aktionen über mehrere Persistenzmedien in verteilten Umgebungen durchführt. Dies umschließt alle ACID-Prinzipien einer Transaktion:

- Unteilbarkeit
- Konsistenz
- Isolation
- Dauerhaftigkeit.

Die EJB-Spezifikation benutzt hierzu die Java Transaction, JTA, die von dem EJB-Container bereitgestellt wird. Das Transaktionsmodell der EJB-Spezifikation unterstützt jedoch nur flache, keine geschachtelten, Transaktionen.

Objektnetze eignen sich normalerweise wenig für Transaktionen, da es schwer ist, die große Zahl von Beziehungen, welche ein Objektnetz besitzt, abzubilden. Dies liegt darin begründet, dass die Veränderung eines Objektes häufig die Erzeugung und Löschung anderer Objekte bedingt. Datenbanken sind mit diesem Problem nicht konfrontiert, da hier durch die referenzielle Integrität die Konsistenz strukturell verankert ist. Letztendlich bedeutet dies, dass die Applikation selbst für die Konsistenz verantwortlich ist, da im Umfeld von Java Beans nur die Transaktionen auf der Objektebene sichergestellt werden.

Die Enterprise-Java-Beans-Spezifikation erlaubt Transaktionen auf Objektebene durch den Einsatz von primären Schlüsseln für jedes Entity Bean. Die Referenzen zwischen den Objekten werden nicht durch direkte Java-Referenzen abgebildet, sondern sind Aufgabe des Application-Servers, der diese Schlüssel nutzt. Der Application-Server verfolgt die Veränderungen der Zustände von Objekten bzw. deren Relationen untereinander.

EJBs können grundsätzlich in 3 verschiedene Gruppen unterteilt werden:

- Session Beans
- Entity Beans
- Message Beans

Die drei Typen und ihre Abhängigkeiten sind in Abb. 10.9 dargestellt.

10.2.7 Session Beans

Session Beans sind in den meisten Fällen Geschäftsprozesse, wobei ein Session Bean exklusiv für einen Client ausgeführt wird. Session Beans können Daten ändern, beispielsweise über JDBC, und dies, falls erforderlich, mittels Transaktionen absichern. Die Lebensdauer eines Session Beans entspricht der Sitzungsdauer des Clients. Es ist jedoch möglich, dass das Session Bean vorzeitig beendet wird. Session Beans können „stateful" oder „stateless" implementiert werden, s. Abb. 10.9.

In einem stateless Session Bean werden ausschließlich Daten verarbeitet, welche bei einem Methodenaufruf explizit übergeben wurden. Innerhalb des Session Beans ist es nicht möglich, Daten zu speichern und bei einem späteren Methodenaufruf zu nutzen. Aufgrund dessen besitzen die stateless Session Beans des gleichen Typs die gleiche Identität. Dies ermöglicht die Einrichtung

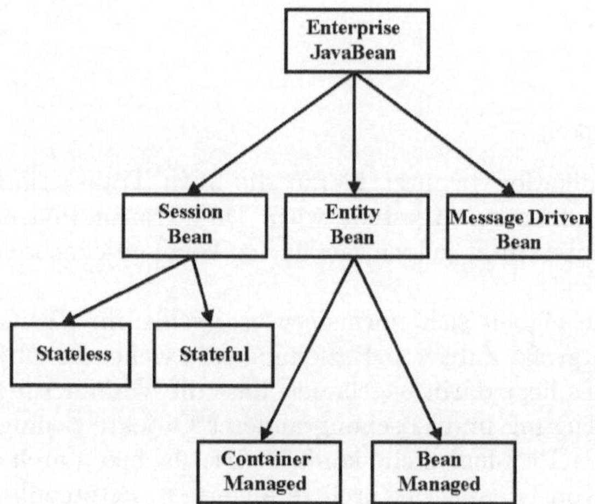

Abb. 10.9. Die Enterprise-Java-Beans-Typen

eines Pool von stateless Session-Bean-Instanzen, damit die Zeit für die Initialisierung wegfällt. Somit ist es möglich, dass mehrere Clients parallel und ohne Verzögerung auf die Session-Bean-Instanzen zugreifen können.

Stateful Session Beans bieten die Möglichkeit, Daten innerhalb dieser zu speichern. Demnach kann ein Client bei einem erneuten Methodenaufruf auf die Daten eines früheren Aufrufs zurückgreifen. Auch bei den stateful Session Beans besteht die Möglichkeit, die Daten explizit zu übergeben. Da die Möglichkeit besteht, ein Session Bean über mehrere Methodenaufrufe einem Client zuzuordnen, besitzen die stateful Session Beans des gleichen Typs unterschiedliche Identitäten.

10.2.8 Entity Beans

Entity Beans sind Objekte, welche die Daten einer Datenbasis als Objekt darstellen bzw. mit bestimmten Daten assoziiert werden. Es ist möglich, Entity Beans durch mehrere Clients gleichzeitig zu nutzen. Um alle Integritätsbedingungen einzuhalten, ist es empfehlenswert, die Methoden der Entity Beans innerhalb von Transaktionen auszuführen. Die Entity Beans können ihre Daten in einer Datenbank ablegen und so persistent werden. Die Lebensdauer eines Entity Beans ist an die Bestandsdauer der Daten in der jeweiligen Datenbank geknüpft. Im Gegensatz zu einem Session Bean überlebt ein Entity Bean die Zerstörung des jeweiligen EJB-Containers.

In Bezug auf die Transaktionen existieren zwei Untertypen:

- Container Managed Transaction Demarcation. Bei dem impliziten Transaktionsmanagement übernimmt der EJB-Container die vollständige Verwaltung der Transaktionsunterstützung. Über die Transaktionsattribute im Deploymentdescriptor wird das Verhalten der Transaktionssteuerung

von EJBs oder deren einzelnen Methoden bestimmt. Folgende Transaktionsattribute können gesetzt werden:
- NotSupported: Dieses Attribut setzt das Ausführen einer Transaktion aus, bis die gekennzeichnete Methode ihre Ausführung abgeschlossen hat. Sie kann während dieser Zeit nicht von anderen Methoden, die in einer Transaktion ausgeführt werden müssen, siehe Required, benutzt werden.
- Supports: Das Ausführen der mit diesem Attribut gekennzeichneten Methode hängt von dem Transaktionskontext des EJB-Clients ab. Beim gesetzten Transaktionskontext verhält sich der EJB-Container wie beim Required-Attribut, ansonsten wie beim NotSupported-Attribut.
- Required: Alle mit diesem Attribut gekennzeichneten Methoden werden während einer Transaktion ausgeführt. Wird die Methode nicht in einem laufenden Transaktionskontext des EJB-Clients aufgerufen, generiert der EJB-Container für diesen Methodenaufruf eine neue Transaktion.
- RequiresNew: Die mit diesem Attribut gekennzeichnete Methode wird, ungeachtet vom Transaktionskontext des EJB-Clients, immer in einer neuen Transaktion gestartet. Findet der Methodenaufruf in einer laufenden Transaktion statt, so wird diese bis zur Beendigung des Methodenaufrufs ausgesetzt.
- Mandatory: Die Nutzung dieses Attributs bedeutet, dass der Methodenaufruf immer in einem Transaktionskontext des EJB-Clients stattfinden muss. Ist das nicht der Fall, so wird eine Fehlermeldung ausgegeben.[5]
- Never: Für dieses gesetzte Attribut darf die gekennzeichnete Methode nicht in einem Transaktionskontext des EJB-Clients ausgeführt werden. Der EJB-Container reagiert hierbei mit einer entsprechenden Exception.

Die Transaktionsattribute werden entweder von dem Bean-Provider oder Application Assembler im Deploymentdescriptor genau festgelegt.

- Bean Managed Transaction Demarcation. Im Falle des expliziten Transaktionsmanagements muss der Entwickler die gesamte Transaktionsunterstützung selbst steuern. Somit lassen sich Transaktionskontexte in der Applikationslogik von dem Entwickler selbst festlegen. Hierdurch kommt es zu einer Vermischung zwischen Applikations- und Transaktionslogik. Jegliche Änderung in der Transaktionslogik führt zu einem erneuten Compilieren der Applikationslogik. Aus diesem Grunde ist das implizite Transaktionsmanagement dem expliziten in den meisten Fällen vorzuziehen.

Auch beim Eintreten eines Fehlers während der Transaktionssteuerung werden unterschiedliche Fehlerbehandlungsmechanismen für das implizite und explizite Transaktionsmanagement durchgeführt. Während bei dem impli-

[5] Korrekterweise wird eine Exception geworfen.

ziten Transaktionsmanagement grundsätzlich ein Rollback von dem EJB-Container veranlasst wird, erhält der EJB-Client beim expliziten Transaktionsmanagement eine Exception. Der EJB-Client entscheidet nach der Exception selbst, ob er ein Rollback oder eine andere Aktion ausführt. Session Beans und Message-driven Beans unterstützen sowohl implizites als auch explizites Transaktionsmanagement. Dagegen sind Entity Beans nur durch implizites Transaktionsmanagement zu realisieren.

Die persistente Haltung von Daten ist nach der EJB-Spezifikation nur für Entity Beans vorgesehen. Entity Beans kennen zwei Arten von Persistenzmechanismen: implizite Container Managed Persistence, CMP, und explizite Bean Managed Persistence, BMP. In diesem Bereich hat EJB neue Standards in der Entwicklung von Web-Technologien gesetzt. EJBs ermöglichen hier die implizite und explizite Persistenzunterstützung, die in der Web-basierten Applikationsentwicklung eine große Hilfestellung ist. Dem Entwickler wurden dadurch Alternativwege zur Realisierung der Persistenzverwaltung geboten.

- Container Managed Persistenz: Der EJB-Container übernimmt die automatische Persistenzverwaltung der in den Entity Beans festgelegten Attribute. Er stellt Services für die Abwicklung von Transaktionen und abschließende persistente Speicherung von Attributen bzw. deren Inhalten, den Daten, zur Verfügung. Die Implementierung der durch die Entity Beans gekennzeichneten Attribute geschieht durch die EJB-Container-Tools. Die Aufgabe des Entwicklers besteht nun darin, die Entity-Beans-Attribute und das Relationenmodell in dem so genannten Abstract-Persistence-Schema zu definieren. Das abstrakte Persistenzschema ist Teil des Deploymentdescriptors. Wird als Persistenzmedium eine relationale Datenbank eingesetzt, so werden Attribute als Spalte einer Tabelle abgebildet. Bei der Container Managed Persistence muss das Entity Bean eine abstrakte Klasse sein. Die konkrete Klasse wird von dem EJB-Container zur Laufzeit generiert. Persistente Attribute, CMP und Relationsattribute, CMR, dürfen nicht in der Entity-Bean-Klasse implementiert werden. Nur deren Signaturen werden dort festgelegt. Diese Signaturen werden virtuelle Attribute genannt. Die tatsächliche Festlegung von Persistenz- und Relationsattributen wird im Abstract-Persistence-Schema gemacht. Alle virtuellen Attribute sind standardmäßig persistent. Diese Attribute können Java-serialisierbare Typen, welche das Interface java.io.Serializable implementieren, oder Java-primitive Typen haben. Man kann auch eigene serialisierbare Typen definieren. Diese werden Dependent Value Classes genannt.
- Bean Managed Persistence: Im Gegensatz zur Container Managed Persistence obliegt dem Entwickler bei der Bean Managed Persistence die Aufgabe, die Persistenzmechanismuslogik selbst zu realisieren. Der größte Vorteil der Bean Managed Persistence ist die etwas größere Flexibilität in der Gestaltung und im Umgang mit der Persistenzlogik. Der Nachteil dabei ist, dass der Entwickler fundierte Kenntnisse vom Persistenzmedium haben

muss. Dies alles ist zudem mit viel Arbeits- und Zeitaufwand verbunden. Der EJB-Container hat in diesem Fall nur die Durchreich-Funktionalität. Er fordert den Entwickler auf, sich an bestimmte Namenskonventionen zu halten sowie Methodenaufrufe der Callback-Funktionen zu tätigen.

Obwohl die beiden Ansätze CMP und BMP durchaus unterschiedlich sind, ist eine Bewertung aber trotzdem möglich. Der CMP-Ansatz ist in der Lage, technische und fachliche Details sauber voneinander zu trennen, da eine implementierte Beansklasse außer den Lebenszyklusmethoden keinerlei technische Methoden enthält. Die technischen Details werden primär über die Deploymentdescriptoren konfiguriert, was zu einer Entkoppelung von fachlichen und technischen Aspekten beiträgt und weiterhin die technischen Aspekte der Entwicklungsumgebung von denen der Laufzeitumgebung entkoppelt. Vom Entwicklungsprozess aus betrachtet führt dies zu einer Verlagerung von Aufwänden aus der Implementierungsphase in die Deploymentphase, welche dadurch eine zusätzliche Wichtigkeit enthält, was im Sinne eines Enterprise Unified Process ist, s. Abschn. 12.3. Einschränkenderweise sollte man anmerken, dass aufgrund des Persistenzmappings für relationale Datenbanken nicht alle Konstrukte einer relationalen Datenbank auf CMP abbildbar sind, auch die Einbindung von Legacy-Systemen wird de facto nicht unterstützt.

Im Gegensatz zum CMP hat die BMP wesentlich mehr Funktionalität, da die BMP eine viel größere Palette von Datenhaltungssystemen ansprechen kann. Diese reichen von den relationalen Datenbanken über XML-Datenbanken bis hin zu Dateisystemen als auch Legacy-Applikationen. Komplexe oder unstrukturierte Daten sind nur über den BMP-Ansatz verwendbar. Umgekehrt sind die Aufwände beim Einsatz der BMP ungleich höher.

10.2.9 Message Beans

Message-driven Beans, kurz auch Message Beans oder MBeans genannt, werden durch Nachrichten angesprochen und sind zustandslos. Sobald der EJB-Container eine Nachricht aus der Java Message Service Queue, JMS Queue, erhält, wird diese an das zugehörige Message Bean weitergeleitet und anschließend verarbeitet. Ein Message Bean ist demnach ein einfacher Empfänger von Informationen. Ist die Nachricht eingetroffen, wird die Methode onMessage() aufgerufen. Das Messaging ist aufgrund der EJB-Zugehörigkeit asynchron und parallel. Die Lebensdauer eines Message Beans ist so lange, wie die Ausführung der Methode onMessage() dauert.

Der Java Message Service bietet eine einfachere und flexiblere Alternative für asynchronen Austausch von Nachrichten an als die Remote Method Invocation, RMI. Er verbraucht weniger Ressourcen und ist weniger restriktiv. Der Java Message Service stellt zwei Nachrichtenservicemechanismen, publish-and-subscribe und point-to-point, zur Verfügung. Beide Mechanismen können von Message-driven Beans verwendet werden. Ein weiterer wichtiger Aspekt von Message-driven Beans ist zudem, dass sie in der Lage sind, gleichzeitig Nachrichten zu erzeugen und zu konsumieren. Alle Angaben zu Message-driven Beans sowie deren Eigenschaften werden, wie für Session und Entity Beans, in dem Deploymentdescriptor festgelegt.

10.2.10 JMX

Eines der interessantesten Teile von J2EE ist das JMX, das Java Management System. Hier wurde innerhalb von J2EE erkannt, wie wichtig es ist, in einem System ein dediziertes Framework zu besitzen, mit dessen Hilfe das System administriert und beobachtet werden kann.

Das JMX besteht aus den Teilen:

- Instrumentation Layer,
- Agent Layer,
- Distribution Layer.

Der Benutzer dieses Frameworks stellt die Instrumentation einer Ressource in From von managed MBeans zur Verfügung. Der Instrumentation Layer stellt dann diese Ressource allen JMX-kompatiblen Applikationen zur Verfügung. Der Agent Layer kontrolliert und verwaltet die Ressourcen, welche zu diesem Zeitpunkt beim MBean-Server registriert sind. Die JMX-Architektur besteht aus drei Ebenen.

- Die Ebene, welche der Applikation am nächsten ist, wird Instrumentation Level genannt. Diese Ebene besteht aus vier Instrumentationsstrategien:
  - standard,
  - dynamic,

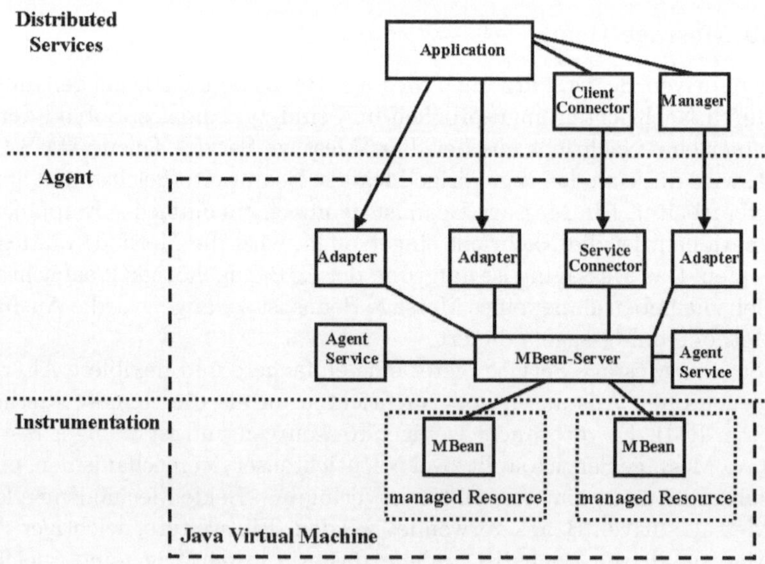

Abb. 10.10. Die JMX-Architektur

  - open
  - model.

  Hiermit werden die Applikationen und die Systemressourcen administrierbar. Außerdem ist das JMX-Notification-Modell enthalten, damit Notifications gesendet und empfangen werden können.
- Die mittlere Ebene der JMX-Architektur heißt Agent Level. Dieser Level beinhaltet den MBean Server und Agent Services. Die Kombination aus einer Instanz des MBean Servers, seinen registrierten MBeans und den Agent Services bilden einen JMX-Agent.
- Die dritte Ebene der JMX-Architektur wird Distributed Services Level genannt. Dieser Level besteht aus der Middleware, die JMX-Agents mit den Management Applications verbindet. Die Middleware ist in zwei Kategorien eingeteilt:
  - Protocol Adaptor,
  - Connectors.

  Durch den Protocol Adaptor kann sich eine Applikation mit einem oder mehreren JMX-Agents verbinden und die MBeans, welche in diesen registriert sind, verwalten. Solange die Management Application die im Protocol Stream enthaltenen Objekte versteht, kann sie die durch die Objekte repräsentierten MBeans verwalten.

  Ein Connector basiert auf dem bekannten Proxy Pattern. Ein Proxy stellt einen Platzhalter für eine andere Komponente dar und kontrolliert den Zugang zur echten Komponente. Der Connector ermöglicht den externen Zugriff eines Clients auf den Server. Der Server ist bei dem von ihm repräsentierten JMX-Agent lokalisiert, während der Client in der Java Virtual Machine der Management Application läuft. Punkte wie Sicherheit und Java Seralization werden sowohl von der Client- als auch der Server-Komponente des Connectors beherrscht.

Eine Application Resource, die durch JMX verwaltet wird, muss Informationen über vier der folgenden Eigenschaften zur Verfügung stellen:

- Attribute, die den Zustand der Ressource beinhalten,
- Java-Konstruktoren, die von den Management Applications und anderen JMX-Agents benutzt werden,
- Operationen, die von der Management Application oder einem anderen JMX-Agent aufgerufen werden können, um die Ressource zur Durchführung bestimmter Aktionen zu bewegen,
- Notifications, die von der Ressource über die JMX-Notification-Infrastruktur zu den Agents gesendet werden.

Die Kombination dieser vier Informationseinheiten über die Eigenschaften einer Ressource ist als das Management Interface spezifiziert. Einzig durch dieses Interface kann eine Management Application oder ein anderer JMX-Agent mit einer Ressource interagieren. Es sind vier Instrumentationsstrategien, MBean-Typen, durch JMX definiert, die verwendet werden können, um das Management Interface einer Ressource zu beschreiben.

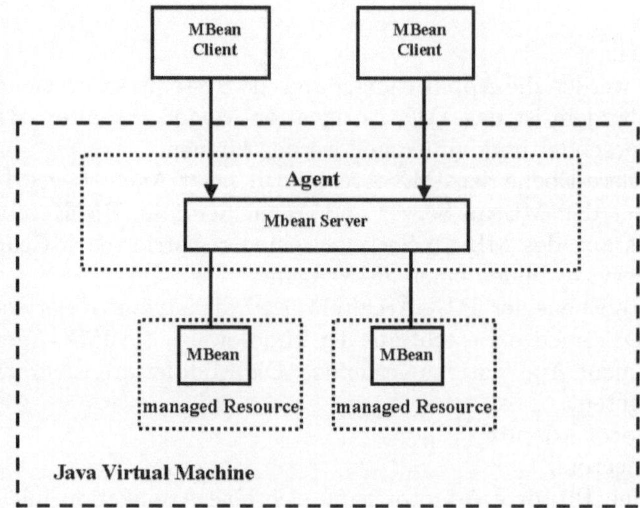

Abb. 10.11. Der JMX-Agent

Der Agent Level der JMX-Architektur, s. Abb. 10.11, setzt sich aus dem MBean Server und den JMX-Agent Services zusammen. Der MBean Server hat zwei Aufgaben: Er dient als

- Registry für MBeans,
- Broker zwischen MBeans und Management Applications.

Die JMX-Agent Services stellen Funktionalität zur Verfügung, welche von der JMX-Spezifikation definiert werden, wie z.B. Scheduling und dynamisches Laden von MBeans.

10.2.11 Java Connector Architecture

Die Java Connector Architecture wurde entworfen, um die Verbindungen von anderen „Applikationen" zu J2EE-Komponenten zu vereinfachen. Solche „Applikationen" rangieren von Datenbanksystemen über Enterprise Resource Planning bis hin zu Programmen, die in Transaktionsmonitoren ablaufen.

Die Java Connector Architecture definiert eine Menge von Mechanismen, so genannte Contracts, sodass die Applikationen einfach in die Application-Server integriert werden können. Diese Mechanismen sind so entworfen worden, dass sie Skalierbarkeit, Sicherheit und Transaktionalität sicherstellen. Der Contract existiert zwischen dem J2EE-Application-Server und den Applikationen.

Die Java Connector Architecture definiert ein clientseitiges Interface, welches den J2EE-Applikationskomponenten, wiederum Enterprise Java Beans, erlaubt, auf andere Applikationen zuzugreifen. Dieses Interface wird Common Client Interface genannt. Umgekehrt muss auch die Applikation ihre Seite des

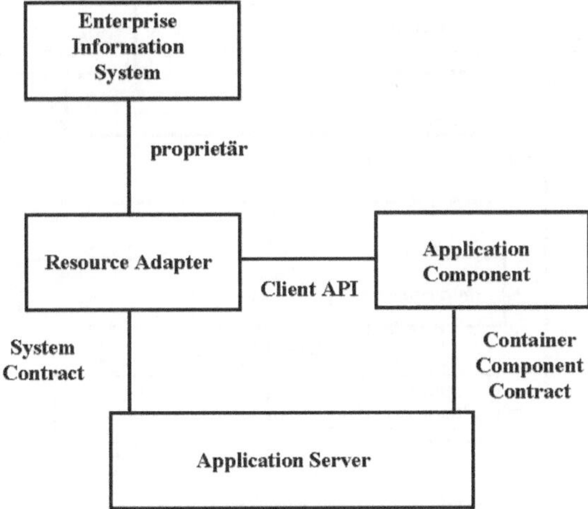

Abb. 10.12. Die Java Connector Architecture

Contracts erfüllen. Mit diesem Contract ist die Applikation in der Lage, von ihrer Seite mit dem J2EE-Application-Server zu kommunizieren. Da die Java Connector Architecture den Ressourceadaptor festlegt, kann dieser in jedem J2EE-kompatiblen Application-Server genutzt werden.

10.2.12 JBoss

Eine der bekanntesten, nicht kommerziellen Implementierungen eines J2EE-Servers ist JBoss. JBoss liefert neben dem Basis-EJB-Container, s. Abschn. 10.2.6, auch EJB-Services wie z.B.

- den Datenbankzugriff via JDBC,
- die Transaktionen via JTA/JTS,
- Messaging via JMS,
- Naming via JNDI
- und Management Support via JMX, s. Abschn. 10.2.10.

Die JBoss-Architektur ist insofern verschieden von anderen J2EE-Servern, z.B. WebSphere, indem sie auf der JMX-Infrastruktur aufbaut, s. Abb. 10.13. Alle JBoss-Module sind manageable MBeans, die über einen MBean Server verbunden sind, daher zerfällt der eigentliche JBoss-Server in eine Reihe von logischen Komponenten, welche einen hohen Grad an Unabhängigkeit voneinander besitzen.

Beim JBoss-Application-Server handelt es sich um ein plugin Framework, da zunächst ein MBean-Server gestartet wird, bei dem sich die einzelnen Teile von JBoss als MBeans registrieren. Dieser MBean-Server hat von seiner Charakteristik her die Funktionalität eines Microkernels, s. Abschn. 15.3.5, da er die einzelnen MBeans miteinander verbindet, ohne selbst semantische Operationen vorzunehmen.

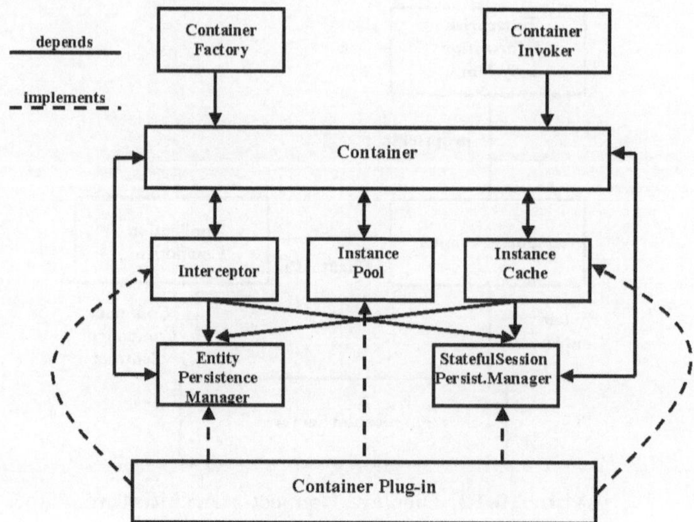

Abb. 10.13. Bestandteile des JBoss-Servers

Der Naming Service, s. Abb. 10.14, und der Transaction Service, s. Abb. 10.15, sind analog als MBeans aufgebaut. Ausnahme bei dem Aufbau ist der EJB-Container, s. Abb. 10.15. Dieser ist viel komplexer und nutzt intern einen so genannten Interceptor, der im Grund ein Filter Pattern, s. Abschn. 15.3.1, darstellt. Der Interceptor ist erweiterbar und kann sich so auf beliebige Typen einstellen.

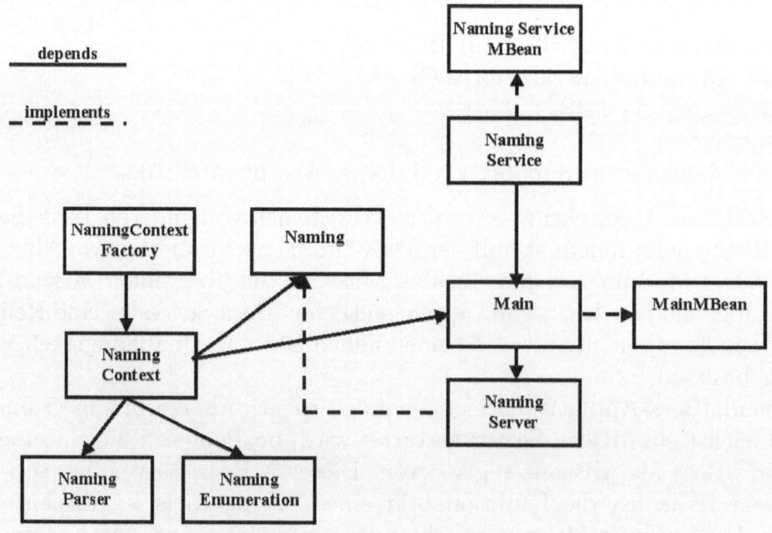

Abb. 10.14. Die Naming Services des JBoss-Servers

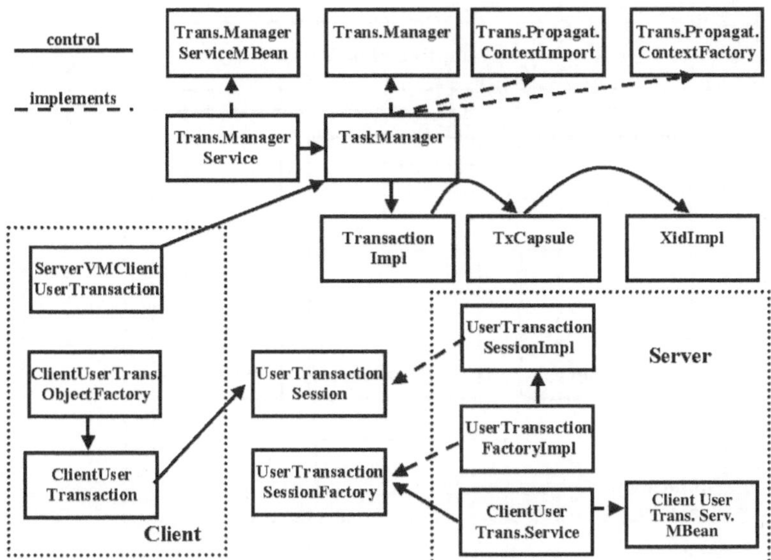

Abb. 10.15. Die Transaction Services des JBoss-Servers

Die große Stärke der JBoss-Architektur liegt darin begründet, dass JMX als eine Art Bus-System genutzt wird und das darunterliegende JMX sehr flexibel und breit einsetzbar ist. JBoss kann relativ leicht um eine neue Funktionalität erweitert werden, vorausgesetzt der neue Service ist JMX-kompatibel. Auf der negativen Seite muss festgestellt werden, dass die Implementierung des EJB-Containers dynamische Proxys benutzt. Die Folge hiervon ist, dass die Java-Introspektion benutzt werden muss. Diese Introspektion ist jedoch mit Performanz- und Skalierungsproblemen behaftet, da sie bei jedem Aufruf eine zusätzliche Indirektion darstellt.

10.2.13 WebSphere

Unter dem Begriff WebSphere vermarktet IBM eine ganze Reihe von Softwareprodukten. WebSphere enthält neben einem Webserver einen J2EE-Application-Server, s. Abb. 10.16, und etliche Connectoren, so z.B. WebSphereMQ für das MQ-Message-System.

Das Produkt WebSphere beinhaltet mehrere Application-Server, welche die Rolle des J2EE-Servers wie bei JBoss wahrnehmen. Jeder der Application-Server läuft in einer getrennten Java Virtual Machine. Der Message Server, ein JMS-Server, s. Abschn. 9.9, läuft getrennt und ermöglicht den Einsatz des MQ-Protokolls. MQ ist ein proprietäres Message-Protokoll von IBM, welches eine sehr gute Einbindung und Verbreitung im IBM-Mainframeumfeld besitzt.

Der WebSphere-Application-Server stellt eine breite Palette von Services für alle Container zur Verfügung:

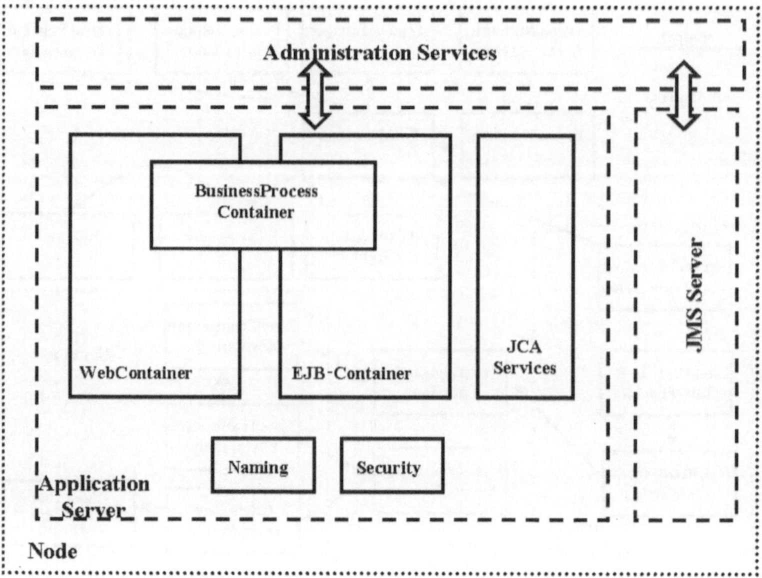

Abb. 10.16. Der schematische Aufbau von WebSphere

- JCA-Services. Die Verbindungen des WebSphere Servers nach außen ist durch ein so genanntes Connection Management realisiert, welches strukturell der J2EE-Connector-Architecture, JCA, folgt, s. Abb. 10.17. Die tatsächlichen Verbindungen werden durch Resource Adaptors auf der Enterprise-Seite implementiert. So werden dem Server z.B. CICS-Connectoren zur Verfügung gestellt. Das Connection Management erlaubt es, Connection Pools zu bilden, welche die gemeinsame Nutzung von Ressourcen erlauben. Neben der JCA-Architektur erlaubt das Connection Management auch JDBC-Verbindungen zu Datenbanken.
- Transaction Services. Der WebSphere Transaction Manager ist in der Lage Transaktionen in
  - JDBC-Verbindungen,
  - JMS-Queues und
  - JCA-Connectoren

  zu unterstützen.
- Message Listener Service. Der Message Listener Service ist eine Erweiterung der JMS-Funktionalität. Hier werden eine Reihe von Monitoren bereitgestellt, welche eine JMS-Queue beobachtet und steuert. Diese Funktionalität wird von den Message-driven Beans ausgenutzt.
- Object Request Broker Service. Der Object Request Broker, ORB, steuert die Wechselwirkung zwischen den Clients und dem Server, wobei das IIOP-Protokoll genutzt wird, s. Abschn. 9.7. Dieses Protokoll erlaubt es, dass sich Objekte innerhalb des Netzwerks finden und aufrufen lassen können. Der WebSphere-Application-Server benutzt den ORB exklusiv als „Back-

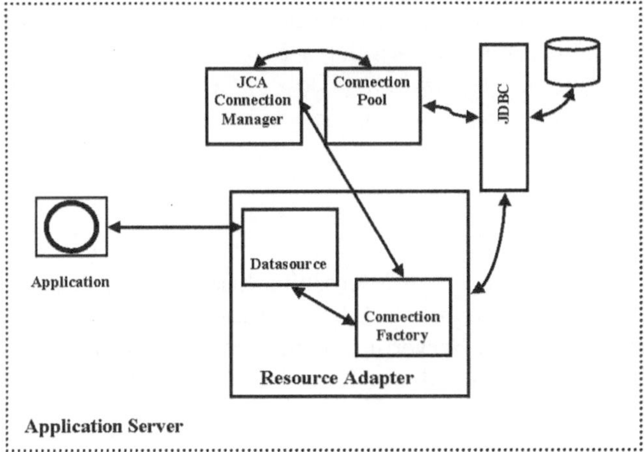

Abb. 10.17. Die J2EE-Connector-Architektur

bone" zur Kommunikation, d.h., die Aufrufe sowohl der Enterprise Java Beans als auch der Produktkomponenten erfolgen über den ORB.

- Naming Service. Jeder Application-Server stellt einen Naming Service zur Verfügung, welcher einen Namensraum nach dem JNDI-Protokoll, Java Naming and Directory Interface, liefert. Dieser Service registriert die Ressourcen, welche im jeweiligen Application-Server ablaufen. Das JNDI ist auf dem Common Object Request Broker Architecture Naming Service, s. Abschn. 9.7, aufgebaut. Dabei werden die CORBA-Naming-Services auf das JNDI-Protokoll abgebildet, sodass das JNDI nur einen Wrapper für den CORBA-Naming-Service darstellt. Die entsprechenden CORBA-Mechanismen bezüglich Hierarchien und Namensräumen machen dieses Konstrukt sehr mächtig.
- PMI-Service. Der Performance Monitoring Infrastructure Service, PMI, erlaubt es, Daten über die einzelnen Produkte zu sammeln. Interessanterweise wird hier keine JMX-Architekur wie beim JBoss genutzt.
- Administration Service. Interessanterweise folgt die Implementierung der Administration Services nicht dem JMX-Modell, obwohl dies naheliegend wäre. Vermutlich wurden die positiven Erfahrungen aus dem Tivoli-Umfeld ausgenutzt, um die Administration Services zu konzipieren.
- Session Persistence Service. Hierdurch können Sitzungen persistent gespeichert werden, um an andere Server übergeben oder zu einem anderen Zeitpunkt reinstanziiert zu werden. Für die Session-Persistenz existieren innerhalb der WebSphere zwei Mechanismen:
  - Database oder
  - Memory-to-Memory, wobei das interne Messaging genutzt wird. Das Store & Forward von Message Oriented Middleware wird hier effektiv genutzt, s. Abschn. 9.9.
- Security Service.

Das dem gesamten WebSphere unterliegenden CORBA-Protokoll bestimmt auch den internen Aufbau. Intern betrachtet ähnelt WebSphere einer Broker-Architektur, ganz im Gegensatz zu JBoss, welcher sehr viel stärker messageorientiert ist.

10.3 .NET

Die .NET-Strategie wurde von Microsoft Mitte des Jahres 2000 bekannt gegeben. Die Zielsetzung hinter .NET ist grundsätzlich gesehen der Versuch, größere Anteile auf dem Servermarkt zu gewinnen, nachdem Microsoft eindeutig den heutigen Client-Markt dominiert. Microsoft erklärt auf seiner Homepage:

> *.NET ist die ... Microsoft-Plattform für XML-Web-Services, die Informationen, Geräte und Anwender in einer einheitlichen und personalisierten Weise miteinander verbindet.*

Der Sprachstandard XML ist bei .NET die Schlüsseltechnologie, die zur Datenübertragung und Datenspeicherung genutzt wird. Microsoft konnte dabei auf die mit der Windows-DNA-Plattform gesammelten Erkenntnisse aufbauen. Bei der Kommunikation zwischen den Komponenten betritt Microsoft neue Wege. Die Webservices kommunizieren nicht mehr länger wie herkömmliche Komponenten über DCOM miteinander, sondern benutzen SOAP, welches nur HTTP und XML verwendet und somit keine homogene Infrastruktur auf dem Server und dem Client voraussetzt, s. Abb. 10.18.

Die .NET-Plattform befindet sich innerhalb eines Containers, des Webservice-Containers, welcher Qualitys of Service sowie Transaktions-, Sicherheits- und Nachrichten-Services für die Enterprise-Applikationen unterstützt.

Ziel des .NET-Frameworks ist es, verschiedene Produktgebiete, welche Microsoft in den Jahren zuvor getrennt angeboten hat, in ein „Gesamtprodukt" zu bündeln. Zu den Produktkomponenten, welche auf hoher Ebene enthalten sind, zählen:

- Database Access. Die Persistenz ist ein fundamentaler Teil jeder größeren Applikation, gleichgültig ob diese Applikation Datenbank- oder auch Datei-basiert ist. Das .NET-Framework liefert die Active Data Objects, ADO, als zentralen Bestandteil der Persistenz. Hier sind auch Produkte wie der SQL-Server angesiedelt.
- Directory Services. Wie schon bei CORBA, s. Abschn. 9.7, oder J2EE, s. Abschn. 10.2, gesehen, ist das Auffinden von Services oder Objekten elementar wichtig. Innerhalb von .NET wird dies über das so genannte Active Directory sichergestellt. Im Gegensatz zu den CORBA-Naming-Services stammt das Active Directory von den Fileservices ab, was auch seine gute Unterstützung beim Auffinden von URLs und ähnlichen Ressourcen erklärt.

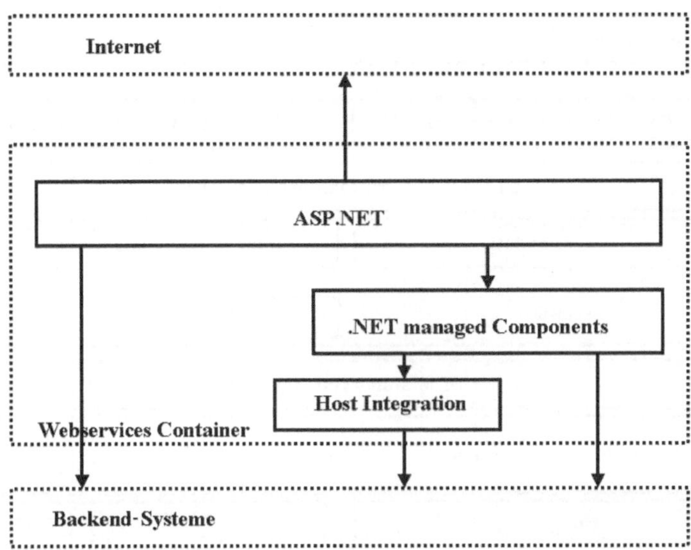

Abb. 10.18. Webservices des .NET-Frameworks

- Messaging. Das Messaging, s. Abschn. 9.9, wird durch die Microsoft Message Queue, MSMQ, gewährleistet, ein Produkt, was dem IBM-MQ sehr ähnlich ist.
- Mailing. Das Mailing wird durch Microsoft Exchange Server gewährleistet, im Gegensatz zu den klassischen SMTP- und POP3-Protokollen liegt hier der Schwerpunkt auf IMAP.
- Business Process Automation. Die BPA erlaubt es Microsoft, eine Reihe von Funktionen ereignisgesteuert automatisch abzuarbeiten. Diese Automatismen sind eine wichtige Funktion für ein System, welches aus einem Einzelarbeitsplatzsystem heraus entstanden ist. Traditionelle Batch- oder Mehrplatzsysteme, wie z.B. MVS oder Unix, sehen solche Funktionalitäten als trivial an.
- Application-Server. Mit dem Enterprise Server liefert Microsoft einen Application-Server sowie ein System, welches Lastverteilung erlaubt.

Die Microsoft-.NET-Strategie zur Erreichung des Marktzugangs für .NET basiert auf vier Eckpfeilern, s. Abb. 10.19:

- .NET My Services. Die .NET My Services sollen den Aufbau von Web-Applikationen im B2C-Sektor ermöglichen. Das .NET-Framework bietet zwar auch Unterstützung für die Entwicklung von Webservices, diese werden von der Strategie jedoch als Applikationen betrachtet und fallen daher nicht in den Bereich von .NET My Service.
- .NET Enterprise Server. Zu den .NET Enterprise Servern gehört laut Microsoft die Generation der Server-Produkte, z.B. der SQL-Server und der BizTalk-Server. Die .NET Enterprise Server wurden im Gegensatz zu ih-

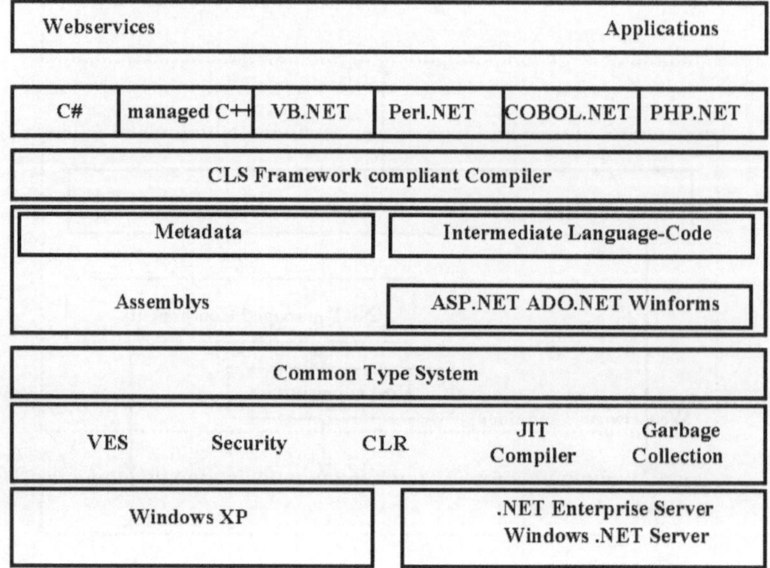

Abb. 10.19. Architektur des .NET-Frameworks

ren Vorgängern um spezielle Funktionen erweitert, welche die Interoperabilität der .NET-Applikationen verstärken sollen. Bei allen .NET-Servern wird SOAP, s. Abschn. 9.6.4, als Protokoll verwendet.

- .NET-Plattform. Mit der .NET-Plattform wird die Laufzeitumgebung bezeichnet. Diese besteht aus den Teilen:
  - Common Language Runtime, welche ein gemeinsames Typsystem für alle .NET-Sprachen bereitstellt,
  - und einem gemeinsamen Framework.[6]

  Damit können Applikationen in einer weiten Palette von Sprachen implementiert werden. Dazu gehört auch C#, obwohl die grundsätzlichen Züge von .NET völlig unabhängig von den Sprachspezifika des C# sind.[7]
- .NET Devices. Umfasst alle Geräte, welche vom .NET-Framework angesteuert werden können, dazu zählen z.B. PDAs, Handys, Autos usw.

Alle .NET-Applikationen werden in der Common Language Runtime, CLR, ausgeführt. Die CLR-Programme bestehen aus dem Intermediate Language Code, ILC, welcher von den einzelnen Compilern der jeweiligen .NET-Sprachen erzeugt wird, s. Abb. 10.21. Die Common Language Runtime besteht aus den Bestandteilen

- Common Type System,

---

[6]Das Framework geht so weit, dass Teile neuerer Versionen des Windowsbetriebssystems das .NET-Framework enthalten bzw. in ihm realisiert wurden.

[7]Obwohl das Framework sprachenunabhängig konzipiert ist, wird die Sprache C# aus historischen Gründen am ausführlichsten unterstützt.

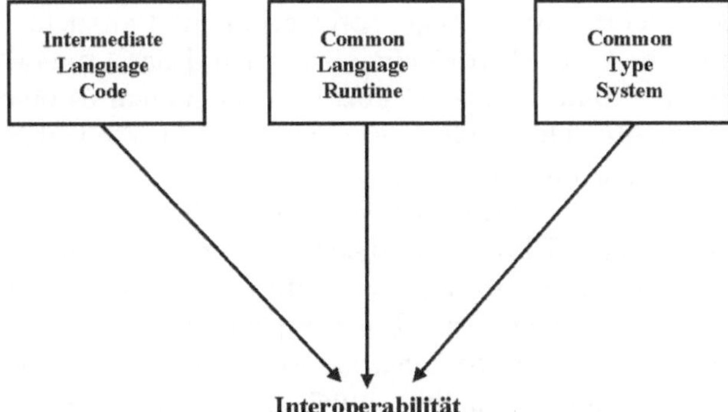

Abb. 10.20. Die Grundlagen der Interoperabilität

- Virtual Execution System,
- Security Manager,
- Just-in-time-Compiler,
- Garbage Collection.

Das .NET stellt ein einheitliches Typsystem für Programmiersprachen, das Common Type System, CTS,[8] zur Verfügung. Es stellt zwangsläufig den kleinsten gemeinsamen Nenner der einzelnen Sprachen dar, es ist jedoch so mächtig, dass es für alle .NET-Sprachen eine einheitliche Basis bildet und ermöglicht das Arbeiten ohne Typkonvertierung über die Sprachgrenzen der .NET-Sprachen hinweg. Es ist konsequent objektorientiert, enthält z.B. Klas-

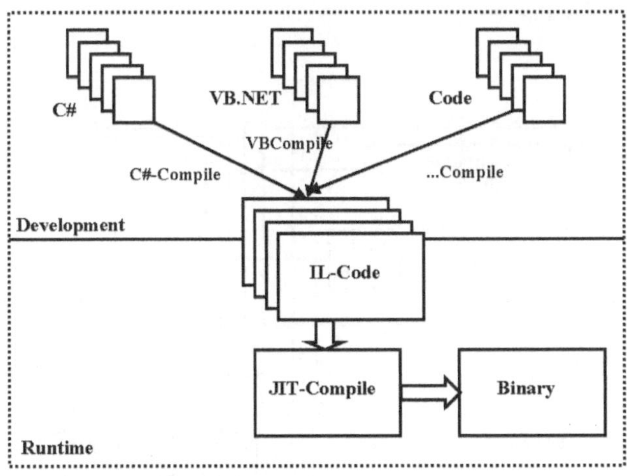

Abb. 10.21. Der Intermediate Language Code

[8]In der Sprache Java existiert dieses Problem nicht, da es hier nur eine Sprache, aber diverse virtuelle Maschinen gibt.

sen, Interfaces, Mehrfachvererbung, Polymorphie und virtuelle Methoden. Es können auch eigene Value-Types definiert werden. Das Common Type System stellt die Interoperabilität, s. Abb. 10.20, sicher, indem es eine Untermenge definiert, die alle Sprachen implementieren müssen. Diese Untermenge ist das so genannte Common Language Subsystem.

Weiterhin ist die Integration der Garbage Collection in die Common Language Runtime wichtig. Diese steht allen Sprachen, auch jenen, die bisher nur eine manuelle Speicherverwaltung unterstützten, zur Verfügung.

Der Programmquellcode der .NET-Sprachen wird in die so genannte Microsoft Intermediate Language, auch als MSIL bezeichnet, übersetzt. Diese ist streng typisiert und maschinenunabhängig. Zur Laufzeit wird der MSIL-Code durch den Just-in-time-Compiler in den proprietären Maschinencode übersetzt. .NET-Applikationen sind folglich interoperabel, da sie alle in derselben Sprache vorliegen, als so genannte Assemblys. Der MSIL-Code enthält neben dem ausführbaren Programmcode auch die kompletten Metadaten der Programme. Als Ergebnis dieses Ansatzes benötigen .NET-Programme keine externen Ressourcen, z.B. die Registry. Die so entstandenen Applikationen lassen sich daher sehr einfach im Rahmen des Deployments einsetzen.[9]

Bei der Ausführung der Assemblys wird ein kurzer Maschinencode ausgeführt, welcher die Common Language Runtime zur Ausführung des Programms lädt. Die Common Language Runtime übernimmt die Kontrolle über das jeweilige Assembly, welches dann Managed Code genannt wird. Außerdem steuert die Common Language Runtime die Garbage Collection und die Interoperabilität mit Nicht-.NET-Applikationen. Die Garbage Collection erfordert

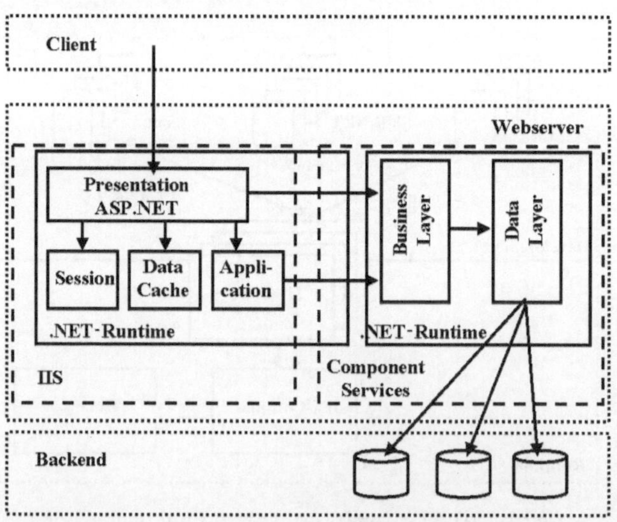

Abb. 10.22. Der .NET-Application-Server

9 De facto ist Deployment auf eine Art xcopy reduziert worden.

von einigen Sprachen wie zum Beispiel C/C++ eine Einschränkung ihrer Eigenschaften. Die .NET-Version von C++ wird deshalb auch managed C++ genannt. Bedingt durch die .NET-typische Garbage-Collection-Implementierung muss man bei dem managed C++ auf die gewohnte Pointerarithmetik verzichten.[10]

Betrachtet man die riesigen Mengen herkömmlichen Codes, welche noch immer im Einsatz sind, verwundert es nicht, dass .NET-Applikationen auch mit unmanaged Code zusammenarbeiten können müssen. Unmanaged Code ist ein Code, welcher nicht unter der Kontrolle der Common Language Runtime steht. Dieser unmanaged Code wird zwar trotzdem von der Common Language Runtime ausgeführt, er bietet aber nicht mehr alle Vorteile wie beispielsweise die des Common Type System und die der automatischen Garbage Collection.

Aus dem Blickwinkel der Topologie ist .NET eine Ansammlung von verschiedenen Architekturen. Am einfachsten ist der Application-Server, s. Abb. 10.22, der sich topologisch an alle anderen Application-Server anlehnt, s. Abschn. 9.8.

[10] Die Garbage Collection kann die verwendeten Pointer nicht berücksichtigen.

11

Migration und Integration

It is shaped, sir, like itself; and it is as broad as it hath breadth: it is just so high as it is, and moves with its own organs: it lives by that which nourisheth it; and the elements once out of it, it transmigrates.

Anthony and Cleopatra,
William Shakespeare

11.1 Einleitung

Der Mythos der Stand-alone-Applikation, einmal programmiert und ewig stabil, welche keinerlei Maintenance oder Integration benötigt, mit einem sich nie ändernden Datenmodell, starb einen langsamen und schmerzvollen Tod in den Neunzigerjahren. Obwohl es seit langem allgemein bekannt war, dass jede Applikation mit dem Ziel gebaut werden muss, zu überdauern, sich an neue Gegebenheiten anzupassen und in ein größeres System zu integrieren, bauten und bauen Softwareentwickler noch immer Applikationen, welche nur die momentan vorhandenen Anforderungen erfüllen. In manchen modernen Vorgehensweisen, so beispielsweise beim eXtreme Programming, ist man regelrecht stolz darauf, so zu verfahren. Annahmen, wie beispielsweise: *Die Applikation wird nur einige Jahre laufen und dann ersetzt werden*, haben sich stets als falsch herausgestellt. Besonders evident wurde die Langlebigkeit von solchen Provisorien im Jahr 2000, als das berüchtigte Y2K-Problem auftauchte, bzw. in besonderen Fällen wurden solche Annahmen auch bei der nachfolgenden Euroumstellung ad absurdum geführt.

Trotz all dieser konkreten Erfahrungen, die meiste Software wird heute immer noch in kompletter Ignoranz dieser Tatsachen entwickelt. Ohne zu realisieren, dass die Halbwertszeit für die Schaffung neuer Technologien in der Softwarebranche heute in der Größenordnung von 18 Monaten liegt. Die Folge dieses Vorgehens ist eine permanent veraltete unzulängliche Software, welche nicht in der Lage ist, auf die jeweils aktuellen Bedürfnisse des Anwenders zu reagieren.

Welche Lehren lassen sich aus diesen Erfahrungen ziehen?

Jede Anwendung muss sich in ein mehr oder minder homogenes Konglomerat von Applikationen integrieren lassen, keine Anwendung existiert für sich alleine. Da die langfristigen Kosten für die nicht integrationsfähige Software auf Dauer viel zu hoch sind, müssen Applikationen immer auf die Integration mit anderen Applikationen innerhalb eines Gesamtrahmens[1] ausgelegt sein. Dies bedingt jedoch auch eine Reflektion bzw. Beachtung der möglichen Architektur des Gesamtsystems, da ohne Architekturkompatibilität keine langfristig sinnvolle Integrationsform innerhalb des Gesamtrahmens des Unternehmens im Sinne einer Enterprise Architektur existieren kann.

Der zweite wichtige Punkt ist die Migration!

Praktisch gesehen, leben Applikationen in einer Art Verdrängungswettbewerb. Äußerst selten ist der Idealtyp der „grünen Wiese" in der Applikationslandschaft anzutreffen. In allen praktischen Fällen existieren Systeme und Datenhaushalte, die abgelöst werden müssen. Die in diesen Systemen enthaltenen Informationen stellen häufig einen großen Teil des Kapitals von Unternehmen dar und müssen zwangsläufig in das neue System in kontrollierter und risikobewusster Weise übernommen werden. Diesen Vorgang bezeichnet man dann als Migration. Beachtet man, dass die Zahl der verschiedenen Applikationen in einem großen Unternehmen im Bereich von mehreren Hunderten liegt, wobei jede einzelne Anwendung eine Lebensdauer von etwa 4 Jahren hat, so ergibt sich, statistisch gesehen, jede Woche eine Migration. Naturgemäß können die Auswirkungen dieser Migrationen recht unterschiedlich sein, aber im Ganzen betrachtet stellen sie doch eine große Herausforderung an das Unternehmen dar.

Aus diesen kurzen Überlegungen wird deutlich, dass neben der mehr strategischen Integration die Migration auf der operationalen Ebene eine wichtige ökonomische Rolle spielt. Wir werden die Frage des Zusammenspiels zwischen Enterprise Architektur und Migration in diesem Kapitel näher beleuchten.

Das Gebiet der Migration ist ein sehr weites, von daher ist eine Beschränkung auf ausgewählte Aspekte sinnvoll. Daher wird in diesem Kapitel der Weg zur Service Oriented Architecture als ein Standardbeispiel für die Migration von Legacy-Applikationen und die Enterprise Application Integration als Beispiel für den Bereich der Koexistenz von Legacy-Applikationen und neuen Applikationen vorgestellt.

11.2 Legacy-Migration

Wie kommt man von einer Legacy-Applikation zu einer „neuen" Applikation, ohne diese komplett neu zu bauen, oder wie kommen zwei Enterprise Architekturen zusammen?

Solche Fragestellungen sind immanent wichtig, da kein Unternehmen auf jede Änderung seiner Geschäftsprozesse in der Art und Weise reagieren kann, dass alle Applikationen durch völlig neue ersetzt werden. Viele Unternehmen können sich ein solches Vorgehen aufgrund der exorbitant hohen Kosten nicht

[1] Die Enterprise Architektur ist der Bauplan für den Gesamtrahmen.

leisten, außerdem stehen Legacy-Applikationen und Geschäftsprozesse oft in einer untrennbaren Verbindung, da, nicht selten, der Geschäftsprozess nach dem impliziten Applikationsprozess modelliert wurde.

Für eine Migration mit einer Legacy-Applikation kann es, je nach System, unterschiedliche Zielsetzungen geben. Zum einen kann die Zielrichtung sein, ein stabiles System, und zum anderen ein möglichst flexibles System aufzubauen. Die dritte Möglichkeit wäre es, ein dynamisches System aufzubauen.

Stabile Systeme sind solche, deren Geschäftsprozessgrundlage sich nur sehr selten ändert und lange stabil bleibt. Aus heutiger Sicht bedeutet dies, dass die Lebensdauer eines Geschäftsprozesses in der heutigen Form, d.h. ohne jede Änderung, mindestens 5 Jahre beträgt. Ein solches System ist in Bezug auf die Enterprise Architektur als stabil zu bezeichnen.

Häufig existiert das stabile System aus dem Grund heraus, dass es eine COTS, eine „Commercial Of The Shelf"-Software, ist. In diesen Fällen hat der Produzent die Stabilität sichergestellt. Es gibt sogar einige kommerzielle Systeme, welche schon als Service im Sinne eines extended Enterprises ausgelegt sind. Dazu zählen z.B. Gehaltsabrechnungssysteme; hier gibt es, speziell im mittelständischen Bereich, eine lange Tradition, diese Dienstleistung einzukaufen. Die Datev ist ein bekanntes Beispiel hierfür.

Damit eine Legacy-Applikation als stabil bezeichnet werden kann, muss sie eindeutig identifizierbar sein, d.h., alle ihre Teile müssen die gleiche Stabilität besitzen. Damit dies erreicht werden kann, ist es nötig, die instabilen Teile abzutrennen, s. Abschn. 15.2.9, und eine entsprechende Kapselung vorzunehmen. Typischerweise sind stabile Applikationen nicht „unternehmenskritisch[2]", d.h., sie geben dem Unternehmen keinen Wettbewerbsvorteil, was darin begründet liegt, dass der Prozess, welcher durch die stabile Legacy-Applikation abgedeckt ist, sich nicht verändert. Da er sich aber nicht verändert, kann er in der Regel nicht zu einem Kernprozess des Unternehmens gehören, weil solche durch den Markt und die Konkurrenz verändert werden. Oder, im Umkehrschluss: Wäre die Applikation stabil, aber unternehmenskritisch und hätte sie sich nicht ändern können, so wäre sie im Laufe der Zeit obsolet geworden.

Flexible Applikationen ändern sich mit einer Lebensdauer von 2–5 Jahren und müssen danach verändert werden. Solche Applikationen sind wertvolle Quellen, als Services, für neu zu schaffende Applikationen. Die Wahrscheinlichkeit, mit der sie sich ändern, impliziert, dass es am sinnvollsten ist, die Teile, welche stabil bleiben, von denen, die sich verändern, zu isolieren und so einen auf Dauer stabilen Kern zu bilden. Dieser hat nun nicht mehr unbedingt den Charakter einer Applikation, dafür muss er aber den Charakter eines Services, im Sinne einer Service Oriented Architecture, besitzen. Üblicherweise besitzt ein Unternehmen mehr stabile als flexible Systeme. Im Gegensatz zu den stabilen Systemen sind die flexiblen Applikationen in der Regel strategischer und proprietärer ausgerichtet.

[2]Eine Ausnahme von dieser Regel wäre ein hoch spezialisiertes Legacy-System, welches eine sehr spezielle und einzigartige Funktionalität aufweist.

Die letzte Kategorie sind dynamische Applikationen, d.h. solche, deren Lebensdauer unter 2 Jahren liegt. Solche Dynamik kann nur dadurch erreicht werden, dass Services von anderen Applikationen genutzt werden. Die Zahl der dynamischen Systeme in einem Unternehmen dürfte sehr klein sein, vermutlich weniger als 5. Ein typisches Beispiel für dynamische Systeme sind Portale, s. Abschn. 9.11, die allein durch ihre Konstruktion aufzeigen, wie schnell sie sich verändern können.

11.2.1 Applikationen

Mit der Frage, was aus der Legacy-Applikation wird, ist heute jedes größere IT-System konfrontiert, selbst Standardsoftwarehersteller haben bei ihren Produkten dieselbe Fragestellung vorliegen. Die Ausgangssituation ist der Bedarf von einer Applikation, welche eine hohe Entropie besitzt, zu einer zu kommen, welche eine niedrigere Entropie hat, siehe auch Kapitel 6. Die gesamte Legacy-Applikation ist lauffähig, aktiv im Einsatz und unterliegt einer kontinuierlichen Weiterentwicklung. Aber aufgrund des Alters, der vielen Veränderungen, mittlerweile ist die vierte Betriebssystemplattform eingeführt worden, öfterem Redesign und nur noch wenige der ursprünglichen Entwickler sind noch im Unternehmen, ist eine sehr hohe Entropie entstanden. Viele verschiedene Programmierstandards, Entwicklungsprozesse und auch Patterns wurden in der Vergangenheit auf die Applikation angewandt, welche folglicherweise eine Reihe von totem Code als auch jede Menge Ballast enthält. Was hier wie ein Horrorszenario klingt, ist der De-facto-Zustand eines großen Teils der Applikationen im Banken- und Versicherungsumfeld. Folgende Schritte erleichtern die Arbeit, eine solche Migration unter Kontrolle zu halten:

1. Rekonstruktion der Applikation bzw. der Enterprise Architektur, s. Abschn. 11.3. Diese Rekonstruktion ist für sich alleine genommen schon ein gigantisches Unterfangen. Für die Applikation ist es am günstigsten, die Common Features zu extrahieren und diese zu dokumentieren. Da vermutlich ein Teil der Applikation komplett neu bzw. mit anderen zusammengemischt werden wird, ist es nicht nötig, jedes Detail vollständig zu dokumentieren. Ein Use-Case-Modell sollte hier völlig ausreichen.
   Einer der häufigsten Fehler an dieser Stelle ist der Versuch des Redesigns ausgehend vom Datenmodell. Zwar ist dieses Vorgehen verständlich, es stellt den Weg des geringsten Widerstands dar, da die Daten vorhanden sind und recht gut werkzeuggestützt analysiert und redesigned werden können, ganz zu schweigen von der Datenmigration. Trotzdem ist davon dringend abzuraten. Dieses Bottom-up-Design aus datenzentrischer Sicht führt zur stillschweigenden Übernahme alter Implementierungsfehler in die „neue“ Software. Besser ist es vom Benutzerprozess aus, dem Use Case, zu starten.
2. Extraktion der Common Features. Die aufgefundene gemeinsame Funktionalität mehrerer Applikationen ist der ideale Kandidat für Wiederverwendung, da offensichtlich dieselbe Funktionalität mehrfach implemen-

tiert wurde, was wiederum ein sehr starkes Indiz für mögliche Wiederverwendung darstellt.

3. Definition der Mikroarchitektur. Diese sollte selbstverständlich im Rahmen der Enterprise Architektur zulässig und sinnvoll sein.
4. Definition der Applikation. Da es sinnvoll war, mehrere Applikationen während der analytischen Rekonstruktion gemeinsam zu betrachten – der Grund ist primär die Wiederverwendung – muss beim Design die Applikation und speziell ihre Abgrenzung gegen andere Applikationen zielgerecht und eindeutig definiert werden.
5. Implementierung der Applikation im Wechselspiel mit der sich ändernden Enterprise Architektur.

Dieser Zyklus muss sich permanent wiederholen, nur so kann eine kontinuierliche Entwicklung eines Legacy-Systems sichergestellt werden[3].

11.2.2 Fusionen

Was sich auf applikativer Ebene so behandeln lässt, das setzt sich auf der Ebene der Enterprise Architekturen fort. Aber im Gegensatz zu den Applikationen stellen sich die Enterprise Architekturen einer anderen Herausforderung, der Fusion von Unternehmen!

Das wichtigste Ziel bei einer Fusion der Enterprise Architekturen ist es herauszufinden, wie die einzelnen Geschäftsbereiche des neuen Unternehmens zusammenarbeiten. Eine Möglichkeit ist es, das gemeinsame Unternehmen wie eine Art extended Enterprise zu behandeln. Dieses Vorgehen ist zwar per se möglich und erfolgreich, es wird sich jedoch auf lange Sicht nicht durchhalten lassen, da sich jetzt das IT-Budget additiv verhält. Auf Dauer wird der Budgetdruck so hoch werden, dass beide Enterprise Architekturen zu einer migriert werden müssen. Die andere Möglichkeit ist es, die Karten für die Enterprise Architektur neu zu mischen.

Im Grunde sind die Mechanismen für Enterprise Architekturen dieselben wie für die Geschäftsprozesse. Fusionen sind für alle Beteiligten extrem anstrengend und jede Seite der Fusion versucht mit Macht, seine Interessen durchzusetzen, so auch bei der Enterprise Architektur. Ironischerweise stellt sich die Frage nach gut oder schlecht meistens gar nicht, sondern objektive Kriterien für Enterprise Architekturen werden im Fusionsfieber in den meisten Fällen dem persönlichen Ego einzelner Vorstände geopfert. Und in diesem Kampf spielt neben den Produkten die IT eine zentrale Rolle, da die IT im postfusionierten Gesamtunternehmen ein echter Machtfaktor ist.

Unter Berücksichtigung dieser hochgradig emotionalen Faktoren ist es zu verstehen, dass die resultierenden IT-Systeme vieler Fusionserfolge langfristig gesehen einen „Pferdefuß“ darstellen.[4]

---

[3]Softwareentwickler nennen diese Vorgehensmethodik „den Zombie schminken“.

[4]Es sind Fälle bekannt, bei denen die Fusionen an der Unvereinbarkeit der beteiligten Enterprise Architekturen gescheitert sind.

11.3 Rekonstruktion

Eine Enterprise Architektur ist nicht nur Neuentwicklung. In den meisten Unternehmen liegt ein großer Teil der Enterprise Architektur fertig implementiert vor, ohne dass sie überhaupt explizit dokumentiert wurde. Die so entstandene De-facto-Enterprise-Architektur ist eine sehr wertvolle Quelle an Informationen über das Unternehmen[5], bzw. ohne ihre Evaluierung ist die Migration zu einer neuen Enterprise Architektur nicht vernünftig plan- und steuerbar. Von daher stellt die Rekonstruktion der vorhandenen Enterprise Architektur eine sehr wichtige Disziplin dar.

Zu den klassischen Fragestellungen der Rekonstruktion gehören:

- Bewertung der Übereinstimmung der gebauten Architektur mit der eventuell vorhandenen Dokumentation. Diese Bewertung lässt sich aus zwei Blickwinkeln sehen. Zum einen kann die Architektur gegenüber der Dokumentation gemessen werden, und zum anderen umgekehrt, was mehr den Charakter einer Redokumentation hat.
- Komplette Rekonstruktion, da keinerlei Dokumentation vorhanden ist.

Zu den auf dem Weg zur Rekonstruktion auftauchenden Problemen gehört der oben erwähnte Unterschied zwischen dem Design und der tatsächlichen Implementierung einer Enterprise Architektur. Der Hintergrund dieser Problematik besteht darin, dass die Architektur oft nicht den primären Fokus während den Implementierungsphasen besitzt. Merklich wird dieses Phänomen besonders bei der Betrachtung der Verfolgbarkeit, Traceability, beginnend mit dem Entwurf über das Design bis zur Implementierung der Enterprise Architektur. Verstärkt wird diese Problematik noch durch ein häufiges Subcontracting oder Offshoring. Ein weiterer Faktor kann hier der Einsatz von diverser Standardsoftware sein. Üblicherweise besitzt fast jede Standardsoftware eine mehr oder minder ausgeprägt individuelle Architektur, die, wenn überhaupt, nur rein zufällig zur Enterprise Architektur passt[6].

Der zweite große Problemkreis ist das Vorhandensein von mehr als einer Implementierungssprache. Dies ist nicht ungewöhnlich, da selbst Produkte von Standardsoftwareherstellern in der Regel mehr als eine Sprache zur Implementierung nutzen. Zwar ist eine Enterprise Architektur per se unabhängig von der konkreten Implementierungssprache, die Entwickler sind es jedoch nicht. In den meisten Systemen ist das Know-how über die bestehende Enterprise Architektur über mehrere Köpfe im Unternehmen verteilt, die sich oft nach der jeweiligen Implementierungssprache differenziert haben. Verstärkt wird dieses

[5] Wenn Conways Law, s. Abschn. 15.4.8, in Betracht gezogen wird, zeigt sich, dass die Architektur im Grunde große Teile der Organisationsstruktur widerspiegelt.

[6] Ausnahme wäre hier ein Unternehmen, welches ein Komplettsystem, z.B. SAP, einsetzt. Hier wäre die Enterprise Architektur durch das Komplettsystem prädefiniert.

Problem durch die – in der Vergangenheit durchaus übliche – Trennung der PC-Entwicklungsteams und der Mainframe-Entwicklungsteams.[7]

11.4 Webservices und SOA

Der Weg von der Legacy-Landschaft hin zu einer Service Oriented Architecture, die als Webservices implementiert werden kann, durchläuft die Stufen:

- Stufe 1: Ausgangssituation, welche heute noch vorherrscht und durch die jetzige Legacy-Landschaft dominiert ist. Geprägt ist diese Stufe von der nur zufälligen Integration einzelner Legacy-Applikationen.
- Stufe 2: Diese Stufe wird durch die Einführung von Wrappern, nach dem Façade Pattern, für die einzelnen Legacy-Applikationen geprägt.
- Stufe 3: Wenn die vorherige Stufe abgeschlossen ist, beginnt die Ära der managed Webservices.
- Stufe 4: Am Ende der managed Webservice-Ära steht der Paradigmen-Wechsel zu einer echten Service Oriented Architecture an.

Die Enterprise Architektur, welche aus der Service Oriented Architecture entsteht, hat jedoch auch einige direkte Konsequenzen. Zum einen muss das Gesamtsystem eine immense Stabilität im Netzwerk haben. Selbst ein kleiner, partieller Ausfall des Netzwerkes legt das gesamte Unternehmen lahm, da bewusst auf Redundanz verzichtet wird, was, in bestehenden Netzwerken im Sinne einer Investition, zum Teil sehr teuer sein kann. Zum anderen resultiert aus dem XML-Protokoll ein sehr großer Overhead über jede Form der Kommunikation zwischen den Services.

Außer den technischen Herausforderungen gibt es auch noch organisatorische. Heutige IT-Systeme sind in ihrer Verantwortlichkeit für die Applikationen und Daten meistens fachlich orientiert. In der Endausbaustufe, jenseits des Paradigmen-Wechsels, ist die Verantwortlichkeit für einzelne Services und die daraus resultierenden Daten fragwürdig geworden, da sie praktisch auf das ganze Unternehmen verteilt sind. Die Erfahrung zeigt, dass wenn ein direkt wirksames Incentive zur Pflege der Daten und damit zur Aufrechterhaltung ihrer Qualität fehlt, es zu einem rapiden Zerfall der Datenqualität innerhalb von Organisationen kommt.

11.4.1 Zufällige Integration

Die heutige Applikationslandschaft ist durch ein hohes Maß an Legacy-Applikationen gekennzeichnet. Diese sind alle untereinander abgeschottet und nur geringfügig integriert. Es muss sich hierbei nicht unbedingt um Individualsoftware handeln, auch Standard- oder Customizable-Software fällt unter diese Katego-

[7]Erfahrungsgemäß ist zwischen diesen beiden Teams die Sprachbarriere besonders hoch.

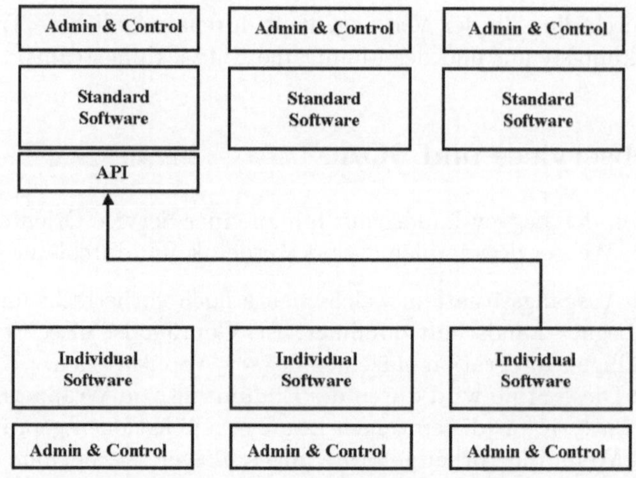

Abb. 11.1. Ära der zufälligen Integration

rie. Manche der Standardsoftwarepakete bieten ein API nach außen an, welches eine einfache proprietäre Form der Integration ermöglicht. Dieses API bewegt sich auf der sehr niedrigen Ebene des Call-Interfaces von einem Programm zum anderen. Obwohl es punktuelle Integrationen zwischen einzelnen Applikationen gibt, ist die mangelnde Integration auf breiter Front ein Charakteristikum, s. Abb. 11.1, der heutigen Situation in vielen großen Unternehmen.

Die sporadisch vorhandene Integration wird durch direkten API-Aufruf innerhalb des rufenden Programmes implementiert. Jede Applikation besitzt ihre eigene Untermenge von Infrastrukturservices im Sinne einer SOA, so z.B. Berechtigungsverwaltung oder Backup- und Restoreverfahren. Es ist die klassische Stove-Pipe-Architektur der Legacy-Ära. Obwohl vielen Softwareentwicklern diese sehr weit entfernt vorkommt, so ist es doch in großen Unternehmen de facto der Standard. Es gibt Schätzungen, dass ca. 60–80% der betriebswirtschaftlichen Software, die heute im Einsatz ist, in COBOL als Monolith implementiert wurde. Ein großer Teil der Applikationen sind ohne jede Architekturrichtlinie entstanden, trotzdem stellen sie eine hohe Investition dar, die es gilt, auch langfristig zu erhalten. Neben den reinen Softwarekosten stellt auch die angefallene Datenmenge ein sehr großes Kapital dar.

11.4.2 Webservice-Wrapper

Der erste Schritt in Richtung der Service Oriented Architecture ist die Einführung von Wrappern als Beginn der Webservices. Diese Wrapper werden nach dem Pattern Façade implementiert, s. Abb. 11.2.

Wie granular oder grob der einzelne so entstandene Webservice ist, hängt primär von der inneren Architektur der einzelnen Applikation ab. Bei Standardsoftware wird üblicherweise das API direkt mit einer Façade versehen,

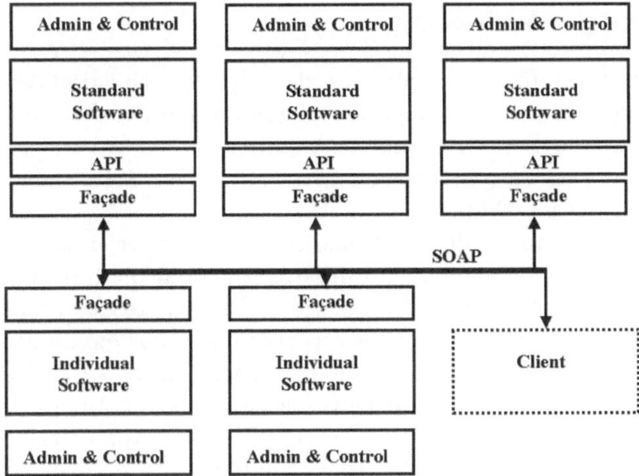

Abb. 11.2. Webservices mit einer Façade

allerdings gibt es auch heute schon Hersteller, die ein vollständig implementiertes Webservice-Interface liefern. Auch ein eventuell vorhandes XML-Interface erleichtert den Integrationsaufwand während dieser Entwicklungsstufe ungemein.

Neben der reinen Abbildung der Geschäftsprozessfunktionalität und der entsprechenden Daten muss die Façade die anwendungsspezifische Zugriffs- und Berechtigungsmechanismen reimplementieren, da sonst die einzelnen Webservices nicht autark sein können, d.h., ihre Nutzung würde dann implementierungsspezifisches Know-how benutzen müssen.

Jeder Client kann nun die Funktionalität der einzelnen Applikationen mittels eines gemeinsamen öffentlichen Protokolls nutzen. Diese Enterprise Architektur ähnelt sehr stark einer Frühform der Enterprise Application Integration, hat aber im Gegensatz zu dieser den Vorteil, keine proprietären Protokolle zu nutzen. Wobei schon jetzt Client generisch zu sehen ist, d.h., es kann sowohl ein Benutzer-Client als auch ein völlig anderes Programm sein.

Im Gegensatz zu einer echten Enterprise Application Integration fehlen auf dieser Stufe noch die Features:

- Datatranslation, d.h., die Übersetzung der einzelnen Datenelemente zwischen den Applikationen existiert nicht in einem allgemein anerkannten Format. Die Folge hiervon ist, dass der Client sich dieser Fragestellung widmen muss. Obwohl dies bei XML-Interfaces mithilfe von XSLT geschehen kann, stellt dies eine Erhöhung der Komplexität dar.
- Die zentralen Infrastrukturservices sind nicht vorhanden, d.h., jede einzelne Applikation implementiert und definiert noch eine Untermenge der Infrastrukturservices.
- Die Business-neutralen Services sind nicht existent, Service-übergreifender Workflow ist nicht einfach implementierbar.

11.4.3 Managed Webservices

Die Applikationsintegration jenseits der simplen Façade-Lösung wird dadurch bewerkstelligt, dass einige der gemeinsamen Services aus den unteren Service-Layers der Service Oriented Architecture als Webservices implementiert werden. Diese Untermenge gehört zu der Infrastruktur oder den Businessneutralen Services, s. Abb. 11.3.

Diese Verschiebung von Funktionalität, weg von der einzelnen Applikation und hin zu einer breit angelegten Infrastrukturfunktionalität, bedarf des starken Eingriffs in jede einzelne Applikation. Faktisch gesehen muss bei der Individualsoftware ein Reengineering vorgenommen werden. Leider funktioniert aus diversen Gründen dies bei Standardsoftware nicht so einfach. Die resultierende Entkoppelung vom üblichen Releasezyklus des Herstellers ist extrem risikoreich. Die Folge hiervon ist, dass ein Teil der Applikationen redundant die gemeinsamen Services implementiert haben.

Der kritische Teil während dieser Stufe ist das zentrale Service Management, es stellt Services wie die

- Registry
- Authentisierung
- Monitoring
- Fail-Over

unternehmensweit für alle Webservices zur Verfügung. Dieses zentrale Service Management liefert einen gemeinsamen Zugriffs- und Kontrollpunkt für Service-Management-Funktionen über die heterogenen Applikationen hinweg für alle Services und Applikationen.

Die Motivation zum Einsatz eines solchen Systems sind zu diesem Zeitpunkt die Einsparungen, welche die weitere Nutzung der bisher vorhandenen

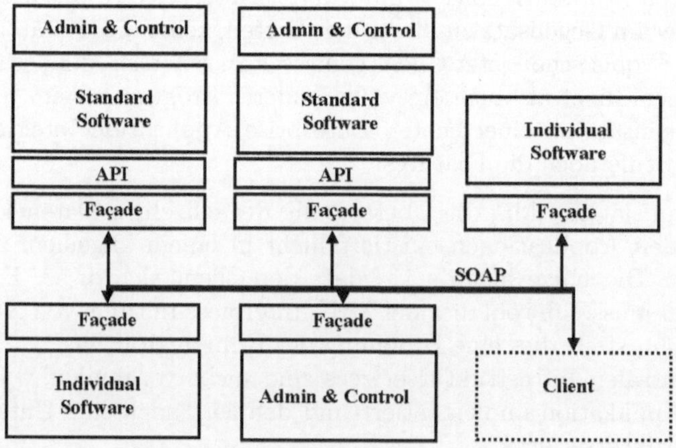

Abb. 11.3. Managed Webservices

Applikationen bringen. Durch die einfache Form der Integration und Zugänglichkeit eines großen Teils der Applikationen im Unternehmen wird der Druck zur Neuentwicklung gesenkt.

Trotz aller Anstrengungen sind zu diesem Zeitpunkt die Vorteile der so entstandenen Enterprise Architektur fast nur technischer Natur, da die eigentlichen Geschäftsregeln und -prozesse in separaten Applikationen, zum Teil redundant, abgebildet wurden. Jeder größere Wechsel eines Geschäftsprozesses bedarf immer noch des Eingriffs in diverse heterogene Applikationen.

11.4.4 Paradigmaverschiebung

Eine „echte“ Service Oriented Architecture ist dann erreicht, wenn sich alle bestehenden Legacy-Applikationen in ihre Business-Object-Bestandteile aufgelöst haben, s. Abb. 11.4. Von nun an existieren, zumindest für den Benutzer, keine einzelnen Applikationen mehr, jeder Geschäftsprozess nutzt die Business-Services, um seine Abläufe innerhalb der IT zu implementieren. Eine sehr homogene Enterprise Architektur ist jetzt entstanden.

Dieser Schritt, hin zu den Business-Services, ist für objektorientierte Systeme einfacher zu erreichen als für klassisch monolithische Applikationen. Dies ist im Grunde ein unbewiesenes Vorurteil. Je nach Qualität der Implementierung ist eine Restrukturierung einer objektorientierten Applikation sehr aufwendig bzw. einer monolithischen Anwendung sehr kostengünstig.

Alle Business-Services nutzen nun die applikationsneutralen Service-Layers. Dies vereinfacht sowohl die Wechselwirkung als auch die Ansteuerung der einzelnen Business-Services ungemein. Über alle Applikationen hinweg entsteht nun ein zentrales Prozess-Management, welches, wie „Legobausteine“, die neuen Arbeitsabläufe durch Zusammenfügung der vorhandenen Teile baut und steuert.[8]

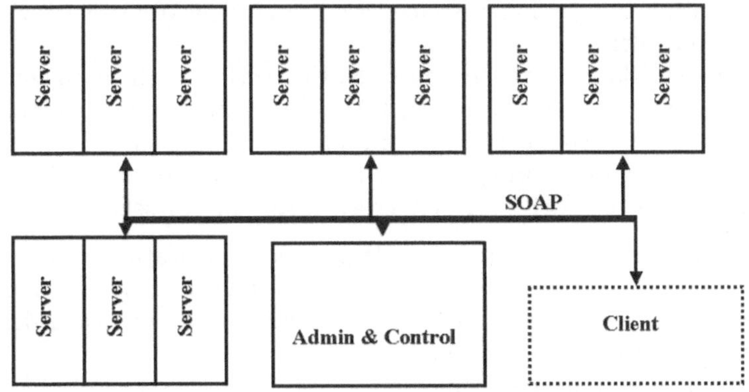

Abb. 11.4. Perfekte Webservice-Architektur

[8]Die Konsequenzen für die Entropie und Temperatur eines solchen Systems wurden in Abschn. 9.5 diskutiert.

11.5 Enterprise Application Integration

In der Vergangenheit war das Gebiet der Enterprise Application Integration ein Nebenschauplatz. Zwar sahen viele Unternehmen es als sinnvoll an, ihre Applikationen mithilfe eines solchen Systems zu integrieren, doch die wirkliche Notwendigkeit im Sinne eines Business Drivers war nicht vorhanden. Koppelungen durch Enterprise Application Integration entstanden eher zufällig oder waren durch interne Versuche, einen Workflow aufzubauen, geprägt. Erschwert wurde die Idee der Enterprise Application Integration durch das hohe Maß an Proprietät der jeweiligen Werkzeuge. Dieser Zugang hat sich durch vier Entwicklungen der letzten Jahre drastisch verändert. Diese Entwicklungen sind:

- Webservices, s. Abschn. 11.4,
- Real Time Enterprises,
- Extended Enterprises,
- virtuelle Unternehmen.

Sowohl für die Enterprise Application Integration als auch für die Webservices bedeutet dies, dass in den zukünftigen Jahren es zu einer Konvergenz zwischen beiden Ansätzen kommen wird. Diese wird vermutlich in mehreren Stufen ablaufen:

1. Die Enterprise-Application-Integration-Systeme werden verstärkt neben ihren eigenen, proprietären Protokollen das SOAP und UDDI der Webservices nutzen können. Zunächst wird dies nur parallel geschehen, auf Dauer wird aber dieses Protokoll letztendlich auch intern genutzt werden, eine Entwicklung, welche analog dem Durchbruch von TCP/IP als Netzwerkprotokoll ist.
2. Die Enterprise-Application-Integration-Systeme werden nach der Integration der standardisierten Webserviceprotokolle sich selbst als ein Framework für Webservices entwickeln. D.h., das primäre Ziel der Enterprise-Application-Integration-Systeme ist es, jetzt viele Webservices zur Verfügung zu stellen.
3. Der finale Schritt wird sein, dass das Enterprise-Application-Integration-System selbst ein Webservice wird. Mit diesem Schritt werden Webservices und Enterprise-Application-Integration-Systeme auf eine Metaebene gehoben. Hiermit wird die Integration selbst wieder ein Service, was im Grundgedanken der Model-driven Architecture, s. Abschn. 13, sehr nahe kommt.

Bei dem Aufbau eines Enterprise-Application-Integration-Systems können eine Reihe von integrationstypischen Problemstellungen auftauchen, welche de facto den Erfolg eines solchen Projekts und damit den Erfolg der ganzen Enterprise Architektur gefährden.

Sehr häufig entsteht das Phänomen des Applikationsspaghettis. Analog der schleichenden Entwicklung von Spaghetticode[9] innerhalb eines Programms

[9] Im Fall einer Schichtenarchitektur nennt man dieses Phänomen sinnigerweise Lasagnecode.

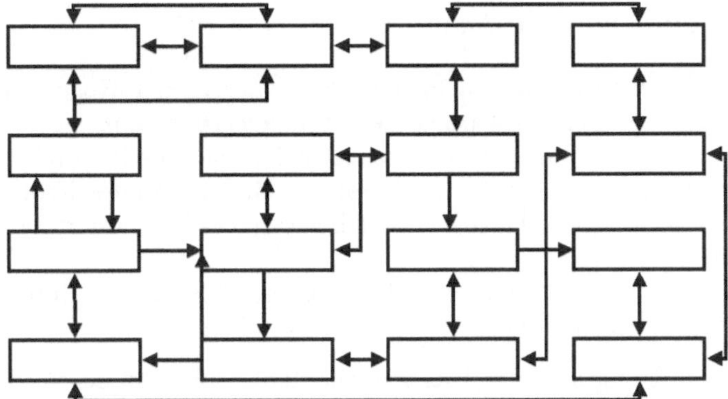

Abb. 11.5. Die Spaghetti-Architektur

kann die Integration dazu führen, dass viele Applikationen direkt und zum Teil indirekt miteinander verknüpft sind, sodass ein undurchsichtiges Wirrwarr entsteht, s. Abb. 11.5. Hintergrund für die Entstehung ist – in der Regel –, dass, wann immer sich neue Anforderungen an die Geschäftsprozesse zeigen, ein neues Interface konstruiert wird bzw. die Applikationen willkürlich kombiniert werden. Neben den sehr hohen Maintenance-Kosten und der zunehmend schlechteren Flexibilität enstehen sehr lange Entscheidungszeiten, da jetzt Auswirkungen von Änderungen nur noch sehr schwer und langwierig planbar sind. Das beste Mittel gegen dieses Phänomen ist der Aufbau einer abstrakten fachlichen Integrationsschicht, dem so genannten Business Bus oder auch Business Broker, welcher dann der Bedingung einer relativ kleinen Anzahl von Interfaces genügt:

$$n\,(\text{Interfaces}) \approx \mathcal{O}\,(n\,(\text{Applikationen}))$$

Ein weiteres Phänomen ist der entstehende Mangel an Skalierbarkeit, und zwar im Bereich der Hard- als auch der Software. Dieses Problem entsteht primär durch eine unkontrollierte Entwicklung der Enterprise Application Integration, ohne dass eine Enterprise Architektur hinreichend hohen Einfluss hatte.

Zusätzlich zu den oben erwähnten Problemen kommt in der Praxis oft noch die mangelnde Wiederverwendung bestehender Interfaces, meist aus Unkenntnis[10] oder aus Bequemlichkeit[11], hinzu. Eine Verteilung sowohl der Verantwortung als auch der Softwareentwicklung verstärkt dieses Phänomen oft.

[10] Dieses Verhaltensmuster lässt sich in der Diskussion über den Softwaredarwinismus, s. Abschn. 15.2.4, wiederfinden.

[11] Obwohl es auf den ersten Blick so aussieht, als ob die Verwendung eines bestehenden Interfaces das Bequemste ist, sieht der mit der Aufgabe betraute Entwickler das oft nicht so. Speziell bei komplexen Interfaces will der Einzelne nicht die Zeit investieren, welche notwendig ist, um das Interface zu verstehen. Daher ist es subjektiv betrachtet oft bequemer, ein neues Interface zu bauen.

11.5.1 Legacy-Applikationen

Während die Integration von Standardsoftware in der Regel ohne größere Veränderungen an der Software vorgenommen werden kann, ist es im Legacy-Fall schwieriger. Bei Standardsoftware reduziert sich die Integration aus technischer Sicht auf die Frage, ob der Hersteller ein bestimmtes Protokoll für die Integration unterstützt. Dagegen sind bei Legacy-Software größere Eingriffe notwendig.

Grundsätzlich, vom Vorgehen her, lassen sich für die Integration von Legacy-System drei verschiedene Ansätze verfolgen:

- Externes Reengineering: Das externe Reengineering geschieht über die Erweiterung bzw. Modifikation von Standardsoftwareprodukten. In diesem Fall liefert der Hersteller die nötige Software, um die Integration zu gewährleisten. Praktische Beispiele für diese Form des Reengineerings sind, z.B. von IBM, der CICS-Webservice, das CICS Transaction Gateway oder die breite Palette von 3270-Wrappern. In allen Fällen werden die bestehenden Kommunikationskanäle der Applikation genutzt, um sie mit neuen Daten zu füllen und in das Enterprise-Application-Integration-System zu transportieren. Diese Form des Reengineerings ist zwar recht risikoarm, da die Applikationen nicht verändert werden, allerdings ist das Entwicklungspotenzial auch sehr gering. Des Weiteren tendieren solche Ansätze dazu, die hohe Komplexität, welche sich innerhalb der Applikation über die Jahre angesammelt hat, direkt in das Interface zu transportieren, was zu sehr unhandlichen Interfaces[12] führt.
- Interface Reengineering: Hierbei wird die bestehende Applikation gekapselt, d.h. die jetzige Applikation erhält einen quasi „chirurgischen" Eingriff, wobei die bestehende Applikation eine zusätzliche neue Funktionalität erhält. Dieses Reengineering konzentriert sich in der Praxis auf die schon vorhandenen Interfaces des Legacy-Systems, da hier die Aufwände für eine rasche Implementierung am geringsten sind. Die bestehenden Interfaces werden dann durch XML-Interfaces ersetzt, sodass diese innerhalb des Enterprise-Application-Integration-Systems zugänglich sind. Eine andere Option ist hier, die XML-Interfaces durch ein SOAP-Protokoll zugänglich zu machen. Bedingt durch den höheren Maintenance-Aufwand dieser Lösung stellt diese Form des Reengineerings nur eine Art Zwischenlösung dar.
- System Reengineering: Beim System Reengineering werden alle Interfaces einer Applikation zum darunterliegenden Transaktionsmonitor durch ein neutrales Format ersetzt. Die Folge davon ist, dass die Applikation in eine Reihe von kleineren Business Objects zerfällt, welche dann individuell integriert werden können. Da durch diesen Schritt sowohl die Wartbarkeit als auch die Flexibilität des Gesamtsystems zunimmt, ist er trotz seiner hohen Kosten ein Schritt, welcher oft genutzt wird.

[12] Siehe hierzu auch die Diskussion bzgl. des Softwaredarwinismus, Abschn. 15.2.4.

Neben der reinen Technik gibt es beim Aufbau eines Enterprise-Application-Integration-Systems zwei kritische Erfolgsfaktoren aus dem Bereich der strategischen Entwicklung.

Der erste Faktor ist, dass das Ziel der Einführung eines solchen Systems die Einbindung aller Applikationen in das System sein muss. Ohne diese strategische Ausrichtung verliert ein solches Entwicklungsziel an der notwendigen Legitimation innerhalb des Unternehmens und wird in der Folgezeit massiv unterlaufen werden, da jedes neue Softwareprojekt keinerlei Interesse an einer aktiven Integration der eigenen Software hat, weil die Schaffung von eigenen Interfaces zunächst nur Kosten ohne entsprechenden Mehrwert für das Projekt produziert. Aus Sicht der Enterprise Architektur ist dies natürlich völlig anders, aber Projekte tendieren dazu, egoistisch zu agieren. Funktionieren kann dies nur, wenn es innerhalb des Unternehmens eine zentrale Stelle für den Aufbau des Enterprise-Application-Integration-Systems gibt.

Der andere Faktor ist die Tatsache, dass ein Enterprise-Application-Integration-System immer mit Skaleneffekten verbunden ist, d.h., die Einstiegskosten sind relativ hoch, dafür steigt aber der Mehrwert bzw. es sinken die Implementierungskosten für die Applikationen mit zunehmender Gesamtzahl von integrierten Applikationen.

11.5.2 Application-Server

Ein Application-Server ist ein „natürlicher" Ansatzpunkt für die Integration, da der Application-Server eine Plattform für Entwicklung, Deployment und Management von allen Formen der Applikationen darstellt. Dies gilt auch für Legacy-Applikationen. Application-Server eignen sich besonders gut für die

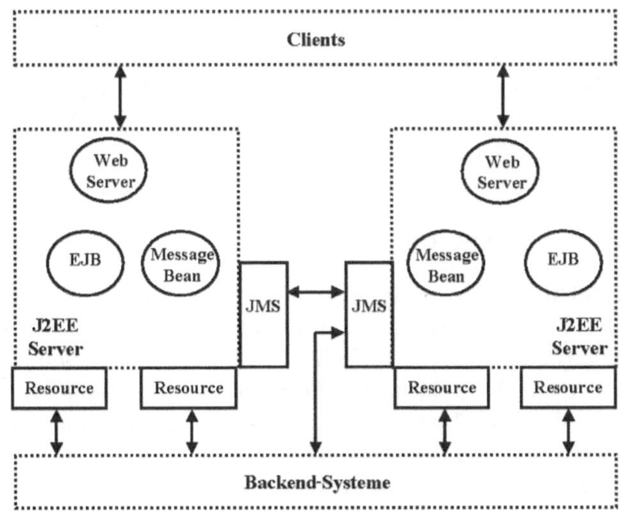

Abb. 11.6. Die Application-Server-Integration

Integration von multi-Tier-Applikationen, da es hier entlang den Tiers eine gute Möglichkeit zum Eingreifen gibt. Die vorhandenen Legacy-Applikationen lassen sich in einem solchen Szenario über den Einsatz von Wrappern und der Java Connector Architecture, s. Abschn. 10.2.11, direkt in den Application-Server integrieren, s. Abb. 11.6.

11.5.3 Real Time Enterprise

Der wohl stärkste Treiber im Bereich Integration ist heute das Portal. Die Kundenprozessportale erzwingen durch ihre Logik des *one face to the customer* eine singuläre Schnittstelle der gesamten IT zum Kunden im Rahmen des Kundenprozesses. Diese Forderung führt implizit zu dem Zwang, die bestehende Applikationslandschaft zu vereinigen, und damit dem Portal einen gewissen Grad an Homogenität zu liefern. Neben der Forderung nach einem höheren Grad an Homogenität, damit die langfristigen Kosten gesenkt werden können, muss sich die Aktualität der Daten stark verändern.

Bei der Implementierungsstrategie hin zu einem Real TimeEnterprise wird heute in der Regel auf die Einführung von Standardprodukten aus dem Bereich ERP, Enterprise Ressource Planning, und CRM, Customer Relationship Management, in Verbindung mit einem Datawarehouse gesetzt, s. auch Abschn. 15.2.1. Die aus der Problematik der Redundanzminimierung entstehende Forderung nach eindeutigen Daten wird dann über den Einsatz eines Integration Brokers, s. Abschn. 15.2.2, realisiert.

Sehr viel schwieriger und komplexer werden diese Prozesse, wenn versucht wird, ein virtuellesUnternehmen aufzubauen, da nun mehr als ein Unternehmen involviert ist. Bei den extended Enterprises ist die Problematik zumeist vergleichbar mit dem Aufbau eines Real TimeEnterprise, da die meisten Konstellationen so aussehen, dass ein großer Produzent oder Händler genügend Druck auf seine Supply-Chain ausüben kann, sodass die Partner der Supply-Chain de facto gezwungen werden, einem bestimmten Standard zu folgen. Hier ist deutlich abzusehen, dass die breite Einführung von Webservices es den Unternehmen ermöglichen wird, relativ einfach den Weg zu einem extended Enterprise zu finden.

11.6 Legacy-Migration Roadmap

In diesem Abschnitt werden exemplarisch zwei Strategien aufgezeigt, wie es gelingen kann, eine Enterprise Architektur, welche auf einer Menge von Legacy-Applikationen basiert, auf eine neue Basis zu heben. Im Folgenden werden zwei verschiedene Szenarien betrachtet, zum einen der Aufbau eines neuen Systems via User-Interface-Integration und zum anderen der Aufbau via Message-driven-Integration.

Ausgangspunkt für beide Betrachtungen ist eine Enterprise Architektur, welche aus einer Reihe von eng gekoppelten Legacy-Applikationen besteht, s. Abb. 11.7.

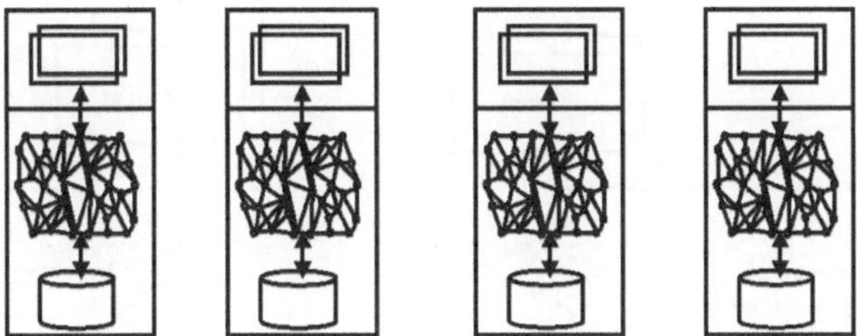

Abb. 11.7. Die stove-pipe Legacy-Applikationen

11.6.1 User-Interface-Integration Roadmap

Unter dem Begriff User Interface Enablement wird die Bereitstellung bzw. Umwandlung von Legacy-Systemen hin zu einer stärker Service-orientierten Architektur auf Basis des Benutzerinterfaces verstanden. Dies ist keine echte Enterprise Application Integration. Im Idealfall erzeugt das User Interface Enablement mit einem Webservice-basierten User Interface eine einfache Koppelungsmöglichkeit innerhalb der Präsentationsschicht, so z.B. via einem Portal.[13] Dieses Enablement läuft in drei Schritten ab:

1. Empowerment. Der erste Schritt ist die Nutzung vorhandener APIs der diversen Applikationen. Diese werden in einer webbasierten Oberfläche,

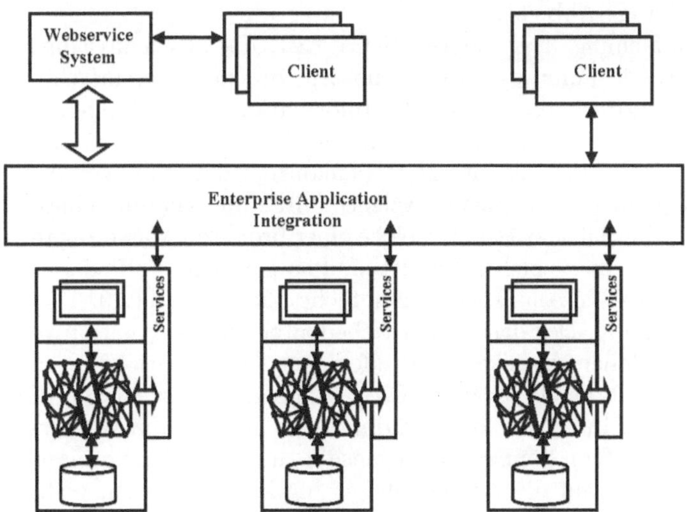

Abb. 11.8. Das User Interface Enablement

[13]Der Begriff Präsentationsschicht wird hier im Sinne der Client-Server-Architektur genutzt. Innerhalb eines J2EE-Application-Servers residiert diese Präsentationsschicht in einem serverseitigen Web-Container.

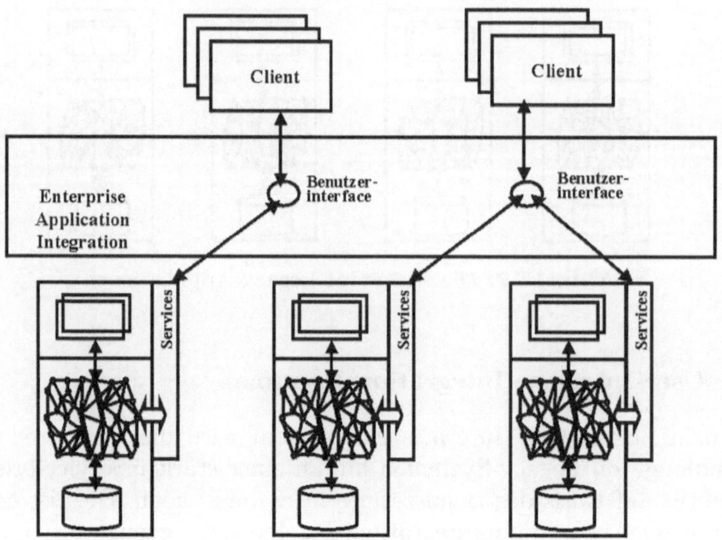

Abb. 11.9. Das User Interface Empowerment

z.B. einem Portal, zur Verfügung gestellt. Die breite Streuung der „webifizierten" Funktionalität erzeugt eine dramatische Steigerung der Nutzung dieser Applikationen, da nun die Zahl der potenziellen Nutzer drastisch ansteigt. S. Abb. 11.9.

2. Vereinfachung. Der nächste Schritt ist, die aus dem Empowerment resultierende Funktionalität zu nutzen, um neue vereinfachte Benutzerinterfaces zu bauen, welche die Informationen zielgruppengerecht liefern. Die während des Empowerments produzierten Benutzerinterfaces bilden in der Regel nur das interne Rollenkonzept der jeweiligen Applikation ab, nicht jedoch das Konzept, welches durch die Nutzung eines Portals oder einer Oberfläche entsteht, welche einer breiteren Masse zugänglich ist. Typisch für einen solchen Schritt sind so gennante Self-Service-Programme im Bereich Personalverwaltung. Siehe auch Abb. 11.10.
3. Aggregation. Der dritte Schritt bedeutet die Aggregation von Daten aus verschiedenen Applikationen oder auch Organisationen, um damit neue Funktionalität zu schaffen. Diese Aggregation ist sowohl durch die vereinfachten Interfaces als auch durch den Einsatz von Webservices möglich geworden. Nun können im Gegensatz zu den beiden vorherigen Schritten, welche sich auf die Effizienzsteigerung konzentrierten, völlig neue Informationen geschaffen bzw. neue Prozesse entwickelt werden. Siehe auch Abb. 11.11.

Der Ausgangspunkt für die Migration sind die Legacy-Applikationen aus Abb. 11.7. Im ersten Schritt bleibt die enge Koppelung erhalten, s. Abb. 11.9, da zunächst nur ein User Interface Enablement vorgenommen wurde. Da-

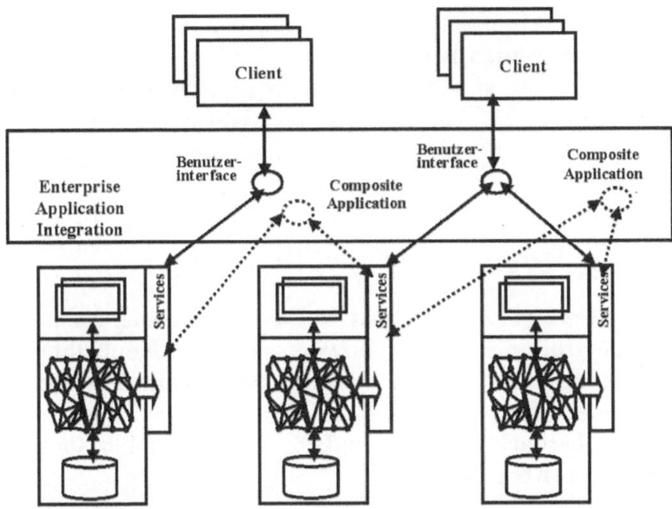

Abb. 11.10. Auflösung der Koppelung, Vereinfachung

mit wurden eine Reihe von Benutzerinterfaces geschaffen, welche schon einen Fortschritt gegenüber der alten Enterprise Architektur darstellen.

Im nächsten Schritt, s. Abb. 11.10, wird die enge Koppelung der Legacy-Applikationen aufgelöst und mithilfe eines Enterprise-Application-Integration-Systems abgebildet. Dieses System wurde zwar schon für den ersten Schritt zum Enablement eingesetzt, entfaltet jetzt aber erst seine vollständige Wir-

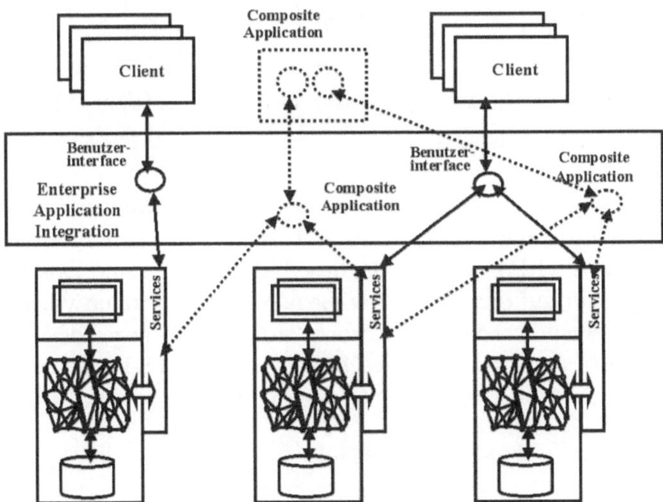

Abb. 11.11. Schaffung aggregierter Applikationen

kung. Ein solches erstelltes System hat nun den Vorteil, dass Portale recht einfach unterstützt werden können.

Der finale Schritt ist es, völlig neue, aggregierte Applikationen produzieren zu können, s. Abb. 11.11. Auf diese Art und Weise wurde aus einem Legacy-System mit der entsprechenden Enterprise Architektur ein System geschaffen, welches flexibel ist.

11.6.2 Message Driven Integration Roadmap

Im Falle eines Message-Driven-Ansatzes ist das Vorgehen etwas anders. Message-Driven Integration ist dann sinnvoll, wenn die Koppelung der Legacy-Applikation untereinander über Transaktionsprotokolle, z.B. IMS oder CICS, abläuft oder dateibasiert ist. In diesem Falle sind die Legacy-Applikationen schon a priori isolierbar. Trotzdem sind die Legacy-Applikationen eng miteinander gekoppelt, s. Abb. 11.9.

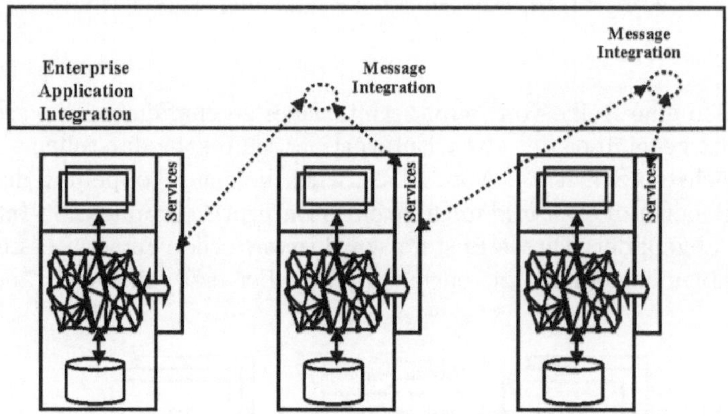

Abb. 11.12. Message Driven Integration

Der erste Schritt zu einer neuen Enterprise Architektur ist, alle Legacy-Applikationen durch das entsprechende Message-Protokoll miteinander zu verbinden, s. Abb. 11.12, sodass nach dieser Maßnahme eine Enterprise Application Integration auf der Ebene der Legacy-Applikationen vorhanden ist.

Auf dieser Basis werden nun sofort, ohne den Umweg des Enablements, neue, aggregierte Applikationen geschaffen, s. Abb. 11.11, da sich der darunterliegende Integration Broker hervorragend für eine solche Aufgabe eignet.

12

Entwicklungsprozess

You need not fear it, sir:
This child was prisoner to the womb and is
By law and process of great nature thence...

A Winters Tale,
William Shakespeare

12.1 Komplexe Systeme

Unsere heutige Industriegesellschaft und damit auch die Software, welche für diese erstellt wird, wird immer komplexer und verändert sich zunehmend schneller. Beide Faktoren führen zur Entwicklung von hoch komplexen Systemen innerhalb der IT-Welt, welche sich nicht durch einfache Strukturierung beseitigen lassen.

Am einfachsten lässt sich dies an der Symptomatik vieler laufender oder gestoppter Großprojekte aus dem IT-Umfeld erkennen. Mittlerweile gilt als typisch für IT-Großprojekte:

- Dass sie nie, oder nur sehr zeitverzögert, fertig werden.
- Selbst wenn sie fertig geworden sind, erfüllen sie nicht den ursprünglich konzipierten oder versprochenen Leistungsumfang.
- Viele Systeme sind zu groß, haben einen zu hohen Ressourcenbedarf, um je in eine echte Produktion zu gehen. Bei kommerzieller Software nennt man so etwas Shelf Ware[1].
- Die Software hat ein so hohes Maß an Volatilität erreicht, dass sie faktisch nicht mehr veränderbar ist.

Aus systemtheoretischer Sicht betrachtet, handelt es sich hier um komplexe Systeme, welche nicht auf einer einfachen Parametrisierung oder einer singulären Kausalität beruhen. Neben der schieren Größe solcher Systeme enthalten sie auch eine Unmenge an Informationen und Gestaltungsmöglichkeiten, so viele, dass sie kein Einzelner mehr komplett überschauen kann.[2]

[1]Zynisch betrachtet ist Shelf Ware ideal für den Hersteller: Der Kunde zahlt die Lizenzen und setzt das Produkt nie ein, verursacht damit auch keine Kosten für Support und Maintenance ...

[2]Betriebssysteme wie z.B Windows gehören zu dem Komplexesten, was Menschen je erschaffen haben.

Der traditionelle Ansatz, diese Probleme anzugehen, beruht darauf, ein Modell des Systems zu entwickeln, welches nur wenige, aber wichtige Aspekte beschreibt und damit das System als Ganzes zu kontrollieren. Die Einführung von Schichten oder Komponenten, s. Kap. 9, fällt in diese Kategorie von Maßnahmen. Die gesamte Idee des Information Hidings und der Kapselung will die Komplexität auf wenige Größen reduzieren. Historisch gesehen stammt dieser Ansatz aus der newtonschen[3] Mechanik, wo sich durch diesen Ansatz eine einfache mechanische Maschine beschreiben lässt. Aber alle diese mechanistischen Systeme haben gemeinsam, dass sie

- eine geringe Detailkomplexität, d.h., sie haben nur wenige einfache Teile,
- und wenige Wechselwirkungen zwischen den Teilen, eine geringe dynamische Komplexität, besitzen.

Solche Systeme verhalten sich streng kausal und lassen sich recht einfach vorhersagen, da aus dem Wissen über die einzelnen Teile auf das Verhalten des Gesamtsystems geschlossen werden kann.

Große IT-Systeme und besonders Enterprise Architekturen verhalten sich jedoch völlig anders, sie sind irreversibel und entziehen sich einer einfachen Kausalitätsbeziehung, da hier die dynamische Komplexität, d.h. die Wechselwirkung zwischen den Teilen, überwiegt. Diese Beobachtung liefert ein weiteres Argument für die Messung durch thermodynamische Metriken, s. Kap. 5. Ab einer gewissen Größenordnung lässt sich das System dann anhand von statistischen oder thermodynamischen Größen beschreiben, so z.B. mit dem Small-Worlds-Ansatz, s. Abschn. 5.7.

Für den Entwicklungsprozess ist neben der Komplexität des Systems auch die Beteiligung des Menschen am Entwicklungsprozess selber der allerwichtigste Punkt. Der Mensch kann in diesem komplexen System jedoch nur dann sinnvoll agieren, wenn er das System „beherrscht". Diese Beherrschung bedeutet nicht komplette und vollständige Kontrolle über alle Aspekte des Systems, wie es ein mechanistisches Weltbild impliziert, sondern die Möglichkeit zur Steuerung der Komplexität, ohne sie en detail kennen zu müssen. Damit der Einzelne dies erreichen kann, muss er komplexe Systeme anders begreifen, als er es aus dem newtonschen Denken gewohnt ist.

Charakteristisch für komplexe Systeme sind folgende Eigenschaften:

- Offenheit. Alle Systeme sind offen. Jedes System steht in Wechselwirkung mit seiner Umgebung.[4] Von daher lässt sich ein System nur in seinem jeweiligen Kontext verstehen. Innerhalb der Vorgehensmodelle bedeutet dies zunächst, dass alle zukünftigen Anwender auch mit berücksichtigt werden müssen, da sie für das System die Umwelt darstellen. Da die Systeme in permanenter Wechselwirkung mit ihrer Umgebung leben, sind sie zwei Kräften ausgesetzt: der Selbsterhaltung und dem Anpassungsdruck

[3] Korrekterweise stammt es von d'Alambert.

[4] Die einzige Ausnahme hiervon ist das Universum, welches per Definition nur sich selbst kennt.

durch die Systemumgebung. Die Selbsterhaltung erfolgt durch die ständige Selbstreproduktion – in der IT-Sprache: Maintenance – des Systems. Wenn das Entwicklerteam als System verstanden wird, gehorcht es ähnlichen Kräften; hier ist die Selbsterhaltung durch die Projekt- und Firmenkultur bestimmt. Diese Kultur wird durch ständige Wiederholung ritualisiert und schafft somit eine Abgrenzung gegen andere Gruppen.

- Flexibilität. Jedes System besitzt eine Reihe von Freiheitsgraden. Unter der Freiheit des Systems versteht man die Möglichkeit, dass das System sich zwischen Alternativen entscheiden kann. Die Flexibilität eines Systems ist umso höher, je mehr Entscheidungsmöglichkeiten es hat. Die Gegenbewegung, die Einschränkung von Freiheit, wird als Macht bezeichnet. Wobei hier zwischen intrinsischer, d.h. die Macht des Systems sich selbst einzuschränken, und externer Macht, d.h. die Umwelt – in der Regel andere Systeme – übt Macht auf das betrachtete System aus, unterschieden wird. Traditionelle Entwicklungsmethodiken, wie Wasserfall- oder V-Modell, setzen ihre externe Macht ein, um die Flexibilität einzuschränken. Durch die eingeschränkte Flexibilität werden ganze Lösungsräume unzugänglich gemacht. Besonders eklatant auffällig wird dies, wenn sich die Umgebung verändert, plötzlich müsste ein anderer Lösungsraum wahrgenommen werden, was aber jetzt unmöglich ist. Speziell agile Methoden, s. Kap. 14, haben dies als einen Kernpunkt erkannt. Der heute vorherrschende Streit zwischen den Verfechtern der traditionellen Entwicklung und denen der agilen Methoden, und in gewissem Grad auch der Rational-Unified-Process- bzw. Enterprise-Unified-Process-Anhängern, beruht auf der Frage: Wo liegt die Trennlinie zwischen Stabilität und Flexibilität? Wird die Stabilität überbewertet, so führt es zu einer Starre, wird der Flexibilität zu viel Gewicht gegeben, so entsteht ein Chaos. Die Frage nach dem Maß an Flexibilität, welches ein System braucht, lässt sich nicht generell beantworten. Aber es lässt sich als Daumenregel beobachten: Je dynamischer die Systemumwelt, desto flexibler muss das System sein. Diese Daumenregel erklärt auch die architektonische Entscheidung für Webservices, s. Abschn. 9.6, welche ein hohes Maß an Flexibilität aufweisen, erzwungen durch die hohe Dynamik des B2B- und B2C-Wirtschaftssektors. Außerdem lässt sich hieraus ableiten, dass bei niedriger Dynamik des Systemumfeldes starre, monolithische Systeme durchaus adäquat sein können. Was hier für die IT-Systeme formuliert wurde, gilt völlig identisch für den Entwicklungsprozess: Je dynamischer die Anforderungen, desto flexibler der Prozess und je statischer die Anforderungen, desto stabiler kann der Entwicklungsprozess sein.
- Dimensionalität. Alle komplexen Systeme sind mehrdimensional. Die Vorstellung, dass nur ein einziger Parameter ausreicht, um ein System zu steuern, ist ein Relikt der Modellbildung der Naturwissenschaften. Der Vorteil einer Eindimensionalität ist eine einfache Kausalität, d.h., es gibt genau eine Ursache, welche genau eine Wirkung zeigt. Dieses Denkschema kann ins Absurde führen: Viele Projekte erhöhen die Qualität der Tests, um die Qualität des Produktes zu erhöhen. Dass hier das letzte Glied der

Kette benutzt wird, um damit die Fehler der prozessuralen Vergangenheit zu eliminieren, entgeht den meisten Beteiligten. Die Ursachen sind jedoch in komplexen Systemen sehr viel vielfältiger. Speziell im Entwicklungsprozess nehmen nichtmessbare Größen, wie Motivation und Zufriedenheit, eine sehr wichtige Position ein.

- Emergenz. Unter Emergenz wird das Auftreten von Eigenschaften eines Systems verstanden, welche sich nicht aus den Teilen des Systems ableiten lassen.

  Das Ganze ist mehr als die Summe der Teile.

  Aristoteles

  Alle komplexen Systeme zeigen diese Eigenschaft der Emergenz.[5] Ziel eines erfolgreichen Projektmanagements muss es sein, eine hohe Emergenz zu erreichen, da dann ein echter Mehrwert für das Unternehmen geschaffen wird. Da die klassische analytische Denkweise Emergenz nicht erklären kann, ist sie auch ungeeignet, das Auftreten von Emergenz vorherzusagen. Außerdem sind emergente Eigenschaften nicht messbar, was sowohl ihre Definition als auch die Feststellung ihrer Existenz stark erschwert. Es gibt aber drei Prinzipien, die Voraussetzungen für das Auftreten von Emergenz sind:

  1. Emergenz entsteht immer durch die Wechselwirkung der Teile.
  2. Ohne ein gewisses Mindestmaß an dynamischer Komplexität entsteht keine Emergenz. Umgekehrt formuliert: Starre Systeme zeigen keine Emergenz!
  3. Durch den ständigen Reproduktionsprozess der Systemteile bildet und reproduziert sich Emergenz. Dies ist auch unter dem Begriff Feedback bekannt.

  Praktische Beobachtungen bei IT-Projekten zeigen ein ähnliches Bild: Je größer die Freiheiten der Beteiligten, desto besser ist das Ergebnis und je besser das Ergebnis, desto mehr Motivation, was wiederum zu mehr Freiheiten führt.
- Nichtintuitivität. Alle komplexen Systeme sind per se nichtintuitiv. Man kann dies auch als eine Art Definition für komplexe Systeme nutzen, d.h., intuitive System sind nicht komplex! Durch den hohen Grad an Wechselwirkung lässt sich die Auswirkung einer Veränderung nicht eindeutig vorhersagen. Ursachen und Wirkungen sind oft überhaupt nicht mehr unterscheidbar, was zu Kausalitätszyklen führt. Allein die Beobachtung eines Systems durch Messung führt schon zu einer Veränderung des Systems. Dies ist eine Eigenschaft, welche die komplexe Systeme mit der Quanten-

[5] In den Achtzigerjahren war es Mode, über Synergie in komplexen Systemen zu reden. Die permanente Verwendung des Begriffs Synergie durch Marketing und Werbung macht ihn jedoch schnell zu einer leeren Worthülse.

physik gemeinsam haben, auch hier zerstört die Messung den messbaren Zustand. Jede Entscheidung verändert das System, mit der Folge, dass diesselbe Entscheidung zu einem späteren Zeitpunkt „falsch“ sein kann, da jeder Eingriff ein neues System produziert. Neben der Kausalität zeigen komplexe Systeme einen Hang zur Zeitverzögerung.[6] Oft lassen sich Kausalitäten allein aufgrund der zeitlichen Distanz nicht mehr zuordnen, was die Steuerung immens erschwert.

12.2 Rational Unified Process

Der Rational Unified Process, RUP, s. Abb. 12.1, ist ein zyklisches Vorgehensmodell, welches als Diagrammsprache UML benutzt. Ursprünglich von der Firma Rational entwickelt, wurde er rasch bekannt und ist heute sehr weit verbreitet. Seit mehr als einem Jahrzehnt ist er das Vorzeigevorgehensmodell in der IT-Industrie. Die Prozessdefinitionen basieren auf der UML, welche wiederum ein anerkannter Standard ist und de facto die heutige Modellierungssprache für objektorientierte bzw. komponentenbasierte Systeme darstellt. Der Rational Unified Process ist adaptierbar auf eine große Zahl

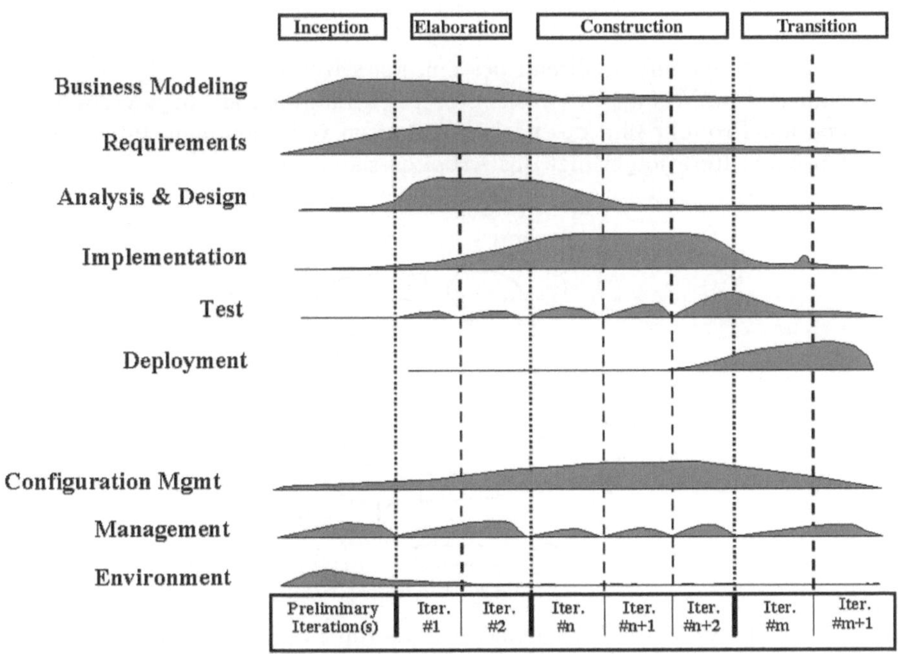

Abb. 12.1. Der Rational Unified Process. ©Rational

[6]Unser soziales Sicherungssystem hat ähnliche Eigenschaften.

von Umgebungen und Projekt- bzw. Problemgrößen, daher ist sein heute weit verbreiteter Einsatz nicht verwunderlich. Ein Zusätzliches hat in den letzten Jahren der Aufkauf von Rational durch IBM getan, welche ein hohes Investment in den RUP getätigt haben.

Der Rational Unified Process basiert auf drei Prinzipien:

- Die Geschäftsvorfälle, Use Casess, sind die steuernden Elemente: Die Grundlage für das Systemdesign als auch für die Implementierung ist eine eindeutige und unzweifelhafte Festlegung der Requirements an das zu bauende System. Wichtig für die Bestimmung der Requirements ist es, alle zukünftigen Nutzer des Systems zu kennen. Der Einfachheit halber werden nur die Nutzer der Schnittstellen betrachtet. Korrekterweise wird der Nutzer von der zukünftigen Implementierung entkoppelt, d.h., er „sieht" nur die Interfaces des Systems und spezifiziert auch nur diese. Die daraus entstehenden Requirements sind die Use Cases. Diese und nur diese leiten die weitere Systementwicklung. Alle weiteren Schritte, sogar das Testen, dienen der Implementierung der so formulierten Use Cases.
- Der Rational Unified Process ist ein iterativer und inkrementeller Prozess, s. Abb. 12.2. Die klassischen wasserfallbasierten Modelle hatten stets das Problem der „Big Bang"-Integration am Ende des Entwicklungsprozesses. Mit dem Spiralmodell kam zum ersten Mal das Risikomanagement als Bestandteil eines Entwicklungsprozesses auf. Der Rational Unified Process übernahm diese iterative, inkrementelle risikogesteuerte Vorgehensweise vom Spiralmodell. Während der einzelnen Iterationen werden sowohl Eichungen am Verfahren, zwecks besserer Schätzung, als auch Verbesserungen am Produkt und dessen Eigenschaften vorgenommen. Innerhalb der einzelnen Iteration erfolgt das Arbeiten sequenziell.[7]

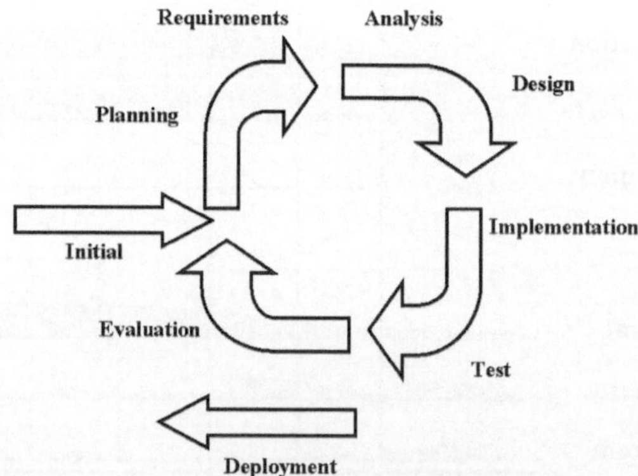

Abb. 12.2. Die Zyklen innerhalb des Rational Unified Processes

[7]Dies ist nicht ganz korrekt, da es möglich ist, die einzelnen Teilphasen in einer Iteration über ihre jeweiligen Endbedingungen zu koppeln.

Sinn und Zweck hinter diesem Vorgehen ist es, Fehler und Defizite in regelmäßigen Abständen zu erkennen und korrigierend eingreifen zu können, insofern gibt es eine Risikoorientierung. Je früher ein Defekt gefunden wird, desto einfacher ist er zu korrigieren.

- Der Rational Unified Process ist architekturzentriert.[8] Das Zielsystem wird sowohl in seinen funktionalen als auch seinen nichtfunktionalen Anforderungen spezifiziert. Die wichtigsten Use Cases dienen zur Festlegung der Architektur und die Entwicklung der Architektur läuft parallel zur Entwicklung des Gesamtsystems, d.h. in den gleichen Phasen und Zyklen. Aufgrund der risikoorientierten zyklischen Vorgehensweise können Fehler in der Architektur in den frühen Zyklen erkannt und korrigiert werden.

Zusätzlich zu den drei Prinzipien beinhaltet der Rational Unified Process eine Reihe von Tätigkeiten, auch Disziplinen genannt. Diese einzelnen Disziplinen, s. Abb. 12.1, sind:

- Business Modeling. In der Geschäftsprozessmodellierung werden die fachlichen Anforderungen erfasst. Neben den inneren Vorgängen eines Unternehmens erweist es sich als sinnvoll, das System aus Kundensicht zu spezifizieren. Für die Spezifikation stehen diverse UML-Modelle zur Verfügung. Eines der meist genutzten ist das Activity-Diagramm. Die Geschäftsprozessmodellierung spezifiziert auch die Interfaces des Systems zu anderen Systemen, in denen die neue Software eingebettet wird.
- Requirements. Hier werden die Requirements an das zu bauende System festgelegt. Ein primäres Mittel dazu sind die Geschäftsvorfallsbeschreibungen, die Use Cases, welche in ihrer Gesamtheit alle möglichen Geschäftsvorfälle innerhalb der Software durch die so genannten Aktoren, das sind Personen oder andere Systeme, welche mit dem zu spezifizierenden System wechselwirken, zu beschreiben suchen. Da die Use Cases das treibende Element der Entwicklung im RUP-Sinne sind, können nur Use Cases implementiert werden. Jeder einzelne Use Case beinhaltet ein Standard-Szenario und ein oder mehrere Alternativ-Szenarien. Die Szenarien bilden die Beispiele ab. Sie dienen später als Vorlage für die Testfälle.[9] In den meisten Fällen werden die Use Cases von den jeweiligen Benutzern oder Fachbereichen erstellt.
- Analysis & Design. Im Rahmen der Analyse wird ein UML-Klassendiagramm erstellt und später durch das Design für die Implementation entworfen.
- Implementation. Diese Disziplin beinhaltet die Umsetzung der durch die Analyse und das Design entworfenen Teile in Code. Die Programmierer können hier wieder die Use Cases zu Hilfe nehmen, da in diesen das

[8]Dies wird zwar von den Verfechtern des RUP immer wieder behauptet, es ist aber nur scheinbar so, siehe auch die Diskussion am Ende dieses Abschnitts.

[9]Häufig werden die Szenarien auch als Grundlage für die Benutzerdokumentation genommen.

gewünschte Verhalten und die gewünschte Funktionalität der Software beschrieben wird.[10]

- Test. Nach jeder Iteration muss das gesamte System auf die Funktionalität und Fehler getestet werden. Dabei dienen die Use Cases und ihre Szenarien als Testcasevorlagen.
- Deployment. Das Deployment beschäftigt sich mit der Installation des Gesamtsystems für den späteren Betrieb. Dabei wird sichergestellt, dass alle nötigen Softwareteile vorhanden sind, um die Software fehlerfrei installieren zu können.
- Configuration & Change Management. Aufgabe des Change Managements ist es, eine Infrastruktur und Prozesse zur Verfügung zu stellen, welche die systematische Erfassung der sich ändernder Requirements erlaubt. Diese sind:
  - neue Anforderungen,
  - Bugfixes,
  - Verbesserungen,
  - nichtfunktionale Änderungen.

  Das Configuration Management hat als Aufgabe die Versionierung des Systems und den korrekten Einsatz der Softwarereleases.
- Project Management. Der Projektmanager kümmert sich um die Planung und das Controlling der einzelnen Phasen und Iterationen. Die einzelnen Disziplinen sind jedoch selbst dafür verantwortlich, die in der Iteration geplanten Artefakte fristgerecht abzuliefern oder Probleme zu melden.
- Environment. Die Environment-Disziplin beschäftigt sich mit der Entwicklungsumgebung, welche den Programmierern zur Verfügung steht. So sollten z.B. alle Mitarbeiter mit den gleichen Tools und Versionen von Tools und Frameworks arbeiten. Faktisch gesehen muss hier die Entwicklungsinfrastruktur gemanaged werden.

Obwohl der Rational Unified Process der heutige De-facto-Standard ist, ist er jedoch nicht unumstritten. Er hat nämlich einige schwerwiegende Defizite.

Das erste Defizit ist seine intensive Nutzung der UML. Diese wiederum ist für die Modellierung von Komponenten und objektorientierten Systemen konzipiert, mit der Folge, dass der Rational Unified Process eine starke Tendenz zu solchen Systemen hat. Unternehmen, welche einen hohen Anteil an Legacy-Software besitzen oder mit einer Koexistenz verschiedenster Systeme leben, tun sich schwer, diese nicht objektorientierten Systeme mit dem Rational Unified Process zu verändern.

Das zweite Defizit ist, dass der Rational Unified Process nicht alle Phasen des Lebenszyklusses von Software abdeckt. Die späteren Phasen, Maintenance und Migration, werden fast gar nicht angesprochen. Erweiterungen des Rational Unified Process hin zum Enterprise Unified Process, s. Abschn. 12.3, beseitigen dieses Problem.

---

[10] Im Rahmen eines MDA-Ansatzes, s. Kap. 13, wäre die Implementierung ein rein generativer Vorgang.

Das dritte Defizit ist ein Erbe des Wasserfallmodells. Die Phasenorientierung des Rational Unified Process mit den entsprechenden Meilensteinen sind zwar relativ leicht planbar, erweisen sich jedoch als Hemmschwelle. Der Rational Unified Process impliziert, dass innerhalb des Projektes phasensynchron gearbeitet werden muss. Der Prozess kann Parallelität und verschiedene Entwicklungszustände in den einzelnen parallelen Phasen nicht gut verkraften.

Das vierte Defizit ist die Bindung des Rational Unified Process an Phasen, nicht an die Ergebnisse der Phasen, d.h., die Iterationen definieren sich durch die Wiederholung der Tätigkeiten und nicht durch die Verbesserung der Produkte der Tätigkeiten. Die ist bei großen Projekten sehr bedenklich, da diese generell über Teilprojekte kontrollierbar gemacht werden. Teilprojekte müssen aber ihre Produkte auf das jeweils andere Teilprojekt abstimmen bzw. ihre Planung auf die Fertigstellung von Zulieferprodukten ausrichten, dies ist im Rational Unified Process sehr schwierig. Außerdem erscheint die Trennung zwischen Geschäftsprozessmodellierung und Geschäftsvorfallsmodellierung reichlich willkürlich und nur schwer nachvollziehbar.

Die angesprochene Architekturzentrierung ist de facto nicht vorhanden. Keine der Phasen behandelt Architektur bzw. deren spezifische Probleme. Ein echt architekturzentriertes Vorgehensmodell müsste die Architektur mit ihren Bausteinen sichtbar machen und an die Ergebnisse ankoppeln können.

Das sechste und vielleicht schwerwiegendste Defizit ist die mangelnde Fähigkeit zur Rekursion und Hierarchie. Große Systeme sind sehr komplex und diese Komplexität lässt sich nur durch Hierarchie beherrschen. Der Rational Unified Process bietet hier jedoch keinerlei Mittel an, komplexe Probleme in kontrollierbarer Art und Weise zu lösen, obwohl es in der Systemtheorie als auch der klassischen Informatik Strategien gibt, solche hoch komplexe Systeme zu beherrschen.[11]

12.3 Enterprise Unified Process

Der Rational Unified Process hat offensichtlich mehrere Defizite, nicht zuletzt, dass er nur Entwicklungsphasen unterstützt. Für ein Unternehmen ist jedoch der gesamte Lebenszyklus der einzelnen Systeme wichtig. Noch problematischer ist das Fehlen einer Unterstützung für Multisystementwicklung innerhalb des Rational Unified Process. Enterprise-Architektur-Entwicklung ohne eine effektive Unterstützung einer Multisystementwicklung und Wiederverwendung ist faktisch undenkbar. Das Gleiche gilt für den Einsatz von

COTS, „Commercial of the Shelf“-Software, im Deutschen meistens Standardsoftware genannt. Sie erlebt einen hohen Einsatzgrad innerhalb fast jeder Enterprise Architektur, wird jedoch im Rational Unified Process so gut wie gar nicht unterstützt. Durch die starke Entwicklungslastigkeit des Rational Unified Process fehlen die Teile jenseits des Deployments, der Bereich der Softwareevolution, s. Kap. 6, vollständig.

[11] Am einfachsten ist in den meisten Fällen eine divide and conquer Strategie.

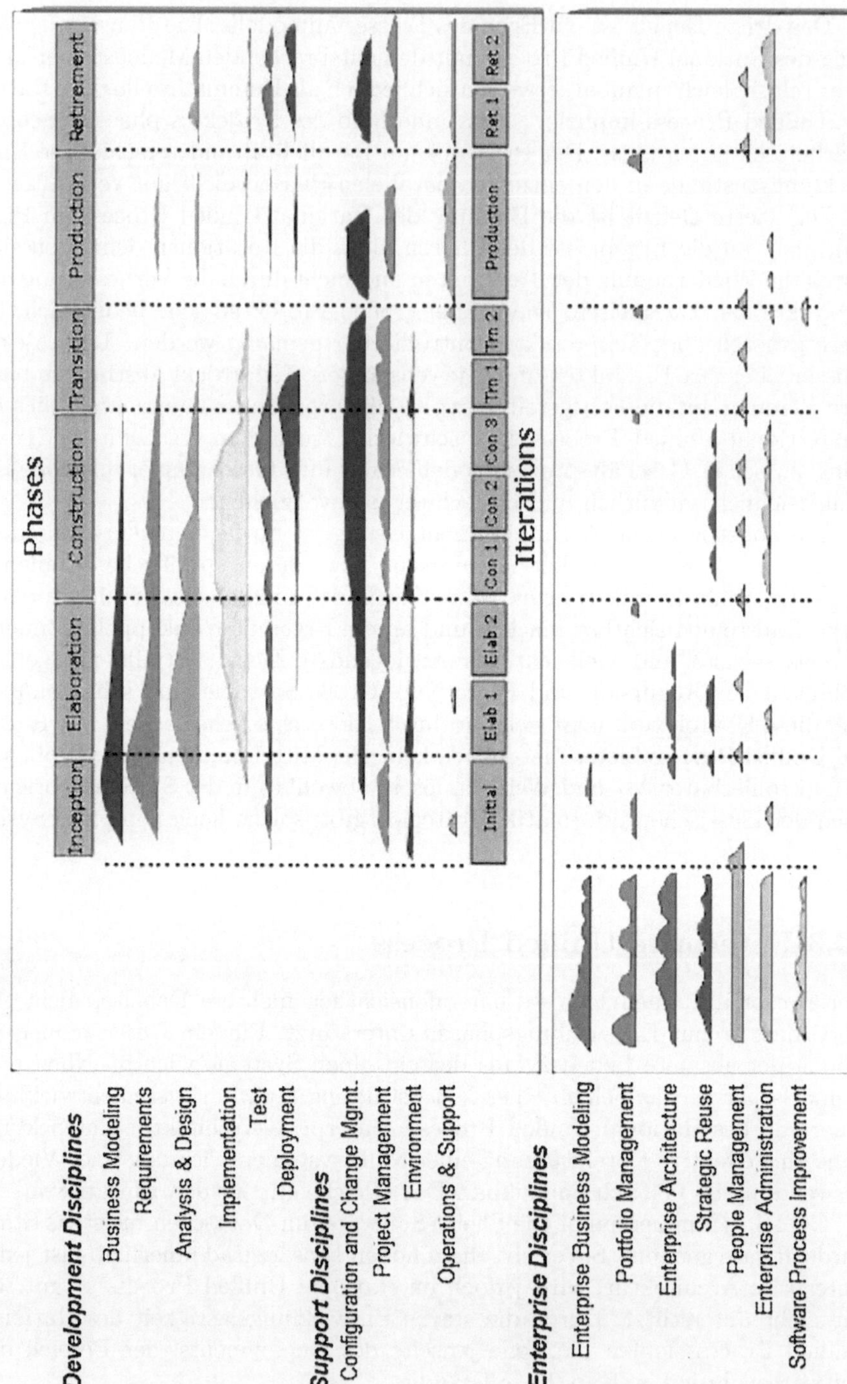

Abb. 12.3. Die Enterprise-Disziplinen und das Tailoring. ©Scott W. Ambler

Obwohl der Rational Unified Process für die Entwicklung eines einzelnen Stand-alone-Systems geeignet sein kann, deckt er nicht alle Bedürfnisse einer großen Organisation ab, noch viel weniger eignet er sich zur Erstellung einer Enterprise Architektur.

Der Rational Unified Process muss folglich auf die Teile ausgedehnt werden, mit denen sich alle Unternehmen die meiste Zeit beschäftigen, den Bereich der Softwareevolution, s. Abb. 12.4. Das so erweiterte Modell wird als Enterprise Unified Process, EUP, bezeichnet. Die Erweiterung betrifft in den Phasen die beiden wichtigen Zeitabschnitte:

- Production. Die Produktion ist die eigentliche Zielsetzung hinter der Entwicklung. Interessanterweise scheinen viele Softwareentwickler diese Tatsache geradezu zu verdrängen. Aus Entwicklersicht ist die Entwicklung das Wichtigste, nicht die Produktion. Aus unternehmerischer Sicht ist jedoch stets die Produktion der wichtigste Teil bei einem System. Diese Diskrepanz zwischen Softwareentwicklungssicht und unternehmerischer Sicht mag erklären, warum make or buy Entscheidungen innerhalb der Softwareentwicklungsabteilung falsch angesiedelt sind, da diesen Abteilungen der entsprechende Fokus für solche Entscheidungen fehlt. Außerdem sollte berücksichtigt werden, dass Software etwa 80% seines Lebenszyklusses in der Wartung verbringt, sodass die Wichtigkeit dieser Phase nicht zu unterschätzen ist. Das Ziel hinter der Produktionsphase ist es, die Software in Produktion zu halten, bis sie durch einen Update oder neuen Release ersetzt werden kann. Nähert sich der Lebenszyklus des Produktes dem Ende, so steht die Retirementphase an. Es gibt innerhalb dieser Phase keine Iterationen, da jeder neue Upgrade immer in vorhergehenden Phasen aufsetzen muss und die Phase nur für einen einzigen Release Gültigkeit besitzt, s. Abb. 12.4. Die großen Pfeile über dem Diagramm zeigen, dass, auch nachdem ein Release erfolgreich in Produktion geht, die Entwicklung der Folgereleases zeitlich parallel abläuft und in den vorhergehenden Phasen angesiedelt ist. Je nach Entwicklungsproblematik, z.B. Bugfixing oder neue fachliche Funktionalitäten, beginnt der Entwicklungszyklus des Nachfolgerelease in der Inception- oder Constructionphase.
- Retirement. Irgendwann ist die Software so sehr gealtert, dass ihr Einsatz nicht mehr zu vertreten ist, s. Abschn. 6.7. Dann ist es an der Zeit, diese Software revolutionär durch eine neue Software abzulösen. Obwohl diese Phase für ein Unternehmen elementar wichtig ist, ist sie doch relativ unbekannt in den Entwicklungsmodellen, mit Ausnahmen des Enterprise Unified Process. Ziel der Retirementphase ist die erfolgreiche Entfernung eines schon produktiven Systems aus der Produktion. Innerhalb der Retirementphase laufen folgende Aktivitäten ab:
  - Vollständige Analyse und Dokumentation des Systems bezüglich der Interfaces zu anderen Systemen. Was passiert mit den anderen Systemen im Unternehmen, wenn das untersuchte verschwindet? Oft ist die Koppelung an Legacy-Systeme erstaunlich stark, aber sehr wenig

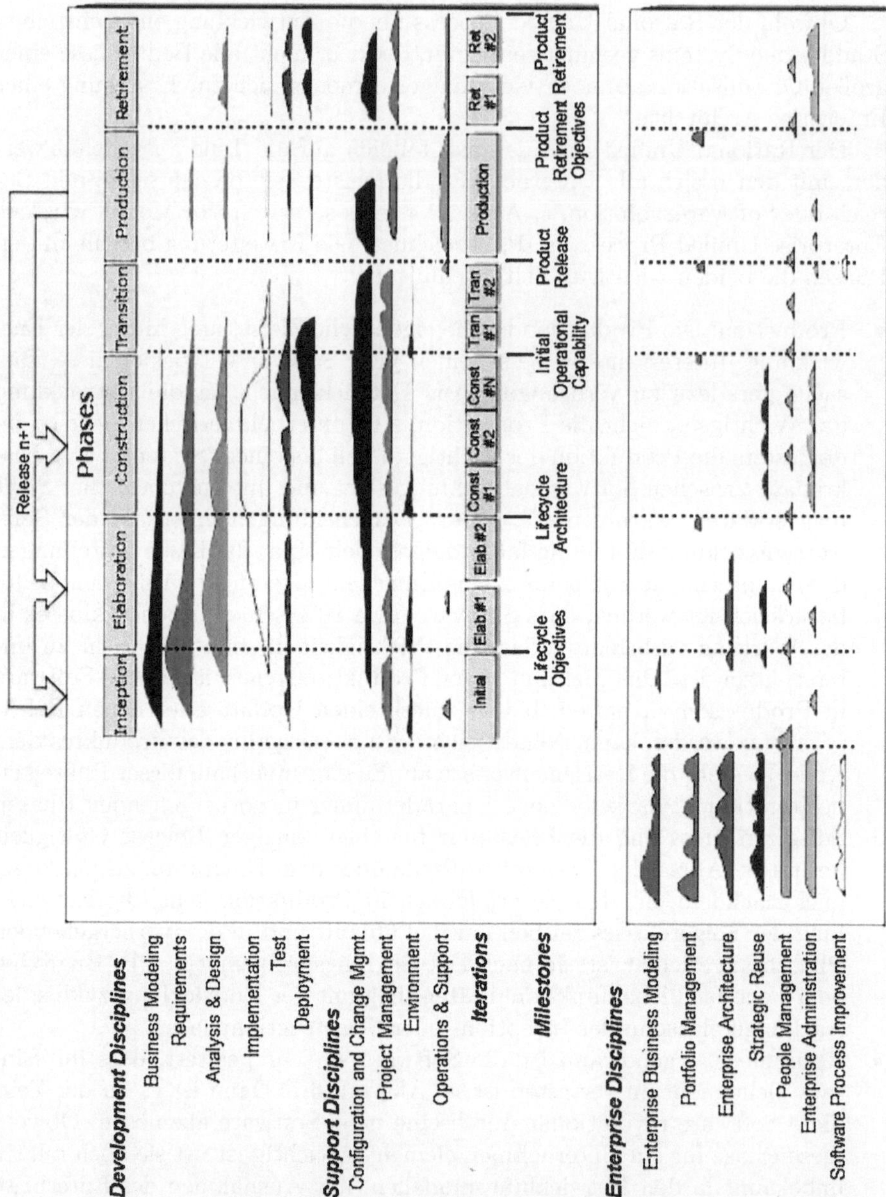

Abb. 12.4. Der Enterprise Unified Process. ©Scott W. Ambler

bekannt. Diese Aktivität reduziert das Risiko, mit einem nichtfunktionsfähigen Gesamtsystem zu enden.

– Anpassung der nun entkoppelten Nachbarsysteme. Häufig hat das Retirement eines Legacy-Systems einen Art Dominoeffekt, d.h., andere

Systeme werden auch obsolet bzw. die Investments in die Entkoppelung sind exorbitant hoch.
- Transformation und Archivierung der Daten. Obwohl das operative System außer Dienst gestellt wird, stellen die in ihm enthaltenen Daten einen hohen Wert für das Unternehmen dar.
- Konfigurationsmanagement der zu entfernenden Software, damit diese für ein Rückfallszenario wieder eingesetzt werden kann.
- Integrationstests des verbleibenden Gesamtsystems auf Funktionalität und Durchgängigkeit der relevanten Geschäftsprozesse.

Zu den Zielen der Retirementphase zählen:
- das vollständige Entfernen des Systems,
- minimale Auswirkungen auf den einzelnen Benutzer,
- minimale Unterbrechungen des Geschäftsprozesses.

Neben diesen zusätzlichen Phasen sind jedoch, um in der Sprache des Rational Unified Process zu bleiben, zusätzliche Disziplinen notwendig, s. Abb. 12.3:

- Development Disziplines
  - andere Disziplinen. Für die Ausdehnung des Rational Unified Process, s. Abb. 12.1, auf den Enterprise Unified Process, s. Abb. 12.4, ist die konkrete Ausprägung und Anwendung der „traditionellen“ Entwicklungsmethodik durch den Rational Unified Process irrelevant, d.h., jede beliebige an den Rational Unified Process angelehnte Methodik ist für diese „linke Ecke“ verwendbar, ohne den Rest des Enterprise Unified Process zu beeinflussen.
  - Operations & Support Discipline. Diese Disziplin beinhaltet die Tätigkeiten, welche schon ihr Name suggeriert. Die Operation und Unterstützung der bestehenden Software ist das Arbeitsgebiet dieser Disziplin. Wie die Erfahrungen aus dem Rechenzentrumsbetrieb bzw. Erfahrungen bei der Einführung von Softwarepaketen mit vielen Benutzern zeigen, kann diese Disziplin hoch komplex sein. Schon während der Konstruktionsphase des Vorgehensmodells muss die spätere Produktion vorgedacht und eventuell softwaretechnisch[12] unterstützt werden. Üblicherweise bilden Betriebsdokumentation als auch Schulungen der zukünftigen Einsatzkräfte den Schwerpunkt in dieser Disziplin. Diese Tätigkeiten setzen sich bis in die Retirementphase fort.
- Enterprise Disciplines. Diese völlig neue Kategorie an Disziplinen macht Software für ein großes Unternehmen erst wirklich produktiv nutzbar. Im Gegensatz zu den Development Disciplines haben diese einen stärkeren Schwerpunkt auf den systemübergreifenden bzw. organisatorischen Teilen des Lebenszyklusses. Zu den einzelnen Disziplinen in dieser Kategorie zählen:

[12]Das JMX-Framework der J2EE, s. Abschn. 10.2.10, ist eine solche Maßnahme im Rahmen der Entwicklung, um die spätere Produktion besser unterstützen zu können.

- Program & Portfolio Management. Die Übersicht und Steuerung der Projekte innerhalb des Gesamtunternehmens. Nur anhand dieser Disziplin lässt sich der Wert oder die Wichtigkeit eines einzelnen Projektes beurteilen. Hier werden Entscheidungen getroffen, welche entweder aufgrund der Unternehmensstrategie oder aufgrund betriebswirtschaftlicher Gesichtspunkte Aussagen über die Zielsetzung und Priorisierung von Projekten treffen.
- Enterprise Modeling. Die Modellierung der Kernprozesse des Unternehmens auf abstraktem Niveau.
- Enterprise Architecture.
- Enterprise Asset Management. Die Steuerung der Hard- und Softwaregüter bzw. Lizenzen, welche das Unternehmen in der Vergangenheit erworben hat. Traditionelles Fixed Asset Management, es entspricht der deutschen Anlagenbuchhaltung, hat als Schwerpunkt die fiskalischen Auswirkungen von Anlagen auf die Bilanz und Abschreibungen. Dieses Element ist im Enterprise Asset Management zwar enthalten, jedoch nicht ausschlaggebend. Viel wichtiger ist hier der Aufbau einer Datenbasis, welche die Wechselwirkungen der einzelnen Assets untereinander beschreibt und diese wirkungsvoll kontrollieren kann. Typischerweise zählen auch SLAs, Service Level Agreements, zu den Enterprise Assets.
- People Management. Dies ist wohl die schwierigste Disziplin, das Management der Mitarbeiter des Unternehmens, die an dem System beteiligt sind. Da die meisten IT-Projekte an den Menschen und nicht an der Technik scheitern, ist diese Disziplin zwar eine der wichtigsten aber auch gleichzeitig eine der am wenigsten beachteten.
- Strategic Reuse Management. Wiederverwendung kann nur geplant stattfinden, da die zufällige Wiederverwendung nicht effektiv steuerbar ist.
- Standards & Guidelines Management and Support. Die Weiterentwicklung der eingesetzten Standards ist im Zuge einer Reifung des Unternehmens immanent wichtig. Typischerweise sind ISO-9000- oder CMMI-Projekte hier stark vertreten.
- Software Process Management. Die Entwicklung des Softwareentwicklungsprozesses, der Qualitätssicherung und die Fortschreibung der Best Practices fallen in den Bereich dieser Disziplin. Letztendlich stellt diese Disziplin eine Metaebene dar, da die Anpassungen des Enterprise Unified Process hier vorgedacht werden müssen.

13

Model Driven Architecture

Don't fight forces...... use them!

Richard Buckminster Fuller

13.1 Einleitung

Wie in Kapitel 3 beschrieben, muss in einem großen Unternehmen eine permanente Weiterentwicklung der Enterprise Architektur innerhalb des Rahmenwerks des entsprechenden Architekturgovernance-Frameworks stattfinden. Es liegt jedoch nahe, die reguläre Entwicklung von Applikationen nicht zu sehr von der Entwicklung der Architekturen zu entkoppeln. Damit beide in einer Entwicklung berücksichtigt werden können, wurde die Methodik der Model Driven Architecture, welche meistens mit MDA abgekürzt wird, eingeführt.

Dieser Zugang zu einer engen Verknüpfung zwischen den Techniken der traditionellen Softwareentwicklung, wie beispielsweise der Rational Unified Process, RUP, und seiner Unified Modelling Language, UML, entstand am Ende des zwanzigsten Jahrhunderts und wurde von der Object Management Group, OMG, intensiv vorangetrieben. Aufgrund der Historie der OMG, welche eng mit der Common Object Request Broker Architecture, CORBA, verknüpft ist, sind natürlich starke Spuren von CORBA in dem Model-Driven-Architecture-Ansatz zu finden.

Unabhängig von dieser Herkunft repräsentiert die Model Driven Architecture zurzeit die Avantgarde im Bereich der Entwicklung von Enterprise Architekturen. Hier kehrt sich das Prinzip der Neunzigerjahre – architecture drives development – um und resultiert in einem Vorgehensmodell für die Enterprise Architekturen, welche wiederum ihrerseits zukünftige Applikationsentwicklungen vorantreiben und beeinflussen. Aus einem philosophischen Blickwinkel betrachtet, schließt sich hier der Kreis zwischen Software und Architektur.

Zum heutigen Zeitpunkt ist die Model Driven Architecture als Vorgehensmodell noch recht abstrakt, da konkrete Implementierungen von Enterprise Architekturen mithilfe dieser Methodik noch nicht existieren. Die Model Driven Architecture ist jedoch der erste ernsthafte Versuch, systematisch, im Sinne der Architekturgovernance, eine Abfolge von Enterprise Architekturen zu entwickeln.

13.2 Pattern

Die Definition des Begriffs Pattern[1] ist:

> *A pattern is an idea that has been useful in one practical context and will probably be useful in others.*

Die Nutzung von Patterns im Kontext von Architekturen geht zurück auf die Transferleistung von C. Alexander, welcher als Erster Muster in der Gebäudearchitektur katalogisierte. Seither haben Patterns und, ironischer ihr Gegenteil, die Antipatterns ein hohes Maß an Aufmerksamkeit innerhalb der Softwarearchitekturen erzeugt.

Das grundlegende Muster hinter der Model Driven Architecture ist ein recht einfaches Pattern, Abb. 13.1. Durch die Wiederholung dieses Patterns kann jeder Übergang innerhalb der Model Driven Architecture dargestellt werden.

Das Pattern basiert auf einer regelbasierten Transformation von einem Metamodell in ein Modell. Die Regeln hierbei können diverse Formen annehmen, müssen aber existent und konsistent sein. Der Übergang vom Metamodell in das Modell ist immer deduktiv. Folglich ist das Pattern nicht auf die Schaffung eines Metamodells ausgelegt. Die Begriffe Metamodell und Modell sind hierbei nur relativ zueinander zu verstehen, im Sinne eines Rollenkontextes.

Das Pattern kann selbstverständlich mehrmals nacheinander angewandt werden, s. Abb. 13.2. Diese Mehrfachanwendung des Patterns kann als eine direkte Anwendung vom Anfangs- in den Endzustand des Patterns betrachtet werden.

Besonders die Tatsache, dass die Model Driven Architecture das Geschäftsmodell ganz klar von der Implementierungstechnologie abgrenzt und trennt, macht dieses Pattern so mächtig.

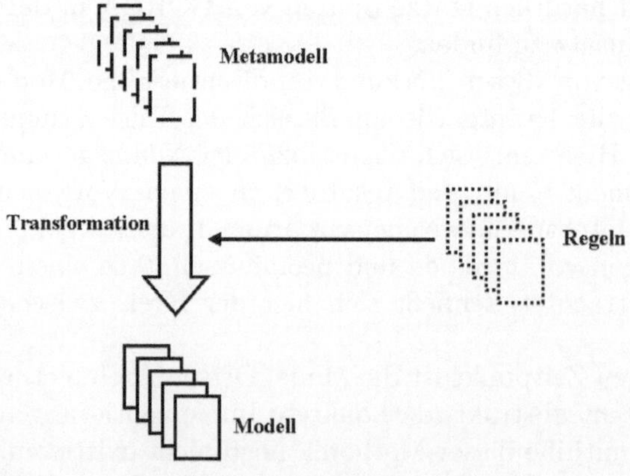

Abb. 13.1. Das MDA-Pattern

[1] Siehe auch Kap. 15.

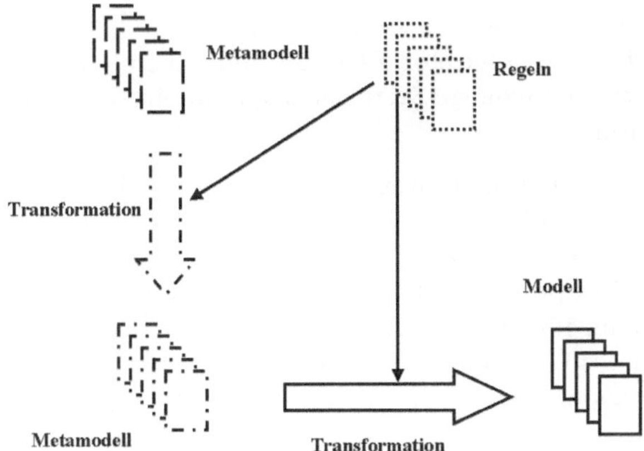

Abb. 13.2. Das multiple MDA-Pattern

13.3 Struktur

Die Model Driven Architecture besteht aus einer Reihe von Basisanforderungen, welche den eigentlichen Umgang mit der Entwicklung der Architektur erst ermöglichen. Die drei Hauptziele hinter der Model Driven Architecture sind:

- Portabilität, im Sinne der Übertragbarkeit einer Implementierung von einer technischen Implementierung auf eine anders geartete technische Plattform.
- Interoperabilität, die Fähigkeit der aktiven Zusammenarbeit mit anderen Systemen, wobei hier der Systembegriff relativ weit gefasst werden kann. Er rangiert dann von einer einzelnen Applikation bis hin zu einem anderen Netzwerk, welches sich an einem anderen Ort befindet und diverse Funktionalitäten besitzen kann.
- Wiederverwendbarkeit, unter Wiederverwendbarkeit ist hier die geplante Wiederverwertung, d.h. eine solche, die schon ab initio für das jeweilige System konzipiert wurde, zu verstehen. Die praktisch am meisten genutzte Form der Wiederverwertung, die zufällige, mehr eine Art Softwaresalvaging, kann selbstverständlich nicht a priori konzipiert werden.

Ein Modell in der Model Driven Architecture, das M in der MDA, ist definiert als die Repräsentation einer Funktion, einer Struktur oder des Verhaltens eines Systems. Diese Repräsentation ist eine formale Spezifikation, wenn die verwendete Sprache eine definierte Syntax, eine wohl definierte Semantik und auch ein Regelwerk für die Analyse besitzt. Die Syntax kann sowohl grafisch als auch textuell sein.

Unter diesem Blickwinkel versucht die Model Driven Architecture ein Vorgehen zu definieren, mit dem es möglich ist:

- ein System plattformunabhängig zu spezifizieren,

- eine konkrete Plattform zu spezifizieren,
- die Auswahl einer konkreten Plattform für ein System zu ermöglichen,
- die plattformunabhängige Systemspezifikation in eine plattformspezifische zu transformieren.

Es werden verschiedene Sichten auf das Gesamtsystem innerhalb der Model Driven Architecture eingesetzt, um diese Arbeiten zu bewältigen. Für die hier angesprochenen Sichten wird in der Model-Driven-Architecture-Nomenklatur der Ausdruck Viewpoint benutzt. Diese so genannten Viewpoints, deren konkrete Darstellung für ein System dann die Views darstellen, sind typisierte Darstellungen des Gesamtsystems innerhalb der Model Driven Architecture. Diese Sichten umfassen:

- Computational Independent Model, CIM
- Platform Independent Model, PIM
- Platform Specific Model, PSM

Zusammen stellen diese dann jeweils die einzelnen Sichten auf das Gesamtsystem dar. In Architekturterminologie kann man die verschiedenen Sichten durchaus als verschiedene Abstraktionsebenen auffassen. Die zu dieser Abstraktion gegenteilige Richtung ist das Refinement, das abstraktere Modell wird stets die Abstraktion und das andere die Realisation genannt.

Das Computational Independent Model, CIM, stellt die höchste Abstraktionsebene dar. In ihm wird versucht, das System völlig unabhängig von der technischen Realisierbarkeit zu spezifizieren. Das CIM zeigt keinerlei Details des Systems an. Man sollte es korrekterweise das Domänenmodell nennen, da hier nur Begriffe und Funktionen des jeweiligen Fachbereichs auftauchen und keinerlei Implementierungsdetails gezeigt werden dürfen. Es stellt im traditionellen Sinne die Fachspezifikation dar. Idealerweise sollten alle Anforderungen des CIM bis in das PSM hinein zu verfolgen sein. Die praktische Erfahrung in Projekten zeigt jedoch, dass ein explizites Requirement-Tracking, genauso wie das Changemanagement, zu den in der Softwareentwicklung am meisten vernachlässigten Disziplinen gehört.

Das Platform Independent Model, PIM, nähert sich der Implementierung schon sehr viel stärker als das CIM. Trotzdem darf das PIM keinerlei Plattformspezifika enthalten. Wie kann der Spagat zwischen dem technischen Realisierungsmodell, PIM, und dem plattformspezifischen Modell, PSM, geschlagen werden? PIMs lassen sich am einfachsten modellieren, wenn man von einer virtuellen Maschine ausgeht, welche bestimmte zugesicherte Eigenschaften hat. Diese virtuelle Maschine besitzt dann eine Persistenz, Kommunikationskanäle, einen Scheduler etc. Unter diesen Annahmen lässt sich dann ein Platform Independent Model recht gut aufzeigen. Vermutlich stand die Programmiersprache Java Pate für diese Idee, eine abstrakte Zwischenschicht jenseits der Fachspezifikation und dem konkreten Code einzuführen.

Die langfristige Zielsetzung ist es, das PIM zu einem computational complete Modell zu entwickeln. Ein solches computational complete Modell hat die Kerneigenschaft, dass das Modell ausgeführt werden kann, entweder direkt durch einen Interpreter oder indirekt via einer Codegeneration. Ein solcher Schritt verlangt eine vollständige Spezifikationssprache für die algorithmische Logik und für die Softwarestruktur. Wenn dieses technologische Ziel innerhalb der Model Driven Architecture erreicht ist, findet jedwede Entwicklung und Ausführung nur noch auf Modellebene statt.

Das Platform Specifc Model, PSM, enthält alle die Details, die für die konkrete Implementierung unablässig sind. Hier werden die Teile des PIMs in umsetzbare Codebestandteile verwandelt. Der Schritt vom PIM zum PSM wird innerhalb des Model Driven Architecture als Modelltransformation bezeichnet. Damit eine solche Modelltransformation handhabbar und, vor allem, wiederholbar bleibt, ist es sinnvoll, ein Metamodell über die Transformationseigenschaften der möglichen PIMs in die Menge der möglichen PSMs für die jeweils spezifische Plattform anzulegen. Dieses Transformationsregelwerk schafft dann eine sichere Transformation einzelner PIMs, s. Abb. 13.3.

Idealerweise kann der Architekt sich unter mehreren Plattformen eine aussuchen, für die dann diese Modelltransformation, das so genannte Mapping, angewandt wird. Dies ist aber ein Idealzustand, in der Regel existiert meistens nur genau eine Zielplattform.

Die Trennung zwischen dem PIM und dem PSM ist einer der Dreh- und Angelpunkte der Model Driven Architecture, da die Zahl der Plattformen zugenommen hat und vermutlich noch weiter zunehmen wird. Auch innerhalb einer Plattform finden starke technologische Entwicklungen statt, auf die naturgemäß reagiert werden muss. So beispielsweise:

- MTS → COM+ → .NET
- EJB 1.1 → EJB 2.0 → EJB 2.1
- XML DTD → XML-Schema
- CORBA 2.0 → CORBA 3.0

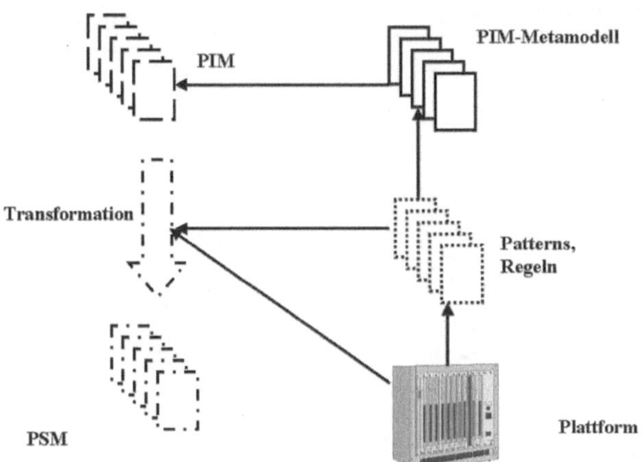

Abb. 13.3. Die Einflüsse auf die Transformation

Damit dieses Problem hinreichend gut adressiert werden kann, werden Informationen und auch die prozessurale Logik von der Technologie getrennt. Ein großer Vorteil dieses Vorgehens ist, dass diese Trennung es einfacher macht, das Modell zu validieren. Ein weiterer Vorteil ist es, dass die Implementierung für mehrere Plattformen einfacher ist, außerdem ist Integration und Interoperabilität plattformübergreifend einfacher zu beschreiben.

Die Modelltransformationen rangieren von einer rein manuellen Transformation[2] bis hin zu einer automatischen, werkzeuggestützten Transformation innerhalb einer integrierten Entwicklungsumgebung. Diese beiden Extreme decken die Ränder des Spektrums ab. Die wohl interessanteste Zwischenversion ist die Nutzung von Patterns in einem manuellen oder generatorgestützten Transformationsprozess. Patterns sind hier deswegen interessant, weil sie die Vorstufe zu einem automatischen Prozess darstellen und einer einigermaßen standardisierten Sprache unterliegen.

Selbstverständlich kann die Transformation mehrmals angewendet werden, je nachdem, was unter dem Begriff einer Plattform verstanden wird. Durch diese Technik, der Wiederholung der Transformation auf den unterschiedlichen Abstraktionsebenen, können Zwischenmodelle produziert werden, die wiederum für die nächste Ebene das PIM darstellen, s. Abb. 13.4. Dabei lassen sich, aus abstrakter Sicht, die Zwischenschritte zu einer „logischen" Gesamttransformation zusammenfassen. Umgekehrt sind diese einzelnen Schritte jedoch oft notwendig, da unterschiedliche Patterns auf verschiedenen Ebenen zum Tragen kommen können. Trotz dieses Stapels von Transformationen muss die Verfolgbarkeit der Anforderungen, die Traceability, über mehrere Ebenen hinweg stets gewährleistet sein.

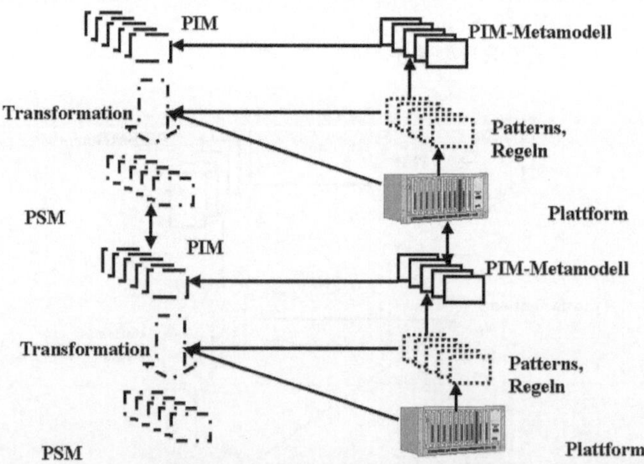

Abb. 13.4. Der Transformationsstack. Die Begriffe PIM und Plattform sind abhängig vom jeweiligen Standpunkt

[2]Dieser Begriff ist ein Euphemismus für das „klassische" Codieren.

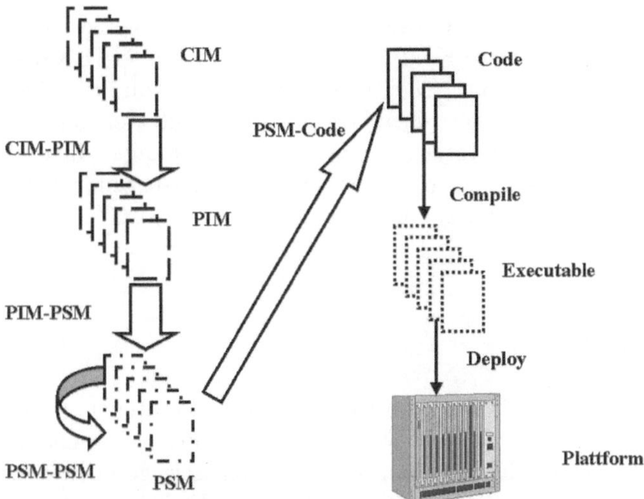

Abb. 13.5. Das Mapping

Neben diesen Transformationen können auch folgende Mappings sinnvoll sein, s. auch Abb. 13.5:

- PIM nach PIM. Diese Transformation wird genutzt, um die Modelle zu verbessern oder zu spezialisieren. Die bekannteste Form einer solchen Transformation ist der Übergang von der Analyse zum Design. Die meisten Modellverbesserungen fallen in die Kategorie PIM nach PIM.
- PSM nach PSM. Diese Transformation ist notwendig, wenn der Übergang von der Softwareentwicklung zum Deployment durchgeführt wird.
- PSM nach PIM. Dieser Fall taucht beispielsweise beim Reengineering auf oder bei der Einführung einer neuen Technologie, wobei die Erfahrungen, die in einem Pilotprojekt gesammelt wurden, auf andere Modelle übertragen werden können.

13.4 Common Services

Neben diesen Metadaten, welche die inhärente Zielsetzung haben, systemübergreifend austauschbar zu sein, existiert noch ein zweites Gebiet, das notwendig ist, damit große interoperable Systeme gebaut werden können. Es ist die Standardisierung übergreifender gemeinsamer System- und Applikationsservices, die so genannten Common Services.

Die klassische Trennung zwischen Policy, Interface und Implementierung legt hier eine Trennung zwischen Common Services und einem Standard Program,ing Model nahe. Ein Standard Programming Model definiert ein Modell der Services, welche das Standard Programming Model zur Verfügung stellt. Diese Form der Standardisierung macht es für die Service-Clients einfacher und erlaubt es, neue Komponenten in einer Model-Driven-Architecture-Umgebung zu integrieren. Clients, welche solche Common Services nutzen, sind stets kleiner, im Sinne eines Footprintings, und weniger komplex als andere, da sie ja nur ein Interface benutzen, unabhängig davon, welche konkreten Implementierungsformen des Services aktuell genutzt werden. Umgekehrt können diese Services von einer großen Zahl von Clients sofort genutzt werden.

13.5 Dynamik

Die in der Entwicklung und dem Einsatz von metadatengetriebenen Entwicklungsmethodiken, welche auf erweiterbaren Objekten, Extensible Objects, basieren, gewonnenen Erfahrungen werden langfristig gesehen die Fähigkeiten, welche innerhalb einer Enterprise-Architektur-Entwicklung entstehen, stark verändern. Am Ende dieser logischen Entwicklung der Methodik wird die direkte Manipulation und sofortige Umsetzung des Metamodells in ausführbare Programme stehen.

Zukünftig werden die Transformationsprozesse, vom CIM zum PIM zum PSM, obsolet werden, da das Modell direkt durch die Software interpretiert oder compiliert werden wird.

Das zugrunde liegende Paradigma der dynamischen Objekte führt dazu, dass Änderungen des Metamodells direkt das Verhalten des implementierten Systems ändern und so zu einer vollständigen Laufzeitveränderbarkeit führen. Für die Umsetzung dieses Paradigmas ist ein sehr gut erforschtes Metadatenkonzept notwendig.

Das Resultat dieser Entwicklung wird ein hochgradig adaptives System sein, welches auf Änderungen spontan und zielgerichtet reagieren kann.

13.6 Meta Object Facility

Die Gesamtheit der Model-Driven-Architecture-Modelle in allen Unternehmen lässt sich in einer Meta Object Facility, MOF, beschreiben. Dieses abstrakte Metamodell stellt sicher, dass auf dieser Metaebene alle konkreten Model-Driven-Architecture-Modelle MOF-kompatibel sind. Diese Kompatibilität ermöglicht die Kommunikation und den Austausch zwischen den einzelnen Model-Driven-Architecture-Modellen, s. Abb. 13.6.

Die Meta Object Facility ist der OMG-Standard einer gemeinsamen abstrakten Sprache zur Definition und Beschreibung von Metamodellen. Insofern ist die Meta Object Facility eine Ontologie, d.h. ein Modell eines Metamodells. Die Meta Object Facility ist inhärent objektorientiert, sie definiert Elemente, Syntax und Struktur der Model-Driven-Architecture-Modelle. Zusätzlich hierzu existieren eine Reihe von Regeln bezüglich des Lifecycles,

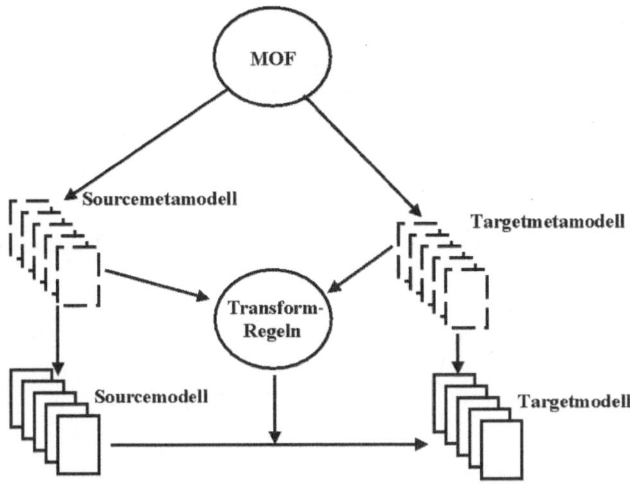

Abb. 13.6. Das MOF und die verschiedenen Modelle

der Komposition und der Geschlossenheit von Model-Driven-Architecture-Modellen.

Bedingt durch die CORBA-Herkunft der OMG, Object Management Group, wurden die Mappings der Model-Driven-Architecture-Modelle in der CORBA-IDL, CORBA Interface Definition Language, progammiersprachen-unabhängig festgelegt. Zusätzlich existiert noch eine Hierarchie von reflexiven Interfaces, welche die Suche und Manipulation von Meta-Object-Facility-kompatiblen Modellen ermöglichen.

Der große Vorzug der Meta Object Facility ist, dass sie scheinbar völlig unterschiedliche Metamodelle in einer gemeinsamen Art und Weise benutzen kann. Die Unterstützung des Lifecycles von Metamodellen führt dazu, dass Meta Object Facility ein Werkzeug zum Manipulieren und Publizieren von Metadaten darstellt.

13.7 XML Metadata Interchange

Die für die Kommunikation zwischen den einzelnen Model-Driven-Architecture-Modellen notwendige Sprache ist das XMI, XML Metadata Interchange, der Object Management Group, OMG. Dieser XMI-Standard repräsentiert jedes Meta-Object-Facility kompatibles Modell, welches in einer Model Driven Architecture konstruiert werden kann, in Form von XML. Folglich kann jedes XMI-Dokument in Wirklichkeit als ein Meta-Object-Facility XML-Dokument angesehen werden, s. auch Abb. 13.7.

Die XMI definiert, welche XML-Tags die Serialisierung von Meta-Object-Facility kompatiblen Modellen repräsentieren. Die Meta-Object-Facility-basierten Metamodelle werden dabei in DTDs, XML Document Type Defini-

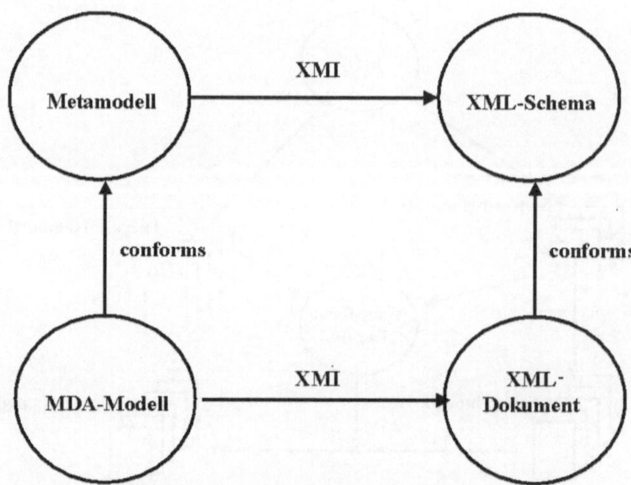

Abb. 13.7. XMI und Modelle

tions, und die konkreten Model-Driven-Architecture-Modelle in XML umgeformt, s. Abb. 13.8.

Die Tatsache, dass XMI auf dem Sprachstandard XML basiert und somit die Metainformationen, in Form der Tags, und die Informationen, in Form des Inhalts der Elemente, im selben Dokument vorhanden sind, ermöglicht erst den Einsatz in verteilten heterogenen Umgebungen.

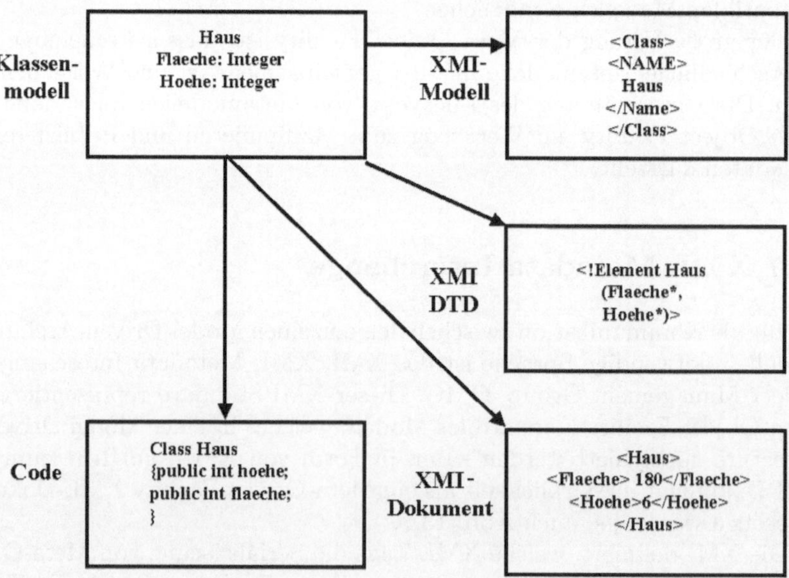

Abb. 13.8. Ein XMI-Beispiel

13.8 MDA-Implementierung

Die heutige Werkzeuglandschaft ist noch nicht so weit, dass wir in der Lage sind, das PIM direkt auszuführen. Zurzeit ist die Codegeneration das einzig valide Vorgehen innerhalb einer Model-Driven-Architecture-Entwicklung, wobei es schon heute praktikabel ist, mehrere PSMs als auch Codesequenzen für verschiedene Plattformen parallel zu generieren, s. Abb. 13.9.

In das Generierungsschema vom PIM zum PSM und dann zum Code lassen sich auch bestehende Legacy-Applikationen sowie auch Standardsoftware im Sinne von Commercial Off The Shelf Software in das Schema einfügen, s. Abb. 13.10.

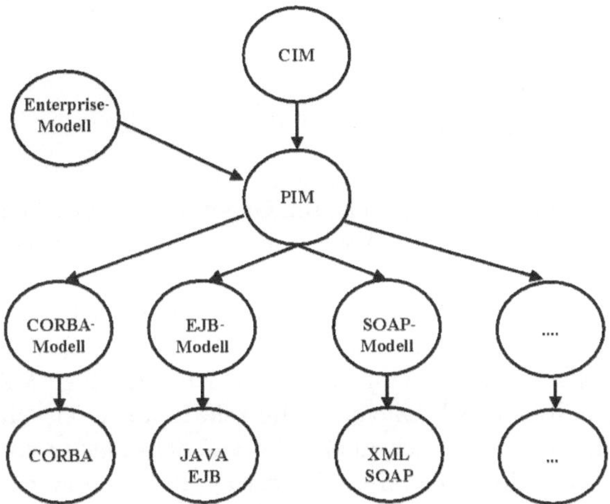

Abb. 13.9. Diverse Implementierungsgenerierung

13.9 Perspektiven

Obwohl diese Ansätze alle sehr gut klingen, immerhin wird die Model Driven Architecture von der Object Management Group bewusst forciert, ist sie zur Zeit noch blanke Theorie.

Innerhalb des Umfeldes der Theorie klingt sie überzeugend, aber ein einfacher Vergleich mit der Praxis zeigt, dass sie heute vermutlich auf die wenigsten Unternehmen übertrag- oder anwendbar ist.[3]

Die Hauptdefizite bei der Model Driven Architecture sind, neben der faktischen Untestbarkeit, keinerlei „echte“ Unterstützung bei der Einbindung von

[3]Dies trotz der Tatsache, dass sich viele Entwicklungsabteilungen damit brüsten, MDA einzusetzen.

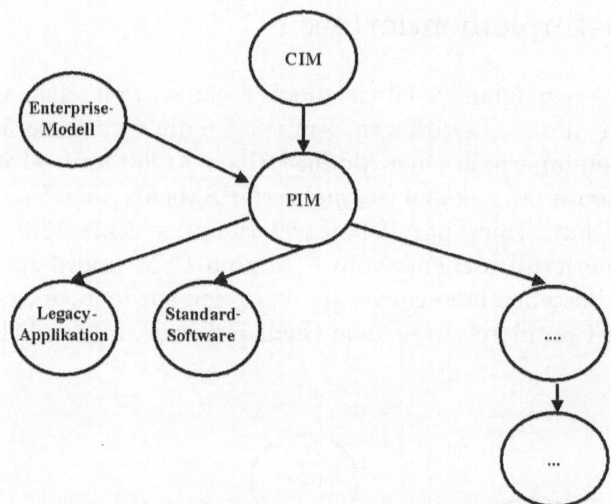

Abb. 13.10. Legacy- und Standardsoftware

Legacy-Applikationen, s. Kap. 11. Im Gegensatz hierzu zeigen die Service Oriented Architectures klarere Wege auf, bestehende Investments zu erhalten.

Selbst in einem Nicht-Legacy-Umfeld ist der Einsatz von Model Driven Architecture noch problematisch, da die heutige Werkzeuglandschaft nicht genügend Codegenerativität zum effektiven Einsatz einer Model Driven Architecture beinhaltet. Das Risiko erscheint relativ hoch, dass die Model Driven Architecture das gleiche Schicksal erleidet wie der Einsatz von I-CASE, Integrated Computer Aided Software Engineering, in den Achtzigerjahren, da die Probleme und treibenden Kräfte beider Visionen eng miteinander verwandt sind.

Aus Sicht bestehender Middlewaresysteme eignet sich der MDA-Ansatz als mögliche Integrations- bzw. Migrationsplattform, s. Abb. 13.10, da im Falle einer bestehenden Legacy-Applikation nur eine Deklaration innerhalb des MDA-Modells notwendig ist. Dies ist nicht weiter verwunderlich, da die OMG auch die „Vaterschaft" über die klassische Middleware CORBA, s. Abschn. 9.7, besitzt.

14 Agility

מה־שהיה הוא שיהיה ומה־שן
עשׂה הוא שיעשׂה
ואיך בל־חרשׁ תחת השמשׁ

Prediger I, 9

14.1 Agiles Manifest

Im Frühjahr des Jahres 2001 trafen sich in Utah eine Reihe von Experten mit Erfahrung im Bereich eXtreme Programming. In der damaligen Diskussion stand die Frage, wie sich eXtreme Programming mit anderen so genannten lightweight Prozessen vergleicht und was alle gemeinsam haben. Die Bezeichnung lightweight verführt zur Annahme eines unstrukturierten oder disziplinlosen Prozesses. Diese Annahme ist von Grund auf falsch. Alle lightweight Prozesse, und besonders eXtreme Programming verlangen ein sehr hohes Maß an Disziplin.

Das Ergebnis der Utah-Konferenz war das Manifesto for Agile Software Development, oder kurz gesagt: das Agile Manifesto. Das Agile Manifesto lautet im Original[1]:

The Manifesto for Agile Software Development

Seventeen anarchists agree:

We are uncovering better ways of developing software by doing it and helping others do it. Through this work we have come to value:

- Individuals and interactions over processes and tools.

[1]Spöttisch wurde schon behauptet, dass die ganze Veranstaltung und das Manifest in seiner Theatralik sehr dem Rütli-Schwur in Schillers *Wilhelm Tell* ähnelt:

Wir wollen sein ein einzig Volk von Brüdern,
in keiner Not uns trennen und Gefahr.
Wir wollen frei sein, wie die Väter waren,
eher den Tod, als in der Knechtschaft leben …

- Working software over comprehensive documentation.
- Customer collaboration over contract negotiation.
- Responding to change over following a plan.

That is, while we value the items on the right, we value the items on the left more. We follow the following principles:

- Our highest priority is to satisfy the customer through early and continuous delivery of valuable software.
- Welcome changing requirements, even late in development. Agile processes harness change for the customer's competitive advantage.
- Deliver working software frequently, from a couple of weeks to a couple of months, with a preference to the shorter timescale.
- Business people and developers work together daily throughout the project.
- Build projects around motivated individuals. Give them the environment and support they need, and trust them to get the job done.
- The most efficient and effective method of conveying information to and within a development team is face-to-face conversation.
- Working software is the primary measure of progress.
- Agile processes promote sustainable development. The sponsors, developers and users should be able to maintain a constant pace indefinitely.
- Continuous attention to technical excellence and good design enhances agility.
- Simplicity – the art of maximizing the amount of work not done – is essential.
- The best architectures, requirements and designs emerge from self-organizing teams.
- At regular intervals, the team reflects on how to become more effective, then tunes and adjusts its behavior accordingly.

Kent Beck, Mike Beedle, Arie van Bennekum, Alistair Cockburn, Ward Cunningham, Martin Fowler, James Grenning, Jim Highsmith, Andrew Hunt, Ron Jeffries, Jon Kern, Brian Marick, Robert C. Martin, Steve Mellor, Ken Schwaber, Jeff Sutherland, Dave Thomas

Das agile Manifest ist in seinen Grundzügen die konsequente Abwendung von der klassischen strukturierten Analyse mit einem sehr dokumentenlastigen Vorgehensmodell. Der zweite interessante Punkt ist der Wechsel von der Werkzeuggläubigkeit hin zu der Fähigkeit des Individuums, komplexe Probleme zu lösen. Auch das Outsourcing wird von der Gruppe kritisch gesehen. Das agile Manifest ist stark von den Ideen selbstregulierender und selbstorganisierender Systeme beeinflusst, deshalb hat das Management nur eine Moderatorfunktion.

Die Zukunft ist von starker Unsicherheit geprägt, wodurch eine Planung prinzipiell nur geringen Wert hat. Entwickler sind selbstverantwortlich und wollen möglichst gute Ergebnisse abliefern, deshalb ist eine aufwendige Qualitätssicherung nicht notwendig.

Die Hintergründe für die entsprechenden Wertformulierungen sind relativ leicht zu sehen:

- Die meisten Projekte scheitern an Individuen, nicht an der eingesetzten Technik. Wenn man berücksichtigt, dass nur 20% aller IT-Projekte mehr oder minder erfolgreich abgeschlossen werden, liegt hier ein breiter Erfahrungsschatz vor, der diese Beobachtung empirisch stützt. Dies erklärt den Fokus auf Menschen und Kommunikation und nicht auf Prozesse und Technik. Umgekehrt betrachtet, die erfolgreichste Softwareentwicklung des letzten Jahrzehnts, Linux, beruhte weder auf einem gemeinsamen „postulierten" Prozess noch auf dem Einsatz von Werkzeugen außerhalb der Linuxplattform, sondern auf der intensiven Kooperation vieler anonymer individueller Softwareentwickler.
- Sehr ausführliche – und formal korrekte – Dokumentation nimmt bei größeren Softwareprojekten leicht mehrere Tausend Seiten ein. Eine Größe, die kein Einzelner mehr liest oder komplett versteht. Die Sinnhaftigkeit solcher Dokumentationen wird zu Recht bezweifelt, daher der Fokus auf das Produkt, weniger auf die Dokumentation. Obwohl dieser Standpunkt einigen DIN- und ISO-Normen widerspricht, findet er doch regen Zuspruch unter Softwareentwicklern. Diese behandeln Dokumentation traditionell sehr stiefmütterlich.

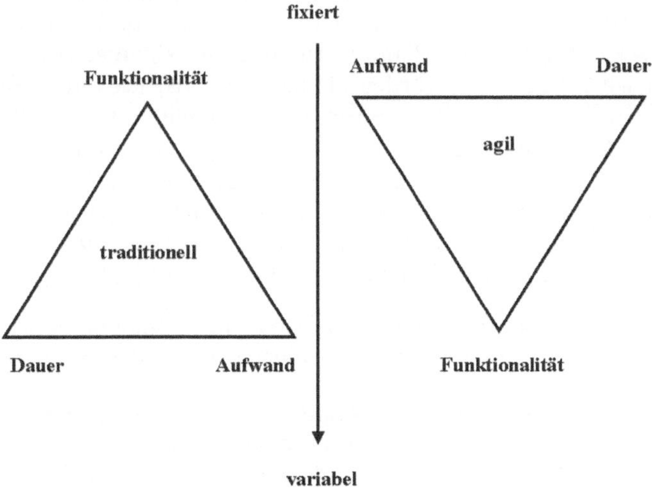

Abb. 14.1. Traditionelle gegenüber agilen Methoden

- Die meisten Spezifikationen sind nicht so eindeutig[2], wie es für eine Umsetzung günstig wäre. Eine eindeutige vollständige Spezifikation wäre via eines Parsers dann automatisch umsetzbar, was eine der Zielvorstellungen hinter der Model Driven Architecture ist, s. Kap. 13. In der Praxis gibt es jedoch zwei Gründe, die solche exakten Spezifikationen des Kunden problematisch machen: Zum einen kann der Kunde völlig neue Prozesse und Software nicht wirklich spezifizieren, da er meist mental in seinem aktuellen Status quo gefangen ist, und zum anderen ändern sich die Anforderungen relativ rasch. Um diesen Tatsachen Rechnung zu tragen, wird die Zusammenarbeit mit dem Kunden und die Veränderungen von Plänen als wichtiger Wert an sich angenommen.
- Sehr große Projekte haben oft Laufzeiten über 2 Jahre, dieser Zeithorizont ist jedoch oft größer als die Halbwertszeit einer eingesetzten Technologie, folglich führt ein starres Festhalten an einem einmal gefassten Plan zur Schaffung eines obsoleten Produktes. In der heutigen Ökonomie kann man auch formulieren: „Nicht die Großen werden die Kleinen fressen, sondern die Schnellen die Langsamen".

Auch die einzelnen Prinzipien des agilen Manifests weisen eine langjährige praktische Erfahrung im Umgang mit Softwareentwicklung auf:

- Die traditionelle Projektmanagersicht ist, dass der Mehrwert des Kunden sich von selbst aus dem Projekterfolg ergibt. Dieser wiederum ist, in traditioneller Sicht, das Ergebnis der Planeinhaltung[3]. Leider ändern sich die Umwelt und die Einflüsse auf ein Projekt heute so rapide, dass der entstehende Mehrwert für den Kunden öfters neu berechnet werden muss. Insofern steht Customer Value schon alleine aus Legitimationsgründen im Vordergrund. In Zeiten der engen Budgets müssen, im Gegensatz zur Vergangenheit, auch IT-Projekte den Mehrwert für das Unternehmen legitimieren.
- Wandel ist in der traditionellen Methodik ein sehr problematisches Gebiet, da die sorgfältig erstellte Planung durch die anfallenden Änderungen stark gestört wird, von daher würden die meisten Projekte am liebsten eine Art Freeze Zone für sich selbst einrichten, um nicht mit dem Phänomen des Wandels konfrontiert zu werden.[4] Aber die Praxis zeigt, dass sich zwischen 20–60% der Anforderungen an eine Software im Laufe des Projektes verändern, d.h., Softwareprojekte befinden sich im permanenten Wandel und Stasis ist in diesem Gebiet die große Ausnahme. Daher ist es sinnvoll, sich ab initio auf den Wandel einzustellen, s. Abb. 14.2 und 14.3.

[2]Diese Tatsache stellt auch ein Problem für das Offshoring dar, da hier in der Regel noch kulturelle Unterschiede hinzukommen, welche das „tacit knowledge gap" vergrößern.

[3]In gewisser Weise erinnert diese Argumentation an die berühmten Fünfjahrespläne in den ehemaligen kommunistischen Ostblockstaaten.

[4]Ironischerweise fordern Projekte, welche die stärksten Veränderungen in der Organisation und den Abläufen der Fachbereiche produzieren, am häufigsten die Einfrierung von Anforderungen für ihre gesamte Projektlaufzeit.

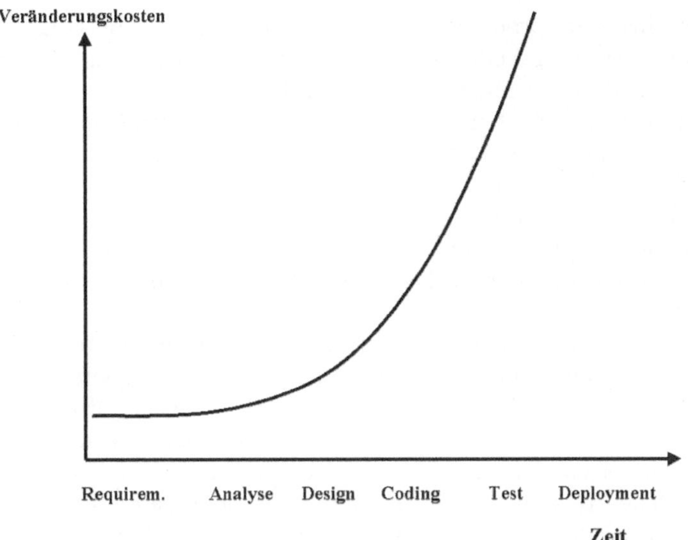

Abb. 14.2. Kosten in der traditionellen Entwicklung mit einem fast exponentiellen Verlauf

- Obwohl iterativ-inkrementelle Vorgehensmodelle schon sehr lange im Einsatz sind und alle diese Vorgehensmodelle kurze Zyklen präferieren, leiden die meisten heutigen Projekte an dem Phänomen, nur wenige Zyklen auszuführen. Dafür sind diese Zyklen aber sehr lange. Diese langen Zyklus-

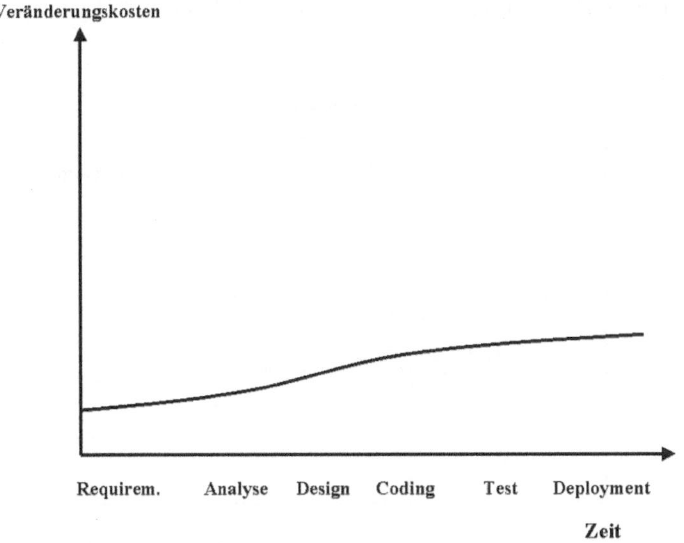

Abb. 14.3. Kosten in der agilen Entwicklung mit relativ flachem Verlauf

zeiten ihrerseits produzieren die hohen Kosten, s. Abb. 14.2, und führen zu einem Stau an Änderungen. Im Gegensatz hierzu senken kurze Zyklen die Risiken, als auch die Kosten, s. Abb. 14.3.

- Da Software zzt. noch nicht den Standardisierungsgrad, der wünschenswert wäre, erreicht hat, ist die direkte und permanente Rückmeldung durch den Kunden unabdingbar.
- Projekte scheitern nicht an Werkzeugen, sondern an Menschen. Motivation ist in Softwareprojekten der Schlüssel zum Erfolg. Von daher ist es wichtig, dass Menschen wieder stärker in den Mittelpunkt der Entwicklung gerückt werden.
- Ein großer Teil der Kommunikation findet auf nichtverbaler Ebene statt, d.h., für diesen Teil der Kommunikation sind Dokumente wenig geeignet. Diese Beobachtung geht einher mit der Beobachtung über das Scheitern von Projekten. Ein anderer Punkt ist das Vorhandensein von tacit Knowledge, dabei handelt es sich um stillschweigendes bzw. implizites Wissen. Ein solches Wissen lässt sich leider nicht dokumentieren, es ist aber für jedes Entwicklungsvorhaben extrem wichtig. Ein Teil der Unternehmenskultur basiert auf dieser Form des Wissens. Offensichtlich gibt es in jedem Unternehmen so genannte ungeschriebene Gesetze, welche zur tacit Knowledge gehören. Siehe auch Abb. 14.4.
- Viel Entwicklungen produzieren eine große Menge an Dokumentation, ohne tatsächlich etwas Lauffähiges vorweisen zu können. Bestes Beispiel in jüngster Zeit dürfte der erste Anlauf von Toll-Collect sein. Je früher Defekte oder Fehlannahmen entdeckt werden, desto risikoärmer ist das ganze Vorgehen.
- Aus dem eXtreme Programming wurde das zeitlimitierte Modell übernommen. Entwicklung ist primär eine intellektuelle Leistung und kann

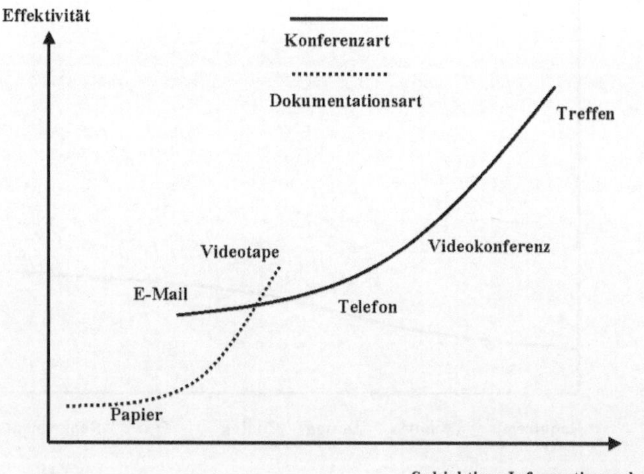

Abb. 14.4. Die verschiedenen Kommunikationsformen

nicht durch bloße Anwesenheit erzwungen werden. Bei allen Menschen ist die Zeit, in der sie kreativ sein können, sehr limitiert, von daher macht es wenig Sinn, lange Nächte zu investieren.[5]
- Im Gegensatz zum traditionellen Rapid Prototyping, welches den Schwerpunkt stärker auf das Rapid legt und damit qualitativ minderwertige Prototypen erstellt, liegt bei der agilen Methodik der Schwerpunkt auf qualitativ hochwertigem Design zusammen mit einem Up-to-date-Wissen über aktuelle Technik. Die Basisidee ist hier, das Design kontinuierlich zu verbessern.
- Minimalismus ist, vom eXtreme Programming entlehnt, eine der Maßgaben, um das typische Gilding the Lily Antipattern, s. Abschn. 15.4, zu verhindern.
- Die Erfahrung zeigt, dass Teams, ohne allzugroße Restriktionen und mit einer hohen Motivation, sehr gute Ergebnisse produzieren können.
- Optimierung kann nur vom Team selbst ausgehen, damit es effektiv ist.

Alle Ansätze des agilen Manifests folgen einem reichen Erfahrungsschatz und einer, zumindest empirisch, nachweisbaren Systematik. Mit dem Manifest wurde ein strategisches Programm für die zukünftige Entwicklung von IT-Projekten formuliert.

Die starke Orientierung hin zum Menschen und weg von der Technik ist eine zentrale Eigenschaft aller agilen Methodiken. Die Orientierung am Individuum Mensch zeigt sich auf verschiedene Weise in agilen Prozessen.

Eines der Schlüsselelemente ist, dass der Prozess angenommen und nicht aufgezwungen wird. In klassischer Umgebung werden Softwareprozesse oft vom Management – oder einer Stabsstelle, z.B. Methoden & Verfahren – der Softwareentwicklungsmannschaft aufgedrängt.[6] Diese Machtasymmetrie weckt sehr oft den Widerstand, besonders dann, wenn die Beteiligten des Managements sehr weit vom Entwicklungsteam weg sind, oder das Verfahren sehr abstrakt ist. Solche Versuche scheitern in der Regel, da der einzelne Mitarbeiter einen großen Teil seiner Energie darauf verwendet, nachzuweisen, dass der Prozess so nicht funktionieren kann. Damit ein neuer Prozess angenommen werden kann, ist die aktive Teilnahme aller Beteiligten notwendig, sonst existiert kein Commitment bei allen Beteiligten.

In letzter Konsequenz bedeutet dies, dass nur die Entwickler selbst die nötige Entscheidung treffen können, einer adaptiven Methodik zu folgen. Das trifft in besonderem Maße auf eXtreme Programming zu, welches ein sehr hohes Maß an Disziplin bei der Durchführung erfordert.

Wichtig für alle agilen Methodiken ist, dass die Entwickler in der Lage sein müssen, alle technischen Entscheidungen zu treffen. Das eXtreme Programming folgt dieser Argumentation, indem es in seinem Planungsprozess

[5]Dies ist auch ein Abschied vom Mythos des heroic Programmings, bei dem ein Einzelner durch nächtelange Arbeit ein Projekt rettet.

[6]Siehe hierzu auch die Diskussion über komplexe Systeme und Macht, Abschn. 12.1.

festlegt, dass nur die Entwickler schätzen dürfen, wie lange sie für eine bestimmte Arbeit brauchen.

Dieses „technische“ Management ist eine Veränderung in großen Unternehmen, die in der Regel die Entscheidungskompetenz nicht nach „unten“ delegieren. Dieser Ansatz erfordert folglich die Teilung der Verantwortlichkeit, wobei Entwickler und Management eine gleiche Stellung in der Leitung des Projektes haben – die technische Expertise der Entwicklung wird anerkannt. Hintergrund für diese Argumentation ist die Geschwindigkeit der technologischen Veränderung in der IT-Branche.

14.2 Agile Modellierung

Die agile Modellierung stellt den Menschen ins Zentrum der Entwicklung. Im Gegensatz zur klassischen Entwicklungsphilosophie, z.B. Wasserfallmodell, bei der Zeit und Funktionalität während der Laufzeit des Projektes konstant gehalten wird – dies ist im klassischen Sinne die Aufgabe eines Projektplans – hat die agile Modellierung die Eigenschaft, dass sie die Zeit und die Ressourcen konstant hält und die Funktionalität variieren lassen kann, s. Abb. 14.1.

Die Erfahrung lehrt, dass Softwareentwicklung nicht in gleichförmig laufenden Phasen abläuft. Die Methoden & Verfahrensabteilung eines Unternehmens hat hier in der Regel eine sehr dogmatische Sicht über Abläufe, ganz im Gegensatz zu den einzelnen Softwareentwicklern, welche, in den meisten Fällen, ein „produktives“ Chaos zu bevorzugen scheinen. Ein optimaler Zugang liegt vermutlich in der Mitte zwischen beiden Extremen, wobei die Architekten zu den Dogmatikern tendieren sollten.

Agile Modellierung braucht immer ein Vorgehensmodell, in dem es agieren kann, denn agile Modellierung an sich ist kein vollständiges Vorgehensmodell, sondern eine Best-Practice-Sammlung, außerdem hat es dieselben Probleme wie der Rational Unified Process, s. Abschn. 12.2, da es nicht den ganzen Lebenszyklus wie z.B. der Enterprise Unified Process, s. Abschn. 12.3, abdeckt.

Die Grundsätze und Prinzipien der agilen Modellierung wurden schon beim Agilen Manifest, s. Abschn. 14.1, angesprochen, daher reicht es aus, sich an dieser Stelle auf die Practices zu beschränken. Die Practices sind das eigentliche Herzstück der agilen Modellierung, hierin ähnelt der Ansatz sehr stark dem eXtreme Programming. Genau wie die Prinzipien sind auch die Practices sehr eingängig und einfach zu verstehen.

Es existiert aber nicht die agile Methode, sondern es gibt eine Reihe von Methodiken im Bereich der agilen Methoden. Hier eine kurze Übersicht über die bekanntesten agilen Methoden, welche gleichzeitig auch die verbreitetsten sind.

14.2.1 eXtreme Programming

Von allen agilen Methoden ist eXtreme Programming mit Sicherheit die älteste und bekannteste. Die Wurzeln von eXtreme Programming liegen im Small-

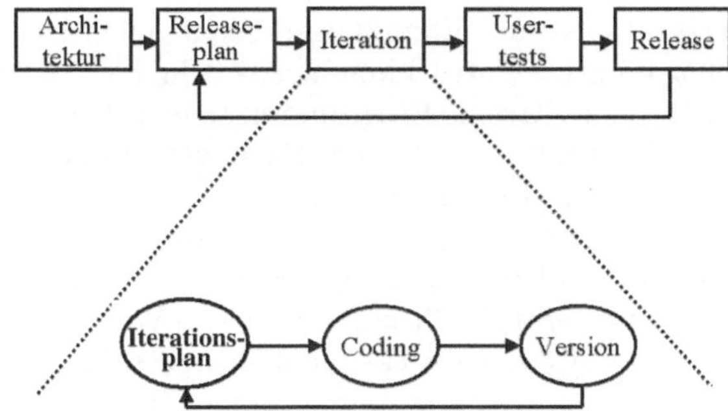

Abb. 14.5. Der eXtreme-Programming-Projektverlauf

talk, insbesondere in der engen Zusammenarbeit von Kent Beck und Ward Cunningham in den späten 80ern. Beide verfeinerten ihre Praktiken in vielen Projekten in den frühen 90ern und bauten ihre Ideen eines Softwareentwicklungsansatzes aus, der sowohl adaptiv als auch menschenorientiert ist. Der Sprung von informellen Vorgehensweisen zu einer eigenen Methodik geschah im Frühling 1996. Ein Review eines Abrechnungsprojektes bei Chrysler gilt, historisch gesehen, als das erste offizielle eXtreme-Programming-Projekt. EXtreme Programming besitzt vier unverzichtbare Grundwerte:

- Kommunikation
- Feedback
- Einfachheit
- Mut.

Der Rest ist eine Ansammlung von meist bekannten und mehrfach verwendeten Praktiken, die sich nach Ansicht von Kent Beck besonders eignen.

> *...none of the ideas in XP are new. Most are as old as programming. There is a sense in which XP is conservative – all its techniques have been proven ...*

EXtreme Programming baut auf ein Dutzend Praktiken auf, welche alle eXtreme-Programming-Projekte befolgen sollten. Viele dieser Praktiken sind alte, bewährte und getestete Techniken, die jedoch von vielen oft vergessen werden. Auch werden sie in den meisten Vorgehensmodellen und den aus diesen resultierenden Prozessen nicht wiedergefunden. EXtreme Programming lässt einerseits diese erprobten Techniken wieder aufleben und verknüpft sie andererseits zu einem neuen Ganzen, wobei sich diese Techniken im Sinne einer Emergenz, s. Abschn.12.1, teilweise gegenseitig verstärken.

Eine der herausragendsten Praktiken ist die starke Betonung des Testens. Während alle Vorgehensmodelle das Testen erwähnen, leben es die meisten mit ziemlich geringer Priorität. EXtreme Programming jedoch erhebt das Testen zum Fundament der Entwicklung, wobei jeder Programmierer während des Schreibens des Programms Tests schreibt. Die Tests werden in einen kontinuierlichen Integrations- und Erstellungsprozess einbezogen, was eine sehr stabile Basis für zukünftige Entwicklung hervorbringt.

Auf dieser Basis baut eXtreme Programming einen iterativen Entwurfsprozess auf, der darauf beruht, ein einfaches Basissystem mit jeder Iteration zu refaktorisieren. Das ganze Design konzentriert sich auf die aktuelle Iteration, wobei kein Design für vorweggenommene zukünftige Bedürfnisse gemacht wird. Das Ergebnis ist ein Designprozess, der diszipliniert, aber aufregend ist, indem er Disziplin und Adaptivität auf eine solche Weise kombiniert, die ihn wahrscheinlich zur am besten entwickelten aller agilen Methodiken macht.

14.2.2 Dynamic System Development Method

Die 1995 von 16 Gründungsmitgliedern eingeführte DSD-Methode beinhaltet ein sehr modular aufgebautes Framework. Der Schwerpunkt der Methode beruht aber hauptsächlich auf neun essenziellen Prinzipien.

1. Active user Involvement is Imparative.
2. Teams must be Empowered to Make Decisions.
3. Focus on Frequent Delivery.
4. Fitness for Business is Criterion for Accepted Deliverables.
5. Iterative and Incremental Development is Mandatory.
6. All Changes During Development Must be Reversible.
7. Requirements are Baselined at High-Level.
8. Testing is Integrated Throughout the Lifecycle.
9. Collaborative and Co-operative Approach.

Eine Verletzung dieser Prinzipien führt, nach der Methodik, zu einem massiven Bruch und subsequent zu einem stark erhöhten Risiko für das Projekt.

14.2.3 Adaptive Software Development

Das Adaptive Software Development behandelt hauptsächlich Probleme, die bei der Entwicklung großer und komplexer Systeme entstehen, insofern ist es für die Entwicklung von Enterprise Architekturen sehr interessant. Die Methodik ist eine inkrementelle und iterative Entwicklung mit der Nutzung von permanentem Rapid Prototyping. Das Adaptive Software Development „balanciert auf der Kante des Chaos". Die Methodik hat als Zielsetzung, ein Framework anzubieten, welches Projekte gerade noch vor dem Chaos schützt, aber das Entstehen von Software und die Kreativität des Einzelnen als auch des Teams nicht zu unterdrücken. Alle Adaptive-Software-Development-Projekte haben drei Grundsätze:

- Spekulation wird anstelle von Planung verwendet, weil bei einem Plan Unsicherheit als Schwäche angesehen wird und von dem aus Abweichungen einen Misserfolg darstellen. Das Planen wird als ein Paradoxon in einer adaptiven Umgebung gesehen, denn die Ergebnisse sind natürlicherwei-

se unvorhersagbar. In der traditionellen Planung sind Planabweichungen Fehler, die korrigiert werden müssen. In einer adaptiven Umgebung jedoch zeigen Abweichungen den Weg zur richtigen Lösung.
- Zusammenarbeiten hebt die Bedeutung von Teamwork hervor, damit sich ständig verändernde Systeme überhaupt entwickeln können. In dieser unvorhersagbaren Umgebung müssen die Menschen auf reichhaltige Art zusammenarbeiten, um mit der Unsicherheit umgehen zu können. Der Fokus des Managements liegt weniger darin, den Mitarbeitern zu sagen, was diese tun sollen, als vielmehr darin, zur Kommunikation anzuregen, damit die Mitarbeiter selbst kreative Lösungen hervorbringen können.
- Lernen hebt die Notwendigkeit hervor, Fehler zu erkennen und darauf zu reagieren und die Tatsache, dass Anforderungen sich während der Entwicklung ändern können. Lernen als solches ist ein andauerndes und wichtiges Merkmal, das annimmt, dass Pläne und Entwürfe sich im Laufe der fortschreitenden Entwicklung ändern müssen.

The overriding, powerful, indivisible, predominant benefit of the Adaptive Development Life Cycle is that it forces us to confront the mental models that are at the root of our self-delusion. It forces us to more realistically estimate our ability.

Highsmith

14.2.4 Scrum

Bei Scrum handelt es sich um einen lightweight Managementprozess, der sich auf Projekte von verschiedenen Größen anwenden lässt. Die Grundeigenschaften von Scrum sind:

- Kleine Teams, welche die Kommunikation und den informellen Informationsaustausch fördern.
- Anpassungsfähigkeit bezüglich Veränderungen von Technologie und Benutzeranforderungen.
- Häufige Erstellung von neuen Produktversionen, welche inspiziert, angepasst, getestet und dokumentiert werden können.
- Aufteilung der zu erledigenden Arbeit in kleine, voneinander möglichst unabhängige Teilaufgaben.
- Die Möglichkeit, ein Projekt jederzeit als beendet zu erklären, sei dies aus zeitlichen, finanziellen, wettbewerbstechnischen oder anderen Gründen.

Scrum konzentriert sich auf die Tatsache, dass ein definierter und wiederholbarer Prozess nur funktionieren kann, wenn man definierte und wiederholbare Probleme mit definierten und wiederholbaren Leuten in definierten und wiederholbaren Umgebungen lösen will.

Scrum unterteilt ein Projekt in Iterationen, welche Sprints genannt werden, von etwa einem Monat. Bevor man einen Sprint beginnt, definiert man die erforderliche Funktionalität, die der Sprint erzeugen soll, und lässt dann das Team in Ruhe, um sie zu liefern. Der Zweck ist, die Anforderungen während des Sprints stabil zu halten; obwohl dies eine Freeze Zone ist, so ist sie doch relativ kurz.

Auch das Management behält eine wichtige Rolle während der Sprints. In der Methodik ist verankert, dass jeden Tag das gesamte Team ein kurzes Treffen[7] abhält, welches Scrum genannt wird, und was namengebend ist. Während dieses Scrums werden dem Management die Blockaden präsentiert. Dies sind Hindernisse, welche das Management auflösen muss. Interessant ist hier die Umkehrung der klassischen Rolle, das Management wird damit ein Dienstleister für das Entwicklungsteam.

14.2.5 Feature-Driven Development

Das Feature-Driven Development ist eine customer oriented agile Methodik mit kleinen Teilresultaten. In einem größeren Softwareprojekt mit Java in Singapur wurde das Feature-Driven Development Mitte der Neunzigerjahre entwickelt und erstmals eingesetzt. Die Methodik ist für den Einsatz mit einer objektorientierten Programmiersprache und mit UML als Modellierungssprache konzipiert worden. Die wesentlichen Merkmale dieser agilen Methodik sind einerseits die Zerlegung in fünf Prozesse und andererseits die kurzen Entwicklungsschritte sowie die laufende Fertigstellung von Teilprogrammen, die so genannten Features.

Das zentrale und namengebende Element der Methodik ist das Feature, ein kleiner Entwicklungsschritt, der stets nur einen Bruchteil des Gesamtprojektes darstellt. Dieser kleine Entwicklungsschritt wird wie folgt definiert:

The features are small „useful in the eyes of the client“ results.

Das Gesamtprojekt wird in selbstständige, kleine Features zerlegt, die in weiterer Folge einzeln weiterbearbeitet werden. Die Größe eines solchen Features wird außerdem durch die Bedingung eingeschränkt, dass ein Feature in maximal zwei Wochen entwickelt werden sollte, andernfalls muss es weiter aufgeteilt werden, bis diese Vorgabe erfüllt werden kann. Der Vorteil einer solchen Vorgabe wird in der Motivation der Programmierer und in der Messbarkeit der Resultate gesehen. Durch die häufige Erreichung eines brauchbaren und sichtbaren Resultats, d.h. alle zwei Wochen, kann die Motivation der Programmierer aufrechterhalten werden. Der Abschluss eines Features kann zudem zur Feststellung des Projektfortschritts verwendet werden. Da ein Feature als kundenorientiertes Resultat definiert ist, ist die Fertigstellung eines Features ein dem Fachbereich vermittelbarer Meilenstein.

Die fünf Prozesse des Feature-Driven Developments können in Projektplanung und Projektausführung eingeteilt werden, s. Abb. 14.6.

Die Planungsphase wird für jedes Projekt einmal durchlaufen und beinhaltet:

[7]Scrum stammt aus der Umgangssprache und bedeutet so viel wie das Gedränge.

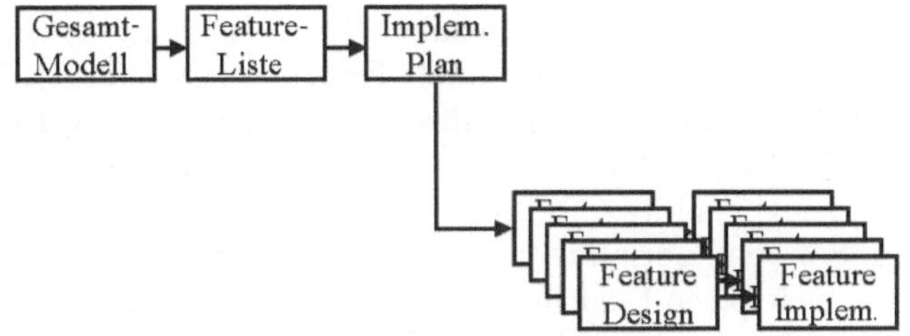

Abb. 14.6. Feature-Driven Development

1. die Entwicklung eines Gesamtmodells
2. das Erstellen einer Feature-Liste
3. die Planung pro Feature.

Jeder dieser drei Prozesse kann als Meilenstein für die Entstehung einer fertigen Projektdefinition angesehen werden. Nach deren Abschluss folgt die zweite Phase der Softwareentwicklung, die Projektausführung. Diese Phase umfasst die beiden letzten Prozesse, welche für jedes Feature eigens durchlaufen werden und sollte pro Feature nie länger als zwei Wochen dauern.

Die Ausführungsphase jedes Features enthält:

4. den Entwurf pro Feature
5. die Implementierung pro Feature.

14.2.6 Agile Modelle und Dokumente

Ein Modell ist eine Abstraktion des zu beschreibenden Systems mithilfe von Dokumentation und Diagrammen. Für die Diagramme hat sich UML als Industriestandard durchgesetzt. Aber Dokumentation kann alles sein, von einer beschriebenen Serviette oder einem Bierdeckel bis hin zu einem PDF-Dokument in einem DMS. Modelle sind neben dem Sourcecode die typischen Artefakte einer Softwareentwicklung.

Bei den agilen Methodiken stellt sich jedoch stets die Frage: Wann ist ein Modell gut genug?[8] Die Antwort lässt sich anhand von einigen Kriterien geben:

- Jedes Modell muss einen Sinn und Zweck haben. Wenn es keine Verwendung für ein Diagramm oder Dokument gibt, wird es auch nicht erzeugt. Agile Methodiken streben hier einen Minimalismus an.
- Jedes agile Modell muss verständlich für die jeweilige Zielgruppe sein, das bedeutet, dass fachliche Spezifikationen in der Sprache der Fachbereiche und technische Dokumentationen wie z.B. der Datenbankentwurf in der Sprache der Datenbankadministratoren produziert werden.

[8]Wie schon in Abschn. 14.1 angemerkt, sind agile Methoden eine Gegenreaktion zur dokumentenlastigen traditionellen Entwicklung.

- Agile Modelle sind hinreichend exakt. Hinreichend exakt bedeutet, dass es im Modell Toleranzen bzw. auch Fehler geben kann, solange davon grundsätzliche Themen nicht berührt sind. Dies ist kein Aufruf, qualitativ minderwertige Modelle zu bauen, sondern ein Hinweis auf die permanente Änderung der Umgebung und des Modelles. Vollständige Exaktheit lässt sich in der Software nur an trivialen Beispielen zeigen, bei allen realen Modellen lässt sich deren Exaktheit nicht nachweisen.[9] In der Systemtheorie, s. Abschn. 12.1, entspricht diese Forderung der Konsistenz der Teile.
- Agile Modelle sind hinreichend konsistent. Konsistenz in der Systemtheorie, s. Abschn. 12.1, entspricht der vollständigen Beschreibung der Wechselwirkungen der einzelnen Teile. In einer idealen Welt wäre alles konsistent, aber die reale Welt ist nicht ideal, von daher reicht in den meisten Fällen eine gewisse Konsistenz aus.
- Agile Modelle sind hinreichend detailliert. Je detaillierter ein Modell, desto aufwendiger ist seine Erstellung, außerdem ist es viel schwerer zu verstehen als ein weniger detailliertes Modell. Für die meisten Entscheidungen reicht ein sehr niedriger Detaillierungsgrad aus. Die Gefahr einer zu starken Detaillierung ist im Detailitis-Antipattern, s. Abschn. 15.4, beschrieben.
- Agile Modelle müssen einen Mehrwert für das Unternehmen produzieren. Bei jedem Modell gilt es abzuwägen, welche Kosten das Modell produziert und welche Ersparnis es erzeugt. Die Mehrwertdiskussion ist eng mit der Sinnhaftigkeitsfrage verknüpft. Sinnlose Modelle haben einen negativen Mehrwert.
- Die Modelle müssen so einfach wie möglich sein. Je einfacher ein Modell, desto leichter ist es zu vermitteln, zu pflegen und zu produzieren.

14.3 Agile Architektur

Jedes System besitzt eine Architektur und jedes Unternehmen hat eine Enterprise Architektur. So trivial diese Aussage klingt, sie wird in den meisten Projekten übersehen.

Für die agilen Methodiken ist eine Enterprise Architektur nichts Besonderes. Es ist ein Ziel, wie andere Ziele auch, welches mit einer agilen Methodik erreicht werden kann. Da in den agilen Methodiken die Menschen und speziell die Gleichwertigkeit von Menschen im Vordergrund stehen, hat die Rolle eines Enterprise-Architekten genauso viel Wert wie jede andere Rolle auch. Architekten sind nur Mitarbeiter mit einem speziellen Fachwissen.

Architekten sind im Grunde die Mittler zwischen den Softwareentwicklern auf der einen Seite und den strategischen Köpfen des Unternehmens auf der anderen Seite. Wie schon in Kap. 3 gezeigt, übernimmt der Architekt die

---

[9] Da ein Modell nur der Versuch der Beschreibung der Wirklichkeit ist, lassen sich, laut der Popper'schen Wissenschaftstheorie, Modelle allenfalls falsifizieren, nie jedoch verifizieren.

Vision für die Enterprise Architektur, zeigt die Vision in der Enterprise Architektur auf und nutzt das Feedback der Softwareentwickler, um die Vision neu auszulösen, insofern entsteht eine Mittlerrolle zwischen IT und Organisation. Der Schwerpunkt liegt hier offensichtlich im Bereich der Kommunikation, s. Abb. 14.4. Interessanterweise ist Dokumentation eine der am wenigsten effektive Kommunikationsformen. Der klassische Kontrapunkt bei der Zusammenarbeit zwischen den Architekten und anderen Teilen der Organisation ist das Elfenbeinturm-Antipattern, s. Abschn. 15.4.

Erfolgreiche agile Projekte zeichnen sich durch Einfachheit aus. Sowohl Einfachheit in den Modellen als auch hinreichend gute Beschreibung und Konsistenz in diesen Modellen sind das Markenzeichen der agilen Projekte. Der tiefere Sinn ist hier die Effizienz und die Tatsache, dass ein sehr detailliertes Modell schon kurz nach der Veröffentlichung revidiert werden müsste. Für die Enterprise Architektur ist dies ideal, da sie sehr einfach gehalten sein sollte, schon alleine wegen der Vermittelbarkeit, der Chance, dass das Modell verstanden und genutzt wird, und der Flexibilität. So beeindruckend große Dokumente über die Enterprise Architektur auch aussehen, ihre tatsächliche Nutzung ist wichtiger und auch hier gilt: *small is beautiful*.

Die Enterprise Architektur entsteht in einem inkrementell iterativen Vorgehen, die Qualitäten von iterativen Vorgehensmodellen wurden schon in Kap. 12 besprochen. Mithilfe eines iterativen Vorgehens ist es möglich, das Risiko einer Enterprise Architektur bewusst zu steuern. Wenn die entstehende Enterprise Architektur nicht ausreicht oder fehlerhaft ist, wird dies im nächsten Zyklus korrigiert. Allerdings ist, im Gegensatz zu manch anderer Software, die Enterprise Architektur ein permanent andauerndes Projekt, da sich das Systemumfeld für die Enterprise Architektur zu rasch ändert, als dass es eine fertige oder die „beste" Enterprise Architektur geben könnte. Im Rahmen der Iterationen wird nicht versucht ein vollständiges Modell der Enterprise Architektur zu produzieren, sondern nur eine Näherung, die hinreichend gut genug ist. Wenn es sich erweist, dass diese Enterprise Architektur nicht gut genug ist, wird sie in der nächsten Iteration verbessert oder ausgedehnt.

Obwohl Dokumentation und Modellierung wichtige Aufgaben des Architekten bei der Schaffung einer Enterprise Architektur sind, noch wichtiger ist die Vermittlung der Enterprise Architektur in die Projektteams hinein. Die erfolgversprechenste Art ist die direkte Mitwirkung an den einzelnen Projekten bis hin zur echten Codierung. Das so gewonnene Feedback ist immens wertvoll. Doch eine Enterprise Architektur steht nicht nur auf dem Papier, sie muss auch demonstriert werden. Bei den agilen Methodiken geschieht dies durch einen Demonstrationsprototyp, innerhalb vom eXtreme Programming als Spike Solution bezeichnet. Dieses Vorgehen hilft, das technische Risiko zu minimieren und erlaubt, erste Konsequenzen zu erfahren.

Wie schon in Kap. 3 erwähnt, muss die Enterprise Architektur auch an das Unternehmen bzw. die Entscheidungsträger innerhalb des Unternehmens verkauft werden, da sie die Finanzierung sicherstellen. Hier ist es vorteilhaft, den konkreten Mehrwert der gewählten Enterprise Architektur benennen zu können.

Was sind nun die Ziele, welche in einem agilen Verfahren bei einer Enterprise Architektur erreicht werden sollten? Die drei Hauptziele sind, in absteigender Wertigkeit:

1. Unterstützung des „Kunden". Obwohl dies trivial klingt, ist es das Hauptziel, da bei allen agilen Methodiken der Mensch, in diesem Falle der Kunde, im Vordergrund steht. Der Architekt übernimmt aktiv die Rolle eines Coaches und Mentors für die IT-Projekte und eine Mentoren- und Beraterrolle für die Entscheider auf der Geschäftsseite.
2. Die Vision und eine Strategie, genau diese Vision zu erreichen. Die Enterprise Architektur ist nicht nur die Stelle, an der passiv der momentane Status quo aufgezeichnet wird, sondern sie ist ein treibendes Element im Unternehmen.
3. Die Enterprise Architektur als Modell. Zwar muss eine Enterprise Architektur auch dokumentiert sein, die Dokumentation steht aber bei allen agilen Methodiken nicht im Vordergrund.

Die Entwicklung einer Enterprise Architektur, im Rahmen einer agilen Methodik, ist in Abb. 14.7 dargestellt. Der Zyklus und auch das Anwachsen der Enterprise Architektur sind recht deutlich zu sehen.

Welche Schritte und in welcher Art werden diese in den agilen Methodiken durchlaufen, um eine Enterprise Architektur zu bauen?

Der prinzipiell iterative Ablauf, s. Abb. 14.7, beinhaltet:

- Teambildung: Die allgemeine Maxime der agilen Methodiken, Modellierung ist immer ein Teamprodukt, wird auch bei einem so zentralen Thema wie der Enterprise Architektur eingehalten. Bei einer Enterprise Architektur wird in den meisten Fällen ein Kernteam für die Enterprise Architektur

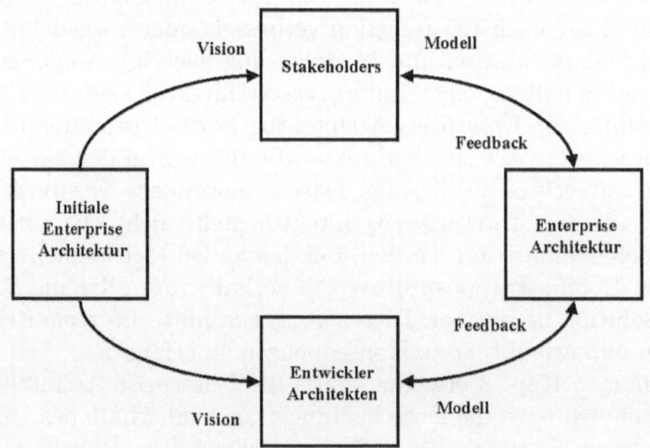

Abb. 14.7. Der Entwicklungszyklus der Enterprise Architektur

gebildet. Dieses Team sollte sowohl technischen als auch fachlichen Verstand besitzen. Mindestens ein Teammitglied muss die Fähigkeit besitzen, sowohl mit den Softwareentwicklern als auch mit den Entscheidern auf Geschäftsebene kommunizieren und diese motivieren zu können. Die Aufgabe des Kernteams ist es, die Initialarchitektur zu entwerfen und diese durch kontrollierte Experimente zu festigen oder zu falsifizieren. Auf das Kernteam kommt am Anfang, wenn die Enterprise Architektur noch nicht so klar feststeht, ein hohes Arbeitspensum zu, am Ende nimmt der Aufwand des Kernteams rasch ab. Allerdings steigt jetzt die Zeit an, welche die Teilnehmer des Kernteams nutzen, um den Rest des Unternehmens von der Enterprise Architektur zu überzeugen.

- Anforderungsgetriebenes Vorgehen: Jede Architektur und damit auch die Enterprise Architektur muss auf Anforderungen basieren, ansonsten ist sie willkürlich. Die Beteiligung der Active Business Stakeholders, s. Kap. 3, ist ein kritischer Erfolgsfaktor, da nur diese die Anforderungen aus der fachlichen und geschäftspolitischen Sicht kennen. Es ist eine gute Praxis, sich öfters daran zu erinnern, dass der Sinn einer Enterprise Architektur die Unterstützung des Unternehmens bei der Erreichung der strategischen Geschäftsziele ist. Softwareentwickler liefern nur in seltenen Fällen echte Anforderungen an eine Enterprise Architektur. Aber Vorsicht, da sich die Anforderungen häufiger ändern, gilt es hier, flexibel zu bleiben und eine Enterprise Architektur zu bauen, welche hinreichend gut genug ist. Neben der Schaffung neuer Modelle ist es immer empfehlenswert, vorhandene Modelle kritisch zu würdigen und in die Betrachtung mit einzubeziehen.
- Modellierung: Eines der Ziele hinter der Enterprise Architektur ist es, eine unternehmensweite Vision zu produzieren, wie Systeme und in welchem Kontext diese zu bauen sind. Modellierung wird eingesetzt, um zu verstehen. Das Verstehen der Enterprise Architektur ist für alle Projekte wichtig, es wird leider in der Praxis regelmäßig vernachlässigt. Damit alle Bedürfnisse aller Abnehmer befriedigt werden können, entsteht die Enterprise Architektur nicht in Form eines einzigen Diagramms, sondern ist die Kollektion einer Reihe von parallelen Modellen mit unterschiedlichen Sichtweisen, die 4+1-Sicht. Die Enterprise Architektur sollte immer die Abhängigkeiten zum Systemumfeld aufzeigen, da das Systemumfeld in der Regel eine hohe dynamische Komplexität besitzt und damit zu einer treibenden Kraft hinter Veränderungen in der Enterprise Architektur werden kann.
- Minimalismus: Alle Modelle in einer agilen Methodik sollten vom Minimalismus geprägt sein – weniger ist hier oft mehr.
- Falsifikation: Die entstehende Enterprise Architektur sollte stets überprüft werden. Mithilfe von kontrollierten Experimenten lassen sich Erfahrungen sowohl über den Einsatz als auch die Limitierungen der Enterprise Architektur sammeln. Auch im Falle des Einsatzes von Standardsoftware empfiehlt sich das kontrollierte Experiment, diese Standardsoftware in einer definierten Umgebung freizusetzen.

- Kommunikation: Die entstehende Enterprise Architektur muss im Unternehmen kommuniziert werden. Das Publikum bildet hierbei zwei Gruppen, zum einen die Softwareentwickler und zum anderen die Entscheider auf geschäftspolitischer Ebene. Die erste Gruppe wird stärker auf die technischen Details achten, während die zweite durch eine valide Vision mitgenommen werden kann.
- Iterativ und inkrementell: Eine Enterprise Architektur entsteht nicht in einem Wurf und bleibt stabil. Sie muss sich entwickeln und verändern. In den agilen Methodiken hat sich der Ansatz der kleinen Inkremente bewährt. Hier wird die Enterprise Architektur in kleinen Schritten modelliert, kontrolliert experimentiert und implementiert. In Unternehmen, welche stärker der traditionellen Softwareentwicklung verhaftet sind, wird Enterprise Architektur als Postulativ behandelt, d.h., kein Projekt startet, bevor nicht die Enterprise Architektur fertig ist. Dieses Vorgehen birgt zu große Risiken und verletzt massiv das Flexibilitätsgebot einer Enterprise Architektur.

Der mental schwierigste Punkt ist wohl die Forderung, eine flexible Enterprise Architektur zu bauen, genauer gesagt zukünftige Änderungen zu antizipieren, ohne darauf direkt zu reagieren. Innerhalb der eXtreme-Programming-Methodik gibt es den Leitsatz des YAGNI: „You Ain't Gonna Need It". Dahinter steckt die Überlegung, dass die Zukunft sowieso nicht vorhersagbar ist und man deswegen auch nicht vorab reagieren sollte. Erfahrungen aus dem Projektmanagement traditioneller Softwareentwicklungsprojekte zeigt, dass jeder Planungshorizont, der mehr als zwei Wochen in der Zukunft liegt, nicht mehr planbar ist.[10] Dies entspricht, aus planerischer Sicht, dem YAGNI-Prinzip. Anstatt für eine unsichere Zukunft zu bauen, sollte das Hier und Heute sauber und qualitativ hochwertig, aber gleichzeitig flexibel unterstützt werden, denn jede Änderung, welche in der Zukunft nötig sein wird, wird dann vorgenommen, wenn die Änderung eintrifft. Es gibt eine Reihe von Argumenten für dieses „just in time"-Vorgehen:

- Wer sich nicht auf die aktuellen Anforderungen konzentriert, produziert ein System, welches für den Nutzer keinen sofortigen Wert hat und, eventuell, nie einen Mehrwert produziert.
- Es ist ab initio nie richtig klar, ob diese Zukunft auch eintrifft, ob das System überhaupt gebraucht wird.[11]
- Jede Funktionalität, welche zusätzlich gebaut wird, produziert immense Kosten während der Lebensdauer eines Systems. Minimalismus spart also Kosten ein.

---

[10] Ein Mensch kann den Zeitraum eines Zieles, welches zwei Wochen in der Zukunft liegt, emotional nicht von einem Ziel unterscheiden, welches mehrere Monate in der Zukunft liegt. Beide Ziele erscheinen gefühlsmäßig gleich weit weg.

[11] Zyniker bezeichnen die so entstehenden Produkte als „Lösungen auf der Suche nach dem Problem".

Das Ergebnis des Prozesses ist die Enterprise Architektur. Deren Architekt sollte folgende Verhaltensmuster beherzigen:

1. Enterprise Architektur ist geschäftsprozessgetrieben. Alle Anstrengungen hinter einer Enterprise Architektur sollten ein wirkliches und kein vermeintliches Problem des Unternehmens beheben. Eine Enterprise Architektur ist ein andauernder Prozess, welcher sich stets an den Bedürfnissen des Unternehmens ausrichten muss.
2. Kommunikation ist alles. Die Enterprise Architektur muss quer durch das ganze Unternehmen permanent an alle kommuniziert werden. Das Verständnis für eine Enterprise Architektur muss auf allen Ebenen geweckt werden, nur so ist eine Verwendung der Enterprise Architektur möglich.
3. Vereinheitlichung ist der Schlüssel. Damit eine Enterprise Architektur erfolgreich ist, muss sie im ganzen Unternehmen einheitlich eingesetzt und, vor allen Dingen, verwendet werden.
4. Die Kraft kommt aus den Wurzeln. Ohne die Unterstützung der Enterprise Architektur durch die operativen Kräfte im Unternehmen ist diese zum Scheitern verurteilt.
5. KISS, Keep InfraStructure Simple. Bestehende, massiv heterogene Landschaften mit einigen wenigen „heiligen Kühen“ sind ein großes Hindernis für eine Enterprise Architektur, da hier eine Komplexität und Starrheit eingeführt wird, die jeder nachvollziehbaren Grundlage entbehrt. Ein Ziel der Enterprise Architektur ist immer die Homogenisierung der Applikations- und Systemlandschaft in einem Unternehmen.
6. Agil bleiben. Von Zeit zu Zeit ist zur Lösung eines neuen strategischen Geschäftsproblemes der Einsatz einer neuen Technologie notwendig. Innerhalb der agilen Methodiken ist dies unproblematisch, da Wege zur Aufnahme der neuen Technologie in die bestehende Enterprise Architektur bzw. eine Abänderung der bestehenden Enterprise Architektur versucht wird.
7. Kleine Schritte. Die beste Enterprise Architektur ist eine, welche sich organisch aus kontrollierten Experimenten aufbaut und dort ihren Wert bewiesen hat.

14.4 AMDD

Wie lassen sich die beiden Entwicklungsphilosophien, agile Methodiken und Model Driven Architecture, MDA, s. Kap. 13, miteinander vereinen?

Die dafür vorgeschlagene Methodik ist die des Agile Model Driven Development, AMDD, s. Abb. 14.8. Hierbei entsteht das Inclusive Model durch agile Methodiken wie in anderen agilen Projekten. Dieses Modell wird dann durch einen erfahrenen Modellierer in das plattformunabhängige Modell, PIM, übertragen. Das PIM wird dann automatisch, d.h. generativ, in ein PSM

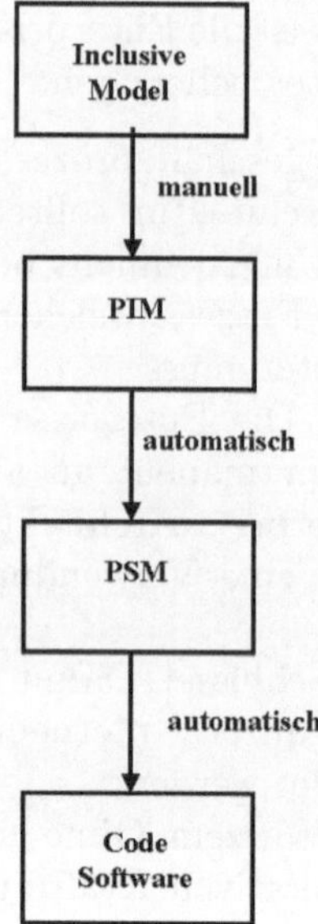

Abb. 14.8. Die AMDD in der MDA

transformiert. Aus dem PSM entsteht durch eine weitere Transformation die endgültige Software. Analog der Model Driven Architecture kann der Softwareentwickler überall eingreifen und entsprechende Modelle verändern bzw. testen und neu generieren.

Obwohl MDA durch seinen hohe Grad an Modelllastigkeit für traditionelle Entwicklungsmethodiken attraktiv erscheint, ist es doch innerhalb des Rational Unified Process oder noch besser des Enterprise Unified Process, s. Kap. 12, möglich, eine MDA-Entwicklung zu betreiben.

Werden solche zyklischen Modell eingesetzt, so entsteht ein Ablauf, wie er in Abb. 14.9 dargestellt ist. Im Ursprungszyklus werden die Anfangsanforde-

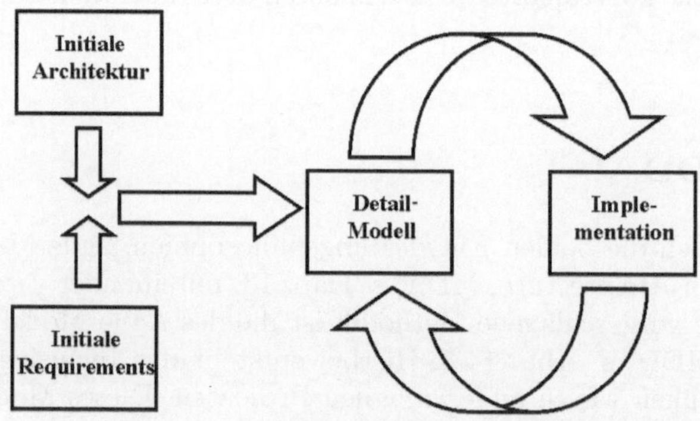

Abb. 14.9. Der AMDD-Lebenszyklus

rungen als auch das erste Modell der Enterprise Architektur modelliert, welche dann subsequent in sehr kurzen Zyklen, je nach konkreter agiler Methodik, verändert werden.

15

Patterns und Antipatterns

There is nothing worth living for but christian architecture and a boat.

Augustus Pugin, 1852
Australischer Architekt

15.1 Einleitung

Patterns, auch Entwurfsmuster genannt, kamen in den Neunzigerjahren in das Bewusstsein. Doch was ist ein Pattern?

Die Definition des Begriffs Pattern stammt von Alexander:

> *Each pattern describes a problem which occurs over and over again in our environment, and then describes the solution to that problem, in such a way that you can use this solution a million times over, without ever doing it the same way twice. Each pattern is a three part rule, which expresses a relation between a certain context, a problem and a solution.*

Das von Alexander postulierte Paradigma baut auf drei Basiskonzepten auf:

1. The Quality
2. The Gate
3. The Timeless Way

Die Qualität wird kreiert, wenn es Eigenschaften im Design gibt, welche das Design zum „Leben" bringen. Zum „Leben" bringen heißt, dass das Konstrukt Eigenschaften hat, welche Organismen innewohnend sind, insbesondere Flexibilität, Adaptivität, Wiederverwendbarkeit usw.

Das Gate ist die Common Pattern Language, welche ein universelles Netzwerk von Patterns und Beziehungen der Patterns untereinander innerhalb einer Domäne bilden. Hinter dem Timeless Way steht die Idee, dass ein Pattern zu einem späteren Zeitpunkt auch noch Gültigkeit haben muss. Folglich muss ein Pattern stets auf spätere Zeitpunkte übertragbar sein.

Ziel hinter den Patterns ist es, eine Erfahrung – ohne Anspruch auf Vollständigkeit oder Kausalität – darzustellen, dabei einen Stil zu wählen, sodass diese Erfahrung auch Nichtexperten offensichtlich vermittelt werden kann. Obwohl diese Entwurfsmuster an sich keine Probleme direkt lösen können, da sie ja nur Wege aufzeigen, produzieren sie jedoch beim Leser ein „Aha"-Erlebnis und erhöhen die Lernkurve.

Patterns sind also hinreichend abstrakte Entwurfsmuster, um bestimmte Probleme adressieren zu können. Antipatterns sind im Gegensatz dazu Beschreibungen von Problemfällen. Bei den Antipatterns steht zunächst die Symptomatik gefolgt von der Therapie im Vordergrund. Die nachfolgenden Patterns und Antipatterns stellen eine, zugegebenermaßen subjektive, unvollständige Sammlung dar. Die Auswahl wurde nach der Erfahrung des Autors getroffen, dürfte aber, zu einem gewissen Anteil, durchaus repräsentativ sein.

15.2 Allgemeine Patterns

Im Rahmen einer Enterprise Architektur ist es hilfreich, diverse Entwurfsmuster zu kennen; die nachfolgende kleine Auswahl sollte dabei helfen. Die ersten Muster, Abschn. 15.2.1–15.2.3 sind im Grunde keine Patterns, sondern so genannte Macropatterns, d.h., sie stellen größere Strategien dar.

Die beiden letzten Patterns, Abschn. 15.2.8–15.2.9, beschäftigen sich hauptsächlich mit der Migrationsproblematik von Legacy-Systemen.

15.2.1 Data Warehouse

Jedes Unternehmen ist mit dem Problem konfrontiert, dass sein Datenhaushalt völlig unübersichtlich und eine vergleichende oder gemeinsame Sicht auf die Daten bereichsübergreifend unmöglich zu bewerkstelligen ist. Die Hauptursache für dieses Problem ist die historisch gewachsene Stove-Pipe-Architektur. Dadurch, dass hier faktisch jede Applikation ihren eigenen Da-

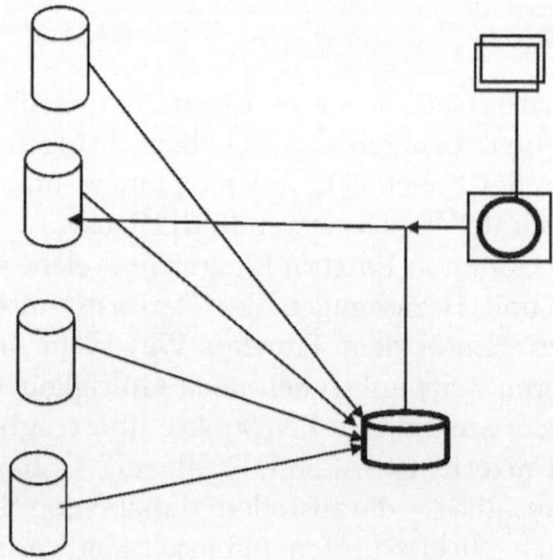

Abb. 15.1. Das Datawarehouse

tenhaushalt, inklusive der jeweiligen Semantik, implementiert, kommt es automatisch zu Differenzen. Der Einsatz von Standardsoftware verschlimmert die Lage oft noch, da diese in der Regel nicht adaptiv genug ist, um überhaupt eine andere als die vom Hersteller produzierte Semantik zu liefern.

Der Hintergrund hinter der Schaffung eines Datawarehouses liegt in dem Bau eines System, welches eine einheitliche Sicht auf alle Daten des Unternehmens, oder zumindest des Organisationsteils, bietet. Neben dem reinen Einsatz als Werkzeug, damit Kunden- und Ablaufdaten auswertbar zu machen sind, zwingt ein gut eingesetztes Datawarehouse zu einer unternehmensweiten Taxonomie. Damit wird ein einheitlicher Sprachgebrauch und ein einheitlicher Datenhaushalt mit, zumindest langfristig gesehen, niedriger Redundanz geschaffen.

Die niedrige Redundanz resultiert aus den sehr hohen Betriebskosten eines Datawarehouses in einer Umgebung mit hoher Redundanz. Auf Dauer wird in einem solchen Unternehmen entweder das Datawarehouse gestoppt bzw. auf einen Teilbereich reduziert, oder es entsteht der notwendige Druck, den Gesamtdatenhaushalt zu überdenken und zu säubern, s. Kap. 8. Im Grunde ist der Einsatz eines Datawarehouses der Versuch, die innerbetriebliche Eigendynamik von Kräften so zu steuern, dass diese eine niedrigere Redundanz und eine unternehmensweit identische Semantik als Ziel hat.

15.2.2 Integration Broker

Ein Ausgangspunkt für das Makropattern des Integration Brokers ist die Beobachtung, dass oft ein System im Rahmen eines Enterprise-Application-Integration-Projekts entsteht, welches eindeutig eine Applikationsspaghetticharakteristik aufweist, s. Abb. 11.5. Der andere Ausgangspunkt ist die Feststellung, dass die Aktualität der Daten nicht mehr ausreicht, alle nötigen Geschäftsprozesse sinnvoll und mit hoher Kundenzufriedenheit durchzuführen, d.h., das Unternehmen ist sehr weit von einem Real TimeEnterprise entfernt, s. Abschn. 11.5.3. Es muss aber, um weiterhin auf dem Markt bestehen zu können, ein Real Time Enterprise bilden.

Eine mögliche Lösung dieses Problems ist der Aufbau eines Integration Brokers, manchmal auch Business ORB genannt. Ein System, welches die Integration auf Geschäftsprozessebene vorantreibt und die darunterliegenden Business Objects hierfür direkt nutzt. Aufgrund der gemeinsam notwendigen Semantik und Kompatibilität auf dem Niveau der Business Objects entstehen Kräfte, welche das Unternehmen dazu zwingen, sich in den Bus des Integration Brokers zu integrieren. Außerdem macht die massive Nutzung des Integrations Brokers die Applikationsspaghetticharakteristik des darunterliegenden technischen Enterprise-Application-Integration-Systems sehr schnell den Entscheidern transparent und legitimiert eine Veränderung in diesem Bereich.

Damit ein solcher Integration Broker optimal implementiert werden kann, ist der Einsatz des Mikroarchitekturpatterns Broker, s. Abschn. 15.3.6, empfehlenswert.

15.2.3 Channel-Architektur

Ein heutiges Unternehmen steht vor der Herausforderung, dass es durch eine Reihe von verschiedenen Kommunikationssystemen mit seinen Kunden oder Geschäftspartnern Informationen austauscht. Die Kommunikationskanäle können sehr divers sein und rangieren von Briefen über Faxe oder Anrufe bis hin zu E-Mails und Besuchen im Web oder im Portal. Alle diese Eingaben wirken auf verschiedene Geschäftsprozesse ein bzw. steuern die Geschäftsprozesse unterschiedlich.[1] Das Umgekehrte gilt natürlich auch für Informationen, welche vom Unternehmen zum Kunden oder Partner fließen.

Die Lösung des Dilemmas ist, eine Zwischenschicht vor die eigentlichen Geschäftsprozesse einzuziehen und den Eingang, gleichgültig durch welches Medium, auf ein internes, „kanonisches" Format zu transformieren. Die interne Abwicklung der Geschäftsprozesse kennt nur noch das interne Format. Die so entstehende Struktur ist eine Channel-Architektur. Durch den verstärkten Einsatz von XML im Rahmen von Enterprise Application Integration wird die Nutzung verschiedener Kanäle durch dieselben internen Daten stark vereinfacht, da es nun möglich ist, durch die entsprechende XSL-Transformation das XML-Dokument auf das entsprechende Gerät umzuformen.

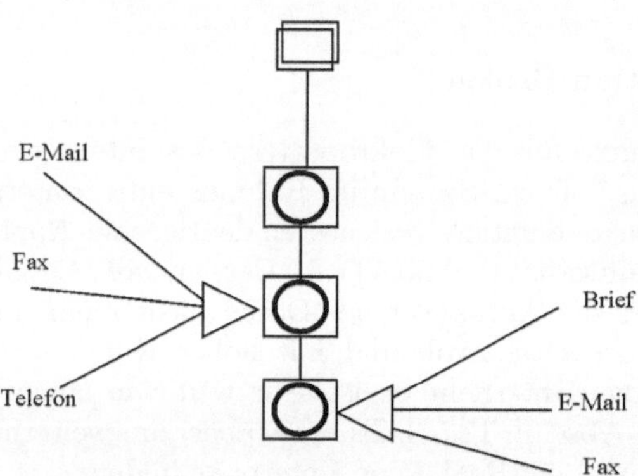

Abb. 15.2. Die Channelarchitektur

15.2.4 Softwaredarwinismus

Wenn Software als ein Pool von potenziell wiederverwendbarer Komponenten betrachtet wird, lassen sich Betrachtungsweisen ähnlich der Evolutionsbetrachtungen von Darwin anstellen. Entwickler müssen sich aus diesem Pool

[1] Der Autor hat schon Unternehmen kennen gelernt, welche Bestellungen, die per E-Mail in der Zentrale ankamen, ausdruckten und dann diese Ausdrucke an die Vertriebsabteilung faxten!

von Komponenten einige zur Wiederverwendung aussuchen und andere dabei vernachlässigen. Eine so wiederverwendete Komponente kann sich selbst „weitervererben“ und damit ihre Chancen auf zukünftige Wiederverwendung erhöhen.

Die Folge dieses Darwinismus ist, dass Komponenten, welche Softwareentwickler nicht attraktiv finden, nicht genutzt werden und in der Versenkung verschwinden. Zu den darunterliegenden Kräften hinter diesem Darwinismus gehören:

- Verfügbarkeit. Wenn eine Komponente nicht verfügbar ist, wird sie nie genutzt. Genutzte Komponenten haben stets eine höhere Verfügbarkeit, weil sie offensichtlich vorhanden sind.
- Verständlichkeit. Wenn eine Komponente unverständlich ist, wird sie auch nicht verwendet werden. Insofern ist Verständlichkeit eine stark treibende Kraft im Softwaredarwinismus.

Im Umkehrschluss aus dieser darwinistischen Betrachtung muss Wiederverwendung explizit den Softwaredarwinismus in Betracht ziehen. Komponenten müssen so entwickelt werden, dass Entwickler diese wiederverwenden wollen!

Die Folge von diesem Mechanismus ist, dass wiederverwendbare Komponenten so konzipiert sein müssen, dass sie sofort und ohne Veränderung einsetzbar sind, auch works out of the box genannt.

15.2.5 Kleine Oberfläche

Obwohl das Information Hiding schon während der Zeit der Structured Analyses stark propagiert wurde, wird es auch heute noch erstaunlich oft verletzt. Aus Sicht einer Komponente lässt sich das Information Hiding auch anders formulieren:

Eine Komponente sollte stets eine minimale Oberfläche in Bezug auf ihr Volumen haben.

Das Volumen einer Komponente ist ihre Komplexität und die Oberfläche die Breite und Komplexität ihres Interfaces. Je mehr eine Komponente leistet, desto größer wird ihr Volumen, allerdings ist es fatal, wenn ihre Oberfläche im gleichen Maß ansteigt. Denn es gilt im Softwaredarwinismus, dass je komplizierter ein Interface, desto weniger Entwickler wollen es nutzen![2] Der Einsatz eines Wrappers, damit die Komplexität eines vorhandenen Interfaces gemildert werden kann, ist oft ein Schritt in die richtige Richtung.

In dieselbe Richtung zielt die Idee der Incremental Relevation, bei dem die Komplexität eines Interfaces durch die Verwendung von Objekten im Interface reduziert wird. Allerdings müssen diese Objekte eine Defaultinitialisierung besitzen. Dadurch kann die subjektive Komplexität für Anfänger gemindert

---

[2]In stark geschlossenen Systemen, wo es keine Komponentenkonkurrenz gibt, ist diese Regel außer Kraft gesetzt, so z.B. für das Windows-API!

werden, da ja die Defaultinitialisierungen nicht überschrieben werden müssen. So bleibt, trotz hoher Komplexität, das Interface für einfache Fälle relativ simpel, was wiederum die Chancen auf Wiederverwendung erhöht.

15.2.6 Service Layer

Die meisten Applikationen innerhalb eines großen Unternehmens benötigen unterschiedliche Zugriffsmechanismen auf ihre Daten. Meist liegt der Unterschied darin begründet, dass das Reporting und die reguläre Applikation getrennt sind oder ein Datawarehouse existiert, welches ein Client für die entsprechenden Daten ist. Obwohl diese Interfaces unterschiedlichen Zwecken dienen und sich eventuell unterscheiden, brauchen sie doch eine gemeinsame Querschnittsfunktionalität im Bereich der korrekten semantischen Darstellung bzw. Operation. Solche Funktionalitäten können zum Teil hoch komplex sein und nur durch eine Reihe von Transaktionen implementiert werden. Würde man für jedes Interface die Implementierung wiederholen, so würde eine große Menge redundanter Code entstehen, welches die bekannten Folgeprobleme mit sich führt.

Ein Pattern, um dieses Problem zu addressieren, ist das Service Layer Pattern. Dieses definiert die „Systemgrenze“ der Applikation und die möglichen Operationen, welche diese Grenze bietet, aus Sicht der anderen Clients, welche die Interfaces nutzen wollen. Aufgrund der möglichen Clientoperationen auf dem Service Layer ist dessen Funktionalität wohl bekannt. Hieraus lassen sich im Folgeschritt Interfaces ableiten, welche diese Funktionalitäten bündeln und geeignet abstrahieren.

Die Schaffung eines Service Layers kann mit ganz unterschiedlichen Implementierungstechniken vollzogen werden. Unabhängig davon resultiert das Pattern in einer Service Oriented Architecture, s. Abschn. 9.5, wenn das Pattern konsequent auf eine Enterprise Architektur angewandt wird. Webservices wiederum sind ein Spezialfall, d.h. eine Implementierung mit einer speziellen Form des Interfaceprotokolls dieses Entwurfsmusters.

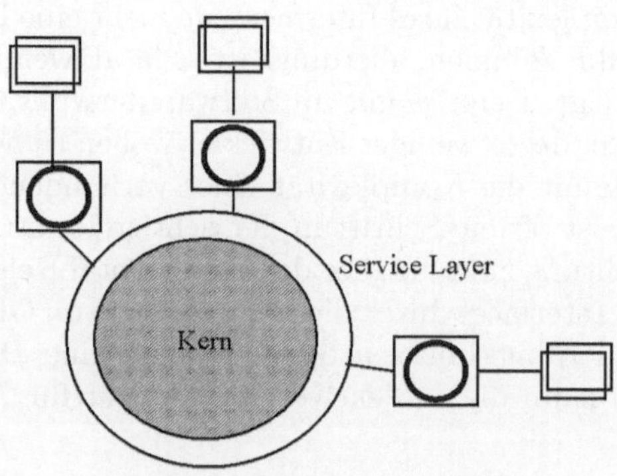

Abb. 15.3. Der Service Layer

15.2.7 Gateway

Ein Standardproblem ist der Zugriff auf Ressourcen außerhalb der eigentlichen Applikation. Hier ist es durchaus möglich, dass mehrere externe Ressourcen vorhanden sind und angesprochen werden müssen. Die einzelnen APIs der externen Ressourcen an jeder Stelle der Applikation bzw. für jede Applikation neu zu programmieren, führt zu erhöhtem Aufwand und einem sehr unflexiblen System.

Die Lösung hierfür ist ein Gateway-Pattern. Dabei werden die verschiedenen APIs zu einer logisch sinnvollen Einheit gebündelt und als ein API den Applikationen zur Verfügung gestellt. Auf diese Weise entsteht eine Architektur, welche der Java Connector Architecture, s. Abschn. 10.2.11, ähnlich ist, wobei die Gateway-Lösung zu weniger granularen Interfaces führt als eine simple Wrapper-Lösung, da sie ja ganze APIs bündelt.

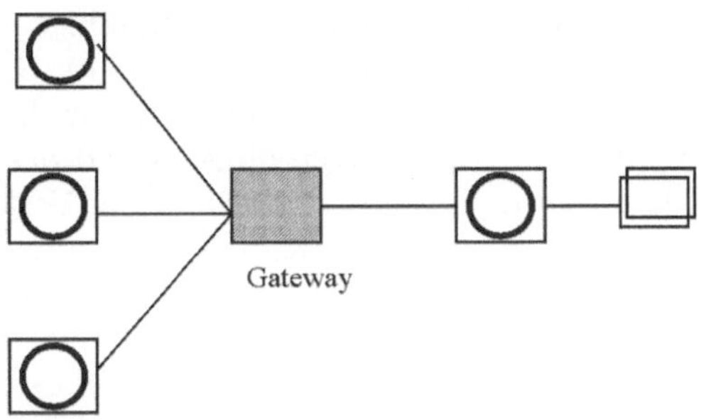

Abb. 15.4. Das Gateway

15.2.8 Deprecation

Das Pattern der Deprecation[3] taucht auf, wenn ein bestehendes Interface Teile enthält, die nicht mehr zufriedenstellend genutzt werden können, oft weil sie auf einem anderen Modell oder auf einem anderen, veralteten Geschäftsprozess basieren. Trotzdem ist der Änderungsaufwand an dieser Stelle sehr hoch, da es eine große Zahl von Funktionen im Gesamtsystem gibt, welche genau diese unzufrieden stellenden Interfaceteile nutzen. Der Weg aus diesem Dilemma ist die Deprecation, hierbei werden die angesprochenen Interfaceteile als deprecated gekennzeichnet, d.h., sie stehen noch zur Verfügung, dürfen aber von neuen Implementationen nicht genutzt werden. Auf diese Weise wird eine kontinuierliche Entkoppelung gewährleistet. Schritt für Schritt können dann die nicht mehr genutzten deprecated Interfaceteile aus dem System genommen werden.

Diese Methodik ist dann einsetzbar, wenn die unterliegende Funktionalität in sich erhaltenswert ist, aber das Interface nicht mehr gut genug ist

[3] Das Java JDK ist ein Beispiel für Deprecation.

oder noch nie qualitativ hochwertig war. In dem Fall, dass das Information Hiding verletzt wurde, d.h., die inneren Details der Funktion werden über das Interface nach außen sichtbar, ist die Deprecation nicht direkt anwendbar. In diesem Fall muss eine Duplikation der inneren Struktur mit anschließender Kapselung im duplizierten Teil vorgenommen werden.

15.2.9 Teile und modernisiere

Der Name dieses Entwurfsmusters entstand nach der bekannten „divide and conquer"-Philosophie. Die vorliegende Problematik ist, dass ein Legacy-System obsolet wird und Teile davon noch gebraucht, aber nicht kritisch für den Erfolg sind. Klassische Vorgehensweisen wie die Veränderung des Legacy-Systems sind nicht sinnvoll, da es ja obsolet ist, das Gleiche gilt für den Einsatz eines Wrappers. Die einzig sinnvolle Lösung ist eine Übertragung des Codes auf das neue System. Zunächst einmal geschieht die Übertragung automatisch und es muss nur die Sicherstellung der Lauffähigkeit erreicht werden, ohne dass hierbei der Inhalt verstanden werden muss. Insofern ist es kein Reengineering, sondern eine Art Source Code Salvaging. Durch diesen Schritt kann das Altsystem abgelöst werden. Allerdings besitzt das neue System jetzt eine unakzeptabel hohe Entropie, aber, und das ist der Vorteil, es ist jetzt Zeit gewonnen worden durch Refactoring, s. Kap. 3.6.8, die Entropie zu senken.

Der Vorteil dieses Vorgehens beruht darauf, dass der Aufwand kontrollierbar und phasenorientiert bleibt, das große Risiko ist jedoch, dass der finale Refactoring-Schritt aus diversen Gründen unterlassen wird. Diese Unterlassung geschieht, trotz bester Absichten, gar nicht so selten, da IT-Abteilungen das Refactoring nur schwer gegenüber den Fachabteilungen legitimieren können, schließlich läuft die Software doch ...

15.3 Mikroarchitekturpatterns

Die heute zu beobachtenden Architekturmuster lassen sich in eine Reihe von Patterns einteilen, wobei hinter jedem dieser Entwurfsmuster eine Motivation steckt. Die Reihe der Entwurfsmuster überstreckt alle Bereiche, von der Legacy-Applikation bis hin zu den Webservices. Ähnlich den Topologien, s. Kapitel 4, lassen sich die konkreten Architekturen in diese Entwurfsmuster einteilen. Notwendig für ein solches Entwurfsmuster ist, dass es eine große Bandbreite von Designentscheidungen bietet und auch in den diversesten Applikationen aufzufinden ist.

15.3.1 Filter

Das Filter-Pattern, korrekterweise sollte es als Pipes-and-Filters-Pattern bezeichnet werden, strukturiert ein System dergestalt, dass Daten inkrementell als Datenstrom verarbeitet werden. Jeder Filter wird als ein notwendiger

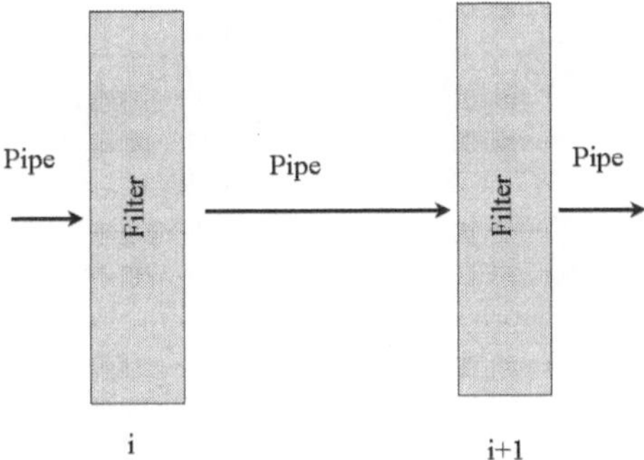

Abb. 15.5. Pipes und Filter

Schritt bei der Verarbeitung der Daten betrachtet, während die Pipes nur die Ergebnisse von einem Filter an den nächsten weiterleiten, s. Abb. 15.5. Dieses Entwurfsmuster ermöglicht Parallelität und die verarbeitenden Filter sollten, um diese zu unterstützen, in der Lage sein, Output als auch Input aus beliebigen Quellen verarbeiten zu können. In einem Filter-Pattern gibt es keinerlei Restriktionen auf die Art und Weise, wie mehrere Filter miteinander verknüpft werden können. Derselbe Filter kann in einer Kette durchaus auch mehrmals auftauchen. Die Filter können auch multiple In- und Outputströme besitzen, üblicherweise ist jedoch eine lineare Kette das Standardimplementierungsmodell für ein Filter-Pattern.

Dieses Lösungsmuster stammt orginär aus der Unix-Umgebung, hier wurde es ursprünglich für die Textverarbeitung eingesetzt, um dann später bei Compilern und fast allen Unix-Utilitys Anwendung zu finden. Über den Einsatz bei Compilern, hier werden die Schritte lexikalische Analyse, syntaktische Analyse, Codegeneration, Assembler-Generation und zum Schluss Maschinencodeerzeugung als Filter eingesetzt, welche den gesamten Compile-Prozess als eine Einheit erscheinen lassen, wurde das Filter-Pattern auch auf anderen Betriebssystemplattformen schnell verbreitet.

Das Filter-Pattern hat starke Limitierungen im Bereich von zustandsbehafteten Daten oder Fehlermeldungen. Auch die Anbindung eines interaktiven Benutzerinterfaces ist de facto unmöglich.

15.3.2 Schichten

Das vermutlich älteste und „natürlichste“ Entwurfsmuster ist das Schichtenpattern. Dieses Entwurfsmuster versucht die Software in Schichten, Layers[4], aufzuteilen, s. Abb. 15.6. Jede Schicht i nutzt die Eigenschaften und Funktionalitäten der darunterliegenden Schichte $i+1$, um Funktionen zu realisieren. Die Schicht i wiederum stellt alle ihre Funktionen der Schicht $i-1$ zur

[4]Layers sind logische Schichten, im Gegensatz zu den Tiers, welche immer auch physisch wahrnehmbare Schichten darstellen.

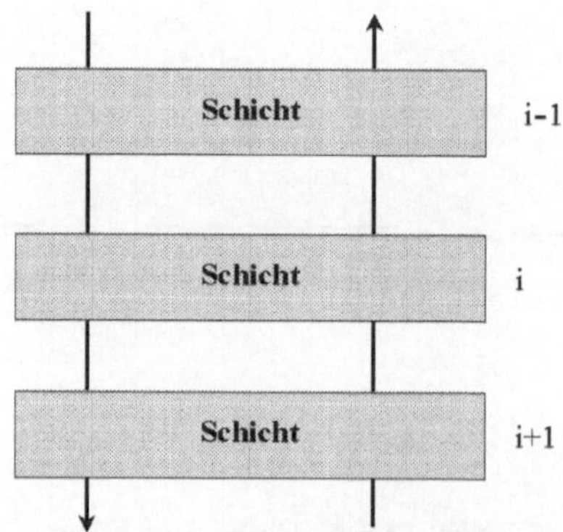

Abb. 15.6. Die Schichten

Verfügung. Üblicherweise steigt mit den Schichten auch das Abstraktionsniveau an, d.h., $i-1$ ist sehr viel abstrakter als die Schicht $i+1$.

Dieses Muster kann erfolgreich eingesetzt werden, um ein System zu strukturieren, wenn zwei Richtlinien befolgt werden. Zum einen darf die Kommunikation zwischen zwei Schichten nur unter der Zuhilfenahme aller Zwischenschichten passieren und zum anderen muss jede Schicht von der hierarchisch darüberliegenden Schicht vollständig entkoppelt sein. Die erste Richtlinie führt zu einer expliziten Beschränkung der Kommunikation auf den nächsten Nachbarn und die zweite auf eine rein unidirektionale Koppelung zwischen den Schichten.

Typischerweise beschäftigen sich die unteren Schichten, $i+1$, mit den hardware-näheren Aspekten als die oberen Schichten. Dies führt zu relativ einfachen Portierungen auf andere Plattformen, da jetzt nur die unteren Schichten ausgetauscht werden müssen. Dieses Entwurfsmuster ist so erfolgreich gewesen, dass es heute faktisch in allen Netzwerkprotokollen und Betriebssystemen wiederzufinden ist.

Eine bekannte Variante des Entwurfsmusters ist die Relaxed Layered Architecture, bei der es auch direkte Kommunikation zwischen nicht benachbarten Schichten geben darf. Diese Varianten wurden hauptsächlich aus Performanzgründen eingeführt, obwohl sich die niedrigere Wartbarkeit einer Relaxed Layered Architecture als problematisch erweist.

Der Seiteneffekt des Schichtenentwurfs ist mangelnde Performanz und Effizienz, da immer ein gewisser Overhead bei der Kommunikation durch die Schichten hindurch produziert wird. Außerdem ist es sehr schwer, das richtige Maß an Abstraktion und Anzahl von Schichten zu finden, welches ein optimales System bildet.

15.3.3 Repository

Das Repository-Entwurfsmuster ist sehr datenzentrisch angelegt. Es besteht aus einem zentralen Repository, meistens in Form einer großen Datenbank

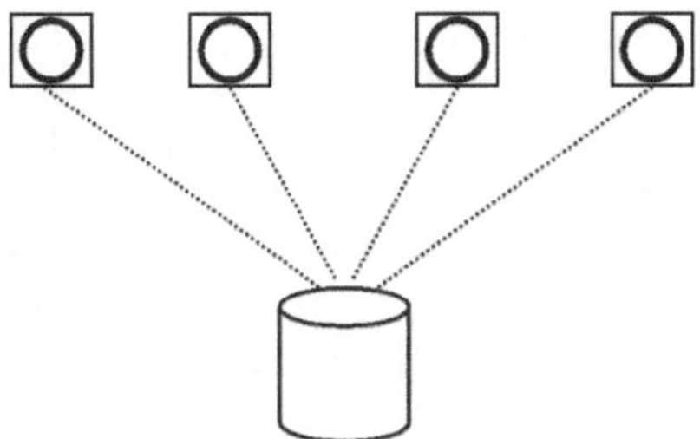

Abb. 15.7. Das Repository Pattern

oder einem Datawarehouse, und einer Reihe von untereinander unabhängigen Applikationen. Diese Applikationen sind wie Satelliten um das zentrale Repository gruppiert, s. Abb. 15.7. Zwischen den einzelnen Subsystemen, den Satelliten, gibt es keinerlei Wechselwirkung. Einzig der Informationsaustausch mit dem zentralen Repository ermöglicht eine Koordination der Subsysteme.

Dieses Muster ist besonders effektiv, wenn es sich darum handelt, eine große Datenmenge zwischen verschiedenen Werkzeugen oder Applikationen gemeinsam zu nutzen. Datawarehouseapplikationen haben typischerweise genau diese Struktur. Wenn ein gemeinsames Format zwischen den einzelnen Applikationen gefunden werden kann, um die Gefahr für Redundanzen im Repository einzuschränken, ist das Pattern sehr erfolgreich. Das Aufkommen von XML als Austauschformat hat zu einer Renaissance dieses Entwurfsmusters geführt.

Eine verbreitete Variante des Entwurfsmusters ist die Blackboard Architecture. Die Blackboard Architecture stammt aus dem Gebiet der wissensbasierten Systeme und unterscheidet sich durch die Art und Weise, wie die verschiedenen Satelliten aktiviert werden. Üblicherweise, im Repository-Pattern, werden die Satelliten durch direkte Benutzereingaben aktiv, im Gegensatz dazu ist bei der Blackboard Architecture ein Zustandsübergang innerhalb der zentralen Datenhaltung für die Aktivierung der Satelliten verantwortlich. Das Repository wird in diesem Fall als Blackboard und die Satelliten als Wissensquellen, knowledge sources, bezeichnet. Jede Wissensquelle untersucht das Blackboard und führt dann die notwendigen Operationen auf den Inhalten des Blackboards durch. Durch diese Operationen verändern sich die Blackboardinhalte, bis eine finale Lösung erreicht wird. Die Reihenfolge, in der die Wissensquellen agieren, wird meist über das Blackboard selbst festgelegt. Das Ergebnis ist, dass das Verfahren sich als nicht- oder nur partiell deterministisch zeigt.

Die größte Stärke dieses Entwurfsmusters ist gleichzeitig auch dessen Schwäche, die zentrale Datenhaltung. Sie kann bei großen Systemen ein Performanzbottleneck werden. Auch zeigt die Praxis, dass die verschiedenen Applikationen meistens einen sehr unterschiedlichen Datenhaushalt oder Sicherheitsanforderungen besitzen, sodass eine gemeinsame Integration in einem Repository oft problematisch ist.

15.3.4 Distributed Object

Das einfachste der Distributed Object Patterns ist das Client-Server-Entwurfsmuster. In gewissen Sinne ist es der Gegensatz zu dem Repository-Pattern, da hier ein Gesamtsystem aus einer Reihe von dedizierten Servern mit den jeweiligen Clients aufgebaut wird. Die Rollenteilung in Client und Server bleibt während der gesamten Lebensdauer der Applikation stabil, obwohl die konkrete Rollenbeziehung nur innerhalb eines Subsystems Sinn macht. So kann z.B. ein Client in Subsystem $\mathcal{A}$ die Rolle eines Servers im Subsystem $\mathcal{B}$ wahrnehmen.

Damit die Services eines Servers genutzt werden können, muss dem Client das Protokoll, der Ort des Servers und die Ausprägung der Services ab initio bekannt sein. Umgekehrt nicht, d.h., der Server weiß relativ wenig über den Client. Die Idee der Entkoppelung von Client und Server über ein Netzwerk hinweg führte zum Distributed-Object-Entwurfsmuster, bei dem die traditionelle Serverrolle aufgehoben ist und der Server durchaus andere Server zwecks Bearbeitung und Zurverfügungstellung von Services nutzen kann. Bekannte Vertreter dieses Entwurfsmusters sind das Java RMI oder, partiell, CORBA. Die wohl verbreitetste Applikation, die diesem Pattern folgt, ist das World Wide Web, wo Millionen von Webservern ihre Services den Clients, korrekterweise deren Browsern, zur Verfügung stellen.

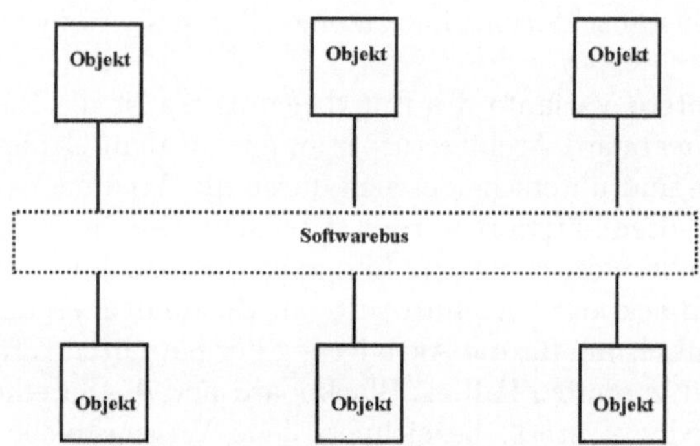

Abb. 15.8. Das Distributed Object Pattern

15.3.5 Microkernel

Das Microkernel-Entwurfsmuster stammt ursprünglich aus dem Betriebssystembau. Die Microkernel-Architektur, s. Abb. 15.9, lässt sich als eine Mischung aus der Schichtenarchitektur und Elementen des Distributed Objects Pattern auffassen.

Es besteht aus einem Infrastrukturkern, welcher die Interprozesskommunikation erst ermöglicht. Dieser Infrastrukturkern wird der Microkernel genannt.

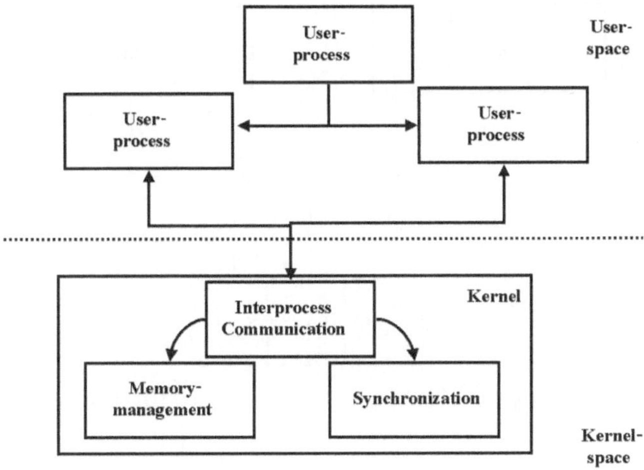

Abb. 15.9. Das Microkernel Pattern

Parallel hierzu existieren eine Reihe von internen Servern bzw. Subsysteme, die Services zur Verfügung stellen und ausschließlich vom Microkernel aus adressiert werden können, um dessen Funktionalität zu erweitern. Diese internen Services werden traditionell Mechanisms genannt. Außerdem existieren eine Menge von externen Servern, die abstraktere oder „höherwertigere" Services implementieren, welche Policies genannt werden. Nur diese Policies werden durch einen externen Sever den möglichen Clients des Gesamtsystems zur Verfügung gestellt.

Die Kommunikation zwischen dem Server und den Client geschieht ihrerseits über die Mechanisms, die der Microkernel zur Verfügung stellt. Ein Beispiel für Microkernel-Architektur ist das Windows-NT-Betriebssystem von Microsoft. Ein Microkernel eignet sich gut, neue, unbekannte Funktionalität, wie z.B. einen neuen Hardwaretreiber, zur Laufzeit zu integrieren. Auf der anderen Seite sind die Microkernel-Interfaces sehr abstrakt, was im Fehlerfall zu größeren Debuggingproblemen führt.

15.3.6 Broker

Eine Broker-Architektur bzw. das Broker-Entwurfsmuster ist eine Abart des Microkernel-Patterns. Der Schwerpunkt des Broker-Patterns liegt im Aufbau der Infrastruktur zur Verteilung und Kommunikation der Distributed Objects, s. Abbildungen 15.10 und 15.8. Genau wie beim Microkernel ist das Herz des Entwurfsmusters die Kommunikationsinfrastruktur, welche Broker genannt wird.

Dieser Broker versteckt die Details des Netzwerkes, des Betriebssystems und der exakten Lokation der einzelnen verteilten Objekte so, dass deren konkrete Implementierung transparent wird. Ähnlich dem Microkernel existieren eine Reihe von internen Services, Common Services genannt. Daneben bilden

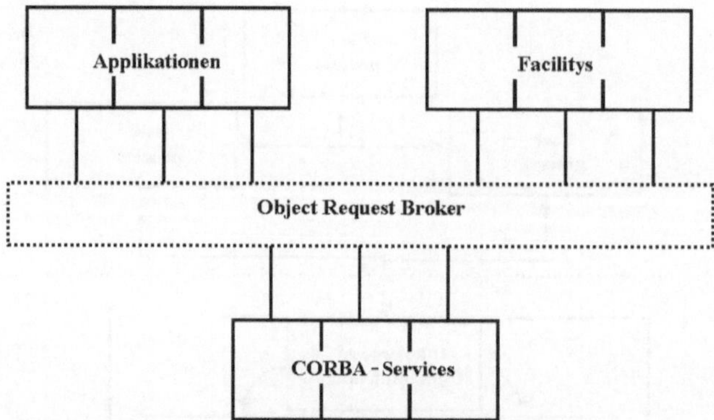

Abb. 15.10. Das Broker Pattern am CORBA-Beispiel

die externen Services des Microkernel, im Falle des Brokers Common Facilitys genannt, einen zweiten Teil der Infrastruktur. Applikative Services nutzen diese Infrastruktur, um ihre Services vollführen zu können.

Die Rolle von Client und Server sind in einer Broker-Architektur aufgehoben, da diese Rollen dynamisch, je nach Aufrufverhältnis, zugeordnet werden können. Der bekannteste Vertreter dieser Architektur ist der CORBA-Standard, s. Abschn. 9.7. Eine hohe Skalierbarkeit und Portierbarkeit zeichnet dieses Entwurfsmuster aus, allerdings weist es auch Performanzprobleme und ebenso auch eine eingeschränkte Effizienz auf.

15.4 Antipatterns

Obwohl die einzelnen Vorgehensmodelle zum Teil schon auf einen reichen Erfahrungsschatz zurückblicken können, gibt es im Umfeld der Enterprise-Architektur-Entwicklung eine Reihe von besonderen Fällen, die sich am besten als Antipatterns formulieren lassen.

15.4.1 Über den Wolken

Dieses Pattern wird auch als 30.000 Feet and Climbing bezeichnet. Wenn die Enterprise Architektur so abstrakt oder so generisch ist, dass die Entwicklung damit praktisch nichts anfangen kann, tritt dieses Antipattern auf. Besonders Komitee-getriebene Enterprise Architekturen tendieren zu diesem Phänomen. Bester Ausweg aus dieser Situation ist der Aufbau einer Referenzarchitektur und ein entsprechendes Proof-of-Concept-Projekt. Erfahrungen aus diesem Projekt bringen solche Ansätze meist schnell auf „niedrigere Höhen“. Typischerweise entsteht dieses Antipattern bei Architekten am Anfang ihrer Karriere, da zu diesem Zeitpunkt die Fähigkeit zum Pragmatismus noch nicht stark genug ausgeprägt ist. Bei der Übernahme eines Frameworks als Enterprise-Architektur-Entwicklungsrichtlinie kann Ähnliches geschehen, da hier die konkrete Tiefe einer Enterprise-Architektur-Spezifikation a priori nicht klar ist.

15.4.2 Detailitis

Auch bekannter als Stuck in the Weeds. Oft stellt dieses Antipattern eine Art Gegenbewegung zum Über-den-Wolken-Antipattern dar. Manche Enterprise Architekturen geraten schnell in das Problem, zu detailliert zu sein. Dahinter steckt im Allgemeinen das Bedürfnis alles kontrollieren zu wollen bzw., je nach Organisation, der Glaube an die Fähigkeit, dass eine perfekte Vorgabe zu einem perfekten Ergebnis führt. Leider sind die involvierten Zeiten viel zu lang, um dieser menschlich verständlichen Erwartungshaltung zu genügen. Die Detailitis hat ähnliche Ursachen und Auswirkungen wie eine übertriebene Structured Analysis. Die Projektzeiten steigen stark an und wenn das System fertig ist, ist es schon veraltet. Hier hilft wiederum der Aufbau einer Referenzarchitektur und ein entsprechendes Proof-of-Concept-Projekt sowie eine klare Rollentrennung zwischen der des Enterprise-Architekten und der des Designers der Applikationen.

15.4.3 Elfenbeinturm

Im angelsächsischen als Ivory Tower Architecture bezeichnet. Dieses Muster ist eng verwandt mit dem Über-den-Wolken-Antipattern. Es liegt dann vor, wenn die Enterprise Architektur „auf dem Papier“ sehr gut aussieht, aber völlig unpraktisch ist, oder in den meisten Fällen nicht die Umgebung oder die zukünftigen Bedürfnisse des Unternehmens widerspiegelt. Die Gründe hierfür sind divers, aber oft resultiert der Elfenbeinturm aus der mangelnden Akzeptanz des Feedbacks. Wird die Kritik des Unternehmens vom Enterprise-Architektur-Team nicht ernst genommen bzw. überhaupt nicht gesucht, so entsteht eine Abschottung des Enterprise-Architektur-Teams gegenüber der Realität. Oft wird eine Ivory Tower Architecture durch Personen produziert, welche schon zu weit vom Tagesgeschehen im Unternehmen entfernt sind.

Meistens ist der Architekt eine Art Übervater, welcher eine Enterprise Architektur formuliert und dann den Entwicklungsteams überstülpt, obwohl es gerade diese Teams sind, welche die tägliche Kleinarbeit ausführen. Die Ivory Tower Architectures sind meist wunderschöne Konstrukte mit sehr vielen Diagrammen und Visionen. Innerhalb dieser idealisierten Welt funktionieren die Ivory Tower Architectures auch sehr gut, nur nicht in der Praxis! Hier hilft wiederum der Aufbau einer Referenzarchitektur und ein entsprechendes Proof-of-Concept-Projekt sowie ein klares Management des Enterprise-Architektur-Teams.

15.4.4 Perfektionitis

Dieses Antipattern ist auch als Strive for Perfection bekannt. Dieses Muster entsteht oft als Gegenreaktion auf die vorherigen Patterns. Das sichtbarste

Symptom ist, dass ein erfolgreicher Prototyp dem nächsten folgt, aber nie ein echtes System produktiv wird. Neben dem Bedürfnis sich abzusichern, was durchaus eine mögliche Ursache für dieses Antipattern sein kann, ist der Hauptgrund psychologischer Natur. Ein Prototyp ist ein Gebilde, welches bei Kritik stets dadurch gerettet werden kann, dass das prototypenhafte in den Vordergrund gespielt wird. Enterprise-Architektur-Teams sind oft so zufrieden mit ihrer Rolle, dass sie überhaupt nicht fertig werden wollen. Dagegen hilft ein rigides Projektmanagement und klare Abnahmekriterien für eine Enterprise-Architektur-Version zu postulieren.

15.4.5 Modernitis

Wird oft auch als Bleeding Edge oder Surfing the Hype Antipattern bezeichnet. Dieses Problem tritt dann auf, wenn das Enterprise-Architektur-Team ständig neue Technologien ausprobiert, obwohl diese noch nicht den nötigen Reifegrad erreicht haben, oder im Unternehmen zu wenig fundiertes Wissen über die momentan gewählte Technologie vorhanden ist. Eine Enterprise Architektur mit dem Schwerpunkt auf der .NET-Technologie mit C# zu entwickeln ist nicht besonders sinnvoll, wenn die Hauptlasten der Datenverarbeitung von COBOL mit VSAM und JCL-Batches getragen werden. An dieser Stelle muss das Enterprise-Architektur-Team akzeptieren, dass es keine guten oder schlechten Enterprise Architekturen gibt, sondern nur solche, welche adäquat oder inadäquat für das jeweilige Unternehmen sind.

15.4.6 Spielzeugladen

Dieses Antipattern wird auch als Technology Above All bezeichnet. Oft übersehen Enterprise-Architektur-Teams, dass Technologie kein Selbstzweck ist, sondern dazu dient, die Erfordernisse des Unternehmens zu erfüllen. Dieser Problemfall kann bei sehr technologieorientierten Unternehmen mit großer Regelmäßigkeit beobachtet werden, da in diesen Fällen die technische Architektur oft ein sehr viel höheres subjektives Gewicht besitzt als die Business Architektur. Als Ausweg gilt hier die Analyse der treibenden Kräfte des Unternehmens, um die echte Zielsetzung hinter der Enterprise Architektur zu verifizieren, bzw. die Enterprise Architektur muss anhand der tatsächlichen fachlichen Anforderungen des Unternehmens gebaut werden.

15.4.7 Vergoldung

Auch als Goldplating oder Gilding the Lily[5] bezeichnet. In diesem Antipattern steht meist das Resultat in keiner Relation mehr zum Ergebnis. Die

[5]Die Bezeichnung „die Lilie verzieren“ geht zurück auf das Bibelzitat:
Seht die Lilien an, wie sie wachsen: Sie spinnen nicht, sie weben nicht. Ich sage euch aber, dass auch Salomo in aller seiner Herrlichkeit nicht gekleidet gewesen ist wie eine von ihnen.
Lukas **12**, 27.

Enterprise Architektur ist mit „heißen“ Features überfrachtet, ohne dass die eigentliche Basisfunktionalität klar erkennbar ist, wobei diese Features, analog dem Spielzeugladen-Antipattern, durch eine übergroße Technikverliebtheit des Enterprise-Architektur-Teams bedingt sind. Da die Beherrschung einer vermeintlich neuen Technologie im IT-Umfeld mit hohem sozialem Ansehen verbunden ist, taucht dieses Antipattern gar nicht so selten auf.

15.4.8 Conway's Law

Bereits 1968 erkannte Conway den Zusammenhang zwischen der Organisationsform eines Softwareentwicklungsprojekts und des dabei entstehenden Softwareprodukts. Entwurfsentscheidungen werden durch die vorherrschenden Organisationsstrukturen beeinflusst und somit nicht ausschließlich durch den Designer gefällt. Beim näheren Hinsehen erkennt man in den Strukturen des Softwaresystems die Struktur der Organisation wieder. Die Software, welche ein Unternehmen erstellt, spiegelt auch immer die Kommunikationsstruktur des Unternehmens wider, welche ihrerseits wiederum aus der Organisationsstruktur abgeleitet werden kann.

Ist die Organisationsstruktur eines Unternehmens und deren Projekte groß und unflexibel, wirkt sich dies nachteilig auf die Struktur und die Flexibilität der Softwareprodukte aus. Alteingesessene Firmen haben daher häufig nicht nur mit einem übernatürlich aufgeblasenen Management zu kämpfen, das sich krampfhaft selbst am Leben erhält, sondern auch mit Programmen, welche mit ähnlichen Problemen behaftet sind. Dieses Phänomen setzt sich auch in der Enterprise Architektur fort: Große Unternehmen tendieren zu einer komplexen Enterprise Architektur, obwohl eine kompaktere viel effizienter wäre.

Interessanterweise hat Conway's Law auch Auswirkungen auf alle Restrukturierungsprojekte. Solche können nur dann erfolgreich sein, wenn die Kommunikationsstruktur der Unternehmen in Betracht gezogen bzw. bekannt ist.

15.4.9 Servicitis

Alles ist ein Service. Der Drang, alles als Service abzubilden, führt zu einem sehr stark fragmentiertem System, welches völlig unkontrollierbar aus Tausenden kleinen Services besteht. Performanz- oder Infrastrukturfragen werden mit dem Hinweis auf eine Service Oriented Architecture negiert, s. Abschn. 9.5. Der psychologische Hintergrund des Antipatterns scheint die Maxime „viel hilft viel“ zu sein.

15.4.10 Silver-Bullet

Das Silver-Bullet[6] Antipattern ist sehr weit verbreitet, dahinter steht die Ansicht, dass das richtige Werkzeug die Probleme sofort lösen kann. Diese An-

[6] Der Name Silver-Bullet ist eine Homage an die alten Vampir- und Werwolf-Horrorfilme, wo das Monster sich nur durch den Einsatz einer aus Silber gefertigten Kugel töten ließ.

nahme ist immer falsch! In Organisationen haben Probleme immer organisatorische Ursachen. Wenn diese Ursachen beseitigt wurden, kann ein Werkzeug zur Unterstützung des Prozesses, nicht jedoch zur Problemlösung eingesetzt werden. Verkäufer von Software stellen gerne ihr System als das Silver-Bullet dar, welches alle Probleme lösen kann.

Im Umfeld von Service Oriented Architectures stellen die langsam aufkommenden Webservicewerkzeuge[7], welche – auf Knopfdruck – aus einer Legacy-Applikation Webservices erzeugen, ein großes Gefahrenpotenzial dar. Hierdurch werden völlig unkontrolliert und in chaotischer Manier beliebige Webservices ohne Rücksicht auf Enterprise Architektur oder den entsprechenden Taxonomien freigesetzt. In großen Organisationen wuchern solche Systeme dann krebsartig weiter und legen große Mengen an Entwicklungskapazität lahm.

15.4.11 Schichtenfieber

Auch als Exzessive Layering oder Persistence Layer of Doom bekannt. In vielen Situationen kann eine zu starke Schichtung drastische Performanzprobleme produzieren, obwohl sie anfangs als ein gutes Strukturierungsmittel erschien. Wenn im Schnitt von einer Schicht in die nächste ein Faktor von 4 bis 10 an Aufrufen produziert wird, steigt die Gesamtzahl an Aufrufen drastisch an:

$$n_C = \alpha^{n_L} n_{(C-n_L)}$$

wobei die Zahl der Aufrufe n_C offensichtlich exponentiell mit der Zahl der Schichten n_L steigt. Abhängig von der Zahl der durchschnittlichen Aufrufe α, kann der Wert sehr groß werden. Bei Persistenzschichten erscheint dieses Antipattern genauso, nur steigen hier die Zahl der SQL-Abfragen drastisch an. Je abstrakter eine Zugriffsschicht ist, desto höher ist die Zahl der Zugriffe, welche tatsächlich zur Laufzeit durchgeführt werden müssen. Ein analoges Beispiel sind die scheinbar bequemen Objectwrapper, welche aus jeder Tabelle einer Datenbank eine Klasse produzieren, die dann alle Zugriffsmethoden hat. Auch hier ist eine exzessive Nutzung von SQL-Zugriffen vorzufinden.

[7] Die Silver-Bullets der Enterprise Architektur.

16 Epilog

I will deny thee nothing:
Whereon, I do beseech thee, grant me this,
To leave me but a little to myself.

Othello, The Moor of Venice,
William Shakespeare

Rückblickend betrachtet lässt sich konstatieren, dass es nicht die Enterprise Architektur gibt! Ähnlich wie bei den Vorgehensmodellen muss ein gewisser Pragmatismus bei der Wahl der Enterprise Architektur als auch bei dem Einsatz der Mittel, diese zu erreichen, entwickelt werden. Ohne ein gehöriges Maß an Pragmatismus ist die Gefahr sehr hoch, in eines der Antipatterns zu verfallen und damit die Suche nach der „optimalen“ Enterprise Architektur zu einer Farce zu machen.

Bei genauerer Betrachtung der Mikroarchitektur, s. Kap. 9, zeigt es sich, dass die so hoch gelobten Service Oriented Architectures in ihrer Ausprägung als Webservices große Defizite besitzen. Speziell das Verhalten der Temperatur für vollständig entwickelte Webservice-Architekturen zeigt auf, dass sich die so entstehenden Systeme der praktischen Kontrolle aufgrund ihrer hohen Entropie entziehen. Im Falle der vollständig entwickelten Service Oriented Architectures hat sich die Komplexität und Volatilität, welche sich bei Legacy-Systemen innerhalb der einzelnen Applikation befindet, auf das Netz aus Services übertragen. An dieser Stelle lässt sich die Komplexität mit den uns heute zur Verfügung stehenden Mitteln nur sehr schwer kontrollieren, da Fehler in einem lose gekoppelten System oft nur sehr zeitversetzt wahrgenommen werden. Stark gekoppelte Systeme haben hier den Vorteil, dass sie recht früh, meist anhand von strukturellen Verwerfungen in den Interfaces, solche Fehler bzw. Fehlbenutzungen aufzeigen, was zu einer raschen Korrektur führt. Bei lose gekoppelten Systemen ist dies ungleich schwieriger.

Auf der anderen Seite bieten die lose gekoppelten Systeme auch Vorteile: Ihre Fähigkeit zur hohen Flexibilität erzeugt ein noch einzulösendes Versprechen für die Zukunft: das Versprechen eine sehr kurze Time-to-Market-Zeit zu haben.

In einem echten System wird die optimale Lösung vermutlich irgendwo in der Mitte liegen, d.h., Applikationen, welche lange stabil sind, also eine hohe Lebenserwartung haben, dürften am besten in einer Legacy-ähnlichen

Technik implementiert werden, während für einen kleinen wohl definierten Teilausschnitt der Einsatz von Webservices durchaus Sinn macht. Auch die hoch gelobten J2EE-Architekturen sind nicht der Weisheit letzter Schluss, jedoch scheint ihr Einsatz bei Applikationen, welche zwischen Webservices und Legacy-Systemen angesiedelt sind, sehr sinnvoll. Analoges gilt für .NET-Systeme.

Insgesamt betrachtet, zeigt sich in der Rekapitulation das, was schon in der Einleitung angesprochen wurde:

Entscheidend für die Güte und Performanz einer Enterprise Architektur ist ihre Ausrichtung an das Unternehmen, für das sie stehen soll!

Oder kurz und prägnant:

Technik ist sekundär!

Glossar

.NET s.: Microsoft.NET

2-Phase-Commit Protokoll zur Synchronisation eines gemeinsamen Transaktionsendes zwischen transaktionssteuernden Systemen (DBMS, TP-Monitor, ORB, Messagingsystem und andere).

Abstraktion Das fundamentale Prinzip zur Bewältigung von Komplexität. Die Abstraktion beschreibt alle fundamentalen Eigenschaften eines Objekts und vereint die Gemeinsamkeiten einer Menge von ähnlichen Objekten.

Active Server Pages Abkürzung: ASP. Generische Software von Microsoft für den eigenen Webserver (IIS), um Web-Seiten mit dynamischen Inhalten zu erstellen. Das Pendant bei Java ist Java Server Pages (JSP).

Adaptive Architektur Eine Menge von Designspezifikationen, die zu einer strukturierten Architektur führen, welche die Eigenschaft besitzt, sich auf eine veränderte Umgebung einstellen zu können, ohne dass die Architektur geändert werden muss.

ADT Abstrakter Datentyp. Zusammenfassung von Daten und Operationen zu einer Einheit. Die Daten können nur über die Operationen gelesen oder geändert werden; sie sind durch die Operationen gekapselt (Datenkapselung).

Agent Ein Objekt, das sowohl für andere Objekte Operationen ausführen kann, für das aber auch andere Objekte Operationen ausführen können. Ein Agent wird normalerweise erzeugt, um Arbeit für einen Aktor oder einen anderen Agenten auszuführen.

ANSI American National Standards Institute

Apache Open-Source-Projekte der Apache Software Foundation umfassen einen Webserver, XML-Tools, die Servlet-Engine Tomcat, Frameworks u.a.m. Adresse: apache.org

API Application Programming Interface (Applikationsprogrammschnittstelle). Formal definierte Schnittstelle, über die Applikationsprogramme Systemservices (Netz, Betriebssystem, DBMS, Window-Manager u.Ä.) oder Dienstleistungen anderer Applikationsprogramme aufrufen können.

Applet s.: Java Applet

Application-Server Software, welche die Server-seitige Verarbeitung steuert. Ein Application-Server unterstützt Web-basierte Verarbeitung und klassische 3-Tier-Architektur. Er steuert Transaktionen und unterstützt meist Enterprise Java Beans (EJB). Bekannte Produkte sind beispielsweise der Oracle Application-Server, WebSphere Application-Server, Weblogic Application-Server, Borland Application-Server.

ASCII American Standard Code for Information Interchange. Im PC- und UNIX-Bereich übliche Zeichendarstellung mit 7 Bit.

ASP s.: Active Server Pages

ASP.NET Bestandteil des .NET-Frameworks. Steuerprogramm, das die Requests, welche über den Webserver eintreffen, verarbeitet. Hierzu bietet ASP.NET zwei Formen der Nachrichtenunterstützung: Web Forms für HTML-Bearbeitung (entspricht dem bisherigen ASP) und Web Service für SOAP-basierte Nachrichten.

Attribut Attribute (Instanzvariablen) enthalten die Daten eines Objekts und beschreiben damit seinen Zustand.

B2B Business to Business

B2C Business to Consumer

BAPI Business Application Programming Interface. Objektorientierte Schnittstelle von SAP für Programmkomponenten (Business Objects).

Best Practices Sammlung von Erfahrungen, die sich in der Praxis bewährt haben.

BizTalk Das Konzept von Microsoft für eine weltweite technische Plattform für eBusiness. Es umfasst: – ein öffentliches Repository im Internet für X-Schemas (www.biztalk.org) – eine Server zur XML-basierten Kommunikation (BizTalk-Server 2000) – ein Framework zur Erzeugung und Konvertierung von XML-Dokumenten

Browser s.: Web-Browser

Byte Code Rechnerunabhängiger Zwischencode, der aus Java-Code erzeugt wird. Er wird von einem Java-Laufzeitsystem (Java Virtual Machine) interpretativ abgearbeitet oder von einem Just-in-time-Compiler übersetzt. Der Byte-Code ermöglicht die Plattform-Unabhängigkeit von Java-Programmen.

Cache Dynamisch verwalteter Zwischenspeicher, um häufig genutzte Objekte im schnellen Zugriff zu haben. Caches werden sowohl in einem Web-Browser als auch auf Servern verwaltet. Ein Proxy ist ein spezieller Cache für Web-Seiten aus dem Internet.

Call Level Interface DBMS-neutrales API für SQL-Anweisungen, das von der SQL Access Group definiert und von X/Open als Standard übernommen worden ist. Im Gegensatz zu embedded SQL ist kein Preprozessor zur Umwandlung der SQL-Anweisungen in ein Call-Format erforderlich. Das Call Level Interface (CLI) benötigt ein generalisiertes Gateway, das den Aufruf in ein DBMS-spezifisches Format übersetzt; z. B. ODBC von Microsoft oder JDBC (Java).

Cascading Style Sheets Trennung von Lay-out und Inhalt bei HTML. Hierdurch können durch Lay-out-Anweisungen beispielsweise bestimmte Farben, Formatierungen, Schriftgrößen und Fonts in einer separaten Datei definiert werden, die auf die HTML-Seite beim Rendering angewandt wird.

CGI Common Gateway Interface. Standardisierte Schnittstelle eines Web-Servers zur Aktivierung von Programmen. Diese erhalten die vom Web-Browser übertragenen Parameter und liefern HTML oder XML zurück.

CLI s.: Call Level Interface

Client Bezeichnung für Programme, die von anderen Services anfordern.

Client/Server Architektur, in der ein Server seine Services vielen Clients über ein API zur Verfügung stellt. Ursprünglich eine reine Hardware-Architektur im LAN, in der die Festplatte eines Datei-Servers allen Workstations im Netz als virtuelle Platte zur Verfügung gestellt wurde. Sukzessive entwickelte sich hieraus eine Software-Architektur für verteilte Systeme. Hierbei läuft ein substanzieller Teil einer Anwendung auf Arbeitsplatzrechnern ab, der Applikationsservices auf anderen Rechnern in Anspruch nimmt. Diese umfassen z. B. Datenbank-Funktionen, Mail- und Druckservices oder Verarbeitungsfunktionalität (Application-Server).

Client-Objekt Ein Objekt, das die Services eines anderen Objektes in Anspruch nimmt, entweder durch eine Operation darauf oder durch einen Zugriff auf seinen Status.

CLR Common Language Runtime. Laufzeitumgebung (vituelle Maschine) in Microsoft .NET zur Ausführung des MSIL-Codes.

COM Component Object Model. Technologie von Microsoft zum Zusammenspiel von Applikationskomponenten unter Windows. Diese umfasst:

- Uniform Data Transfer (Datenaustausch zwischen Applikationen aufgrund eines einheitlichen Formats)
- Structure Storage (Speicherorganisation für Verbunddokumente)
- OLE und OLE Automation (einheitliche Kommunikations-Schnittstellen)

Bei rechnerübergreifender Kommunikation zwischen COM-Objekten wird von DCOM (distributed COM) gesprochen. Dies übernimmt der Microsoft-RPC.

COM+ Verbesserte Komponenten-Technologie. Mittels Attributen können für Komponenten Services definiert werden, die von Interceptoren ausgeführt werden. Dadurch reduziert sich technischer Code. Verfügbar ab Windows 2000.

Compound Document s.: Verbunddokument

Cooperative Processing Zusammenarbeit von Komponenten einer Anwendung (Module, Unterprogramme, Objekte), die auf mehrere Rechner verteilt sind, über Mechanismen der Inter-Programm-Kommunikation. Mittels Cooperative Processing ist es möglich, im Rahmen einer Anwendung die unterschiedlichen Fähigkeiten und Kapazitäten verschiedener Rechner bestens zu nutzen (z. B. grafische Benutzeroberfläche auf einer Workstation und Massendatenverarbeitung auf einem Großrechner).

CORBA Common Object Request Broker Architecture. Definitionen für einheitliche Schnittstellen und Funktionen eines Object Request Brokers. Mit dem Standard CORBA 2 ist auch die rechnerübergreifende Interaktion zwischen unterschiedlichen ORBs definiert.

COTS Commercial Off The Shelf Software. Standardsoftware, die zu ihrem Einsatz nur noch installiert und konfiguriert werden muss, ohne jeden Anteil von Individualprogrammierung.

CRM Customer Relationship Management. Zusammenfassung aller Konzepte und Techniken zum Erhalt und Ausbau der Beziehungen zu Kunden.

CWM Common Warehouse Model. Objektorientiertes Modell der OMG für Metadaten für ein Data Warehouse. Basiert auf der UML als Darstellungstechnik und XMI als Austauschformat.

cXML XML-Formate für eCommerce von Commerce One.

Data Dictionary oder auch Repository: Vollständiges Verzeichnis aller Objekte von Applikationen (Datenstrukturen, Programme, Komponenten, Datenbanken etc.) und ihrer Beziehungen untereinander.

Data Warehouse Ein Konzept zur Informationsbereitstellung für dispositive Applikationen. Es umfasst drei Bereiche: – Aufbau und Design einer Informationsbasis (zentrale Informations-Datenbank und einzelne Data Marts) – Aktualisierung und Transformation der benötigten Daten aus operativen Datenbeständen oder externen Quellen – Bereitstellung von Informationen mittels Reports, eines EIS (Executive Information System) oder Ad-hoc-Abfragen.

DBMS Database Management System Software zur Verwaltung und Bearbeitung einer Datenbank. Ein DBMS führt die Datenbank-Operationen durch und gewährleistet die Integrität der Daten auf Transaktionsebene.

DCE Distributed Computing Environment. Standardisierte Software der Open Software Foundation (OSF) für die Grundfunktionen in verteilten Systemen. DCE umfasst u.a. RPC, Naming Services, Security Services, Network File System. Da DCE-Komponenten von den verschiedenen Herstellern, die Mitglied der OSF sind, ausgeliefert werden sollten, bietet DCE sogleich auch die Plattform für offene Systeme.

DCOM Distributed Component Object Model. Technologie von Microsoft für verteilte Komponenten. Näheres: s. COM.

Design Pattern Entwurfsmuster. Ein Entwurfsmuster beschreibt ein in einem bestimmten Kontext immer wiederkehrendes Entwurfsproblem sowie ein generisches Schema zur Lösung dieses Problems (d. h. Entwurfsmuster sind Lösungsmuster). Entwurfsmuster ergeben sich aufgrund praktischer Erfahrung von Entwickler; d.h., sie sind Heuristiken.

Digitale Signatur Eine digitale Signatur ist ein Hash-Wert – eine Prüfsumme – über eine Textmenge / Dokument, die mittels des privaten Schlüssels des Absenders verschlüsselt wurde. Dadurch ist sie nicht durch andere änderbar, und der verwendete Schlüssel belegt die Richtigkeit des Absenders.

Distributed Database Eine Distributed Database (verteilte Datenbank) umfasst mehrere physische DB-Systeme, deren Daten dem Anwender – interaktiver Benutzer oder Programmierer – wie eine einzige Datenbank erscheint. Die beteiligten DB-Systeme sorgen dafür, dass der Speicherungsort und die Verteilungsform der Daten dem Anwender gegenüber unsichtbar bleiben und dass alle Operationen auf dieser Datenbasis netzweit integer abgewickelt werden. Eine Distributed Database kann über ein lokales Netz oder ein WAN verbunden sein.

DNS Domain Name Server. Service zur Konvertierung von Host-Namen (beispielsweise www.plenum.de) in IP-Adressen.

Document Retrieval Funktionalität eines DBMS für inhaltliches Suchen in Texten und Dokumenten.

DOM Document Object Model. W3C-Standard, der eine Baumstruktur für ein XML-Dokument und die entsprechende Navigation definiert.

Downsizing Downsizing ist die Absicht, durch Verlagerung der Verarbeitung auf kleinere (kostengünstigere) Rechner einen Nutzen zu gewinnen. Downsizing beinhaltet nicht automatisch eine Client/Server-Architektur; vielfach handelt es sich nur darum, bestehende Terminal-Applikationen auf einen anderen Rechner (beispielsweise AS/400, UNIX-Rechner) zu portieren. Einer Überführung bestehender Applikationen in eine Client/Server-Architektur steht meist die monolithische Struktur der alten Applikationen im Wege.

DTD Data Type Definition / Document Type Definition. Beschreibung der Datenstruktur und -typen von XML-Daten.

EAI Enterprise Application Integration. Middleware, die als generische Funktion eine Vielzahl unterschiedlicher Quell- und Ziel-Applikationen integrieren kann. Dabei sollen die Nachrichtenflüsse und die Nachrichtentransformation über Regeln gesteuert werden.

EAR Enterprise Application Archive. Datei für das Deployment von EJBs (früher JAR-File). Enthält die compilierten Komponenten und den Deployment Descriptor.

eBusiness Zusammenarbeit mit externen Partnern über das Internet. Dies umfasst alle Formen (Information, Kommunikation und Transaktionen) unter Verwendung aller Internet-Services (Mail, Browser-basierte Interaktionen und Rechner/Rechner-Kommunikation mit XML). eCommerce (= Handel über das Internet) ist eine Teilmenge von eBusiness.

ebXML Globales Rahmenwerk für die XML-basierte Geschäftskommunikation über das Internet, von dem Konsortium OASIS und der UN entwickelt (www.ebxml.org). Ersatz für EDIFACT.

eCommerce Handelsanwendungen über das Internet. Hierunter fallen Shopping-, Beschaffungs- und Marktplatz-Applikationen.

EDI Electronic Data Interchange. Direkter Austausch formatierter elektronischer Dokumente (z. B. Bestellung, Rechnung) zwischen Rechnern.

EDIFACT Standard der UN für elektronische Geschäftsdokumente im Rahmen von EDI.

EIS Executive Information System. Anwendung zur Bereitstellung von Kennzahlen zur Führungs- und Entscheidungsunterstützung in meist grafischer Form mit der Möglichkeit der Verfeinerung der Daten (drill down).

EJB s.: Enterprise Java Beans

Enterprise Java Beans Enterprise Java Beans (EJB) ist das Komponentenmodell für serverseitige, transaktionsorientierte Java-Programmbausteine. Mit EJB ist ein API definiert, das eine Unabhängigkeit von den Laufzeitsystemen (EJB-Container) sicherstellt und automatische Services (Naming, Persistenz, Transaktionssicherheit, Statusverwaltung) den Komponenten zur Verfügung stellt.

ETL Extraktion, Transformation und Laden. Prozesse zum Aufbau und Pflegen der Inhalte eines Data Warehouse. Hierfür gibt es spezielle Software-Tools.

Event-driven Verarbeitungsform bei GUI-Oberflächen. Hierbei wird nicht ein durchgängiges (prozentuales) Programm geschaffen, sondern nur Programmteile, von denen jedes ein einzelnes Ereignis bearbeitet. Ereignisse sind sowohl Benutzereingabe (Tastendruck, Eingabe in ein Feld, Mausklick u.a.) als auch Nachrichten, die von anderen ereignisbearbeitenden Programmteilen erzeugt werden. Der Window-Manager kontrolliert die Ereignisse und stellt sie in einer Warteschlange zur Verarbeitung bereit.

extended Enterprise Ein Unternehmen, welches IT-technisch gesehen auch seine Zulieferer mit einbezieht.

Extranet Unter Extranet versteht man die Nutzung des Internets im Rahmen einer geschlossenen Benutzergruppe. Hierfür kann die Technik eines VPN (Virtual Private Network) eingesetzt werden.

Fast CGI Fast CGI ist ein Programm für Webserver (plug-in), das mehrere CGI-Aufrufe in einem einzigen Prozess ablaufen lässt. Der Overhead für die Prozessverwaltung pro Nachricht entfällt, wodurch die Performanz von Web-Applikationen verbessert wird. Fast CGI wurde von Open Market entwickelt und ist frei verfügbar.

File Server Funktionalität von LAN-Betriebssystemen (z. B. NetWare, LAN Manager, Banyan Vines), um für alle Client-Rechner eine gemeinsame Dateiverwaltung auf einem Server-Rechner im LAN zu bieten. Damit ist ein gemeinsamer Zugriff auf alle Dateien möglich. Die Sperrmechanismen funktionieren auf Datei-Ebene; Sperrungen auf Satz-Ebene müssen selbst programmiert werden.

Firewall Eine Firewall ist eine Kombination aus Hard- und Software, die als Übergang zwischen einem als sicher angesehenen Netzwerk und der Außenwelt (z. B. dem Internet) dient. Die Kommunikation wird über die Firewall geführt, um an dieser Stelle verschiedene Kontroll- und Auditmöglichkeiten anzuwenden (Application Filtering).

GIOP General Inter-ORB Protokoll. Standardisiertes Nachrichtenprotokoll zwischen Object Request Brokern im Rahmen von CORBA 2. Die Ausprägung für TCP/IP wird als IIOP bezeichnet.

Groupware Software für Workgroup Computing

Home Page Erste Seite einer Web-Site, deren URL identisch mit dem Server-Namen ist. Sie enthält die Hyperlinks auf untergeordnete Seiten.

HTML Hypertext Markup Language. Beschreibungssprache für Web-Seiten. Durch neutrale Formatierungsanweisungen, die in den Text eingebettet sind, ist eine starke Unabhängigkeit vom Zielsystem möglich. Wird durch einen Web-Browser interpretiert und angezeigt (Rendering). Durch Cascading Style Sheets sind auch externe Formatbeschreibungen möglich. Das Typenkonzept (MIME = Multimedia Mail Extension) ermöglicht, unterschiedliche Dateien an eine HTML-Seite anzubinden (Multi-Media). Seit HTML 3.2 sind auch Formulare mit HTML möglich.

HTTP Hypertext Transfer Protocol. Kommunikationsprotokoll im WWW zwischen Webserver und Web-Client. Basiert auf TCP/IP. Entwickelt sich zum universellen Client/Server-Protokoll in TCP/IP-Netzen (Internet und Intranet).

HTTPS Verschlüsselte HTTP-Übertragung mittels SSL.

IDL Interface Definition Language. Beschreibungssprache für die Schnittstelle der Client- und Server-Komponenten für einen RPC-Compiler oder ORB.

IIOP Internet Inter-ORB Protocol. Von der OMG standardisiertes Protokoll zur Kommunikation zwischen verteilten Object Request Brokern. RMI von Java verwendet ebenfalls IIOP.

IMAP Internet Message Access Protocol ermöglicht den Zugriff auf E-Mails, die sich auf dem Mail-Server befinden.

Information Hiding Der Prozess, alle Details eines Objekts zu verbergen, die nicht zu seinen wesentlichen Eigenschaften beitragen. Normalerweise ist die Struktur eines Objekts verborgen wie auch die Implementation seiner Methoden.

Instanz Ein Objekt. Konkrete Ausprägung einer Klasse.

Interface s.: Schnittstelle

Internet Das Internet ist ein weltumspannendes Netzwerk aus Tausenden von physischen Netzwerken, die aufgrund des einheitlichen Transportprotokolls IP (Internet Protocol) auch zwischen unterschiedlichen Rechnern Daten austauschen können. Es ist als militärisches Forschungsnetz (ARPANET) entstanden. Die Software für die Internet-Services ist frei verfügbar und weitgehend kostenlos.

Internet-Services Software-Services für File Transfer (FTP), Terminalbetrieb (Telnet), Diskussionsforen (Usenet), Messaging (SMTP, POP3) und multimediale Präsentation (WWW).

Interoperabilität Zusammenarbeit von Geräten oder Softwarekomponenten unterschiedlicher Hersteller durch die Verwendung von anerkannten Standards.

Intranet Nutzung der Internet-Technologie für ein firmeninternes Netz

IP Internet Protocol; untere Ebene des Kommunikationsprotokolls TCP/IP.

IPv6 Internet Protocol Version 6 mit auf 48 Bit verlängerter Adresse.

ISO International Standards Organization. Internationales Gremium für die Standardisierung, das auch das OSI-Referenzmodell (Open Systems Interconnection) der Kommunikationsebenen entwickelt hat.

J2EE Java 2 Enterprise Edition umfasst neben der Basis-Version J2SE eine Vielzahl von Zusatzfunktionen wie: Java Messaging Service, Java Data Objects, Java IDL, EJB, Servlets, Java Server Pages. Diese Funktionen werden durch einen Application-Server zur Verfügung gestellt.

J2ME Java 2 Micro Edition für embedded Devices.

J2SE Die Java 2 Standard Edition umfasst Compiler, Klassenbibliothek, virtuelle Maschine (JVM) und Basis-Werkzeuge; zusammengefasst als JDK bezeichnet. In der Klassenbibliothek sind enthalten: JDBC, RMI, Applet und Java Beans.

JAAS Java Authentication and Authorisation Service Java-API für Security-Mechanismen.

Java Objektorientierte Sprache für Client- und Server-Applikationen mit einer umfassenden eigenen Klassenbibliothek. Java-Programme werden in einen rechnerunabhängigen Byte-Code übersetzt, der von einer Java Virtual Machine ausgeführt wird. Dadurch sind Java-Applikationen unabhängig von Hardware und Betriebssystem.

Java Applet Java-Programm, das mittels HTML über das Netz versandt und von einem Web-Browser gestartet wird. Es ist durch seinen Byte Code unabhängig vom Zielsystem und wird durch eine Java Virtual Machine (JVM) ausgeführt. Es unterliegt Sicherheitsrestriktionen (sog. Sandbox-Prinzip).

Java IDL Java IDL (Java Interface Definition Language) enthält einen IDL-Compiler, welcher CORBA-konforme Schnittstellenprogramme für Java-Applikationen generiert, und einen einfachen ORB, der IIOP unterstützt. Java IDL gehört zum Lieferumfang von J2EE.

JavaScript Script-Sprache von Netscape (nicht zu verwechseln mit Java von Sun!). Bezeichnung bei Microsoft: JScript. Die Anweisungen werden im Source-Format in HTML-Seiten eingebettet und von den Web-Browsern interpretiert. Ausführung auch auf dem Server. JScript ist Bestandteil der Sprachen im Rahmen von Microsoft .NET.

Java Server Pages (Abkürzung: JSP) Software zur dynamischen Erzeugung von HTML-Seiten aufgrund eines HTML-Templates und einer Variablen, die eine Web-Applikation zur Verfügung stellt. JSP erzeugt dynamisch Java-Code und compiliert ihn.

Java Servlet Java-Programm, das von einem Webserver aufgerufen werden kann. Hierzu bietet Java ein spezielles API (Servlet-API).

JAXP Java XML Packages. Zusammenfassung aller Klassen zur Bearbeitung von XML aus Java-Applikationen.

JCA Java Connector Architecture. Standardisierte Schnittstelle zwischen Java Objekten und Application-Servern zu Adaptern für andere Systeme.

JDBC Java Data Base Connectivity. Zugriffsschicht für Java-Programme, um SQL-Befehle unabhängig von bestimmten DB-Systemen nutzen zu können. Die Programmierung erfolgt mittels Call Level Interface (CLI). Pendant zu ODBC von Microsoft.

JDK Java Development Kit. Bezeichnung für die von Sun bereitgestellten Basis-Tools für Java. Dazu gehören: Java-Klassen, Compiler, Debugger, RMI-Tools, Security-Tools u.a.

JMS Java Messaging Service ist ein API, um Java-Applikation in neutraler Form den Start asynchroner Verarbeitung mittels verschiedener Messaging-Systeme zu ermöglichen.

JPEG Joint Photographic Expert Group. Internationaler Standard zur Datenkompression von Standbildern (bis etwa 1:20)

JScript Die Bezeichnung von JavaScript bei Microsoft.

JSP s.: Java Server Pages

JTA Java Transaction API. Aufrufschnittstelle für das Transaktionsmanagement bei Java.

Just-in-time-Compiler Compiler, der Programme erst vor ihrer Ausführung auf dem Zielsystem übersetzt.

JVM Java Virtual Machine. Laufzeitsystem, das den Java Byte-Code ausführt (mit Just-in-time-Compiler)

Kapselung Behandelt eine Gruppe von Elementen gleicher Abstraktion.

Klasse Schablone für Objekte gleichen Typs, die sowohl die Beschreibung der Datenstrukturen als auch die dazugehörigen Methoden (Winkelfunktionen) mit ihren Schnittstellen umfasst.

Komponenten Autonome Softwarebausteine, welche über standardisierte Schnittstellen verfügen, sodass sie mit anderen zu einer Anwendung zusammengebaut werden können. Technologien, die ein solches Konzept unterstützen, sind: COM (Microsoft) und Java Bean/EJB.

Konstruktor Eine Operation, die ein Objekt erzeugt und/oder seinen Status initialisiert.

LAN Local Area Network. Eine Gruppe von Rechnern (Workstations) mit den zugehörigen Endgeräten (Drucker, Scanner etc.), die über ein Netz (Kabel, aber auch Funk oder Infrarot) miteinander verbunden sind und mittels zugehöriger Kommunikationssoftware Nachrichten austauschen sowie gemeinsame Ressourcen nutzen. Die räumliche Ausdehnung eines LAN ist begrenzt (bis ca. 1,5 km)

LDAP Lightweight Directory Access Protocol. Protokoll für den neutralen Zugriff auf Namens-/Directory-Server (Internet-Standard).

Linux s.: Unix

MAPI Messaging API Standard-Schnittstelle von Microsoft für Mailingfunktionen.

Marshaling Umsetzung strukturierter Daten in flache Datenströme für den Nachrichtenaustausch.

Message Queueing Start einer asynchronen Verarbeitung mit Übergabe einer Nachricht. Die Nachricht wird in einer Warteschlange (Message Queue) zwischengespeichert.

Methode Im Zusammenhang mit Objektorientierung werden unter einer Methode die Regeln verstanden, die bei der Ausführung einer Operation mit einem Objekt durchgeführt werden müssen. Eine Operation mit einem Objekt ist gewöhnlich komplex (beispielsweise Fahrzeug zulassen), sodass die dazugehörige Methode viele Anweisungen umfassen kann. Eine Methode wird durch eine Nachricht an ein Objekt angestoßen.

Microsoft .NET Die neue Architektur und Technologie von Microsoft als Antwort auf Java.

Modularisierung Mithilfe der Modularisierung wird eine sinnvolle Zerlegung des Systems in Subsysteme und Komponenten vorgenommen.

MOF Meta Object Facility. Standard der OMG für die Beschreibung der Metamodelle eines Repositorys. Die MOF besteht aus einer Sammlung von normierten Klassendiagrammen in UML. Die MOF ist eine Basis der MDA (Model-driven Architecture) und des CWM (Common Warehouse Model).

MOM Message Oriented Middleware. Software zur asynchronen Kommunikation zwischen Applikationen. (s.: Message Queueing)

MQI Message Queueing Interface. API von IBM für den Aufruf einer asynchronen Programm/Programm-Kommunikation. Wird von Produkten auf verschieden Betriebssystemen unterstützt.

MSIL Microsoft Intermediate Language. Zwischencode im Rahmen von Microsoft .NET, der von einer virtuellen Maschine (CLR) ausgeführt wird. Vergleichbar mit dem Java Byte Code.

Multi-Threading Parallele Bearbeitung mehrerer Anforderungen durch ein einzelnes Programm (beispielsweise TP-Monitor oder DBMS), das aus Sicht des Betriebssystems nur einen Prozess/Task belegt. Ein Thread entspricht einer Subtask.

Named Pipe Schnittstelle von Microsoft zur Programm-zu-Programm-Kommunikation auf der Ebene des Application-Layer des OSI-Modells. Named Pipes beinhalten einen wesentlich höheren Grad der Abstraktion als NetBIOS.

Object Request Broker Steuerungssoftware, die Nachrichtenkommunikation von einem Objekt an ein anderes übernimmt. Dadurch müssen die Objekte nicht mehr die Speicheradressen und Programmiersprachen des Zielobjektes kennen. Der Objekt Request Broker (ORB) sollte Nachrichten sowohl innerhalb eines Rechners als auch rechnerübergreifend versenden können. Die Definition einer einheitlichen Aufrufschnittstelle und Funktionalität erfolgte durch CORBA von der OMG.

Objekt Ein Objekt im Sinne der Objektorientierung umfasst sowohl Attribute als auch seine Bearbeitungsfunktionen (Methoden). Ein Objekt kapselt seine Daten gegenüber einem Zugriff von außen und wird nur durch einen Anstoß einer seiner Methoden (Nachricht) aktiviert. Ein Objekt ist ein einzelnes Vorkommen – auch Instanz genannt –, während die Klasse eine Generalisierung gleichartiger Objekte darstellt.

Objektmodell Die Menge der Prinzipien, welche die Grundlage des objektorientierten Designs bilden; ein Softwareengineering-Paradigma, das die Prinzipien der Abstraktion, Kapselung, Modularität, Hierarchie, Typisierung, Nebenläufigkeit und Persistenz umfasst.

Objektorientierte Analyse Eine Analysemethode, bei der die Anforderungen hinsichtlich der Klassen und Objekte aus dem Vokabular des Problembereichs untersucht werden.

Objektorientiertes Design Eine Designmethode, die den Prozess der objektorientierten Zerlegung und eine Notation für die Darstellung der logischen und physikalischen sowie der statischen und dynamischen Modelle des zu entwickelnden Systems umfasst. Diese Notation verwendet normalerweise Klassendiagramme, Objektdiagramme, Moduldiagramme und Prozessdiagramme.

OMG Object Management Group. Vereinigung, die sich die Standardisierung im Bereich der Objektorientierung zum Ziel gesetzt hat. Erstes Ergebnis ist die Definition einheitlicher Schnittstellen für einen Object Request Broker (CORBA = Common Object Request Broker Architecture). Weiterhin arbeitet die OMG an der Standardisierung von UML und MDA.

OOA s.: Objektorientierte Analyse

OOD s.: Objektorientiertes Design

OOP Realisierung eines objektorientierten Entwurfs in einer geeigneten Programmiersprache unter Nutzung der objektorientierten Konzepte (Klasse, Objekt, Vererbung, Message Passing).

ORB s.: Object Request Broker

OSI Open Systems Interconnection. Referenzmodell der ISO zur Kommunikation zwischen Rechnern. Es umfasst ein 7-schichtiges Modell mit aufeinander aufbauenden Funktionen, die für Netzwerkprotokolle und Kommunikationssoftware als Architekturmodell dienen sollen.

Page Views Anzahl der Aufrufe einer bestimmten Seite einer Web-Site.

PDF Portable Document Format. Plattformunabhängiges Dateiformat von Adobe für die Darstellung von Dokumenten in Pixelform. Wird mit den Acrobat-Produkten erstellt bzw. präsentiert.

Peer-to-Peer End-zu-End-Kommunikation. Eine spezielle Form der Inter-Progamm-Kommunikation, bei der jeder der beteiligten Kommunikationspartner gleichberechtigt ist und somit die Kommunikation eröffnen und steuern kann. Im Gegensatz dazu steht die Master/Slave-Beziehung (Client/Server-Protokoll), bei der ein Partner vordefiniert für die Initialisierung der Kommunikation verantwortlich ist. Einige P2P-Protokolle erfreuen sich hoher Beliebtheit in Musiktauschbörsen.

Persistenz Dauerhaftigkeit. Überleben eines Objekts über die Laufzeit des Programms hinaus.

POP3 Post Office Protocol. Internet-Protokoll zum Abholen elektronischer Nachrichten von einem Mail-Server.

Portabilität Unabhängigkeit von Programmen von anderen Software- oder Hardware-Komponenten.

Portal Einheitlicher, personalisierter und kontrollierter Zugang zu allen internetfähigen Services eines Unternehmens.

Portal-Server Software zur Realisierung eines Portals.

Prototyp Provisorisches Software-System, das während der Produktdefinition erstellt wird, um Anforderungsfragen zu klären oder Anforderungen zu veranschaulichen.

Proxy Stellvertreter. Im OO-Bereich die Bezeichnung von Klassen, die stellvertretend für ein entferntes Objekt eingesetzt werden und die dann die Verbindung herstellen. Im Internet/Intranet übernimmt ein Proxy-Server die Zwischenspeicherung (s.: Cache) von bereits geholtem HTML, um einen wiederholten Zugriff zu beschleunigen.

Prozess Die Aktivierung eines einzigen Steuerflusses. Ein Betriebssystem unterstützt üblicherweise die Abwicklung mehrerer Prozesse durch überlappende Verarbeitung. In einem Prozess können durch mehrere Threads wiederum weitere parallele Verarbeitungen stattfinden.

Referential Integrity Anforderung an ein Datenbanksystem, eigenständig die Korrektheit von Datenbeziehungen zu verwalten. Hierbei geht es um eine reine Existenzprüfung, damit Zeilen einer Dependent Table nicht ohne korrespondierende Zeilen in einer Parent Table existieren.

Remote Access Auch: Remote Database Access. Versenden eines Datenbank- oder Dateizugriffes an einen entfernten Rechner zur Ausführung. Transaktionssicherheit kann zwar auf dem ausführenden Rechner, aber nicht netzweit gewährleistet werden.

Remote Presentation Eine Form der Client/Server-Architektur, bei der die Bildaufbereitung auf einem dezentralen Arbeitsplatzrechner (PC) erfolgt. Bei Verwendung eines Window-Managers wird zwar eine grafische Oberfläche vom Anschein her erreicht, nicht aber vom Verhalten her, denn eine vollständige GUI-Oberfläche erfordert auch eine Verlagerung von Applikationslogik (beispielsweise Datenprüfung) in die Benutzeroberfläche. Die Präsentation von HTML-Seiten durch einen Web-Browser ist ein Beispiel für diese Form einer Client/Server-Architektur.

RMI Remote Method Invocation. Java-Klassen, die eine RPC-Funktionalität bieten. Dadurch können Java-Klassen ohne besondere Schnittstellendefinition rechnerübergreifend kommunizieren. RMI verwendet IIOP als Protokoll.

Router Intelligente Komponente, die mehrere Netzwerke verbindet und so die Nachrichten netzübergreifend weiterleitet.

RPC Remote Procedure Call. Mechanismus zur Programm-zu-Programm-Kommunikation über Rechner. Ein RPC arbeitet nach dem Prinzip des Unterprogrammaufrufs. Er erfordert keine Änderungen im Programm gegenüber einem rechnerinternen Unterprogrammaufruf, da das jeweilige Partnerprogramm durch einen Stub ersetzt wird, der seinerseits das RPC-Laufzeitsystem zum Transport der Parameter zwischen den Programmen aktiviert.

Schnittstelle Die Außenansicht einer Klasse, eines Objekts oder eines Moduls, die dessen Abstraktion in den Vordergrund stellt, aber die Struktur und die Details des Verhaltens verbirgt (Interface).

Server Zentrale Ressource in Netzwerken: Fileserver, Printserver, Terminalserver, Kommunikationsserver etc. Darüber hinaus auch die Bezeichnung von Software-Komponenten, die im Netz ihre Dienste anbieten: DB-Server, Applikations-Server, Webserver etc.

Servlet s.: Java Servlet

SMTP Simple Mail Transfer Protocol. Protokoll zum Versenden elektronischer Nachrichten (E-Mail) im Internet.

SOAP Simple Object Access Protocol. Ein auf XML basierender RPC. Festlegung des Nachrichtenformates (Aufruf und Parameter) durch eine XML-DTD.

SQL Structured Query Language. Genormte Sprache für Datenbanksysteme, die auf der Relationen-Algebra von Dr. Codd basiert. Aktueller Normungsstand ist SQL 99, der aber noch von keinem DBMS vollständig abgedeckt wird. Für SQL gibt es zwei unterschiedliche Programmierschnittstellen (API): embedded SQL und Call Level Interface.

SSL Secure Sockets Layer. Software-Schicht zwischen TCP/IP und den Applikationsprotokollen. Beinhaltet eine Server-Authentifizierung und den dynamischen Aufbau eines verschlüsselten Nachrichtenverkehrs. Wird zurzeit nur bei HTTPS angewendet.

Tag Steueranweisung (Marke) innerhalb von Daten. Bei HTML sind die Tags vorgegeben; z. B. HEAD, BODY, BR, INPUT... XML bietet die Definition individueller Tags. Auch JSP und ASP verfügen über erweiterbare Tags.

TCO Total Cost of Ownership. Kostenmodell für die Betriebskosten von DV-Systemen, das auch die Arbeitsplatzkosten einbezieht.

TCP/IP Transmission Control Protocol/Internet Protocol. Ein weit verbreitetes Netzwerkprotokoll zur Kommunikation zwischen heterogenen Rechnern. Im UNIX-Umfeld entstanden, inzwischen Implementierungen für alle Betriebssysteme verfügbar.

TP-Monitor Transaction Processing Monitor. Steuerprogramm zur transaktionsorientierten Verarbeitung auf einem Server. Ein TP-Monitor umfasst Funktionen für dynamisches Laden von Programmen, Ressourcekontrolle, Zwischenspeicherung, Datenverwaltung, DB-Anschluss und RPC. Er synchronisiert die Transaktionen mit den beteiligten DB-Systemen und anderen Ressource-Managern. Neuere Bezeichnung: Application-Server.

Tuxedo TP-Monitor im UNIX-Umfeld. Ursprünglich bei AT&T entwickelt, dann an Novell (USL) verkauft und jetzt im Besitz von BEA. Ist Bestandteil von Weblogic Enterprise Application-Servers.

UDDI Universal Description, Discovery and Integration. Verzeichnisservice im Internet, um Unternehmen und deren Angebote an Webservices zu finden. UDDI ist damit eine Business Registry (s. www.uddi.org).

Unix Betriebssystem für eine Vielzahl verschiedener Rechner. Ursprünglich in den Bell Laboratorys von AT&T entwickelt, verbreitete sich UNIX rasch im Midrange-Bereich. Heute existieren viele UNIX-Derivate, die durch Anreicherungen der verschiedenen Hersteller entstanden (hardware-abhängiges UNIX). Daneben verbreitet sich Linux, das als Open Source-Produkt auf Rechnern verschiedener Hersteller läuft.

URI Universal Resource Identifier. Allgemeine Form der Adressierung ohne Angabe des Protokolls; kann eine beliebige Ressource oder eine URL (Web-Ressource) sein.

URL Universal Resource Locator. Symbolische Adresse eines Dokumentes oder einer Ressource im Internet mit Angabe von Protokoll, Domäne, Server, Verzeichnis, Unterverzeichnis u.a. Dadurch ist jedes Objekt weltweit eindeutig adressierbar.

URN Uniform Resource Name. Standardisiertes Format zur Adressierung von beliebigen Objekten, die mittels TCP/IP erreichbar sind. Erfordert keine Protokollangabe (s. auch URI).

VB.NET Neue Version von Visual Basic für Microsoft .NET. Ist vollständig objektorientiert und verwendet die neue .NET-Klassenbibliothek. Dadurch keine Aufwärtskompatibilität mit Visual Basic 6.0.

Verbund-Dokument (Compound Document). Datenbestand, der aus unterschiedlichen Datentypen (z. B. formatierte Daten, Text, Image, Video) besteht. Aufgrund des jeweiligen Datentyps werden automatisch die dazugehörigen Applikationen aktiviert. Beispiele für Verbunddokumente sind: HTML-Seiten, Notes-Dokumente, Word-Dokumente mit OLE-Verknüpfungen (Active Documents).

Vererbung Besteht zwischen zwei Klassen eine Vererbungsbeziehung, so erbt die Subklasse Datenstrukturen und Verhalten ihrer Superklasse. In der Subklasse werden die geerbten Strukturen der Superklasse häufig um zusätzliche Attribute und Methoden erweitert. Auch eine Redefinition (überschreiben) der geerbten Methoden ist möglich. Kann eine Klasse nur eine Superklasse haben, spricht man von Einfachvererbung; kann sie von mehreren Klassen erben, spricht man von Mehrfachvererbung.

Verschlüsselung Bei symmetrischer Verschlüsselung verwenden Absender und Empfänger einer Nachricht den gleichen Schlüssel; Verfahren sind: DES und AES. Bei asymmetrischer Verschlüsselung verwendet der Absender den öffentlichen Schlüssel des Empfängers (public key), mit dem man nur Verschlüsseln kann. Der Empfänger entschlüsselt mit seinem geheimen privaten Schlüssel (private key). Verfahren: RSA.

View Anwendersicht auf die Daten und Eigenschaften eines oder mehrerer Objekte.

WAN Wide Area Network. WAN basierend auf öffentlichen oder privaten Übertragungsmedien (Leitungen, Richtfunk, Satellitenübertragung).

WAP Wireless Application Protocol. Protokoll, um ein Mobiltelefon als Internetgerät zu nutzen. Es verwendet die WML (Wireless Mark-up Language) – eine Ausprägung von XML – für die Daten und Darstellung. Der Datenstrom wird stark verdichtet (binäres HTTP).

Wasserfall-Modell Ist ein Vorgehensmodell für die sequenzielle, stufenweise und dokumentenorientierte Softwareentwicklung eines Produkts, wobei jede Aktivität in der vollen Produktbreite durchgeführt wird und abgeschlossen sein muss, bevor die nächste Aktivität beginnt.

Web Application-Server Eine Steuersoftware, die angekoppelt an einen Webserver eine Dialogverarbeitung ermöglicht. (s. auch: Application-Server)

Web-Browser Programm, um Inhalte des World Wide Web (HTML- und XML-Dokumente) zu betrachten. Browser sind in der Lage, HMTL- und JavaScript-Code sowie URLs zu interpretieren. Sie verstehen darüber hinaus meist die übrigen Internetprotokolle wie SMTP (Mail), NNTP (Newsgroups) und FTP (Dateitransfer). Über eine angebundene Java Virtual Machine (JVM) können sie Java-Applets zur Ausführung bringen. Neuere Browser besitzen auch einen XSL-Transformator.

Web Content Management Zusammenfassung aller Disziplinen zum Aufbau, Pflegen und Administrieren einer Web-Site.

Webpage Entspricht einer HTML-Seite.

Webserver Software zur Bereitstellung von HTML-Seiten und Interaktion mit einem Web-Browser. Bekannte Produkte sind: Apache (Open Source, Marktführer), Internet Information Server (Microsoft), Sun ONE Web Server (iPlanet), Oracle Web Server (Lotus Domino).

Webservice Ein Service im Internet oder Intranet, welches sich mittels XML-basierten Nachrichten und SOAP-Protokoll aus anderen Applikationen aufrufen und integrieren lässt. Zur Beschreibung der Schnittstellen eines Webservices wird die WSDL (Web Service Description Language) verwendet.

World Wide Web Multimedialer Service im Internet mit Hypertext-Funktionalität. Ermöglicht die integrierte Darstellung von Text, Grafik, Standbild und Bewegtbild. Abkürzung: WWW.

Wrapper Wrappen = einwickeln. Software-Schicht, welche die Struktur der darunterliegenden Software verbirgt. So lässt beispielsweise ein Wrapper ein COBOL-Programm wie ein Objekt erscheinen und aufrufen.

WSDL Web Service Description Language. Eine XML-DTD, mit der die Eigenschaften eines Webservice beschrieben werden: verfügbare Operationen, erforderliche Parameter, Adresse im Web u.a.

WTS Windows Terminal Server. Software-Komponente, die es ermöglicht, dass Windows-Programme unverändert auf einem Server-Rechner laufen und das von ihnen erzeugte Bild auf dem Arbeitsplatzrechner angezeigt wird. Der WTS ist Bestandteil von Windows 2000. Ursprünglich stammt die Technologie von der Firma Citrix.

WWW s.: World Wide Web

XDR XML Data Reduced. Eine reduzierte Form des XSchemas (XSD); wird von Microsoft verwendet.

XML eXtensible Mark-up Language. Auszeichnungssprache, die im Gegensatz zu HTML nicht nur vordefinierte Tags, sondern auch benutzerdefinierbare Tags enthält. Dadurch können Felder explizit benannt und bearbeitet werden. XML-Daten lassen sich u.a. in eine HTML-Darstellung überführen.

XMI XML Metadata Interchange. Austauschformat für Metadaten (beispielsweise zwischen Tools in einem Data Warehouse oder bei der Softwareentwicklung).

XQuery Abfragesprache für XML-Dokumente in Datenbanken.

XSchema W3C-Standard zur Definition strengerer Typkonventionen als mit den Standard-DTDs.

XSD XML Schema Description (s. XSchema).

XSL eXtensible Stylesheet Language. XSL spezifiziert die Transformation von einem XML-Dokument in ein anderes Format. Eine XSL-Stylesheet enthält sowohl Anweisungen für die Transformation als auch Anweisungen für die Formatierung. Bei einer Aufbereitung für Präsentationszwecke enthält die XSL entsprechend der Ausgabegeräte HTML-, WML-, HDML- oder andere Formatierungsanweisungen.

XSLFO XSL Formatted Objects. Beschreibungssprache für die Aufbereitung von XML-Dokumenten für eine seitenorientierte Darstellung (Pagination Mark-up Language). Die XSLFO umfasst Vokabeln für die Aufbereitung (Rendering). Die Ausgabeaufbereitung erfolgt durch Rendering-Agents für a) Anzeige, b) Druck und c) Sprachausgabe.

XSLT XSL-Transformation. Überführung von XML-Dokumenten anhand der Regeln einer XSL in ein anderes Format. Die Software dazu wird als XSLT-Engine bezeichnet.

Literaturverzeichnis

[1] J. Adams et al.:*Patterns for e-Business*, IBM Press, 2002

[2] *Manifesto for Agile Software Development*, http://www.agilealliance.org

[3] C. Alexander et al.: *A Pattern Language*, Oxford University Press, 1977

[4] C. Alexander: *The Timeless Way of Building*, Oxford University Press, 1979

[5] D. Alur et al.: *Core J2EE Patterns: Best Practices and Design Strategies*, Prentice Hall, 2001

[6] S.W. Ambler: *Agile Modeling: Best Practices for the Unified Process and Extreme Programming*, Wiley Computer Press, 2002

[7] C^4ISR Architecture Working Group: *Architecture Framework Version 2.0*, US Department of Defense, 1997

[8] C^4ISR Architecture Working Group: *C^4ISR Architecture Working Group Final Report*, US Department of Defense, 1998

[9] C^4ISR Architecture Working Group: *Integrated DoD architectures: A key to achieving information superiority*, US Department of Defense, 1997

[10] C. Axton et al.: *Web Services for the Enterprise: Opportunities and Challenges*, Ovum, 2002

[11] M. J. Balcer, S. J. Mellor, *Executable UML: A Foundation for Model Driven Architecture*, Addison Wesley, 2002

[12] L. Bass et al.: *Software Arcitecture in Practice*, Addison Wesley, 1997

[13] H. Bauer:*Unternehmensportale: Geschäftsmodelle, Design, Technologien*, Galileo, 2001

[14] K. Beck: *Extreme Programming Explained. Embrace Change.*, Addison Wesley, 2000

[15] S. G. Beckner, S. T. Norman: *Air Force Development Guide*, MITRE Technical Report 98B00000074, 1998

[16] B. L. Belady, M. M. Lehman: *A model of large program development*, IBM Systems Journal, 15(3), 1976

[17] P. Bernus et al.: *Handbook of Architectures of Information Systems*, Springer, 1998

[18] T. Beveridge, C. Perks: *Fuide to Enterprise IT Architecture*, Springer 2002

[19] B. H. Boar: *Constructing Blueprints for Enterprise IT Architectures*, Wiley Computer Press, 1999

[20] J. A. Bondy, U. S. R. Murty: *Graph Theory with Applications*, North Holland, 1976

[21] G. Booch et al.: *The Unified Modelling Language User Guide*, Addison Wesley, 1999

[22] J. Bosch: *Design and Use of Software Architectures*, Addison Wesley, 2000

[23] D. Box: *Essential COM*, Addison Wesley, 1998

[24] D. Box et al.: Simple Object Access Protocol (SOAP) 1.1, W3C Note, http://www.w3c.org/TR/SOAP/, 2000

[25] M. H. Brackett: *Data Sharing Using a Common Data Architecture*, Wiley Computer Press, 1994

[26] P. Bristow et al.: *Enterprise Portals: Business Application and Technologies*, Butler Group, 2001

[27] C. Britton: *IT Architecture and Middleware: Strategies for Building Large, Integrated Systems*, Prentice Hall, 2001

[28] W. J. Buffam: *E-Business and IS Solutions: An Architectural Approach to Business Problems and Opportunities*, Addison Wesley, 2000

[29] F. Buschmann et al.: *Pattern Oriented Software Architecture, Vol 1: A System of Patterns*, Wiley Computer Press, 1996

[30] D. N. Card, R. L. Glass: *Measuring Software Desigbn Quality*, Prentice Hall, 1990

[31] J. Chew: *Making ERP Work*, Forrester Research Inc., 2001

[32] D. N. Chorafas: *Enterprise Architecture and New Generation Information Systems*, Saint Lucie Press, 2001

[33] N. Christensen et al.: *A scalable news architecture on a single spool*, ;login, 22(3), 41–45, 1997

[34] P. Clements, L. Northrop: *Software Production Lines: Practices and Patterns*, Addison Wesley, 2001

[35] P. Clements et al.: *Evaluating Software Architectures, Methods and Case Studies*, Addison Wesley, 2002

[36] A. Cockburn: *Surviving Object Oriented Projects* Addison Wesley, 1998

[37] A. Cockburn: *Agile Software Development*, Addison Wesley, 2002

[38] M. A. Cook: *Building Enterprise Information Architectures: Reengineering Information Systems*, Prentice Hall, 1996

[39] S. Cooke et al.: *Assesing the C^4ISR Architecture Framework for the Military Enterprise*, Systems Engineering and Evaluation Centre, University of South Australia, 2000

[40] J. Coplien, D. Schmidt: *Pattern Languages of Program Design*, Addison Wesley, 1995
[41] J. Coplien: *Software Patterns*, SIGS Publication, 1996
[42] G. Coulouris et al.: *Distributed systems - concepts and design*, Addison Wesley, 1994
[43] M. M. Davydov: *Corporate Portals and e-Business Integration*, McGraw-Hill, 2001
[44] D. M. Dikel et al.: *Software Architecture: Organizational Principles and Patterns*, Prentice Hall, 2001
[45] G. Dern, D. Masak: *Objektorientierte Softwareentwicklung für Praktiker*, Vieweg, 1995
[46] B. P. Douglass: *Real-Time Design Patterns: Robust Scalable Architecture fpr Real-Time Systems*, Addsion-Wesley, 2002
[47] M. J. Earl: *Information Management: The Strategic Dimension*, Oxford University Press, 1988
[48] J. Edwards, D. DeVoe: *3-Tier Client/Server At Work*, Wiley, 1997
[49] W. Emmerich: *Engineering Distributed Objects*, Wiley, 2000
[50] *Enterprise-wide Information Technology Architectures*, EWITA, http://www.evita.com
[51] N. Fenton, S. L. Pfleeger: *Software Metrics: A Rigorous Approach*, Chapman & Hall, 1997
[52] P. Fingar et al.: *Enterprise E-Commerce: The Software Component Breakthrough for Business-to-Business Commerce*, Meghan-Kiffer Press, 2000
[53] M. Fowler: *Analysis Pattern: Reusable Object Models*, Addison Wesley, 1997
[54] M. Fowler: *Refactoring: Improving the Design of Existing Code*, Addison Wesley, 1999
[55] M. Fowler: *Patterns of Enterprise Application Architecture*, Addison Wesley, 2002
[56] D. Frankel: *Model Driven Architecture: Applying MDA to Enterprise Computing*, John Wiley & Sons, 2003
[57] E. Gamma et al.: *Design Patterns, Elements of Reusable Object Oriented Software*, Addison Wesley, 1995
[58] N. Ganti, W. Brayman: *The Transition of Legacy Systems to a Distributed Architecture*, John Wiley and Sons, 1995
[59] D. Garlan, M. Shaw: *An Introduction to Software Architecture, Advances in Software Engineering*, World Scientific, 1993
[60] J. Gharajedaghi: *Systems Thinking. Managing Chaos and Complexity. A Plattform for Designing Business Architecture*, Butterworth-Heinemann, 1999
[61] T. Gilb: *Principles of Software Engineering Management*, Addison Wesley, 1988
[62] M. Goodyear: *Enterprise System Architectures*, CRC Press, 2001

[63] S. Graham et al.: *Bulding Web Services with Java*, Sams Publishing, 2001

[64] R. Grimes: *DCOM Programming*, Wrox, 1997

[65] T. J. Grose et al.: *Mastering XMI: Java Programming with XMI, XML and UML*, Wiley, 2002

[66] H. Haken: *Synergetics*, Springer 1978

[67] E. Hall: *Managing Risk, Methods for Software Systems Developers*, Addison Wesley 1997

[68] M. Halstead: *Elements of Software Science*, Elsevier North Holland, 1977

[69] P. Harmon et al.: *Developing E-Business Systems and Architectures*, Morgan Kaufman, 2001

[70] W. Harrison: *An Entropy-Based Measure of Software Complexity*, IEEE Transactions on Software Engineering, 18(11), 1992

[71] D. C. Hay: *Data Model Patterns: Conventions of Thought*, Dorset House, 2003

[72] D. C. Hay: *Requirement Analysis: From Business Views to Architecture*, Prentice Hall, 2003

[73] B. Henderson-Sellers: *Object-oriented metrics: measures of complexity*, Prentice Hall 1996

[74] D. Higgins: *Data Structured Software Maintenance*, Dorset House Publishing, 1986

[75] J. Highsmith: *Adaptive Software Development - A Collaborative Approach to Managing Complex Systems*, Dorset House, 2000

[76] J. Highsmith: *Agile Software Development Ecosystems*, Addison Wesley, 2002

[77] C. Hofmeister et al.: *Applied Software Architecture*, Addison Wesley 1999

[78] F. Hoque: *e-Enterprise: Business Models, Architecture and Components*, Cambridge University Press, 2000

[79] T. Huber: *Business Networking Architekturen*, Difo-Druck Bamberg, 2002

[80] R. Hubert, D. A. Taylor: *Convergent Architecture: Building Model Driven J2EE Systems with UML*, Wiley, 2002

[81] *International Enterprise Architects Consortium and Architecture Center*, http://www.ieac.org

[82] IFIP-IFAC Task Force: *Generalized Enterprise Reference Architecture and Methodology*, Griffith University, http://www.cit.gu.edu/~bernus/taskforce/geram/versions/geram1-6-3.v1.6.3.html

[83] W. H. Inmon et al.: *Data Warehousing and the Zachman Framework*, McGraw-Hill, 1997

[84] R. Jain: *The Art of Computer Systems Performance Analysis*, Wiley-Interscience, 1991

[85] P. Jalote: *Fault Tolerance in Distributed Systems*, Prentice Hall, 1994

[86] T. Jennings: *Intelligent Integration*, Butler Group, 2002
[87] C. Jones: *Assessment and Control of Software Risks*, Prentice-Hall, 1994
[88] C. Jones: *Estimating Software Costs*, McGraw-Hill, 1998
[89] R. Kazman et al.: *SAAM: A Method for Analyzing the Properties of Software Architectures*, Proceedings of ICSE, 16, 81–90, 1994
[90] P. B. Kruchten: *The 4+1 View Model of Architecture*, IEEE Software, 12(6), Seite 42–50, 1995
[91] P. B. Kruchten: *The Rational Unified Process*, Addison Wesley, 1999
[92] T. Langenohl: *Systemarchitekturen elektronischer Märkte*, Rosch-Buch, 1995
[93] M. M. Lehman et al.: *Metrics and laws of Software Evolution*, In: *Proceedings of the Fourth International Software Metrics Symposium*, Albuquerque, 1997
[94] D. S. Linthicum: *Enterprise Application Integration*, Addison Wesley, 1999
[95] D. S. Linthicum: *B2B Application Integration – e-Businesss-Enable Your Enterprise*, Addison Wesley, 2000
[96] M. Lorenz, J. Kidd: *Object-Oriented Software Metrics. A Practical Guide*, Prentice Hall, 1994
[97] R. Malveau, T. J. Mowbray: *Software Architect Bootcamp*, Prentice Hall, 2001
[98] J. Martin, J. Leben: *Client/Server Database Enterprise Computing*, Prentice Hall, 1995
[99] J. McGovern et al.: *Java Web Services Architecture*, Morgan Kaufmann, 2003
[100] *OMG Model Driven Architecture Home Page*, http://www.omg.org/mda/index.htm
[101] S. Mellor, M. Balcer: *Executable UML: A Foundation for Model Driven Architecture*, Addison Wesley, 2002
[102] A. Melton: *Software Measurement*, International Thomson Computer Press 1996
[103] *OMG Meta Object Facility Specification*, http://www.omg.org
[104] R. Monson-Haefel, D. A. Chappel: *Java Message Service*, O'Reilly, 2001
[105] J. P. Morgenthal: *Enterprise Application Integration with XML and Java*, Prentice Hall, 2001
[106] E. Newcomer: *Understanding Web Services: XML, WSDL, SOAP and UDDI*, Addison Wesley, 2002
[107] G. Norris et al.: *E-Business and ERP: Transforming the Enterprise*, Wiley, 2000
[108] P. Nowak: *Structures and Interactions – Characterising Object Oriented Software Architectures*, Dissertation, University of Southern Denmark, 1999
[109] R. Orfali et al.: *Instant CORBA*, Wiley, 1997

[110] S. R. Palmer, J. M. Felsing: *A Practical Guide to Feature-Driven Development*, Prentice Hall, 2002

[111] D. Perry, A. L. Wolf: *Foundations for the Study of Software Architecture*, ACM Software Engineering Notes, 17(4), 1992

[112] S. L. Pfleeger: *Engineering - Theory and Practice*, Prentice Hall, 1998

[113] T. M. Pigoski: *Practical Software Maintenance, Best Practices for Managing Your Software Investment*, Wiley 1997

[114] H. Plattner, *Der Einfluß der Client-Server-Architektur*, Gabler, 1991

[115] J. Poole et al.: *Common Warehouse Metamodel*, Wiley, 2003

[116] M. Poppendieck, T. Poppendieck: *Lean Development – An Agile Toolkit*, Addison Wesley, 2003

[117] R. S. Pressman: *Software Engineering – A Practicioner's Approach*, McGraw-Hill, 1997

[118] J. R. Putnam: *Architecting with RM-ODP*, Prentice Hall, 2001

[119] R. Rajkumar: *Synchronization in Real-Time Systems: A Priority Inheritance Approach*, Kluwer Academic Publishers, 1991

[120] W. E. Rajput: *E-Commerce Systems Architecture and Applications*, Artech House, 2000

[121] E. Rechtin, M. W. Maier: *The Art of Systems Architecting*, CRC Press, 1997

[122] R. Riehm: *Integration von heterogenen Applikationen*, Difo-Druck Bamberg, 1997

[123] W. Ruh et al.: *Enterprise Application Integration: A Wiley Tech Brief*, Wiley, 2001

[124] J. Rumbaugh et al.: *The Unified Modeling Language Reference Manual*, Addison Wesley, 1998

[125] A. W. Scheer: *Architecture of Integrated Information Systems, Foundations of Enterprise Modelling*, Springer, 1992

[126] A. W. Scheer: *Business Process Engineering: Reference Models for Industrial Enterprises*, Springer, 1994

[127] D. C. Schmidt et al.: *Pattern-Oriented Software Architecture, Vol.2 : Patterns for Concurrent and Networked Objects*, Wiley, 2000

[128] K. Schwaber, M. Beedle: *Agile Software Development with Scrum*, Prentice Hall, 2002

[129] T. M. Schwarz: *Portale – Eine Diskussion zugrundeliegender Konzepte und ihre Realisierung in ausgewählten Produkten.* Diplomarbeit, Universität Ulm, 2001

[130] C. Shannon, W. Weaver: *A Mathematical Theory of Communication*, University of Illinois, 1963

[131] M. Shaw, D. Garlan: *Software Architecture: Perspectives of an Emerging Discipline*, Prentice Hall, 1996

[132] G. Shegalov et al.: *XML-enabled workflow management for e-service across heterogenous platforms*, Springer, 2001

[133] M. Shepperd: *Fundamentals of software measurement*, Prentice Hall, 1995

[134] J. Siegel, *CORBA fundamentels and programming*, John Wiley, 1996

[135] O. Sims: *Business Objects - Delivering Cooperative Objects for Client/Server*, McGraw-Hill, 1994

[136] C. Smith: *Performance Engineering of Software Systems*, Addison Wesley, 1990

[137] I. Sommerville: *Software Engineering*, Addison Wesley, 2000

[138] J. F. Sowa, J. A. Zachman: *Extending and Formalizing the Framework for Information Systems Architecture*, IBM Journal 31(3), 1992

[139] S. Spewak: *Enterprise Architecture Planning*, John Wiley and Sons, 1992

[140] Stanford University: *Enterprise Architecture Home Page*, http://www.stanford.edu/group/APS/arch/index.html

[141] C. Szyperski: Component Software: Beyond Object Oriented Programming, Addison Wesley, 1997

[142] A. Tannenbaum: *Metadata Solutions*, Addison Wesley, 2001

[143] T. Thai, H. Q. Lam: *Net Framework Essentials*, O'Reilly, 2001

[144] N. Thomas: *Building Scalabale Web Applications / Web Services Using JCACHE, JMS and XML*, SpiritSoft, 2002

[145] S. Thatte: *XLANG: Web Services for Business Process Design*, Microsoft Corp., 2001

[146] The Open Group Architecture Framework: *Technical Reference Model*, http://www.opengroup.org/togaf

[147] K. S. Trivedi: *Probability ans Statistics with Reliability, Queuing and Computer Science Applications*, Prentice-Hall, 1982

[148] J. Vlissides: *Pattern Hatching: Design Patterns Applied*, Addison Wesley, 1998

[149] W. Völter te al.: *Server Component Patterns*, John Wiley & Sons, 2002

[150] K. Wallnau et al.: *Building Systems from Commercial Components*, Addison Wesley, 2001

[151] J. Warmer, A. Kleppe: *The Object Constraint Language*, Addison Wesley, 1999

[152] L. Wayne: *Managing Software Reuse*, Prentice Hall, 1998

[153] S. A. Whitmire: *Object-Oriented Design Measurement*, John Wiley & Sons, 1997

[154] D. Woods: *Enterprise Services Architecture*, O'Reilly, 2003

[155] H. Willke: *Systemtheorie I: Eine Einführung in die Grundprobleme der Theorie sozialer Systeme*, Lucis & Lucius, 2001

[156] T. J. Williams: *The Perdue Enterprise Reference Architecture*, Computers in Industry, 24, 141–158

[157] *XML Metadata Interchange Specification*, http://www.omg.org

[158] E. Yourdan, L. L. Constantine: *Structured Design: Fundamentals of a Discipline of Computer Program and Systems Design*, Prentice Hall, 1986

[159] J. Zachman: *A Framework for Information Systems Architecture*, IBM Systems Journal, 26, Nummer 3, 1987
[160] Zachman Institute for Framework Advancement, http://www.zifa.com
[161] J. Zimmermann, G. Benecken: *Verteilte Komponenten und Datenbankanbindung*, Addison Wesley, 2000
[162] H. Zuse: *Software Complexity Measure and Methods*, de Gruyter, 1991

Index